문명으로 읽는 종교 이야기

기독교, 유대교, 이슬람교, 불교, 힌두교
탄생의 역사

홍익희 지음

문명으로 읽는

종교 이야기

행성B

현대 주요 종교는 두 민족에서 유래했다. 셈족과 아리아인. 곧 한 갈래는 셈족의 아브라함으로부터 나온 '유대교, 기독교, 이슬람교'이고, 또 다른 갈래는 인도유럽어족의 일파인 아리아인으로부터 나온 '조로아스터교, 브라만교, 불교, 힌두교'이다. 이들 종교가 서로 영향을 주고받으며 오늘날 세계종교로 커왔다.

정주민족과 유목민족 간의 투쟁과 협동은 인류문명사의 큰 흐름이었다. 종교 역시 예외가 아니었다. 인류 문명이 최초로 발흥한 수메르 우르에서 아브라함이 이주하면서 탄생한 것이 셈족의 종교이다. 그 무렵 수메르 북쪽 코카서스 초원에는 인도유럽어족의 원류인 쿠르간 초원문화가 세력을 넓혀가고 있었다. 그 뒤 두 세력은 서로 영향을 주고받으며 인류문명사 전면에 등장한다.

이 책의 특징은 종교의 역사를 인류문명사와 함께 조망했다는 점이다. 모든 것이 그렇듯 종교 역시 인류 문명의 발전과 함께 그 틀 안에서 같이 발전해왔기 때문이다. 종교의 발전단계를 보면, 원시시대의 샤머니즘, 토테미즘 등으로부터 발전한 다신교가 고대에 들어오면서 그 가운데 가장 강한 또는 자신들과 가장 잘 맞는 신을 자기 부족의 수호신으로 선택해 믿는 일신교로 발전한다. 이는 그 뒤 모든 만물을 총괄하는 유일신 개념으로 승화된다.

그런데 여기서 서양종교와 동양종교의 차이가 발생한다. 서양종교의 창조설화는 신이 만물을 창조하고 이를 운용하는 개념인 반면 동양종교는 신이 스스로 분화되어 만물이 된다. 이 차이가 그들의 종교관에도 그대로 반영된다. 곧 서양종교는 창조주와 피조물이 '이원론적 주종관계'인 반면 동양종교는 신이 스스로 만물과 인간으로 분화되었기에 '일원론적 합일'이 가능하다. 동양종교에서 범신론, 범아일여, 싱불 등의 사상이 나오는 이유이다.

역사에서 보면, 셈족의 종교와 아리아인의 종교가 서로 영향을 주고받았다. 특히 기원전 6세기 바빌론 유수기에 유대교가 조로아스터교의 영향을 많이 받았다. 이후 조로아스터교의 '선과 악의 이분법' 교리가 유대교에 스며들고 이는 시간이 흐르면서 유대교보다 오히려 기독교 교리에 더 강하게 자리 잡았다. 이후 유대교와 기독교를 본떠 만든 이슬람교에도 큰 영향을 끼쳤다.

이로 인해 서양종교는 조로아스터교의 이분법적 사고의 영향으로 이성과 논리를 들이대며 옳고 그름을 따지는 종교로 성장하고, 정작 이분법 교리를 가르쳤던 조로아스터교는 세력을 접었다. 반면에 동양종교는 브라만교의 범아일여 사상을 승계한 불교와 힌두교가 득세하면서 모두를 아우르는 포용과 융합의 종교로 커왔다.

재미있는 사실은, 우리가 서양종교로 알고 있는 '유대교, 기독교, 이슬람교'는 중동지역의 동양계 셈족으로부터 나왔고, 동양종교라 일컫는 '조로아스터교, 브라만교, 불교, 힌두교'는 백인계 아리아인으로부터 발원했다는 점이다.

이 책은 구석기시대의 종교 발생부터 주요 종교의 탄생과 성장의 역사적 팩트를 시대 흐름을 따라 실타래처럼 이어지는 이야기로 풀어낸 '통사通史'이다. 내용은 크게 4부로 구성되어 있다.

1부에서는 구석기시대부터 출현한 샤머니즘과 토테미즘을 시발점으로 다신교의 탄생과정을 다룬다. 2부에서는 현대 사상의 중심축을 이루고 있다는 기원전 9세기부터 기원전 2세기까지의 '축의 시대'에 탄생하거나 성장한 종교들의 이야기를 살펴보았다. 3부에서는 유일신 종교의 탄생과 성장 과정을 추적했다. 4부에서는 종교 간 또는 종교 내의 반목과 갈등의 역사를 다루었다.

오늘날 기독교, 이슬람교, 힌두교, 불교 등 전 세계적으로 4대 종교를 믿는 인구 비중은 75퍼센트에 달한다. 2017년 기준으로 세계인구 76억 명 중 기독교 25.7억 명, 이슬람교 18.2억 명, 힌두교 10.4억 명, 불교 5.3억 명이다. 세계인구 3명 중 1명이 기독교도이고, 4명 중 1명이 무슬림이다.

종교가 그간 인간과 사회에 주었던 함의가 간단치 않았음에도 우리는 동양인이면서 오히려 동양종교에 대해 잘 모르고, 그렇다고 서양종교에 대해 잘 아는 것도 아니다. 이 책은 멀게만 느껴지는, 우리가 친숙하지 않은 종교들에 대한 이해를 높이기 위해 썼다. 지피지기는 상대방에 대한 이해뿐 아니라 '이해심' 자체도 높이기 때문이다. 이해심의 눈으로 바라보면, 우리가 상대에 대해 잘 몰라서 가졌던 막연한 혐오감이나 잘못된 편견을 줄일 수 있다.

이 책은 종교 교리의 옳고 그름을 논하기 위해 쓴 것이 아니다. 오히려 세계 주요 종교들이 탄생한 역사적 연원과 그 시대적 배경, 그리고 그 성장과정을 밝혀 서로 간의 이해의 폭을 넓히고자 썼다. 이를 통해 이들 종교의 공통점은 무엇인지, 그리고 차이는 무엇인지 알아보았다. 곧 틀림이 아닌 다름을 살펴보았다.

역사를 보면 정치든 사상이든 관용을 보이고 서로를 포용하면 융성의 시대가 열렸고 서로 반목하고 대립하면 쇠퇴를 불러왔다. 종교도 마찬가지였다. 서로를 인정하고 평화롭게 살던 때는 융성의 시기였고 서로의 다름을 틀림으로 몰아 박해하고 학살하면 역사는 후퇴했다.

각 종교의 본질을 한마디로 요약한 '황금률'이라는 것이 있다. 기독교가 나타나기 5백 년 전에 유교의 공자는 '내가 원하지 않는 바를 남에게 행하지 말라'라고 가르쳤다. 기독교에서는 예수의 명언대로 '남에게 대접을 받고자 하는 대로 너희도 남을 대접하라'가 황금률이다. 이는 사실 유대교의 황금률과 동일한 내용이다. 유대교 랍비 힐렐은 '네가 싫어하는 것을 네 이웃에게 하지 마라. 그것이 토라(율법)다. 나머지는 전부 해설이다'라고 요약했다. 이슬람교에서는 '나를 위하는 만큼 남을 위하지 않는 자는 신앙인이 아니다'라는 것이 꾸란의 가르침이다. 불교는 '강한 그들은 나와 같고 나도 그들과 같다고 생각하여, 생물을 죽여서는 안 된다. 또한 남들로 하여금 죽이게 해서도 안 된다'라고 설파한다. 힌두교는 '내게 고통스러운 것을 타인에게 강요하지 말라'라고 했다. 어쩐지 모든 종교의 황금률이 일맥상통하다고 느껴지지 않은가?

사실 각 종교가 원하는 세상의 모습은 같다. 이들 경전의 공통된 키워드를 모아보면 '정의, 평등, 사랑, 자비, 돌봄, 경외, 지혜, 겸손' 등으로 집약된다. 이는 다른 이를 긍휼히 여기는 마음이다. 이는 공감능력의 확대로 이어지며 자아와 객체의 합일로 나타난다. 동서양의 종교가 바라보는 지향점이 같은 것이다. 이런 의미에서 모든 종교는 사실 하나이다.

높은 산을 올라가는 길에는 여러 갈래가 있다. 하느님에게 가는 길도 이와 같지 않을까? 서로 틀린 길이 아니라 다른 길이다. 각 종교는 올바르게 사는 길을 다른 이름으로 부른다. 유대교에서는 '율법', 기독교에서는 '복음', 이슬람교에서는 '꾸란', 불교에서는 '다르마', 힌두교에서는 '요가', 도교에서는 '도'라고 한다.

무신론자인 이탈리아 일간지 〈라 레푸블리카〉의 설립자가 프란치스코 교황에게 "신을 믿지 않거나 믿음을 추구하지 않는 사람들을 신이 용서할지" 물었다. 그때 교황은 "신의 자비는 한계가 없으며 신앙이 없으면 양심에 따라 행동하면 된다."라고 답변했다. 교황조차 하느님의 자비는 무신론자에게도 베풀어진다고 답한 것이다. 하물며 일반 종교인들은 어떠해야겠는가.

스위스 출신 신학자 한스 큉은 그의 저서《그리스도인이 된다는 것 On being a Christian》에서 다음과 같이 말했다. "종교 간의 대화 없이는 종교 간의 평화가 없다. 종교 간의 평화 없이는 세계 평화가 없다." 종교적 평화는 다른 종교들과의 화해에 의해 이루어질 수 있다.

이제 세계종교들은 서로에 대한 이해의 폭을 넓혀 서로의 다름을 인정하고 포용하는 관용을 보여 서로 간의 반목과 대립을 끝내고 대화해야 한다. 또한 관용에 그치지 않고 타종교에 대한 존중으로 나아가야 한다. 이제는 서로 반성하고, 서로 사과하고, 서로 용서하여 평화를 모색해야 한다. 이 책이 종교 간 화해와 협력에 도움이 되길 바란다.

나는 종교학자나 신학자가 아니다. 32년을 KOTRA(대한무역투자진흥공사)에서 무역과 투자 지원 업무를 했다. 그 뒤 유대인의 역사적 궤적과 경제사를 공부하면서《유대인 이야기》를 썼고, 이를 계기로 아브라함으로부터 유래된 세 종교의 역사를 추적해 《세 종교 이야기》를 집필했다. 이런 연유로 세종대에서 '서양 종교의 이해'를 2년 동안 가르쳤다. 그마나 가르쳤다기보다는 많이 배웠다. 그럼에도 외람되이 이 책을 썼다. 세계종교들의 탄생과 성장, 그리고 서로 간에 미친 영향에 대해 누군가는 이야기체 통사로 정리할 필요가 있다고 느꼈기 때문이다.

이 책은 퇴고 과정에서 여러 사람의 도움을 많이 받았다. 아내와 여동생, 최용태, 황의령, 김일동, 류미선에게 고마움을 전한다. 이들 덕분에 거듭 태어날 수 있었다.

마지막으로 밝힐 것이 있다. 이 책의 집필을 위해 여러 선학들의 글을 인용하거나 참고했다. 한 조각, 한 조각의 직조를 통해 큰 보자기를 만들 수 있다는 생각에서다. 널리 이해하시리라 믿는다. 참고문헌은 익명의 자료를 제외하고는 각 문단이나 책 말미에 밝혔다. 그럼에도 이 책에 있는 오류나 잘못은 당연히 나의 몫이다. 잘못을 지적해주면 고마운 마음으로 고치겠다. 또 이 책에는 셈족의 종교들과 아리아인의 종교들을 교차 설명하는 과정에 부득이 나의 전작 《세 종교 이야기》에 썼던 내용이 많이 포함되었음을 양해해주기 바란다.

── 차례 ──

● 들어가는 글 **4**

1부 종교의 탄생

2부 축의 시대

3부 유일신 시대

4부 반목과 갈등의 역사

1

종교의
탄생

I

문명의 시작과 종교의 탄생
― 기원전 5000년~기원전 1500년 ―

● 샤머니즘과 토테미즘의 출현

인류 역사가 250만 년이라 할 때 인류는 249만 년간 수렵채취생활을 했다. 인류사의 99.9퍼센트는 먹을 것을 찾아 돌아다닌 과정이었다. 인류의 발전 동인動因이 먹이사슬 추적에 있음을 알 수 있다. 그만큼 인간 역사에서 먹거리가 중요했다는 뜻이다. 처음 두 발로 걸었던 '호모 에렉투스'는 먹을 것을 구하려 노력하는 과정에서 '호모 사피엔스'로 진화했다.

인류는 불을 사용하면서 야생동물보다 우위에 설 수 있었다. 신석기혁명인 농경이 가능했던 것도 구석기시대 후반부에 고기를 불에 구워 먹기 시작했기 때문이다. 그 영양분 덕에 발육이 좋아지고 뇌 용량이 커지면서 지능이 발달했으며 다양한 도구를 활용하게 됐다. 인류는 불로 야생동물을 제압할 수 있었고 나중에는 불로 광석을 녹여 무기와 도구를 만들 수 있었다. 불이 최초로 인류의 숭배대상이 되었던 이유이다.

인류는 먹이사냥 과정에서 만물의 영장으로 등극했지만 그 과정이 순탄치만은 않았다. 빙하기에 죽을 고비를 숱하게 넘겨 초기인류의 극히 일부만 살아남으면서 자연에 대한 공포와 경외감이 인간의 잠재의식 속에 깊숙이 자리 잡았다.

또 사냥을 하면서 죽을 고비도 많이 넘기며 인간과 동물의 관계를 생각하게 되었는데, 이는 자연세계 이외에도 죽은 자와 죽은 동물들의 사후 영적 세계가 존재하지 않을까 하는 생각으로 연결되면서 샤머니즘과 토테미즘이 출현했다.

● 유목민과 정주민의 투쟁

빙하기가 기원전 12000년경에 끝나 날씨가 따뜻해지기 시작해, 동토의 툰드라지대가 북상하면서 그 자리에 드넓은 초원이 형성되었다. 유라시아 동쪽에서는 바이칼 호수 근처와 남쪽에 거대한 초원이 만들어졌고, 서쪽에서는 흑해가 해수면 상승과 대홍수로 면적이 크게 확대되면서 북쪽과 동쪽 지역에 코카서스 초원이 형성되었다. 비슷한 시기에 신석기시대가 시작되면서 수렵채취만으로는 살기 어려워진 인류는 다른 생존방식을 찾아 두 갈래로 나뉜다. 수렵을 잘했던 사람들은 초원으로 가 유목민이 되고 채취에 열올렸던 사람들은 강 하류 퇴적지에 정착해 농사짓는 정주민이 되었다. 이른바 유목문화와 농업혁명이 동시에 일어난 것이다. 바이칼 호수 근처 초원에는 몽골로이드계 유목민족이, 흑해 근처 코카서스 초원에는 코카소이드계 유목민족이 등장했다.

인간이 살아가는 데 꼭 필요한 3대 요소가 마실 물과 먹을거리, 그리고 소금이다. 유목민족은 강가나 오아시스 근처 초원에서 목축을 하면서 동물의 젖과 핏속의 소금기로 이를 해결할 수 있었다. 반면에 정주민들은 주로 강 하류 퇴적층에 모여 농사지으면서 바닷가 갯벌에서 조개 등 연체동물과 해초류를 채취해 소금 문제를 해결했다. 석기시대 유적지가 주로 강가나 바닷가에서 발견되는 이유이다.

그러던 것이 간빙기 초기에 육지에 쌓여있던 두꺼운 빙하가 녹아내리면서 해수면이 무려 122미터나 높아졌다. 이때 바닷가 저지대는 물에 잠기면서 바다가 되었다. 우리 서해바다가 대표적인 예이다. 바닷가 정주민들은 삶의 터전을 잃고 피해 달아나느라 정신이 없었을 것이다.

초원의 유목민족도 예외가 아니었다. 그들 역시 목초지를 찾아 끊임없이 옮겨 다녀야 했다. 기후변화로 지형변화가 나타났기 때문이다. 지구온난화가 계속되자 툰드라지대가 북상하면서 숲과 초원 역시 북상하기 시작했다. 게다가 사막화현상이 진행되면서 목초지가 점차 줄어들어 유목민족 간의 투쟁은 격화되었고, 굶주림에 시달리는 유목민들은 주기적으로 정주민족의 터전을 침략해 식량을 약탈하기 일쑤였다. 인류의 역사는 먹거리 쟁탈의 역사였다.

이때부터 유목민과 정주민 간의 기나긴 투쟁과 협동의 역사가 전개된다. 종교 역시 예외가 아니다. 유목민의 종교와 정주민의 종교가, 또는 정복민의 종교와 피정복민의 종교가 서로 투쟁하며 배척하거나 서로 영향을 주고받으며 오늘날의 종교로 커왔다. 그 기나긴 여정과 흐름을 살펴보았다.

구석기시대, 샤머니즘의 출현

20만 년 전 현생인류의 조상인 호모 사피엔스가 지구상에 등장하면서 인류문명사는 시작된다. 인류문명사는 나선형으로 발전하는가 하면 느닷없이 암흑 속으로 역주행하기도 한다. 인류 문명의 암흑기는 언제라도 닥칠 수 있다. 일례로 지구온난화현상은 이제 지구촌 어디에서나 실감하는 평범한 일이 되어버렸다. 지구온난화현상이 인류 문명에 어떻게 영향을 미칠지는 아무도 모른다. 또 소행성 충돌이나 초화산 폭발 등 인류의 생존을 위협할 사건이 다시 발생할 수도 있다.

우리가 과거를 돌아보는 이유는 미래에 닥쳐올 비슷한 상황에 미리 대처하기 위해서다. 따라서 인류의 역사를 승자의 관점에서 본 종족 간 투쟁의 기록이라는 접근방법에서 더 나아가 인류 생존의 본질적 요소를 들여다볼 필요가 있다. 세계적인 기후변화, 먹이사슬의 변천, 민족의 대이동, 교역로 확보전쟁, 해양민족과 대륙민족 간의 갈등, 주변부 민족의 세력화 등 기존 역사에서 소외되었던 거시적 요인을 다시 조망할 필요가 있다.

종교의 근원, 두려움

빙하기는 어떻게 시작되었을까 ——

7만 5천 년 전에 발생한 급작스러운 기후변화가 현생인류에게 심각한 타격을 주었다. 추위가 닥쳐오고, 먹을 것은 떨어져가고, 주변에 널려있던 풀과 과일들, 그리고 다 같이 협동해 사냥해 먹던 사냥감들도 사라졌다. 추위와 기아가 계속되자 사람들은 쓰러져 죽어갔다. 기후가 다시 따뜻해지고 푸른 풀과 사냥감들이 다시 돌아왔을 때, 이 땅에 살아남은 인간은 거의 없었다. 대체 무슨 일이 있었던 것일까?

원인은 '초대형' 화산폭발이었다.

인도네시아는 지금도 활발한 화산활동으로 유명하다. 과거에는 더 심했다. 수마트라섬에 '토바'라는 거대한 화산이 있었다. 이 화산이 7만 4천 년 전 상상을 불허할 정도로 격렬하게 폭발했다. 초대형 폭발의 후유증은 지독했다. 수백 도가 넘는 뜨거운 화산분출물이 시속 160킬로미터가 넘는 속도로 퍼져나갔다. 회색 먼지가 하늘을 뒤덮어 무려 10개월간 햇빛이 차단되었다. 북반구 전체 식물의 4분의 3이 말라 죽었고 이를 먹이로 삼는 초식동물들도 굶어 죽었다. 호모 사피엔스도 멸종위기에 직면했다.

그 폭발 흔적이 멀리 떨어져 있는 인도에서도 발견된다. 인도의 거

토바 호수. 화산폭발이 얼마나 컸는지 화산폭발구가 제주도 크기다.

의 전 지역에 걸쳐 화산재가 쌓였는데 그 두께가 1~3미터, 많게는 5
미터까지 쌓였다. 심지어 화산재는 8937킬로미터 떨어진 남아프리카
해안까지 날아갔다.

토바 화산 폭발이 어떻게 기후를 바꾼 것일까?

빙하기 도래 이유에 대해서는 아직 확실한 원인을 발견하지 못해
여러 이론이 대립 중이다. 초대형 화산이 폭발하거나 거대한 소행성이
충돌할 때 엄청난 먼지가 햇빛을 반사하여 지구 온도가 하락했다는
설이 그 하나다. 특히 가장 최근의 신생대 빙하기는 초대형 화산폭발
이 원인이라 한다. 지난 10만 년간 두 번의 큰 빙하기가 있었는데, 7
만 4천 년 전의 토바 화산과 2만 5천 년 전의 옐로스톤 타우포 화산
의 폭발이 원인이었다고 한다.

왜 화산폭발이 빙하기의 원인일까? 화산이 폭발할 때 이산화황이
나온다. 이산화황이 대기 중 수증기와 결합해 황산염 결정이 되는데
이 결정이 태양광선을 반사한다. 햇빛이 지표에 닿지 못해 대지는 어

둠에 싸이고 기온은 급격히 떨어진다. 그리고 지구의 열순환체계가 먹통이 된다. 게다가 토바 화산 정도의 큰 폭발이 일어나면 화산재가 성층권까지 올라 가는데, 그렇게 되면 그 여파는 상당히 길어진다. 성층권은 대류권과 달리 공기순환이 되지 않아 한번 성층권에 자리 잡은 화산재는 좀처럼 사라지지 않고 편서풍을 타고 서서히 지구 하늘을 뒤덮는다.

인도네시아에서 약 2백 년 전인 1815년에 일어난 탐보라 화산 폭발로 1년간 이 지역에서 여름이 사라진 바 있다. 이를 근거로 탐보라 화산보다 1백 배 이상 강했던 토바 화산 폭발은 전체 지구의 평균 온도를 5도 이상 낮춰 혹독한 겨울이 수십 년간 지속되었다고 본다. 그 사이 대형포유류는 멸종당했다.

과학자들은 이후 지구 온도가 지역에 따라 7~17도나 떨어지면서 빙하기로 접어들었다고 한다. 이 과정에서 영하 10도 이하로 떨어지는 혹독한 추위에 적응하지 못했던 수십만 명의 호모 사피엔스가 멸종을 피하지 못했다. 얼마나 죽었을까? 그 규모는 정확히 모른다. 하지만 얼마나 살아남았는지는 대략적으로 밝혀낼 수 있었다. 유전자 연구에 따르면, 그 숫자는 6백~3천여 명에 불과했다. 미국 애리조나 주립대 인류기원연구소 연구진이 밝혀낸 바로는 그들은 토바 화산과 멀리 떨어진 남아프리카 일부 해안에서 살아남았다.

한마디로 초기인류는 이런 두려움과 혹독함, 그리고 강추위 속에서 살아남았다. 우리의 무의식 속에 두려움이 잠재되어 있는 이유 중 하나이다. 이때 바닷가에서 조개와 해초류를 채취해 먹은 극소수의 호모 사피엔스만이 살아남았다는 사실은 인류사에 많은 통찰력을 제공한다. 안정적인 단백질 먹거리와 소금이 인류 생존의 필수불가결한 조건이었다. 그 뒤 석기시대 초기인류는 대부분 바닷가나 강가를 따라 이동하면서 그 주변에 많이 모여 살았다. 인류의 4대 문명 역시 모두 바닷가 강 하류에서 탄생했다.

현생인류만이 살아남은 비밀은 무엇이었을까?

토바 화산 폭발 이후 지구상 호모 종들의 명암이 엇갈렸다. 현생인류는 인구수를 회복하고 아프리카를 넘어 전 세계로 퍼져나간 반면 네안데르탈인이나 데니소바인 같은 다른 종은 이를 극복하지 못하고 몰락의 길을 걸었다. 그들은 개체수가 줄어든 만큼 유전자 다양성도 급속히 줄어들었다. 그리고 질병과 환경변화에 점점 취약해졌다. 그들이 살던 땅에 현생인류가 들어설 때마다 자리를 내주고 지구상에서 자취를 감추었다.

현생인류가 다른 종을 제압하고 지구의 주인이 될 수 있었던 패권의 비밀은 무엇이었을까? 그들은 다른 종들보다 '협동을 이끌어낼 수 있는 소통능력'이 강했다. 간단한 의사표시를 뛰어넘어 자기 생각을 풀어낼 수 있는 '언어'를 갖고 있었다.

결국 현생인류는 약 20만 년 전에 처음 등장해, 7만 4천 년 전에 멸종위기를 극복하고, 6만 년 전에 아프리카를 벗어났으며, 유럽에서는 '호모 네안데르탈인'을, 아시아에서는 '호모 에렉투스'를 대체하며 퍼져나갔다. 이렇게 호모 사피엔스가 그들을 대체했다는 '교체이론'과 일부는 성적접촉에 의해 교배했다는 '교배이론'이 있는데, 교배이론에 의하면 현생인류에 남긴 그들의 DNA는 겨우 1~4퍼센트 수준으로 극히 미약하다.

초화산 폭발 가능성 상존

과거에도 초대형 화산폭발은 여러 번 있었다. 이로 인해 지구 생명체의 95퍼센트가 멸종한 적도 있었다. 1억 7천만 년간 지구를 지배했던 공룡이 멸종한 것도 6500만 년 전 에베레스트산만 한 소행성과의 충돌과 초대형 화산폭발의 합작 결과였다고 한다. 이때도 지구 생명체의 75퍼센트가 사라졌다. 그 와중에 공룡 대신 포유류가 그 자리를 차지했다. 진화론에 의하면, 인간은 포유류에서 진화해 6백만 년 전 유인원에서 분화되었다.

사실 토바 화산은 7만 4천 년 전에만 폭발한 것이 아니고 120만 년 전부터 총 4번의 파괴적인 폭발을 했다고 한다. 토바 화산은 활화산이라 앞으로도 또 폭발할 수 있다. 게다가 지구상에는 토바 화산과 같은 등급이거나 그 이상의 폭발력을 가졌던 '초화산'이 14개가 있는데, 그 가운데 6개가 아직도 활동하는 활화산이나 휴화산이라서 현재도 폭발 가능성이 있다.

인류는 7만 4천 년 전 멸종위기를 넘겼지만 위기는 상존하고 있다. 미국 옐로스톤국립공원 화산은 토바 화산보다 폭발잠재력이 더 크다. 지금까지 알려진 것 중에 가장 거대한 화산분화구를 갖고 있으며 그 밑에는 엄청난 마그마가 있다고 한다. 더구나 옐로스톤은 60만 년을 주기로 폭발했는데, 마지막으로 폭발한 것은 약 64만 년 전이다. 학자들은 옐로스톤이 폭발하면 토바 화산보다 더 큰 충격을 줄 것이라고 한다.

사막화현상이 진행되다 ——

한편 기후변화로 인해 우기가 줄어들고 건기가 늘어나 가뭄이 빈번히 나타났다. 이로 인해 광대한 지역이 메말라가는 사막화현상이 진행되었다. 당시만 해도 유럽대륙은 쇼베 동굴벽화에서 보듯 사자와 코뿔소, 매머드, 들소 떼가 살았던 아열대성 기후의 초원지역이었다.

1994년에 발견된 쇼베 동굴벽화는 가장 오래된 동굴벽화로 알려졌던 라스코와 알타미라 동굴보다도 1만 5천 년이나 앞선 것으로 판명되었다. 이들은 지금까

프랑스 남부 쇼베 동굴벽화. 매머드와 사자, 코뿔소 등 3만 6천 년 전에 그려진 벽화 1천여 점이 있다.

지 알려진 것 가운데 세계에서 가장 오래된 인간의 회화작품 중 하나로, 그림 수준이 원시인들이 그린 것이라고 믿기지 않을 정도로 놀랄 만큼 섬세하고 세련되었다. 동굴입구가 붕괴되어 2만 년 이상 고립되어 있었던 덕분에 그림이 훼손되지 않았다.

오늘날 점점 확대되고 있는 사하라사막과 고비사막 등도 예전에는 기린과 사슴 떼들이 풀을 뜯어먹던 초원지역이었다. 그런 초원지역이 사막화로 인해 서서히 줄어들고 초원 동물들도 풀을 찾아 이동하자 수렵채취생활을 하던 구석기시대 인류들은 사냥감을 쫓아 같이 이동해야 했다.

사막화현상은 지금도 계속 진행되고 있다. 갈수록 사막들의 넓이가 더 커지고, 1년에 6백만 헥타르의 농경지가 사막으로 변하고 있다. 현재 사막화가 진행되고 있는 땅은 무려 지구 표면의 3분의 1에 달하는데, 특히 중국과 몽골의 사막화 진행이 빠르다. 이로 인한 대표적인 피해가 바로 가뭄의 확대에 따른 물 부족과 우리를 괴롭히고 있는 황사현상이다.

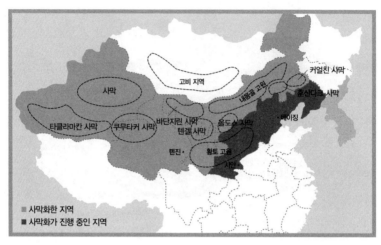

사막화 지역

구석기시대 빙하기의 동굴인간 ──

구석기시대는 추운 빙하기였다. 사람들은 아직 집을 지을 줄도 몰랐다. 겨울은 지금보다 훨씬 더 길고 여름은 짧았다. 거대한 빙하가 산맥은 물론 평지까지 이어져 있었다. 온몸이 꽁꽁 얼어붙은 원시인들이 추위와 바람과 비를 조금이나마 막아줄 수 있는 동굴을 생활터전으로 삼는 경우가 많았다. 그렇다고 내내 동굴생활만 했던 것은 아니고 햇볕이 좋은 계절에는 바깥에 움막을 짓고 살기도 했다. 또 사냥을 위해 숲과 초원을 이동하면서 살아야 했다. 하지만 이 사람들을 혈거인, 곧 동굴인간이라 부른다. 대부분의 구석기유적이 동굴에서 많이 발견되는 이유이다.

이 동굴인간이 발명한 것이 '말(언어)'이다. 이로써 서로 소통하고 협동해 큰 동물을 사냥할 수 있었다. 이들이 발명한 또 하나의 행위가 바로 그림을 그리거나 조각하는 일이었다. 동굴 벽면에는 이들의

후기구석기시대의 스페인 알타미라 동굴벽화

작품이 많이 남아있다. 그 가운데는 매머드도 있고, 송곳니가 굽은 코끼리도 있고, 빙하기에 살았던 다른 동물도 있다.* 알타미라 동굴벽화는 뛰어난 사실적 묘사로 마치 살아있는 소를 보는 듯한 생동감이 있다. 이 벽화를 본 대부분의 고고학자들은 구석기시대 사람들이 이렇게 훌륭한 그림을 그렸다는 것은 말도 안 되며, 더구나 그토록 오랜 세월 벽화가 선명하게 보존된 것 자체가 불가능하다고 단정했다. 이 주장은 20여 년이 지난 1902년까지도 계속되다가 프랑스 고고학자 앙리 브뢰이가 프랑스 남서부와 피레네산맥의 동굴에서 구석기시대 벽화를 잇달아 발견하면서 진실이 밝혀졌다. 피카소는 알타미라 동굴벽화를 보고 감명을 받아 "알타미라 벽화 이후의 모든 미술은 쇠퇴했다."라고 극단적으로 자신의 감동을 표현했다.

● 곰브리치,《곰브리치 세계사》, 이내금 옮김, 자작나무, 1997.

현생인류가 네안데르탈인을 제치고
살아남은 이유 ──

오늘날 인류는 20만 년 전 아프리카에서 출현한 호모 사피엔스의 후예이다. 3만 년 전 멸종한 네안데르탈인은 죽은 사람을 묻는 매장 관습을 갖고 있었다. 그들은 고인의 시체 위에 꽃을 뿌리고 무덤을 만들었다. 정신적으로 호모 사피엔스에 많이 가까웠다. 그러다 마침 내 진정한 호모 사피엔스가 나타났다. 이들의 화석이 1868년 프랑스 도르도뉴지방의 크로마뇽이라는 동굴에서 발견되어 크로마뇽인이 라 부른다. 이들은 약 4만 년 전에 아시아에서 유럽으로 건너온 사람 들로 오늘날의 우리와 다를 바 없는 외모였고, 정교한 도구를 만들어 수렵과 어로 생활을 했다.

현재까지 발견된 27개 인간 종 가운데 '호모 사피엔스'만 유일하게 살아남았다. 생물학적으로 별반 특출하지 않은 호모 사피엔스는 어 떻게 살아남아 세계를 정복할 수 있었을까.《사피엔스》를 쓴 유발 하 라리 교수는 그 해답을 사피엔스의 첫 번째 혁명인 '인지혁명'에서 찾 는다. 인지혁명이란 약 7만 년 전부터 3만 년 전 사이에 출현한 새로 운 사고방식과 의사소통방식을 말한다. 그러나 그 외에도 현생인류 만이 갖고 있는 몇 가지 강점이 있었다.

크로마뇽인은 네안데르탈인에 비해 먹거리 사냥 경쟁에서 앞섰 고, 추위를 견뎌내는 지혜에서 앞섰다. 네안데르탈인에게 무기란 나 무를 불에 서서히 말려 단단하게 만든 무거운 찌르개와 나무 몽둥이 뿐이었다. 그들의 찌르개는 말 그대로 찌르는 무기였다. 그들은 사냥 할 때 근거리에서 찌르고 몽둥이로 패서 동물을 잡았다. 그러다 보 니 사냥하다 죽거나 다치는 경우가 많았다. 그들의 유골을 보면 뼈가 부러졌다가 아문 흔적이 많았다. 이에 비해 호모 사피엔스의 창에는 날카로운 석촉이 달려 있어 더 치명적이었을 뿐 아니라 가벼워서 15미터까지 던질 수 있었다. 그들은 이런 가벼운 창을 여러 개 가지고 사냥을 했다. 더구나 크로마뇽인은 활도 갖고 있었다. 나무로 만든 단궁이라도 화살이 보통 60미터는 날아갔다. 이 활과 창으로 호모 사피엔스는 원거리에서도 다양한 종류의 동물을 사냥할 수 있었다. 게다가 현생인류 크로마뇽인은 집단사냥에 능했다.

네안데르탈인과 호모 사피엔스가 함께 번성하던 때는 마지막 빙하기로 살인적인 추위에 놓여 있었다. 겨울이 6~9개월에 달했다. 그런데 토착민 네안데르탈인보다 아시아에서 온 호모 사피엔스가 혹독한 추위를 더 잘 견뎠다. 호모 사피엔스는 인류 역사상 가장 혁신적인 도구의 하나인 '바늘귀가 있는 바늘'을 만들어 썼기 때문이다. 그들은 작은 끌로 뿔과 뼈를 손질해 가는 바늘을 만들었다. 그리고 바늘에 바늘귀를 뚫고 가죽 끈을 실로 사용해 늑대, 순록, 여우 등 다양한 짐승의 털가죽으로 옷을 만들어 입었다. 이 옷이 그들을 빙하기에서 구해주었다. 게다가 그들은 햇빛을 더 잘 받기 위해 남향 움막을 지을 줄도 알고 진흙과 돌로 화덕을 만들 줄도 아는 영리한 사람들이었다.

한편 골각기는 낚싯바늘을 이용한 낚시도 가능하게 해주어 강가와 연안에서의 생활이 시작되었고, 인류는 뗏목을 만들어 강을 오르내리며 바다를 건널 수 있었다. 이후 호모 사피엔스는 지구 전체로 퍼져나갔다. 우리를 지금의 우리로 만든 원동력은 기후변화였다. 살아남기 위해 호모 사피엔스는 창의력을 길렀고 기술진보를 이루어냈다. 이후 호모 사피엔스는 환경변화에 적응하고 활용하는 기술을 계속해서 키우고 축적해 후손에 물려주었다. 이를 '문화'라 부른다. 문화는 인류의 복잡한 사고능력과 인지능력을 저장해주는 창고이다.

우리는 유전자를 자손에게 전해주듯 문화를 전해준다.*

동굴에 떼 지어 산 크로마뇽인들 ——

그 뒤로도 프랑스 도르도뉴지방에서는 후기구석기인들이 떼 지어 산 흔적이 많이 발굴되었다. 1940년에는 그곳 베제르 계곡에서 라스코동굴을 발견했는데, 1만 7천 년 전부터 그려진 6백 점 이상의 프레스코화와 1500점의 조각이 있었다. 역사상 최대의 동굴벽화가 발견된 것이다. 길이 5미터가 넘는 큰 들소부터 1미터 내외의 작은 동물까지 여러 동물상이 그려져 있었다.

베제르 계곡에는 이런 구석기시대 유적지 147곳이 몰려 있었고 그 가운데 벽화가 있는 동굴이 25곳이나 됐다. 이곳에서 50만 점이 넘는 부싯돌, 동물 유골 148구, 생활도구 844점과 다양한 종류의 그림과 조각 작품이 발굴되었다. 프랑스 남부와 스페인 북부에는 이런 벽화

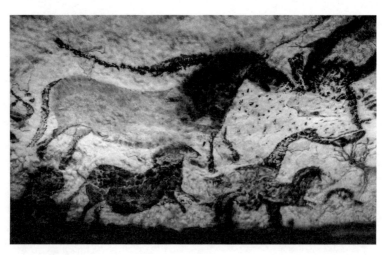

라스코 동굴벽화

동굴이 3백 개나 있다. 모든 동굴의 그림이 기본적으로 동일한 이미지와 구도를 갖추고 있다.

구석기시대 샤머니즘의 출현 ——

빙하기와 간빙기를 극복하고 사막화현상 속에서도 살아남은 구석기시대의 인류는 자연현상 앞에서 죽음에 대한 두려움과 더불어 인간의 나약함을 절감했다. 이는 자연스레 초월적인 자연과 자연현상에 대한 경외감과 경배로 이어졌다. 이처럼 인류문명사에서 등장한 대부분 종교의 원초적 형태는 자연과 자연현상을 숭배하는 다신교였고, 그 시작은 샤머니즘이었다.

동굴벽화는 기본적으로 사냥과정에서 경험하는 두려움을 극복하려는 욕구를 표현하고 있으며 동시에 사냥의 성공과 풍요를 기원하는 주술적 의미를 갖고 있다. 당시에는 하루하루가 먹거리 확보를 위한 전투였다. 앞날을 위해 먹거리를 저장할 기술이 없었다. 그날그날 먹거리를 확보하지 못하면 굶어야 했고 만약 홍수나 가뭄 등의 자연재해로 이 기간이 길어지면 굶어죽는 사람들이 속출했다. 그들에게 사냥은 한마디로 '목숨 줄'이었다. 또한 이 동굴들은 인간의 친구이자 수호자였던 동물을 죽이는 데 죄책감을 느꼈던 초기인류가 성스러운 제례의식을 행하는 장소였다는 것이 대체적인 가설이다.

라스코의 한 동굴에는 기원전 12000년경의 벽화가 있는데 창에 찔려 내장이 삐져나온 들소가 있고 그 앞에 사람 하나가 누워 있다. 이 사람은 두 팔을 벌리고 남근이 발기한 채 새 가면 같은 것을 쓰고 있

● 이정모, '절대 바늘 발명 덕에 지금까지 생존한 호모 사피엔스', 〈중앙선데이〉, 2014. 12. 7.
　EBS 다큐멘터리, '호모사피엔스와 네안데르탈인', 〈인류의 탄생〉 3편.

으며 근처에 놓인 지팡이 끝부분 역시 새 머리 형상이다. 새 가면이나 새는 비행을 암시한다. 샤먼이 무아경에 빠지면 새처럼 하늘로 날아 올라가 부족민을 위해 영적 세계에 있는 신들과 소통했던 것이다. 누워 있는 것은 무아지경에 빠져 있음을 나타낸 것 같고 남근은 남성 주술사임을 상징한 것 같다.

인근 유적지들에도 같은 모습이 조각되어 있다. 이는 라스코 벽화보다도 5천 년이나 더 오래된 것이다. 그 밖에 55점의 동굴벽화와 3점의 아프리카 구석기 암화에서도 이와 유사한 이미지가 발견되었다. 하나같이 동물 앞에서 팔을 들고 무아지경에 빠진 사람을 표현하고 있다. 이들은 모두 샤먼(무당)일 것이다.

무당을 중심으로 한 신앙체계가 샤머니즘이다. 무당은 초자연적 존재인 신령, 정령 등과 교류해 예언, 복점, 굿 등을 하는 사람이다. 샤먼이라는 말은 퉁구스계, 곧 돌궐족에서 주술사를 의미하는 '사만'에서 유래했다는 설이 유력하다.

《신을 위한 변론》을 쓴 카렌 암스트롱에 의하면, 그 무렵 사람들은 샤먼이 인간을 위해 목숨을 내놓은 동물에게 사후의 삶을 주는 의식을 행함으로써 동물을 주관하는 신이 사냥할 동물을 계속 보내준다고 믿었다. 고대 제례의식의 하나였던 '공희供犧', 곧 동물희생제의는 선사시대의 이러한 의식을 계승한 것으로 보인다. 암스트롱은 샤머니즘이 구석기시대에 아프리카와 유럽 지역에서 발전해 시베리아로 퍼지고, 또 거기서 아메리카와 호주로 퍼진 것으로 보인다고 했다.[•]

그런데 샤머니즘은 어떻게 생겨났을까?

구석기시대 사람은 사냥을 해서 먹고살았다. 당시 크로마뇽인의

• 카렌 암스트롱, 《신을 위한 변론》, 정준형 옮김, 웅진지식하우스, 2010.

주된 사냥감은 들소였고 순록과 야생마, 심지어 매머드도 사냥 대상이었다. 그들은 거대한 힘과 위험으로 가득 찬 자연에서 죽을힘을 다해 사냥했다. 사냥하다 다치거나 죽는 사람도 많았다. 그러나 죽일 수밖에 없는 동물에 대해 존경심을 가졌다는 것도 구석기시대 신화의 특징이다.

사냥꾼들은 늑대를 길들여 가축화된 개를 키우면서 동물도 사람과 교감할 수 있는 영혼을 갖고 있다고 느꼈다. 그들은 다른 동물들도 영혼을 갖고 있는 피조물로서, 사람들과 협력관계에 있는 생명체로 대접했다. 이는 죽어서도 마찬가지로, 동굴벽화를 보면 인간과 동물의 정령은 서로 영향을 주고받으며 밀접한 관계로 맺어져 있다고 생각한 것을 엿볼 수 있다. 또 어느 동물의 모양을 그리면 그 동물을 마음대로 사냥할 수 있거나 장악할 수 있다고 믿는 주술적 의미와 함께, 육체와 별도로 영적인 세계가 있어 죽어도 영혼은 어떤 형태로든지 계속 살아있다는 믿음도 발견할 수 있다.

인간과 동물이 사는 자연세계 저 너머에 초자연적인 힘, 조상들과 동물들의 혼, 신령, 정령 등 영적 세계가 있다는 사고가 생겨났다. 샤먼은 무아지경에 빠져듦으로써 두 세계 사이를 넘나들 수 있다고 여겨졌다. 샤먼이 제의를 올려, 사냥할 때 죽거나 다치지 않게 돌봐주기를, 사냥당한 동물들의 혼이 좋은 곳으로 가길 빌었던 것 같다. 샤먼은 사냥에 종교적 의미를 부여했다. 이로써 인류 최초의 종교인 샤머니즘이 탄생했다.*

이렇게 샤머니즘은 자연세계 이외에도 영혼의 세계, 곧 영적 세계가 있다고 생각했던 구석기 수렵채취인들의 사냥문화를 배경으로 태어

● 마르틴 우르빈, 《사람들은 왜 무엇이든 믿고 싶어 할까》, 김현정 옮김, 도솔, 2008.
J. B. 노스, 《세계종교사》 상, 윤이현 옮김, 현음사, 1986.

났다. 그 뒤 샤머니즘은 시대와 공간을 초월해 언제 어디서나 있었다.

울산 반구대 암각화에 새겨진 샤먼의 모습 ——

암각화는 그림으로 그려진 역사기록이다. 우리나라에도 고대 암각화가 20여 군데에 있는데, 그 가운데 대표적인 것이 울산 반구대 암각화이다. 바다생물과 육지동물이 함께 그려져 있다는 점에서 세계적으로 희귀한 자료다.

우리 조상은 밑바닥이 평평한 평저선을 이용해 일찍부터 고기잡이를 발달시켰다. 수심이 얕은 서해바다뿐 아니라 수심이 깊은 동해바다에서 고래사냥까지 했다. 이는 조직적으로 협동해야 하는 고난도 조업이었다. 이를 증명하는 유적이 1970년 울산 대곡천 중류의 암벽에서 발견된 반구대 암각화이다. 바위에 새긴 암각들은 우리 조상이 8천 년 전부터 고래사냥을 한 사실을 알려주고 있다. 암각화에는 향유고래, 참고래, 혹등고래 등 큰 고래가 62마리나 그려져 있다. 놀라운 것은 그 옛날에 고래를 잡기 위해 협동어업을 했다는 점과 작살과 부구, 낚싯줄을 사용하고 있다는 점이다.

폭 10미터, 높이 4미터 크기의 암각화에는 고래, 거북 등의 바다동물과 가마우지 같은 새, 그리고 범, 곰, 멧돼지, 사슴, 토끼, 여우 등의 육지짐승 이외에도 사람, 배, 그물, 울 같은 것이 그려져 있다. 어업과 수렵 생활을 동시에 영위하면서 잡았던 당시의 동물과 사냥도구가 그대로 그려져 있다.

반구대 암각화는 지금까지 알려진 가장 오래된 포경유적이다. 고래 종류만 8종에 7점의 집단 포경선이 있다. 그중에는 20여 명의 어부를 태운 큰 배도 있다. 뱃머리에 탄 사람이 끈이 달린 창으로 고래

울산 반구대 암각화. 국보 제285호.

를 찌르려 하고 있다. 이렇듯 고대에 집단 포경업을 할 정도로 우리 조선업과 항해술이 발달해 있었다. 이는 거친 파도를 헤쳐 나가면서도 크게 흔들리지 않는 우리 고유의 평저선이 있었기에 가능했다. 반구대 암각화는 우리의 고대문명을 추정할 수 있는 귀한 유적이다.

반구대 암각화의 샤먼 역시 머리는 새의 형상을 하고 있다. 이는 새처럼 날아서 하늘의 신에게 소원을 전달하려는 염원을 나타낸다. 그소원은 사람들이 다치거나 죽지 않고 고래를 무사히 잡아서 풍요롭게 살 수 있기를 비는 것이다. 이런 새 모양의 머리는 희한하게도 동서양이 일치한다.

우리나라 무속의 역사도 한민족의 역사만큼 오래되었으며 고대에는 제천행사에서 보듯 대부분의 왕이 무당을 겸했다. 그들은 제천행사를 통해 하늘과 왕실을 연결시켜 정통성을 확보하고 사람들을 한데 모아 결속력을 강화했다. 고대 이래로 무속은 서민들 삶에도 깊숙이 자리 잡아왔다. 현재 우리나라에는 50만 명 정도의 무속인이 있다고 한다.

해수면 상승과 초원 유목민족의 등장

빙하기가 끝나 해수면이 122미터 상승하다 ——

기후변화가 인류문명사에 끼친 영향은 실로 대단했다. 동굴벽화가 그려진 시기는 마지막 빙하기로, 빙하기가 끝난 기원전 11000년 이후에는 동굴벽화가 더 이상 나타나지 않는다. 날씨가 따뜻해지면서 인류가 동굴을 벗어나 초원과 숲으로 나와 생활했다는 이야기다. 이로써 자연에 동화되어 수렵채취생활을 하다 재배기술과 목축을 습득한 초기인류는 그 뒤 강 주변 퇴적지의 농경민족과 초원의 유목민족으로 탈바꿈한다.

구석기시대가 끝나고 신석기시대로 넘어오면서 또 한 번의 커다란 기후변화가 있었다. 그 무렵 북반구 육지의 30퍼센트가 얼음으로 뒤덮여 있었다. 특히 북위 60도 이북은 약 3천 미터 두께의 두꺼운 얼음으로 덮여 있었다.

빙하기가 끝나는 기원전 12000년 무렵부터 기후가 따뜻해지다가 기원전 10000~8000년 사이에 기온이 급상승하면서 극지방과 대륙을 덮고 있던 거대한 얼음층이 녹아내리기 시작했다. 바다 위에 떠있는 빙산과 달리 육지 위에 있는 빙하가 녹으면 그 물이 바다로 흘러들어가 해수면이 상승한다. 그 결과 해수면이 1년에 몇 밀리미터씩 올라갔는데, 기온 상승이 심했던 기간은 1년에 해수면이 5센티미터씩 높아지기도 했다. 이때 상상도 할 수 없는 엄청난 양의 물이 바다로 흘러들어가 바닷물이 지구 표면의 70퍼센트를 덮었다.

지구온난화로 인한 여러 피해 중 가장 두려운 결과는 바닷물 자체의 팽창에 따른 해수면 상승이다. 대기온도 상승이 해양온도 상승으로 이어져 바닷물 온도가 올라가면 열팽창으로 바닷물 자체의 부피가 늘어난다. 물의 열팽창 특성상 부피는 섭씨 1도 상승할 때 약 0.05퍼센트 팽창한다고 한다. 엄청난 양의 빙하 녹은 물에 더해 바닷물 자체의 부피가 늘어나면서 태평양과 대서양의 해수면이 4천 년 사이에 무려 122미터나 높아졌다.

초원지역에 서해가 들어서다 ──

그 무렵 저지대는 모두 바다에 잠겼다. 대표적인 것이 우리 서해다. 빙하기에 한국, 중국, 일본은 서로 붙어 있었다. 서해는 해발 약 80미터의 육지였다. 그 무렵에는 황하강과 양자강, 그리고 압록강과 한강이 서해평원에서 합류되어 바다로 흘러내렸다. 당시 세계에서 가장 큰 강이었다. 그 주변은 사냥하기 좋은

평원이었던 서해

초원지대로 매머드 등 대형포유류가 살고 있었고 초원뿐 아니라 사막과 늪지도 있었다. 육지였던 서해가 해수면이 122미터 높아지면서 8천 년 전쯤 지금과 같은 바다로 바뀌었다. 그래서 서해는 세계에서 가장 낮은 바다 중 하나로 평균수심이 44미터에 불과하다. 가장 깊은 곳도 1백 미터를 넘지 않는, 육지의 연장인 대륙붕이다. 발해만 연안은 수심이 더 낮다. 평균수심이 22미터로 대양에 접한 바다로서는 세계에서 가장 수심이 낮다.

서해갯벌과 발해만 일대에 정주민들 몰려들다 ——

이렇게 육지가 서서히 바다로 바뀌는 과정에서 탄생한 것이 우리 서해갯벌이다. 서해갯벌은 유라시아 최대 갯벌일 뿐 아니라 사실상 역사시대의 유일한 갯벌이다. 세계에는 5개의 큰 갯벌이 있는데 3개가 아메리카대륙에 있고 하나는 북해에 있다. 우리의 전통 한선韓船이 밑바닥이 편평한 세계 유일의 평저선인 이유는 바로 갯벌 때문이다. 이때 육지로 연결되어 있던 베링해협도 바다에 잠겼다.

초기인류는 험악한 산지를 피해 주로 갯벌가나 강 하류에 몰려 살았다. 식수문제가 해결되는 동시에 퇴적층이 있어 농사짓기에 편했을 뿐 아니라 갯벌의 조개, 낙지 등 연체동물과 소금 구하기가 쉬웠기 때문이다. 지금까지도 발해만과 서해 연안의 실질 인구밀도가 세계에서 가장 높은 이유의 하나이다.

빙하기 끝나고 초원 유목문화 등장하다 ——

한편 비슷한 시기에 알타이산맥 북동쪽 바이칼 호수 근처에 살았던 몽골리안들이 빙하기가 끝나면서 초원으로 진출해 유목민족이 등장했다. 빙하기에 몽골리안은 바이칼 호수 지역에 오랜 기간 갇혀 살았다. 주변이 모두 빙하의 동토가 되어 이동할 수가 없었기 때문이다. 빙하기에는 바이칼 호수에 물이 적었고 주변은 대부분 숲과 초원이었다. 바이칼 호수는 초원의 오아시스 같은 장소였다.

바이칼 호수는 세계기록을 여럿 갖고 있다. 2500년의 역사를 지닌 세계에서 가장 오래된 호수이다. 그 둘레는 2200킬로미터이며, 최대 깊이 1742미터로 세계에서 가장 깊다. 수심이 깊음에도 물이 맑아 40

미터 속까지 보인다. 330개의 강이 이곳으로 흘러드는데, 밖으로 나가는 수로는 안가라강 하나뿐이다. 바이칼 호수는 가장 차가운 호수로 한여름에도 1분 이상 발을 담글 수가 없다. 그 수정같이 맑은 물에는 세계 유일의 민물물개와 철갑상어, 그리고 내장이 들여다보이는 투명 물고기 골로미양카가 산다.

이렇게 찬 호수가 빙하기에 깊이 얼지 않았던 이유는 호수 밑 단층 협곡에서 솟아오르는 마그마가 호수 물을 따뜻하게 데웠기 때문이다. 호수와 주변 숲의 생명들은 그 온기로 살아남을 수 있었다. 이처럼 호수 주변의 수많은 온천은 빙하기에 혹독한 추위와 싸워야 했던 몽골리안에게는 신의 축복이었다.

오랜 고립의 역사로 바이칼 호수에는 동물이 무려 1550종이나 사는데, 그 가운데 75퍼센트가 다른 어디에도 존재하지 않는 고유종이다. 몽골리안은 빙하기에 주로 이 물고기들과 주변 숲의 동물들을 잡아먹으며 살았다. 바이칼 호수가 이들에게는 생명의 원천이었다. 바이칼은 몽골어로 '신성한 바다'라는 뜻의 '달라이노르'인데, 이 호수가 몽골리안의 신앙대상이었음을 짐작케 한다.

궁둥이에 몽골 반점을 갖고 있는 몽골리안의 형성지가 바로 이 알타이-바이칼 지역이다. 주변 숲에 땔감이 많아 빙하기에도 살아남을 수 있었다. 몽골리안은 강풍과 추위에 적응하면서 체열손실을 줄이기 위해 다부지고 뭉툭한 체형으로 진화했다. 찬바람을 피하려 눈은 작고 가늘게 찢어졌으며, 추위로부터 안구를 보호하기 위해 눈꺼풀 지방이 두툼해졌다. 또한 두꺼운 피하지방층, 평평한 얼굴, 얇은 입술, 낮은 코 등 추위에 노출되는 부분을 최소화해 동상에 걸리지 않도록 진화했다. 우리 한민족이 유전학적으로 몽골리안의 원형질을 가장 잘 계승, 발전시켰다고 한다. 인류가 가진 미토콘드리아 DNA 유전자를 활용해 당뇨병을 연구하다가 이 DNA가 인류의 이동을 알려준다는 사실을 알게 되어 한민족의 기원을 추적한 이홍규 의학박사의 말이다.

지금도 바이칼호 주변에 사는 부리야트인이 혈연적으로 우리와 가장 가깝다는 사실은 모스크바 유전학연구소 자카로브 박사에 의해서도 규명되었다. 그들은 외모만 우리와 닮은 것이 아니라 서낭당, 솟대, 아기 탯줄을 문지방 아래 묻는 전통이 같으며, 강강술래와 흡사한 춤, 단군신화와 비슷한 아바이 게세르 신화도 있다.[•]

몽골리안이 빙하기가 끝나 호수 물이 불어나면서 따듯한 초지를 찾아 남하하기 시작했다. 그들은 초원의 유목민족이 되었으며 새로운 초원을 찾아 갈라지면서 알타이어 역시 분화되었다.[••] 이 가운데 한 갈래의 몽골리안이 요하문명을 탄생시켰다.

흑해의 범람과 코카소이드 유목민의 출현 ──

그 무렵 코카서스(캅카스) 인근 흑해에도 큰 변화가 있었다. 원래 흑해는 민물호수로 그 주변에 초기인류가 농사짓고 있었다. 당시 호수는 자연제방 역할을 하던 보스포루스에 의해 바다와 분리되어, 오늘날의 사해처럼 해수면보다 140미터나 낮은 호수였다. 그러다 7만 5천 년 전 어느 날 보스포루스 자연제방이 해수면 상승에 따른 지중해의 수압에 의해 붕괴되면서 지중해 바닷물이 보스포루스해협을 넘어 호수로 밀어닥치기 시작했다. 나이아가라폭포의 2백 배에 달하는

● 이홍규,《한국인의 기원》, 우리역사연구재단, 2010.

●● 라인하르트 쉬메켈,《인도유럽인, 세상을 바꾼 쿠르간 유목민》, 한국게르만어학회 김재명 외 옮김, 푸른역사, 2013.

물이 쏟아져 들어오면서 호수가 매일 1.6킬로미터씩 넓어져 호수 연안에 살던 사람들은 떼죽음을 당하거나 공포에 휩싸여 필사적으로 도망쳐야만 했다. 30년 만에 호수 수면이 145미터나 높아졌다. 호수가 3배로 커지면서 민물이 짠물로 변했다. 주변 농토

보스포루스해협

마저 소금기로 변해 더 이상 농경은 불가능해졌다. 이후 기후가 따듯해지자 동토였던 시베리아 툰드라지대가 대폭 줄어들면서 그 자리에 초원이 들어섰다. 이때 흑해 북부와 동부는 유목민이 살기 좋은 코카서스 초원이 되었다. 여기에 둥지를 튼 게 인도유럽어족의 조상이다.

7500년 전 흑해의 범람에 홍수까지 더해져 대홍수 신화가 만들어졌다. 이것이 아마도 바빌로니아의 길가메시 서사시에 나오는 대홍수 이야기일 수 있다. 1910~1930년대 우르 유적 발굴조사에서는 두께 3미터의 점토층을 발견함으로써 대홍수가 기원전 4000년경에 실제 있었음이 밝혀졌다. 그 뒤에 등장한 히브리 성경(구약성경)에도 노아의 홍수 이야기가 등장한다.

초원에 핀 쿠르간 문화와 토테미즘

쿠르간 가설

코카서스 초원의 기마부족 ——

기원전 5200년경 메소포타미아 하류에 수메르문명이 자리 잡을 무렵, 흑해 북부 연안과 카스피해 사이 코카서스 초원에는 여러 유목민족이 살고 있었다. 풍부하던 사냥감은 기후변화기에 이루어진 해수면 상승과 사막화로 초원이 대폭 줄어들고 과잉수렵 상태가 되면서 개체수가 대폭 감소했다. 그러자 그들은 초원지역에서 목축을 하는 한편 밭을 개간하여 작물을 재배하거나 연안지역에서 물고기를 잡으면서 극심한 자연변화로 인한 식량위기를 극복해나갔다. 반면 목초지가 줄어들고 사냥감이 모자라자 부족 간 갈등이 심화되어 싸움과 약탈이 늘어났다.

그러다 기원전 4500~4200년 무렵 야생말을 길들여 타고 다니는 백인계 기마부족이 두각을 나타내기 시작했다. 이들이 인도유럽어족의 조상이다. 흔히 백인을 부를 때 통용되는 '코카소이드'라는 명칭은 이들로부터 유래했다. 이때부터 인류문명사에 황인종을 통칭하는 몽골로이드와 백인종을 대표하는 코카소이드가 유라시아 동서 양쪽의 초원에 유목민족의 강자로 등장해 정주민족과 다투며 인류사를 엮어가게 된다.

인도유럽어의 발견 ——

인도유럽어족이 이동하는 경로를 따라 그들의 언어 또한 전파되고 분화되었다. 이를 규명한 언어학자가 있었다. 18세기 말 영국 동인도회사의 인도 주재 대법원 판사이자 천재 언어학자인 윌리엄 존스 경은 37살 때 인도의 고어 산스크리트어가 라틴어, 그리스어와 밀접한 관계가 있음을 알아냈다. 그는 그리스어, 라틴어, 페르시아어, 아랍어, 히브리어, 심지어는 한문에 능통했을 뿐 아니라 25살 때 이미 페르시아 문법책을 써 유럽에서 가장 존경받는 언어학자 중 한 명이 되었다. 그는 13개 언어를 완벽히 구사했으며, 28개 언어를 번역할 수 있었다.

당시 영국과 인도 사이의 문화적 갈등이 커지자, 영국정부는 아시아 문화에 대해 잘 아는 그를 인도로 보내 초대 벵골대법원 판사로 임명했다. 그는 인도인에게 적용되었던 힌두법률체계를 알기 위해 산스크리트어 힌두법률서를 읽어야 했다. 그는 산스크리트어를 공부해 완전히 습득한 후 재판업무에 활용했을 뿐 아니라 고대 인도의 희곡과 산스크리트법전을 영어로 번역했다. 그는 40세 때 벵갈아시아협회

연차총회 강연에서 산스크리트어가 헬라어와 라틴어 등 유럽어와 뿌리가 같음을 공식적으로 발표했다.

"산스크리트어는 놀라운 구조로 이루어져 있다. 그리스어보다 완벽하고 라틴어보다 어휘가 풍부하다. 두 언어보다 우아한 틀을 갖고 있다. 이들 언어는 동사 어근이나 문법 형태가 우연의 일치로 보기에는 너무도 강한 유사성을 지니고 있다."

히틀러에게 악용된 인도유럽어족 뿌리 찾기 ——

유럽 학자들은 깜짝 놀랐다. 이 문제에 특히 독일 학자들이 큰 관심을 보였다. 그들은 인도유럽어족의 뿌리 찾기에 나섰다. 독일 학자들은 원시 인도유럽인들이 늘씬하고, 피부색이 밝고, 금발을 가진 인종으로 다른 어떤 인종보다 우수하며 지적으로 뛰어나다고 믿었다. 그리고 그들은 이 인종을 '아리아인'이라 불렀다. 이는 가장 오래된 산스크리트어로 쓰인 브라만교의 경전 리그베다와 페르시아어로 집필된 조로아스터교의 경전 아베스타의 저자들이 스스로를 아리아인이라 불렀기 때문이다.

이것이 히틀러가 그의 책 《나의 투쟁》에서 게르만족의 뿌리인 아리아인을 찬양하고 인종청소를 주장하는 근거로 악용되었다. "인류의 모든 창의적이고 훌륭한 예술과 기술의 발전은 아리아인이 이루었다. 아리아인이야말로 인류의 표본이라 할 수 있으며, 이렇게 위대한 아리안은 모든 민족 위에 군림해야 한다." 이로 인해 후대 학자들에게는 아리아인이라는 용어조차 기피 대상이 되었다.

그 뒤 유럽 언어학자들이 인도유럽어의 분화관계를 속속 밝혀냈다. 코카서스 초원의 인도유럽어가 여러 언어로 갈라지기 시작해 4백여

언어로 분화했고, 오늘날 이 어족의 언어를 쓰는 사람은 약 30억 명
으로, 인류의 40퍼센트에 이른다.

쿠르간 가설 ——

이번에는 이러한 사실을 고
고학과 언어학의 결합으로 증
명해보려는 고고학자가 있었
다. 리투아니아계 미국인 마
리야 김부타스는 하버드대학
의 유일한 여성 고고학자로서
10년 넘게 전쟁유물을 분류
하다가 실망한 뒤 연구분야
를 인도-유럽 신석기문화 시

마리야 김부타스

대인 '고古유럽'으로 옮겼다. 김부타스는 기원전 4300~2800년 무기
를 중요시하고 가부장적 성격이 강한 흑해 연안 쿠르간 사람들이 서
쪽으로 세력을 확장해가며 '고유럽'을 침탈했다는 사실을 알게 되었
다. '고유럽'은 당시 문화가 발달했던 다뉴브강 일대를 뜻한다. 그 뒤
그녀는 유럽의 신석기시대와 청동기시대를 조사, 발굴하면서 고고학
과 언어학을 결합해 인도유럽어족의 기원에 관해 연구했다. 그리고
1956년 '쿠르간 가설'을 발표했다. 쿠르간 가설은 흑해 북부에서 카
스피해에 이르는 초원지역에서 발전한 '쿠르간 문화'의 사람들이 쓰
던 언어가 인도유럽어의 모태였을 것이라고 가정한다.

쿠르간은 터키어로 '언덕'이라는 뜻으로 고대 '거대분묘'를 의미한
다. 고대 민족들 간의 가장 뚜렷한 문화적 구분은 조상을 묻는 매장

쿠르간 봉분

방식이었다. 여기에 착안해 김부타스는 러시아 남부 초원지역의 쿠르간이라는 '봉분무덤' 문화에 주목하고 이를 조사해 쿠르간 문화라고 불렀다.

전형적인 쿠르간 무덤은 신라 왕릉의 '적석목곽분' 형태로, 이런 유형이 흑해 북안과 알타이 지역에서 흔히 보인다. 그녀는 쿠르간 문화의 전파경로를 추적했다. 이 과정에서 기원전 5000~3000년에 걸쳐 흑해 북안에 살던 종족이 처음으로 말을 길들였다는 것을 알았다. 그리고 말을 이용한 강한 무력으로 주위를 정복해나갔다는 '기마민족설'을 제기하면서 이들을 통해 쿠르간 분묘와 그 문화가 유럽과 중앙아시아 전역으로 퍼져나갔다는 사실을 밝혀냈다.

적석목곽분은 우리말로 '돌무지덧널무덤'이다. 지하에 구덩이를 파거나 지상에 목곽을 짜놓고 사람머리 크기의 큰 자갈을 덮은 후 다시 그 위에 흙을 입혀 다진 무덤이라는 뜻이다. 거대한 적석목곽분은 당시 지배계급인 부족장이나 제사를 주관했던 제사장을 기리기 위해 만들어진 봉분으로 추정된다.

종교의 기원, 장례문화 ――――

쿠르간 문화에서 보듯, 원시시대부터 인류는 죽음에 상당한 의미를 부여했다. 누군가 죽으면 반드시 공동체 구성원들이 함께 모여 경건한 장례의식을 치렀다. 장례는 종교의 기원과도 밀접한 연관성이

1부 종교의 탄생

있다. 종교는 인간이 느끼는 두려움으로부터 기원했는데, 인간이 경험하는 가장 두려운 변화는 죽음이다.

인간은 초자연적 힘을 두려워해 그러한 공포를 극복하고자 노력해왔다. 인류는 선사시대부터 죽음을 끝으로 보지 않고, 내세에 대한 믿음을 갖고 장례의식을 치러왔다. 세계 모든 종교가 죽음 이후에도 영혼은 지속된다는 내세관을 공통적으로 갖고 있다.

인도유럽어족으로부터 기원한 브라만교에서는 우주를 시작도 없고 끝도 없는 것으로 보았다. 베다 경전에서는 이를 브라만이 들이마시고 내쉬는 숨결이라 표현했다. 따라서 그들은 브라만으로부터 분화된 영혼이 죽음과 함께 소멸하거나 탄생과 함께 생겨난다고 믿지 않는다. 그것은 우주질서와 모순되기 때문이다. 단지 영혼은 죽음을 통해 그 몸을 바꾸어 새로운 삶을 살아갈 뿐이다. 불교가 말하는 윤회는 영혼은 불멸하다는 관념의 소산이다.*

---

* 김정명, 〈삶만큼 다양한 세계의 장례문화〉, 《세계의 장례문화》, 한국외국어대학교 출판부, 2006.

신라고분의 의미

———

《역사란 무엇인가》를 쓴 역사학자 에드워드 카는 역사를 '과거와 현재의 끊임없는 대화'라고 규정했다. 과연 신라고분은 우리에게 어떤 이야기를 들려주고 있는 것일까?

적석목곽분은 기원전 5000년경에 흑해 북안 얌나야 문화권에서 처음으로 나타난 전형적인 기마민족의 무덤형태이다. 3~5세기 유라시아 초원은 '대민족의 이동시대'였다. 유럽에서는 아리아인 일파인 게르만족의 대이동이 있었으며, 동아시아에서는 선비와 같은 흉노의 후예가 남쪽으로 내려와 국가를 이루던 시기였다. 신라에 4세기에 적석목곽분 형태의 고분이 갑자기 나타나 2백 년간 존속했다. 신라고분 출현이 중앙아시아 기마민족의 신라 이동으로 추정되는 이유이다.

이러한 신라 적석목곽분과 황금문화의 출현을 세계사적 흐름에서 파악할 필요가 있다. 최근 초원지역을 연구하는 러시아와 중국의 학자들이 신라의 고분에 주목하는 이유는 신라고분이 초원문화가 퍼져나간 동쪽 종착지이기 때문이다. 신라고분을 유라시아적 관점에서 넓게 보려는 거시적 노력이 필요하다.*

게다가 신라고분에서는 훈족 영역에서 발견되는 대표적 유물인 동복(청동솥)은 물론, 심지어 로만글라스와 로마 황금보검도 출토되었다. 이 로마시대 유물들은 고구려나 백제의 유적에서는 발견되지 않고 유독 신라고분에서만 출토되었다. 독일TV ZDF의 다큐멘터리 시리즈 〈스핑크스, 역사의 비밀〉 중 '잃어버린 고리 찾기' 편은 375년 게르만족의 대이동을 촉발해 로마제국을

———

• 강인욱, '신라의 적석목곽분은 알타이에서 왔는가?', 〈국제신문〉, 2010. 1. 25.

멸망시킨 훈족을 집중적으로 추적했다. 이 다큐멘터리는 훈족의 원류가 신라일 가능성이 있다고 했다. 실제 신라와 가야, 그리고 훈족의 유물을 비교해보면 편두(납작머리)와 금관머리장식, 그리고 유목민들

경주 금령총 기마인물상. 국보 제91호.

이 말 궁둥이 뒤에 달고 다니던 동복이 같다.

훈족의 이동경로에서 '동복'이 자주 발견된다. 주로 유목 부족장이 사용한 동복은 고기를 제사음식으로 바칠 때 쓰는 동으로 만든 용기이다. 유목민족은 이를 초원에서 식사준비할 때 솥으로도 썼던 것 같다. 이러한 동복은 가야시대 고분에서도 발견되어 가야국의 원류가 북방 기마민족이라는 증거로 거론되어 왔다. 훈족은 동복을 말 잔등에 싣고 다녔는데, 경주 금령총의 기마인물상에도 말 잔등에 동복이 있다. 이 기마인물상들 머리모양도 모두 납작머리이다.

신라고분 주인공들이 쿠르간 가설의 후예라는 주장도 있다. 신라왕족과 관련 있을 가능성이 높은 사람들은 카자흐스탄의 이시크 쿠르간(분묘)에서 발굴된 황금인간과 관련된 사카족이다. 사카족은 중앙아시아지역에 살던 이란계 아리아인으로 스키타이와 같은 뿌리를 가지고 있다. 기원전 5세기에 페르시아 전쟁에 대해 쓴 그리스 역사가 헤로도토스에 따르면 페르시아 사람들은 스키타이인들을 '사카이(사카족)'라고 불렀다. 이들 사카족은 중앙아시아에서 인도로 들어가 왕국을 세웠는데 바로 이 사카족에서 석가모니가 태어났다. 석가모니는 석가(사카)족의 성자라는 뜻이다.*

● 정형진,《실크로드를 달려온 신라 왕족》, 일빛, 2005.

쿠르간 문화의 확대 단계 ——

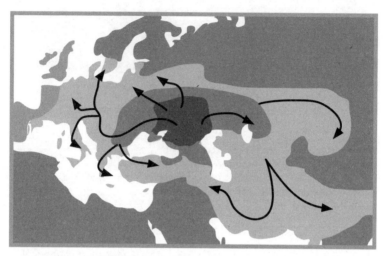

쿠르간 가설에 의한 인도유럽어족의 확대 이동

　김부타스에 의하면, 쿠르간족은 기원전 4400년부터 기원전 2200
년 사이 4번에 걸쳐 유럽과 중앙아시아로 퍼져나갔다. 쿠르간 I기에
는 드네프르강 유역에서 볼가강 유역에 걸쳐 기원전 4000년기의 전
반에 일어났다. 쿠르간 II기부터 III기는 기원전 4000년기의 후반에
해당한다. 쿠르간 IV기 내지 '얌나야 문화'는 기원전 3000년기의 전
반에 해당한다. 이 문화는 우랄강에서 루마니아까지 이르는 스텝지역
전체로 확대했다.*

● 라인하르트 쉬메켈, 《인도유럽인, 세상을 바꾼 쿠르간 유목민》, 한국게르만어학회 김재명 외
　5인 옮김, 푸른역사, 2013.

이론의 통합 ──

기원전 3700년에서 기원전 2000년 사이 청동기시대에 흑해와 카스피해 북단의 얌나야 문화권에서 인도유럽인이 출발했다는 '스텝 가설'을 주장한 김부타스의 이론은 한동안 절대적으로 통용되었다. 그러다 1987년 영국 고고학자 콜린 렌프류는 인도유럽인이 기원전 7000년 이전에 소아시아에서 건너온 농경인이라는 주장을 제기해 폭넓은 지지를 받았다. 이를 '아나톨리아 가설'이라 한다.

최근에는 이 유력한 두 이론, 곧 스텝 가설과 아나톨리아 가설을 통합하려는 시도가 있었다. 이는 이탈리아계 미국인 유전학자 카발리스포르차의 유전자 연구에 기반을 두고 있다. 쿠르간 문화와 관련 있는 유전형질은 중앙아시아, 서아시아, 인도, 이란, 그리고 유럽 중부와 동부 슬라브족, 유럽 북부 스칸디나비아인에게서 주로 보인다.

이에 따르면 소아시아(아나톨리아)로부터 온 농경민족이 발칸반도를 거쳐 한 갈래는 유럽대륙으로, 또 한 갈래는 흑해 북안으로 이주해 그곳 초원에서 말을 타는 기마민족이 되어 유럽과 북인도 지역을 정복해나갔다는 주장이다. 어쨌든 이들이 한 뿌리에서 나온 인도유럽인이고 이들이 쓰던 언어가 인도유럽어이다. 이 언어에서 많은 언어가 파생되어 나왔다.

인류 최초의 신전, 토테미즘의 효시 ──

인도유럽인의 아나톨리아 가설을 뒷받침하는 유적이 최근 발굴되었다. 터키 남동부이자 메소포타미아 북서부 유프라테스강 상류에 위치한 '괴베클리 테페 유적'으로, 1995년부터 발굴이 시작되었다. 그

괴베클리 테페 유적

간 인류 최초의 도시(마을)들로 거명되던 1만~8천 년 전의 예리코와 다마스쿠스, 터키의 '차탈회위크 유적'보다도 2천 년이나 앞선 후기 구석기시대의 유적이다.

놀라운 것은 평균 5미터에 달하는 거대한 돌기둥들이 지름 30미터의 원형으로 둘러싸고 있는 이 유적의 연대가 1만 2천~1만 1천 년 전으로 스톤헨지보다 무려 6천 년, 이집트 피라미드보다 7천 년 이상 앞선다는 점이다. 빙하기가 끝났을 때 구석기시대 인류가 동굴 밖에 나오면서 짓기 시작한 최초의 건축물 가운데 하나로, 지금까지 발견된 인류의 흔적 중 가장 오래된 것이다. 도대체 당시에 이 큰 돌들을 어떻게 다듬을 수 있었는지가 수수께끼이다. 1963년 발견 당시에는 중세 묘지 정도로 알았다. 1995년부터 독일 고고학자 클라우스 슈미트 팀이 다시 발굴을 시작한 이 유적은 T자형으로 생긴 돌기둥들이 둥그렇게 배치된, 종교적 제례의식을 위한 신전으로 확인되었다. 인류 최초의 신전인 셈이다.

토테미즘의 효시

주변에 미발굴된 이런 원형 유적
이 20개 정도 더 있는 것으로 확인
되어 아직 발굴이 10퍼센트 밖에
진전되지 않았지만, 발굴을 지휘
한 클라우스 슈미트 교수는 이곳
을 죽은 자들을 보호하는 신들을
모신 곳으로 보았다. 돌기둥에 양
각으로 정교하게 새겨진 동물 형
상들이 수렵의 대상인 사냥감으로
묘사된 것이 아니라 신격화된 형
상의 사자나 독수리, 뱀이라는 점

고베클리 테페 유적의 동물 형상

에서 이곳은 사냥성공을 기원하기 위해 지어진 것이라기보다는 동물
신들을 위해 지어졌다고 보았다. 특정 동식물을 신성시하여 부족의
상징이나 수호신으로 여기는 토테미즘의 효시였다.

인류문명사를 뒤바꿀 유적, '농업혁명'이 아니라 '종교혁명'

1만 2천 년 전이면 농경생활이 시작되기도 전이라 당시 인류는 바
퀴도 없었고 짐을 운반해줄 가축도 없었다. 온전히 인간의 노동력으
로만 지어진 신전이다. 큰 것은 높이 7미터, 폭 3미터, 무게 50톤에 달
하는 거석인데, 이것들을 운반해 곧추세워 대형 신전들을 지으려면
최소 5백 명 이상이 동원되어야 한다. 그런데 이 근처에는 당시에 사
람들이 생활한 흔적이 없다. 주변에 주거나 농경의 흔적이 발견되지
않고 식수원조차 없는 것으로 보아 농경이 발달하기 이전 수렵채취
생활을 하던 사람들이 모여 세운 것으로 추정된다. 이는 기존의 문명

사를 바꾸어야 함을 뜻한다.

왜냐하면 그간 우리는 1만 1천여 년 전 처음으로 농업혁명이 시작되어 사람들이 정착하여 농사를 짓기 시작했고, 마을공동체를 이룬 후 계급이 분화되고 중앙집권적 통치체제가 구축되었다고 배웠다. 그리고 이를 뒷받침할 종교, 곧 신전이 마을의 중심에 들어서 도시국가나 국가로 발전했다고 배웠다. 농업이 인간 삶의 형태를 송두리째 바꾸었다고 해서 이를 '농업혁명'이라 한 것이다.

하지만 이 유적은 인류 사회의 발전순서를 바꾸어버렸다. 농경생활 이전에 같은 믿음을 소유한 종교공동체가 먼저 이루어져 신전을 짓고 정기적으로 모여 제사를 지내다가, 나중에 농경이 시작되어 함께 모여 살면서 도시국가로 발전했음을 보여주고 있다. 이는 인간의 삶의 형태를 바꾼 것이 농업이 아니라 같은 믿음을 공유한 종교였음을 보여준다. 종교가 인간의 사고와 행동양식, 그리고 사회체제를 이끈 동인으로 작용해 인류의 발전을 이루었다는 점에서 이는 농업혁명이 아니라 '종교혁명'인 것이다.

이 유적을 연구하는 일부 학자들은 돌기둥에 독수리들이 새겨진 것으로 보아 현재의 티베트불교와 조로아스터교의 조장鳥葬 풍습이 이곳에서 시작되었다고 주장한다. 또 어떤 학자들은 돌에 새겨진 문양 같은 문자를 근거로 이 사람들이 고대 산스크리트어를 사용했다고 추정하고 있다. 인도유럽인의 풍습과 언어가 아나톨리아에서 시작되었다는 주장이다. 여하튼 수렵채취시대의 현생인류를 함께 묶은 힘은 종교였다. 인류 역사상 최초로 여러 집단의 사람들이 공통의 믿음 아래 뭉쳤다. 괴베클리 테페 신전으로 인해 종교 탄생의 역사는 1만 1천 년 이전으로 거슬러 올라갔다.

토테미즘은 가장 원초적인 사회제도

그 옛날 수렵채취인들에게 어떻게 이런 집단적 종교의식이 가능했을까?

프랑스계 유대인 문화인류학자 에밀 뒤르켕에 따르면, 원시시대 인류가 종교를 가진 이유는 자신의 부족이 속한 집단의 종교였기 때문이다. 그러니까 사람들이 믿는 종교는 종교 자체의 교리가 아니라 일종의 소속감이다. 그들이 믿는 것은 신이 아니라 같은 신을 모시는 집단성이다. 종교는 그 종교를 가진 사람들에게 강력한 소속감을 제공한다. 에밀 뒤르켕은 토테미즘이야말로 가장 원초적인 사회제도이며 가장 강력한 집합의식을, 때로는 집단적 열광을 공급했다고 한다. 《야생의 사고》를 쓴 구조주의 인류학자 레비-스트로스에 의하면, 토테미즘은 미개인의 종교적 현상이 아니라 인간 사유의 보편적 특성을 보여준다.

인지혁명

고고학의 불가사의 중 하나가 거석문화다. 석기시대 사람들이 어떻게 그 큰 돌을 운반하고 세워놨는지 의문이다. 한 가지 확실한 것은 거석문화는 종교와 연관되어 있을 것이라는 점이다. 그런데 이 신전의 거석문화는 토테미즘과 연결되어 있다.

토테미즘은 초원의 유목생활과 집단사냥을 배경으로 탄생했다. 유목민들은 동식물이나 자연물에도 영혼이 있다고 믿었다. 더 나아가 인간보다 강한 동물은 신일지도 모른다고 상상했다. 그 뒤 그들은 동물을 의인화하고 신격화하여 그 가운데 강한 신 또는 자기 부족과 가장 잘 어울리는 신을 수호신으로 받들었다. 이렇게 토테미즘은 인간의 상상력을 기초로 탄생했다. 이렇게 상상력은 신화와 종교를 만들었다. 유발 하라리가 쓴 《사피엔스》에서는 이런 상상력을 '인지혁명'이라 부르며 인류의 역사를 바꾼 것은 농업혁명이 아니라 인지혁명이라 했다. 어느 날 사피엔스는 다른 종보다 구체화된 '언어'를 토대로 '영혼, 신, 종교' 같은 '상상의 이야기'를 말할 수 있는 능력을 갖게 되었다. 사피엔스는 이런 개인적 상상을 언어를 통해 집단적 상상으로 키워낼 수 있었고, 이 능력은 '협동'을 불러왔다. 그리고 종교를 만들고, 이데올로기를 만들어 점차 거대한 집단의 운영을 가능케 했다. 오늘날에도 이런 상상의 힘이 만든 종교와 이데올로기들이 인류를 지배하고 있다.

초원 유목 문화의 확산

인간, 네발 달린 친구를 얻다 ——

지금으로부터 약 1만 5천 년 전, 인간은 최초로 네발 달린 친구를 얻었다. 동북아에서 늑대를 길들여 개로 순화하는 일에 성공한 것이다. 개는 염소와 양 떼를 몰아주어 인간의 사냥에 큰 도움을 주었을 뿐 아니라 나중에는 양을 길들여 목축하는 데 없어서는 안 될 인간의 친구가 되었다. 그 뒤 염소, 양, 소, 돼지, 말, 낙타의 순서로 가축화되었다. 이는 인류 역사에서 큰 사건 중 하나다. 그러다가 초원에서 전문적으로 개를 이용해 양떼와 소떼를 기르는 유목민족이 등장했다.

참고로 전 세계에 퍼진 개의 조상은 동북아 회색늑대라고 한다. 스웨덴 왕립기술연구소의 과학자들이 2004년 〈사이언스〉 지에 발표한 바에 따르면 전 세계 5백 종이 넘는 개의 DNA를 분석한 결과, 동북아시아의 개가 유전적 다양성이 가장 풍부한 것으로 나타났다. 이는 이 지역의 개가 가장 오래전에 가축화되었음을 뜻한다. 이처럼 늑대는 1만 5천 년 전에 처음으로 동북아에서 사육되어 1만 4천 년~8천 년 전 사이에 중앙아시아와 유럽, 그리고 아메리카대륙 등 전 세계로 퍼져나갔다.

개 사육의 역사가 중요한 이유는 유목사회와 농경사회의 출현이 이와 맞물려 있기 때문이다. 그 뒤 사육된 개는 사람을 따라 이동했을 것이다. 그렇다면 1만 4천 년~8천 년 전 사이에 동북아시아에서 사람들이 퍼져나갔다는 이야기다.

말을 길들이다 ——

이후 초원 유목문화의 본격적인 출발은 말을 길들여 타고 다니면서부터였다. 《말, 바퀴, 언어》를 쓴 인류학자 데이비드 앤서니에 의하면, 소와 양의 목축은 기원전 5200~5000년 사이에 코카서스 초원 전반으로 확산되었다. 그 무렵 코카서스 초원에 야생말이 많이 살았다. 전 세계 야생말의 40퍼센트가 이 지역에 몰려 살았다. 코카서스 유목민들은 목축을 하면서 황소로 땅을 갈기 시작했고 야생말을 잡아 식용으로 먹었다. 그러다가 나중에는 말을 길들여 키우기 시작했다. 처음에는 말의 체구가 작아 타고 다니지 못했다. 초원에는 두 종류의 야생말이 있었는데 작은 쪽은 키가 60센티에 불과했고 큰 쪽(카스피안 포니 종으로 추정)이 1.1미터 내외였다. 그렇게 작은 말이 있을까 싶지만 현대에도 남미에 키가 60센티에 불과한 팔라 벨라 종이 살고 있다. 유목민들이 우성교배를 통한 종자개량으로 체구와 키를 키워 타고 다니기 시작한 것이 기원전 4500~4200년 무렵이다.

그 뒤 말을 길들여 타고 다니기 위해 말의 입에 물리는 재갈이 발명되었고 말을 보다 효율적으로 사육하고 조정할 수 있는 조련술이 발전되었다. 이러한 기마의 발명은 효율적인 목축에 도움이 되었고 이동 또한 쉽게 해주었다.

한 사람이 양치기 개를 데리고 양을 돌볼 경우 보통 2백 마리를 기를 수 있다. 그런데 여기에 말을 더하면 5백 마리를 기를 수 있다. 이로써 초원의 목축 규모와 생산성이 늘어났다. 당시 말은 권력의 상징이었다. 말을 탄 이후 사냥의 효율성이 높아졌고 유목민들의 행동반경이 넓어졌다. 말 조련술은 군사분야에서도 획기적인 혁명의 길을 열어주었다. 말을 탄 부족이 더 빨리 세력권을 넓혀갔다. 하지만 부작용도 있었다. 약탈과 전쟁이 늘어났다.

흑요석의 축복 ——

기마는 목축에만 효율적인 것이 아니라 모피동물 사냥에도 유효하게 쓰였다. 이 시기에는 말을 타고 집단으로 몰이사냥을 하는 기술이 늘어나 모피동물 사냥이 발달했을 것으로 추정된다. 그 무렵 초원지역 유물 중에 흑요석으로 만든 화살촉과 창촉이 많이 보이기 때문이다. 그런데 이 흑요석이야말로 유목민들에게는 신의 축복이었다. 이 돌은 아무 데서나 쉽게 구할 수 없다. 대륙이 갈라질 정도로 강렬한 화산용암이 격렬하게 분출한 지역에서만 생성된다. 그것도 하늘로 솟구친 용암이 중요한 결정체가 생기기 전에 급격하게 냉각되어야 한다. 그래서 흑요석 산지는 극히 드물다. 유라시아대륙에서는 노아의 홍수 근거지인 아라라트산과 아르메니아고원, 미노스문명의 크레타섬, 동북아에서는 백두산과 일본열도 등 과거 화산분출활동이 격렬

우리나라 구석기시대의 흑요석 석기

했던 몇 군데서만 발견되었다. 코카서스 초원지역 일대에는 그 아래 아르메니아 산악지역에서 산출되는 흑요석이 많아 화살촉과 창촉을 쉽게 만들어 쓸 수 있었다.

흑요석은 유리질 광석이라 부싯돌로도 유용하게 쓰이지만 무엇보다 가볍게 내리치면 예리한 날이 쉽게 생기므로 화살촉과 창촉을 대량으로 만들어 사냥과 전투에 요긴하게 썼다. 유목민들이 대형 포유류를 집단사냥 할 수 있었던 것은 흑요석으로 만든 화살과 창이 많이 있어서였다. 이로써 위험한 동물한테 바짝 접근하지 않아도 원거리 사냥을 할 수 있었다. 흑요석이 없는 지역에서는 뼈나 돌을 갈아서 화살촉과 창촉을 만들어 써야 했는데 그나마도 신석기시대 이후의 일이다.

또 흑요석으로 만든 칼 등은 동물사냥 직후 사체가 굳기 전에 가죽을 분리해야 하는 모피제조에 유용하게 쓰였다. 흑요석 석기는 이처럼 다양한 용도로 사용되었는데 주로 작은 세석기細石器로 쓰였다. 한마디로 '구석기시대의 하이테크'였다. 더구나 흑요석은 화산폭발

1부 종교의 탄생

당시의 동위원소를 갖고 있어 이를 이용해 인류의 교역과 이동 범위를 추적할 수도 있다.

초원에서는 기본적으로 다른 지역과의 교역이 활발한데 대표적인 상품이 가축과 모피, 그리고 흑요석이었다. 이를 매개로 유목민 간에, 그리고 유목민과 정주민 간에 교역이 이루어졌다.

인도유럽어족의 확산 ——

초원의 유목민족이 널리 확산된 배경에는 기원전 4200년 무렵 '피오라 변동'이라 불리는 기후변화가 있었다. 알프스산맥 정상에 있던 빙하가 피오라 하곡으로 밀고 내려와 붙여진 이름이다. 이후 극심한 추위가 몰려와 초원지역의 풀이 모자랐다. 코카서스 초원의 기마민족 중 일부는 기원전 4200~4100년 무렵 소떼를 이끌고 정주민이 사는 흑해 서부 연안 다뉴브강(도나우강) 하류로 이동했다. 인도유럽어족이 처음 유럽으로 확산된 것이다.

또 하나 이들을 끌어들인 것은 이 지역에서 나오는 풍부한 구리였다. 코카서스 유목민들이 내려오자 그 지역에 살던 정주민은 이들을 피해 재빨리 다른 지역으로 떠났다.

그 무렵 다뉴브강 하류를 비롯한 흑해 서부 연안은 이미 문화가 크게 발달해 있었다. 일례로 당시의 대표적 유적지인 불가리아 동부 흑해 연안의 바르나 무덤들에서는 금으로 된 물품만 3천 점이 출토되었다. 그 시대에 이미 황금문화가 번성했다.

그 밖에도 기원전 4500~4100년경 대체로 비슷한 토기, 가옥, 여성상을 가진 수천 개의 거주지가 흑해와 인접한 동유럽 여러 지역에서 발굴되었다. 여신숭배문화였음을 알 수 있다. 이 지역을 고고학에서는 '고유럽'이라 부른다.

이 시기에 유목민에게는 목축의 증가로 빈부격차와 더불어 계급분화가 두드러졌다. 소떼와 양떼를 많이 거느린 부족 지도자는 '전곤'을 갖고 다니기 시작했는데 말 위에서 휘두르기 좋은 이 무기는 급속도로 퍼져나갔다. 기원전 5000년 무렵부터 등장한 전곤은 초기에는 신분표시 물품이었다가 시간이 지나면서 활과 더불어 기마민족의 무기로 쓰였다. 전곤은 마상에서 적의 두개골을 부서뜨리는, 일종의 돌로 만든 철퇴였다. 그들은 시간이 지나면서 주변을 초토화시키고 강을 따라 이주지역을 넓혀가며 고유의 쿠르간 무덤문화를 지켜나갔다.

그들은 거래를 통해서든 약탈을 통해서든 다뉴브강 인근의 마을들로부터 구리를 획득해 이를 흑해 북부의 드네프르강 인근 초원의 유목민에게 보냈다. 초원부족 간의 먼 거리 교역이 시작된 것으로 보인다. 그 뒤 인도유럽인은 1500킬로미터에 이르는 다뉴브강을 따라 중부유럽으로 들어갔고 기원전 4200~3900년 사이의 전쟁과 혼란기를 틈타 아나톨리아반도와 동남부 유럽으로 퍼져나갔다. 이들이 게르만족과 라틴족의 선주민이 되어 훗날 '바다의 사람들'이라고 불린 인도유럽어족과 합쳐져 오늘날의 게르만족과 라틴족을 이룬다.[*]

여신숭배의 고유럽과 남신숭배의 초원문화 ——

초원의 유목민족이 정주민족이 살던 유럽으로 밀고 들어오면서 유럽문화가 점차 바뀌어갔다. 김부타스는 공격적이고 호전적인 초원문명 이전에 돌봄과 배려의 평등사회를 가진 여신 전통의 문명이 존재

● 데이비드 앤서니, 《말, 바퀴, 언어》, 공원국 옮김, 에코리브르, 2015.

했고, 그것이 유럽문명의 진정한 뿌리였음을 발견한다. 그녀는 이를 토대로 《여신의 언어》라는 책을 집필했다.

김부타스에 따르면, 기나긴 선사시대에 인류는 여신을 숭배해왔다. 하지만 뒤이어 등장한 지배계층이 가부장제와 부계체제를 앞세워 이를 무력화했다. 곧 인류 초창기 유럽대륙에는 여성 중심의 평화로운 문명이 형성되어 있었는데 기원전 3500년을 전후해 쿠르간(무덤)과 호전적인 기마문화인 코카서스 초원문화가 서쪽으로 세력을

빌렌도르프의 비너스, 기원전 2만 5천 년~2만 년경.

뻗쳐와 인도유럽어족의 유럽 확산으로 이어졌다. 기원전 4500년경부터 코카서스 초원지대의 인도유럽어족은 모든 자연현상에 내재된 보이지 않는 힘을 숭배했다. 힘을 숭배하다 보니 대부분 남신이었다. 그들은 세상 만물에 '영'이 깃들어 있다고 생각했다.

초원문화, 수메르 문명과 교류 ——

유목생활은 기본적으로 자급자족이 불가능한 경제체제로 주변 농경사회에서 식량과 옷 등 필요한 물자를 공급받아야 했다. 이를 약탈을 통해 확보하든가 거래를 통해 맞바꾸어야 했다. 힘의 우위 여부에 따라 약탈과 거래가 일어나거나 혼재했는데, 코카서스 초원의 유목민들은 수메르 도시문명과 거래를 했다. 유목민의 고기와 유제품, 흑요석 등이 정주민의 밀과 보리, 의복, 청동무기 등과 교환되었으며, 유목민의 양털과 말이 수메르의 수레와 금속제품 등 혁신적인 상품

과 거래되었다. 이후 초원의 유목민 사이에 수레와 야금기술이 급속도로 전파되었다.

그 무렵 수메르 도시국가들의 금과 구리 수요는 대단했다. 그들은 이를 얻기 위해 유목민이 사는 아나톨리아 동부지역과 우루크의 서북쪽 캅카스산맥 구리광맥에 번질나게 드나들었다. 당시 초원의 족장들은 수메르 장신구를 몸에 가득 꿰차고 있었다. 그만큼 양자 간의 교류가 많았다는 뜻이다.

그 뒤 기원전 3600~3400년 무렵 흑해 북부 남부그 강변 초원에는 수메르 도시국가 이상의 거대 촌락이 만들어졌다. 도시 특유의 경제체제를 갖춘 수메르식 도시국가의 성격은 아니었고 외침으로부터 방어력을 높이기 위한 자구 수단의 하나로 집단적으로 모여 살았던 것으로 추정된다.

하지만 기원전 3300년경 모든 거대촌락이 사라졌다. 왜 사라졌는지는 역사의 수수께끼이다. 한편 볼가-우랄 초원의 유목민 일부는 동쪽으로 카자흐스탄을 가로질러 2천 킬로미터 이상을 이동해 알타이산맥 근처 알타이 강변으로 이주했다.[•]

말, 수레, 언어의 전파 ──

인류가 발명한 위대한 물건 중 하나가 바퀴이다. 바퀴를 이용해 수레를 발명한 것은 수메르 사람들이지만 이를 전파한 것은 초원의 유목민이다. 그 무렵의 교통로이자 통상로는 크게 둘로 나뉜다. 하나는 초원길이고, 또 다른 하나는 물길, 곧 수로나 연안이었다. 당시 산맥

● 데이비드 앤서니, 《말, 바퀴, 언어》, 에코리브르, 2015.

과 사막은 물론 내륙도 지형의 험난함과 강도떼 출몰 등 여러 이유로 다니기 힘들었다.

코카서스 초원의 유목민이 말과 수레를 타고 이동하면서 그 주변으로 길들인 말과 수레가 전파되었다. 또 그와 함께 그들의 언어 또한 확산되고 분파되었다. 이들로부터 말, 수레의 전파와 함께 인도유럽어가 분화되기 시작했는데, 아나톨리아고원의 히타이트어, 이란고원의 아베스타어, 인도의 산스크리트어가 차례대로 분화되어 나왔다.

히타이트/철기시대의 개막

인도유럽어족으로 역사에 처음 등장하는 나라가 히타이트이다. 히타이트는 역사에 기마민족으로 처음 등장하는 나라이기도 했다. 기원전 2300~2000년 아카드, 구티인, 우르3왕조가 메소포타미아지역을 3등분해 다스리던 때, 타우루스산맥 너머에서 온 인도유럽어족 히타이트인은 아나톨리아 원주민을 정복하고 세력을 넓혀갔다. 마침내 기원전 18세기 아나톨리아고원의 지배자가 된 히타이트

하투샤의 성벽과 스핑크스. 그리스 스핑크스의 원형이다.

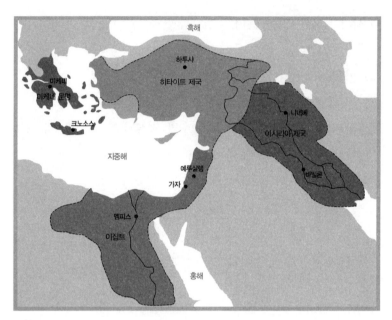

기원전 14세기 오리엔트 지역 세력도

는 처음 쿠샤라를 도읍으로 삼았으나, 뒤에 하투샤로 수도를 옮겼다.

기원전 17세기 무르실리스 1세는 말과 전차로 북시리아를 정복하고 바빌론을 공략했다. 이후 히타이트인은 미탄니를 속국으로 하고, 북시리아를 세력권에 흡수하여 이집트를 능가하는 대국이 되었다. 히타이트는 기원전 14세기경에 절정기에 들어섰는데, 당시에 아나톨리아의 대부분, 레반트지역 북부, 그리고 남쪽으로는 리타니강 하구 지금의 레바논, 동쪽으로는 메소포타미아 북부까지 장악했다.

참고로 하투샤는 20세기 초 독일인 빙클러에 의해 대신전과 성채가 발굴되었다. 도성 안에 사원만 31개로 당시 섬긴 신만 1천 개가 넘었다. 왕궁의 문서고에서 히타이트어와 아카드어로 쓰인 점토판 문서 2만 매 이상이 출토되었다.

성경에서 '헷' 족속이라 불리는 히타이트인들은 불의 온도를 높이끌어올리는 방법을 알았다. 그들은 고온의 노爐에서 고급 토기를 구워냈다. 이 정도 토기를 구워내려면 최소 5백 도 이상의 불을 오랜 시간 피워낼 수 있는 송풍시설을 갖춘 가마여야 한다. 이후 히타이트인들은 밀폐된 공간에서 불의 온도를 더 높여 철광석을 녹여내는 데 성공하여 인류 최초의 철기문명시대를 열었다. 인류가 가공한 최초의 철기는 기원전 2000년경 히타이트인의 본거지 아나톨리아지방에서 발견되었다.

강철의 발명 ──

원래 히타이트는 청동기국가였다. 아나톨리아에는 정작 청동제작에 필요한 주석이 나지 않아 아시리아 상인들을 통해 주석을 공급받았다. 아시리아는 중계무역으로 강성해진 나라로 그들은 곡식과 직물을 갖고 이란고원에 가서 주석과 바꾸어 이를 히타이트로 가져와 금, 은, 구리와 교환했다. 이런 히타이트가 철기시대를 연 것은 어찌 보면 우연이었다. 청동이 부족하자 철광석을 녹여 뭔가 만들어보기 시작했다. 그런데 불의 온도가 높지 않아 철광석이 완전히 녹지 않았다. 그래서 철광석을 완전히 녹여 철기를 만든 것이 아니라 불에 달구어진 잡쇠를 두들겨 철기를 만들었다.

철은 녹는점이 섭씨 1538도에 달해 구리의 용융점보다 5백 도쯤 높다. 당시 히타이트인이 철을 얻은 방법은 철광석을 높은 온도로 가열해 용융점에서 흘러내리는 선철銑鐵을 거푸집에 부어 만든 '주조' 방식이 아니었다. 고대에는 그 정도로 높은 온도의 노는 만들지 못해 7백~8백 도 정도에서 연철을 얻었다. 연철은 단련할 수 있는 철이라는 뜻으로 이렇게 뽑아낸 철을 잡쇠 덩어리라는 뜻의 괴련철로도 부른다.

히타이트인은 바로 이 괴련철을 단단한 철로 바꾸는 방법을 알아냈다.

그들은 괴련철을 목탄(숯)을 써서 가열하고 망치로 두드려 이물질을 제거하면 강한 철, 곧 강철이 된다는 것을 발견했다. 숯불에 달구고 두드리기를 반복하는데 이를 담금질이라 한다. 이 과정에서 불순물이 빠져나가고 단단한 철만 남는다. 그리고 철을 가열시킨 뒤 망치로 두들겨 무기와 도구를 만드는 '단조' 기술도 개발했다. 이들을 통해 같은 인도유럽어족 유목민족에게 철기문명이 전파된 것으로 추정된다.

철제전차 ——

히타이트가 5백 년 이상 강국으로 군림할 수 있었던 것은 그들이 말이 끄는 짐수레를 개량해 전쟁에 쓸 수 있는 기동력 좋은 전차를 만든 데 있었다. 고대에 적군이 가장 무서워했던 무기는 멀리 날아가는 화살과 가볍고 빠른 전차였다. 활이 나무로 만든 단궁에서 물소 뿔과 결합된 복합궁으로 발전한 것이 기원전 2300년경의 아카드왕국시대 일이었다. 이로써 화살의 사거리가 단궁의 경우 60미터 정도이던 것이 복합궁의 개발로 150미터 이상으로 늘어났다.

히타이트 전차는 기원전 18세기 말부터 사용되었으며, 히타이트 최초의 왕 아니타는 40대의 전차를 끌고 전쟁터로 나갔다는 기록이 있다. 지금까지 남아있는 기록 중에서 전차가 전쟁에 투입되었다는 증거로서는 가장 오래된 것이다.

그 뒤 기원전 15세기 티그리스와 유프라테스 강 사이에 있는 또 다른 인도유럽어족 국가인 미타니와의 싸움에서 히타이트 전차는 기동성이 뛰어난 이륜전차로 개발되었다고 전해진다. 이때 히타이트는 미타니의 유명한 말 조련기술과 전차 전투방식을 배웠다. 히타이트의 3

히타이트 전차와 복합궁

인승 전차는 궁수와 투창병을 태우고 다닐 수 있어 보병의 엄호 없이도 단독으로 기습이 가능했다. 그 뒤 히타이트는 이륜전차와 철검으로 한 시대를 풍미했다.

인류 최초의 세계대전과 평화협정 ——

히타이트는 세력을 확장하다가 기원전 1274년 람세스 2세가 다스리던 이집트와 부딪혀 카데시에서 전투가 벌어졌다. 이는 3200여 년 전에 제국 간에 벌어진 인류 최초의 세계대전이었다. 무려 5700대가 넘는 전차부대가 격돌한 전투였다. 이 전투가 중요했던 이유는 히타이트와 이집트 중 누가 티그리스강에서 지중해에 이르는 지역의 지배권을 차지하느냐는 문제가 걸렸기 때문이었다. 특히 아시아와 연계된 중요한 무역 중심지 카데시는 이집트의 최대 관심지역이었다.

인류 최초의 평화협정 문서

이 전쟁은 철제무기를 사용하는 히타이트와 청동무기를 쓰는 이집트의 싸움이었다. 히타이트는 3인용 강철 차축 전차로 2인용 전차밖에 갖지 못한 이집트를 몰아붙였다. 3인승 전차는 고대전투의 흐름을 바꿨다. 탑승한 궁수들은 양쪽에서 화살세례를 퍼붓다가 백병전이 시작되면 긴 창을 활용해 적진을 교란했다. 하지만 양쪽은 5년이나 끈 전쟁에도 끝내 승부를 보지 못하고 신흥강국 아시리아의 위협적인 성장에 기원전 1269년 카데시에서 세계 최초의 평화협정을 체결했다.

히타이트의 종교관 ——

히타이트의 종교관을 통해 우리는 그들과 같은 뿌리인 코카서스 초원 유목민족의 종교관을 유추해볼 수 있다. 히타이트는 다신교를 믿었는데, 그 특징은 신은 많을수록 좋다는 것이었다. 그래서 그들은 정복지의 신들을 모두 가져와 자신들의 신전에 모셔 신들의 수를 늘렸다. 이는 종교적으로 포용성이 있다는 뜻이다. 그 누구의 신이든지 히타이트는 존중했다. 이는 서로 다른 종교 간의 배척이 아니라 포용과 융합을 의미한다. 이것이 초원문화 종교에서 나타나는 중요한 특질이다. 초원의 유목민은 초지를 이동하면서 주변 환경변화에 빠르게 적응하고 이를 받아들이는 데 익숙하기 때문에 나타나는 현상으로 보인다. 그 덕분에 히타이트의 종교와 문화는 바빌로니아와 유사했다고 알려져 있다. 따라서 이들로 인해 인도유럽어 문화와 셈족 문화가 섞였다.

히타이트인은 풍요의 신 텔레피누와 불의 신을 중요하게 생각했다. 철광석을 녹이는 데는 불이 중요했다. 인도유럽어족이 공통적으로 불을 귀히 여기는 것은 그들의 오랜 전통이었다. 여기에 철을 만드는 데 중요한 바람신이 더해졌다. 철을 녹일 정도로 불의 온도를 올리기 위해서는 송풍시설과 풀무질이 필요한데, 당시 히타이트에는 이런 시설이 없었다. 특정 계절에 하투샤 부근에 강풍이 불어왔고, 그들은 이

강풍을 이용해 철을 녹이는 높은 온도의 불을 가까스로 유지할 수 있었던 것으로 보인다. 따라서 그들에게는 불의 온도를 높이는 '바람'을 보내주는 바람신이 중요했다.

또 기원전 1400~1300년경의 히타이트어 기록을 보면 이란고원 이웃에서 함께 살았던 미타니왕국의 최고신 중 하나가 미트라였다. 당시 미타니왕국에서는 미드라라는

로마인들이 믿었던 태양신 미트라

이름으로 불렸다. 말 조련술과 전차가 발달했던 미타니는 같은 인도 유럽어족 계열의 나라였다. 미드라는 계약과 의무의 신으로 히타이트 와 미타니 사이의 조약문에 서약의 신으로 나타난다. 두 나라가 모두 이 신을 믿고 있었던 것으로 미루어 코카서스 초원에서 파생된 인도 유럽어족 유목민 간의 종교가 비슷했음을 알 수 있다.

이란고원에 살던 고대 페르시아 사람들에게 미트라는 자손과 가축 을 내려주는 번영의 신이었다. 유목민에게는 최고의 신일 수밖에 없 는 존재였다. 또한 미트라는 만물을 품은 빛의 신이어서 맹세의 대상 이었고 그리스인과 로마인은 그를 태양신으로 간주했다. 미트라는 왕들의 신이기도 해서 왕과 전사 사이의 쌍무계약의 신이자 전쟁신이 었으며, 왕이 보증하는 정의의 신이기도 해서 사람들이 정의와 계약 을 준수하고자 할 때는 미트라에게 경배했다. 또 미트라는 충성과 신 앙수호의 신으로 전사들이 전쟁에 나갈 때면 미트라 신에게 승리를 간구했다.

히타이트 기록에는 미트라와 함께 우루와나라는 신이 등장한다. 이 신은 하늘을 다스리는 도덕질서의 주인이었다. 아마 고대 페르시 아의 아후라와 동일한 신이었던 같다. 그리스인들은 이 신을 쿠라노 스라 불렀다. 이로 미루어 인도유럽어족의 신들이 그리스 신화에도 영향을 끼쳤음을 알 수 있다.[*]

히타이트 선진법률과 모세율법 ──

히타이트는 군사력도 막강했지만 문화와 문명 수준도 높아 히브

● J. B. 노스, 《세계종교사》 상, 윤이흠 옮김, 현음사, 1986.

리왕국을 포함한 주변국가에 영향을 끼쳤다. 히타이트에서 가장 발달한 분야가 정치체계와 법률이었다. 히타이트의 정치체계는 왕과 여제사장, 그리고 귀족회의에 권력이 분산되어 상호견제하는 시스템이었다.

법률 면에서는 2백 개 이상의 칙령이 세부적으로 규제하는, 비교적 선진적인 문화를 가지고 있었다. 당시 오리엔트 사회 법률이 '눈에는 눈, 이에는 이'라는 탈리오원칙을 내세웠는데, 이는 복수를 부추기는 것이 아니라 오히려 복수를 제한하는 것이었다. 곧 당한 만큼만 받아낼 수 있을 뿐 그 이상을 요구할 수 없으며, 재보복을 금지하는 진전된 법이었다.

그런데 히타이트 법률은 이보다 훨씬 진보적이었다. 우선 법률조항 자체도 훨씬 너그러울 뿐 아니라 민법과 형법을 구별했다. 민법은 체벌보다는 배상을 위주로 규정하고, 형법은 고의와 과실을 구별하는 등 선진화된 개념을 갖고 있었다.

이렇듯 히타이트는 인류사상 최초로 인권과 평화, 관용, 기록에 눈뜬 선진의식을 갖춘 나라였다. 기원전 1274년 히타이트 왕 무와탈리 2세가 전쟁 중이던 이집트의 람세스 2세와 카데시에서 맺은 세계 최초의 평화조약문 등 다양한 점토판 문서가 이를 실증한다. 이 문서들에 의하면 결혼과 이혼에서 남녀의 동등한 권리를 보장했고, 정복지 사람들을 강제 이주시키지 않았으며, 조공과 부역 의무만 지워 그들 사회를 그대로 유지하게 해주었다.

히타이트가 남긴 점토판들을 분석해 보면, 히타이트제국과 약소국 사이에 맺은 '종주권 계약'이 많다. 이 종주권 계약을 분석한 미국 학자 조지 멘덴홀은 "히타이트의 종주권 계약이 출애굽기 19장 이하에 기록된 하느님과 이스라엘 민족 사이에 맺은 시나이산 언약 형식과 상당히 유사하다."라고 발표했다.

폴 존슨이 쓴 《유대인의 역사》에 의하면, 모세율법은 모세시대에 전부 쓰인 것이 아니고 일부는 가나안 정복 이후에 작성되었으며, 그 내용은 수메르와 바빌로니아, 아시리아, 히타이트 법률의 뿌리인 가나안의 법률을 이어받았다. 그 법률에는 정의와 평등의 정신이 녹아 있었다. 또 종주권 계약문의 형식을 살펴보면, 전문前文, 역사적 서원, 계약조항, 정기낭송, 증인목록, 축복과 저주 등 구약성서 시나이산 언약에 나타난 부분이 히타이트 종주권 계약에도 똑같이 나타난다. 따라서 멘델홀은 구약성서의 시나이산 언약이 형식 면에서 히타이트의 종주권 계약에서 영향을 받았다고 주장했고 신학계는 놀랐다. 이 주장이 상당히 타당해 보이는 이유는, 이스라엘 백성의 이집트 탈출 당시 히타이트가 막강한 세력을 형성하고 있었기 때문이다.•

호메로스시대, 문명의 몰락과 탄생 ──

기원전 3000년경부터 소아시아로 건너온 히타이트인은 세력을 모아 기원전 18세기에 카파도키아고원을 정복하고 왕국을 세운 후 세계 최초로 철기를 사용하며 번영을 누리다 기원전 1200년경에 외적에 의해 갑작스럽게 멸망당했다. 그런데 이때 역사가들이 제대로 알 수 없는 일이 발생했다. 히타이트의 멸망뿐 아니라 미케네와 크레타(미노아) 문명이 유린되고, 키프러스와 가나안이 침략당하며, 바빌로니아의 카시트왕조와 이집트의 신왕조가 교체되는 등 청동기문명이 동시에 붕괴하는 사건이 일어난 것이다. 그뿐 아니라 동쪽에서는 유목

• '잊혀진 철의 나라 히타이트 왕국 이야기', 〈성서의 땅을 가다(73)〉, CBS TV.

민족 스키타이의 대이동이 있었고, 나아가 한민족이 동남아시아에서 폴리네시아로 진출했다.[•]

이 시기 첫 단계에서 보스포루스해협을 건너온 사람들에게 히타이트가 멸망당했을 뿐 아니라 오리엔트지역의 해안도시들, 곧 트로이부터 가나안 도시국가들까지 거의 모두 파괴되었다. 그 뒤 에게해 연안도시 대부분이 공격받았다. 그 가운데 많은 곳이 철저하게 파괴되어 사람이 살지 않는 도시가 되었다. 그 대표적인 도시가 하투샤, 미케네, 우가리트이다.

《청동기의 종말The End of the Bronze Age》을 쓴 역사학자 로버트 드루스는 청동기시대의 붕괴를 "서로마제국의 멸망보다도 처참했던, 고대 역사상 최악의 재앙"으로 묘사했다. 기원전 1200년경에서 1150년 사이, 도시들이 하나씩 파괴되고, 무역로가 끊기며, 굶주린 사람들이 집단이동 하는 등 융성하던 문화가 별안간 붕괴되었다. 이 모든 재난은 불과 50년 사이에 벌어졌다.

이 시기에 수많은 민족이 우후죽순 등장하고, 민족의 대이동이 이루어졌다. 역사는 당시 기록이 남아있지 않다는 이유로 이 시대를 '암흑기'라 불렀다. 학자들은 이 암흑기를 '호메로스시대'라고도 하는데, 그 이유는 이 시대에 무슨 일이 있었는지 알 수 있는 유일한 문학작품인 《일리아스》와 《오디세이아》 때문이다. 그 저자인 호메로스의 기록으로 이 시대를 유추한다고 해서 그런 이름이 붙었다. 호메로스는 기원전 8세기에 살았던 고대 그리스 방랑시인인데, 그의 작품을 통해 트로이 전쟁과 그 이후 소아시아 상황을 추론할 수밖에 없다. 암흑기에는 이상할 정도로 기록이 모두 사라져버렸다.

• 이시 히로유키, 야스다 요시노리, 유아사 다케오, 《환경은 세계사를 어떻게 바꾸었는가》, 이하준 옮김, 경당, 2003.

수메르문명과 다신교

　기원전 5500년 무렵의 대홍수가 지나간 후 유프라테스강 하류 주변에 사람들이 모여들기 시작하면서 최초의 도시국가 에리두가 탄생했다. 기원전 5300년 무렵의 일로 수메르문명의 시작이었다. 먼저 문명이 시작된 강 하류 지역을 수메르라 부르고 뒷날 발전한 강 상류를 포함해 전체를 메소포타미아라 칭했다. 그리스어인 메소포타미아는 '강 사이에 있는 땅'이란 뜻으로 '강가의 땅'이라는 의미의 '이라크'와 같다.

　수메르어로 유프라테스는 '큰 하천', 티그리스는 '창처럼 빨리 흐르는 하천'이라는 뜻이다. 수메르인은 자연스럽게 유속이 느리고 수량이 풍부한 유프라테스 강줄기를 따라 농사지으며 여러 마을을 이루었다. 이후 유프라테스강과 티그리스강을 끼고 도시국가들이 연이어 들어서기 시작했다.

도시의 탄생은 인류문명사에 대전환을 의미했다. 수렵채취생활의 종말은 물론 인류가 정착해 이룬 농경생활마저 뛰어넘어 효율적인 집단생활을 하기 시작했다는 의미이다. 도시국가의 탄생은 크게 세 가지 의미가 있었다. 첫째, 도시의 탄생은 농업과 어업 위주의 사회를 지나 상업과 교역 위주의 사회로 진화했음을 뜻했다. 교역과 교류가 빈번해졌다. 둘째, 인류문명사 자체가 도시화의 역사로 대변될 만큼 도시화는 문화와 문명 발전의 중요한 견인차 역할을 했다. 셋째, 이들이 도시를 건설하고 성벽을 쌓았다는 것은 약탈과 전쟁 또한 빈번했다는 뜻이기도 했다. 당시는 거래와 약탈이 혼재된 시대였다. 불행하게도 인류는 전쟁을 통해 많은 분야가 발전했다.

아브라함의 고향, 우르 ──

우리는 아브라함을 유목민 출신으로 알고 있지만 그는 수메르문명이 가장 발달한 도시국가 우르에서 태어나 자랐다. 도시 출신인 것이다. 우르는 교역이 활발한 국제도시였다. 당시 수메르문명은 놀랍도록 발달한 고등문명이었다. 너무 물질이 발달하자 부작용도 일어났다. 성서적 관점에서 보면, 사람들이 지나치게 타락하고 우상숭배가 만연했다. 유대민족의 출발점을 이해하려면 아브라함이 살았던 우르의 수메르문명을 알 필요가 있다.

그런데 수메르문명이 고도로 발달한 문명이라는 사실은 수메르 점토판 문자가 판독된 20세기 전후에야 밝혀졌다. 19세기 초만 해도 사람들은 땅속을 파헤쳐 유물을 찾는다는 생각을 미처 못 했다. 19세기 중엽에 이르러서야 고고학자들이 옛 문헌에 비추어 심증이 가는 곳의 땅속을 파보기 시작했다. 점토판들이 대량으로 발견되었다.

이를 해독함으로써 우리는 수메르문명의 실체를 정확히 알게 되었다. 한마디로 대단한 문명이었다.

수메르학자 새뮤얼 크레이머가 쓴 《역사는 수메르에서 시작되었다》라는 책은 인류의 중요한 발명과 발견의 싹이 대부분 수메르에서 시작되었다고 주장한다. 그는 인류 최초의 '문자, 학교, 천문학, 야금술, 도시, 민주적 대의제도 등 인류문명사에서 중요한 것 39가지'가 수메르인이 발명한 것이라고 했다. 이러한 수메르의 문명과 신화와 종교는 주변과 후대에 큰 영향을 미쳤다. 그리고 히브리문화와 유대교에도 반영되었다.

인류 최초의 농업이 시작되다 ──

메소포타미아문명의 뿌리가 되는 인류 최초의 수메르문명이 발생할 수 있었던 것은 유프라테스강과 티그리스강 상류에서 많이 자라던 야생밀과 관련이 깊다. 사람들이 이곳에서 야생밀을 채취하며 수렵생활을 했다. 그러다 일부가 강 하류로 이동해 비옥한 퇴적층을 이용해 밀농사를 지을 수 있었다. 학자들은 기원전 9050년경 레반트지역, 곧 지금의 시리아 부근에서 인류 최초의 농업이 시작된 것으로 보고 있다. '텔 아부 흐레야' 유적에 그 흔적이 남아있다.

인간이 맨 처음 재배한 농산물이 '보리'와 '밀'이었다. 이 외에도 근동지역이 많은 재배종을 연속적으로 만들어냈다. 포도가 북부 메소포타미아의 산간지역에서 처음 재배되기 시작했다는 사실은 이미 잘 알려진 일이다. 대홍수 후 아라라트산에 방주가 멈춘 다음 노아가 '포도나무를 심었다'는 구약성서의 기록도 우연은 아니다. 포도뿐 아니라 사과, 배, 무화과, 아몬드, 호두 등의 과일도 모두 이곳에서 처음

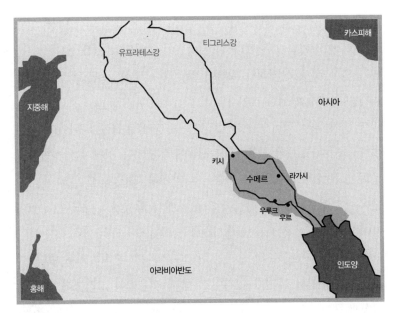

수메르

재배되기 시작했다.

　그 무렵 원시공동체에서는 모두가 평등했다. 그러나 남는 식량, 곧 잉여생산물이 발생하면서 이를 두고 싸우기 시작했다. 계급의 출현이자 빈부격차의 출현이다. 그 뒤 사유제도가 나타나 수메르에서는 밀 생산량에 따라 계급이 달라졌다. 계급분화를 바탕으로 공동체가 커지면서 필연적으로 여러 통치수단이 발생할 수밖에 없었다.

잉여가 가져다준 선물, 문화 ——

　농경사회에서 인류는 처음으로 잉여생산물을 생산하기 시작했다. 잉여생산물은 분배과정에서 계급사회도 탄생시켰지만 문명발달의 기폭제로도 작용했다. 우선 잉여생산물로 인해 기아에서 해방되었으며,

식품의 저장기술이 발달했다. 이때부터 건조, 소금에 의한 염장, 발효 등 식품을 장기간 보관했다 먹는 방법이 고안되었다. 또 잉여생산물의 교환을 통해 상거래와 교역이 발달했다. 생산, 교환, 소비로 일컬어지는 경제가 탄생한 것이다.

그 뒤 인류는 먹이사슬 추적에서 점차 자유로워졌다. 나아가 경작이 시작되자 그간의 생존 중심 생활에서 벗어나 잉여시간을 활용해 문화와 문명의 싹을 틔워 가꾸어 나가기에 이른다. 문화Culture라는 단어는 경작을 뜻하는 라틴어 Cultura에서 파생되어 나왔다. 경작이 가져다준 풍요가 문화를 탄생시켰다는 의미이다.

인류의 역사는 꾸준히 발전만 한 것이 아니라 후퇴하기도 했다. 후기 청동기문명의 붕괴가 그러했고, 중세 서유럽이 그러했다. 우리는 이렇게 문명이 퇴보한 시기를 '암흑기'라 불렀다. 하지만 역사가 비약적으로 발전한 시기 또한 있었다. 수메르문명이 바로 그런 시기였다.

우바이드기(기원전 5300~4500년)

수메르문명은 세계에서 가장 오래된 문명이다. 그들이 어디서 왔는지는 정확히 모르지만 대략 동쪽의 아시아로부터 이동해온 것으로 추정된다. 그들은 처음에는 티그리스강 상류 자그로스산맥 북쪽 산악지대에 터를 잡고 살았다. 그때 이미 그들이 갖고 있던 발달된 문명이 있었다. 그러다가 밀 재배가 가능한 유프라테스강 하류 쪽으로 이동하여 정착했다.

기원전 5300년 무렵 도시국가 에리두가 탄생했다. 그 뒤 우루크가 에리두문명을 추월할 때까지 약 8백 년의 시기를 우바이드기라 부른다. 이때의 대표적인 문화가 벽돌과 채색토기였다. 이는 불의 온도를 고온으로 끌어올리는 불 다루는 기술이 발달했음을 의미했다. 이후 벽돌의 대량생산으로 도시가 건설되기 시작했고, 바퀴의 발명을 토대로 물레와 수레가 만들어졌다. 우바이드기에 청동기시대가 시작되었다.

불 다루는 기술이 문명을 창조하다 ——

수메르인은 농업작물로 주변 문명과 활발한 교역을 했다. 우선 수메르에는 집 지을 나무와 돌이 없어서 아마누스산에서 나무를 베어 오고 멀리서 돌을 가져와야 했다. 그래서 곡물과 옷감을 갖고 가 목재, 석재, 금속 등으로 바꾸어왔다. 이렇게 수메르문명은 이집트문명과는 조건부터 달랐다. 워낙 환경이 척박해 가진 것이 없어 외부로부터 필요한 물건을 가져오거나 재주껏 만들어 써야 했기 때문에 일찍부터 교역을 하지 않을 수 없었다. 문명사를 들여다보면 문명은 풍요로운 곳이 아닌 이런 척박한 환경에서 발전했다. 토인비의 '도전과 응전' 이론이 딱 맞아 떨어지는 곳이 수메르였다.

그 뒤 수메르인은 나무와 돌을 멀리서 가져오는 대신 무언가 이를 대체할 것을 만들어 써야 했다. 불 다루는 기술이 발달하면서 마침내 진흙을 뜨거운 불에 구워 단단한 벽돌을 만드는 방법을 알아냈다. 당시로서는 획기적인 발명이었다. 이로써 돌 대신 벽돌을 사용하고, 벽돌에 역청을 발라 쌓아올려 집을 짓고 수로를 건설해 관개시설을 만들었다. 찐득찐득한 콜타르인 역청이 방수접착제 역할을 했다. 이 벽돌로 도시를 만들고 성벽을 쌓아 도시국가를 형성할 수 있었다. 이후 벽돌 만드는 기술은 인더스문명으로 전해졌다. 그래서 그곳 가옥과

페허로 남은 수메르의 도시국가 에리두

도시 구조가 수메르문명과 흡사하다.

수메르인은 벽돌과 타일에 법랑과 유약을 칠하는 방법까지 알아냈다. 그들은 불의 온도를 더 끌어올려 도자기를 구워냈다. 또 대형 도자기 수로관을 만들어 멀리서 물을 끌어왔다. 대형 도자기 수로관은 고대의 기술이라고는 도저히 믿기지 않을 정도로 뛰어난 기술이었다. 관개시설을 발전시키면서 기원전 4000년경 우르에서는 다리 건설에 필수적인 아치도 벽돌로 만들었다. 이후 아치 기술이 발전한 것이 돔이다. 지붕을 둥글게 만드는 돔도 수메르인이 처음으로 사용한 건축 기법이다.

채색토기 ——

더 나아가 높은 온도를 유지할 수 있는 밀폐식 가마와 송풍관을 만들어 불의 온도를 끌어올리는 원리를 발견했다. 이것이 인류 과학 기술의 첫 단추였다. 그들은 이를 이용해 세계 최초로 채색토기를 만들어 썼다. 고대에 토기를 굽기 위해 불의 온도를 6백~1천 도의 고온으로 끌어올리는 기술은 대단한 경쟁력이었다.

수메르 채색토기는 중국 앙소문화 채색토기보다 2, 3천 년 앞섰다. 그래서 스웨덴의 앤더슨은 '중국 채도 서방기원설'을 제창했다. 수메르의 자모르 채도는 이미 기원전 7000년 전부터 만들어졌다. 그는 또 채도와 함께 수메르의 농경문화가 중국으로 전해졌다고 주장했다.

으뜸 발명품, 바퀴와 수레 ——

신석기시대에 인류가 발명한 것 가운데 으뜸이 바퀴다. 고고학에 따르면 바퀴가 처음으로 사용되기 시작한 것은 기원전 4000년 이전으로 토기를 만드는 도공들의 물레에 처음 사용되었다. 그 뒤 세기적 발명품인 바퀴 달린 탈것, 곧 통나무를 둥글게 자른 원판바퀴를 이용해 수레를 만들어 사용했다는 가장 오랜 기록은 기원전 4000년경 수메르였다. 사륜 수레는 초원의 유목민에게 전파되어 그들의 기동력을 크게 향상시켰다.

그 뒤 기원전 3500년경 나무바퀴는 세 조각의 두꺼운 판자를 맞추어 연결대를 구리 못으로 박아 만든 형태로 진화했다. 우르왕조시대에는 이 형태로 된 바퀴 두 개의 가운데에 구멍을 뚫어 썰매 아래 고정시킨 축에 끼우고 나무 쐐기를 박아 최초의 이륜 수레를 완성했다. 이 시기에는 물건을 운반하기 위한 이륜 수레 이외에도 신분이 높은 사람들이 탈 수 있는 사륜 수레도 만들었다.

본격적인 청동기시대를 열다 ——

도자기를 굽는 불 조작 기술이 청동기시대의 야금기술을 가능케 했다. 기원전 4500년경 수메르에서 발달한 야금술이 도구와 무기를 만들어내면서 수메르의 도시화를 가속화했다. 하지만 부작용도 뒤따랐다. 무기의 발달로 약탈과 전쟁이 빈번해졌다. 그 뒤 기원전 3000년 무렵에는 청동이 중동지방까지 널리 알려지고, 유럽에도 전파되기 시작했다.

이후 아브라함이 살았던 기원전 2000년대에 청동 사용량이 크게 늘어났다. 지금의 영국 남단 콘월에서 대규모 광산이 개발되어 주석이 수입되었기 때문이다. 이 시기에 생산된 청동기의 상당량이 여기서 채굴된 주석을 사용했다. 이를 계기로 유럽대륙에 본격적인 청동기문명이 꽃피웠다.

수메르의 정령신앙(애니미즘) ——

유목민족의 종교가 수렵생활과 관련 깊은 샤머니즘과 토테미즘에서 출발한 반면, 정주민족의 종교는 농경생활과 관계가 깊었고 농사짓는 데 필요한 물과 기후를 관장하는 신들의 도움이 절실했다. 그러다보니 수메르인들은 농경생활에 필요한 정령신앙을 믿었다. 정령신앙(精靈信仰, 물활론, Animism)은 해, 달, 강과 같은 자연계의 모든 사물과 불, 바람, 벼락, 폭풍우, 계절 등과 같은 자연현상에 생명이 있다고 보고, 그것의 영혼을 인정하여 인간처럼 의식, 욕구, 느낌 등을 가지고 있다고 믿는 원시신앙이다. 달리 말해, 애니미즘은 무생물계에도 정령 또는 영혼, 곧 '눈에 보이지 않는 어떤 영적인 힘'이 깃들어 있다고 믿는 것이다.

수메르인들은 '수신, 지신, 바람신, 천둥번개신, 태양신, 바다신, 산신, 천신' 등 농경생활에 중요한 8신을 섬겼다. 이후 자연신들을 오랫동안 정성들여 섬기다 보니 신앙교리가 서서히 만들어졌고 새로운 종교가 생겨나 다신교로 자리 잡게 된다.

에리두의 신, 엔키 ——

도시국가가 생겨나면서 약탈과 전쟁도 많아져 농사 이외에 전쟁과 지혜를 주관하는 신들도 필요했다. 또 상인들과 먼 거리 항해사들을 위한 신들도 필요했다. 그렇다 보니 신들이 많았다. 또 도시국가의 집단규모는 전쟁 시 전투력을 의미하는데, 종교는 집단의 정체성을 강화시켜 구성원의 단결력을 높였다. 이로써 종교에 대한 열의가 높았을 뿐 아니라 신전 규모가 커지고 숫자도 늘어났다. 수메르 종교

엔키(가운데)

는 다신교인데 여러 신을 믿으면서도 자기 도시국가에 맞는 신을 선택해 수호신으로 섬긴다는 의미에서는 일신교이기도 했다. 최초의 도시국가 에리두의 수호신은 물의 신이자 지혜의 신인 '엔키'였다.

수메르신화에 등장하는 '엔키'는 아눈나키 50명을 데리고 하늘에서 내려와 토목기술을 총동원해 최초로 도시국가를 건설했다. 이 과정에서 '이기기'라 불리는 작은 신들이 심한 노동 때문에 더 이상 참지 못하고 봉기하자 엔키는 그들의 노동을 대신할 인간을 창조했다. 한편 배다른 형제 엔릴은 자기편을 이끌고 내려왔고 엔키의 토목기술을 '이난나'라는 여신의 미인계로 훔쳐와 도시들을 건설했다. 학자들은 이를 엔키의 도시 '에리두'에서 이난나의 도시 '우루크'로 권력이 넘어가던 시대를 반영한 신화로 보고 있다. 또 엔릴은 엔키의 인간들을 훔쳐오는가 하면 심술을 부려 인간들을 학살하려 했는데, 그때마다 엔키가 나서서 인간들을 도와주었다. 이는 당시 도시국가 간의 치열한 전쟁을 묘사한 신화로 보인다. 수메르 사람들은 신이 인간을 신에게 봉사하라고 만들었기 때문에 그 뜻을 거스르면 파멸을 맞는다고 믿었다. 그 예가 대홍수와 관련된 신화이다.

수메르 창조신화 ——

수메르신화에는 '우주창생신화'와 '하늘에서 온 사람들' 이야기가 나온다. 수메르신화는 이후 메소포타미아신화 전반에 영향을 끼쳐 그 내용이 아카드, 바빌로니아, 아시리아를 비롯해 유대에 이르기까지 다른 민족의 신화와 종교 속에 스며들었다.

1849년 영국 고고학자 오스틴 레이어드는 아시리아제국의 아슈르바니팔왕이 지은 도서관 유적에서 2만 5천여 점의 점토판 문서를 발

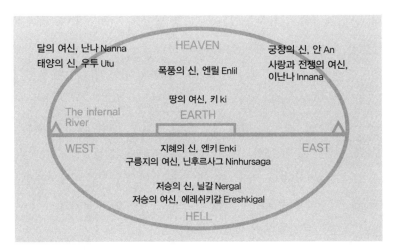

달의 여신, 난나 Nanna
태양의 신, 우투 Utu

HEAVEN

폭풍의 신, 엔릴 Enlil

궁창의 신, 안 An
사랑과 전쟁의 여신,
이난나 Innana

땅의 여신, 키 ki

The infernal
River

EARTH

WEST

EAST

지혜의 신, 엔키 Enki
구릉지의 여신, 닌후르사그 Ninhursaga

저승의 신, 닐갈 Nergal
저승의 여신, 에레쉬키갈 Ereshkigal

HELL

수메르신화의 신들

견했다. 쐐기문자로 기록된 점토판에는 성서의 창조이야기와 유사한 이야기가 담겨 있었다. 고대 수메르인은 물이 만물의 근원이라 생각했다. 그래서 우주가 창조되기 전의 상태를 '물'이라고 상상했다. 수메르 창조신화에도 원시바다가 모든 창조의 근원이었다.[•]

원시바다 남무로부터 하늘 신 안과 땅의 신 키가 태어났다. 곧 하늘과 땅이 붙어있는 우주가 생겨났다. 남무는 시작과 끝이 없는 존재 그 자체였다.

수메르인은 우주가 바다로 둘러싸여 있는 타원형의 돔 형태라고 상상했다. 지상의 땅이 돔의 하부, 곧 타원형의 중간층이고, 땅 아래에 압수라 불리는 큰 샘이 있고 그 밑에 인간이 죽으면 가는 지하세계가 있다.

하늘 신 안과 땅의 여신 키가 처음에는 한 덩어리로 붙어 있었는데,

• 배철현, '우주의 어머니로서 카오스', 〈월간중앙〉 2015. 11월호.

이 둘이 결합해 공기(바람)의 신 엔릴을 낳았다. 그리고 어둠 속에서 공기가 움직이기 시작해 하늘과 땅을 분리시켰다. 그 뒤 안이 남무와 결합해 물의 신이자 지혜의 신 엔키를 낳았다. 둘은 배다른 형제다.

그런데 엔릴(공기)은 자신의 어머니 키(땅)를 아내로 삼아 달의 신 난나를 낳았고, 난나는 해의 신 우투를 낳았다. 엔릴과 키의 결합으로 다른 모든 신이 태어났다. 우투는 빛을 더 세게 만들어 그로부터 세계가 만들어졌다. 공기(엔릴)가 땅 위를 스치고 움직일 때 물(엔키)의 도움으로 식물과 동물이 나타났다. 그리고 공기가 땅과 결합하여 신들이 나오고, 빛으로부터 세계가 만들어졌다.*

수메르 창조신화를 보면, 하늘 신 안이 자신의 어머니인 바다의 신 남무와 결합해 물의 신이자 지혜의 신인 엔키를 낳고, 공기의 신 엔릴이 그의 어머니 키와 결합하여 모든 신과 모든 만물을 낳는다. 이는 그리스 로마 신화에도 영향을 미쳤고 여러 모습의 근친상간으로 나온다. 그리스신화에서, 대지의 여신 '가이아'는 공간과 천공의 신 '우라노스'를 낳았고 그와 교합해서 거인신 족속 티탄족을 탄생시켰다.

신의 기원에 대한 이런 신화가 당시 수메르 세계의 일면을 반영한 것이다. 일례로 "수메르 문명 최초의 도시 에리두에는 늪이 많은 갯벌이 있었는데, 거기 언덕에 도시를 만들어 인간이 정착할 수 있게 해주었으며, 이 갯벌의 이름이 압수였다."**

구약시대 음부 개념, 유대교가 현세종교인 이유 ──

여기서 흥미로운 사실은 구약시대 유대인의 '쉐올(음부)'이 다분히

● 　장영란, 《위대한 어머니 여신―사라진 여신들의 역사》, 살림, 2003.

●● 카렌 암스트롱, 《신화의 역사》, 이다희 옮김, 문학동네, 2005.

수메르 창조신화의 지하세계와 개념이 비슷하다는 점이다. 그들은 신은 하늘에 살고 인간은 땅에 살며 인간이 죽은 후 가는 곳이 땅 밑 지하세계, 곧 '음부'라 여겼다.

구약성서에서 쉐올은 대략 66회 정도 언급되는데, 유대인들은 쉐올에 들어간 죽은 사람들은 무의식 상태로 있으며 훗날 여호와가 그들을 구해줄 것으로 믿었다. 곧 그들은 내세 개념이 없이 현세에서 살다 죽은 후 음부에 갇혀 있다 훗날 여호와에 의해 부활할 수 있다고 믿었다. 유대교가 현세종교인 이유이다.

우루크기(기원전 4500~2900년)

이후 에리두를 중심으로 하는 우바이드기가 끝나고 기원전 4500경에 에리두를 추월한 우루크(우룩)를 중심으로 우루크기가 시작되었다. 당시 우루크는 인구가 5~8만 명에 달할 정도로 큰 도시국가였다. 고고학적으로 우바이드기에서 우루크기로의 이동은 느린 물레에서 만들어진 채색토기에서 빠른 물레에서 양산하는 비채색토기로 바뀐 것으로 나타난다.

우루크기에 대량의 물품이 수메르운하와 수로를 통해 거래되면서, 거대한 신전중심 도시들이 많이 세워졌다. 마을 규모를 벗어나 도시가 탄생했음은 이미 농업 이외에 상업과 교역이 크게 발전했음을 뜻했다. 이 시기에 노예제도가 시작되었다. 이는 곧 중앙집권적 국가의 탄생과 동시에 포로획득을 주목적으로 하는 전쟁이 본격화되었다는 이야기이다. 우루크기에 수메르문명이 비약적으로 발전한다. 상업과 교역이 발전하면서, 사람들이 도시로 몰려들어 계획도시들이 본격적으로 건설되었다. 그리고 무엇보다 인류 최초의 문자가 탄생했다.

인류 최초로 계획도시를 건설하다 ——

문명의 기본요소로 도시는 상당히 중요하다. '문명'이라는 영어 단어 civilization도 civis(도시민), civitas(도시/국가)라는 라틴어에서 유래했다. 도시가 생겨나면서 문명이 같이 발흥했다는 의미이다. 그전에도 원시적이긴 하지만 도시는 있었다. 하지만 수메르에서 처음으로 도시들이 체계적으로 생겨나기 시작했다.

수메르인은 벽돌로 주택, 관개시설, 성벽, 지구라트 등을 갖춘 계획도시를 건설했다. 자연발생적으로 생겨난 도시도 있었으나 대부분은 계획도시였다. 수메르인은 비교적 짧은 기간에 인구 1만 명 정도의 도시국가를 여럿 건설했다. 더욱 놀라운 것은 그 무렵에 이미 도시 전체에 완벽한 상하수도시설이 있었다는 점이다. 수도관은 고열로 구운 진흙과 역청으로 만들어졌는데 오늘날의 시멘트나 도자기와 유사했다.

인류 최초의 문자, 수메르 쐐기문자 ——

수메르문명은 인류에게 많은 것을 선물했지만 그 가운데에서도 가장 중요한 것이 문자다. 인류가 사용한 최초의 문자는 기원전 3500년경의 도시국가 우루크에서 썼던 수메르 쐐기문자다. 우르 사람들도 이 쐐기문자를 썼으니 아브라함도 이 문자를 사용했을 것이다.

수메르인들은 기름진 땅에서 농사지으며 살았는데 신전을 지어 신에게 제사지내는 일을 중요하게 생각했다. 제사에는 그해 거둔 곡식,

가축, 노예 등을 제물
로 바쳤는데 그 제물
을 단순한 그림으로
기록했다. 이런 초보
적인 문자가 '상형문
자'이다. 이것이 점점
간단한 기호로 바뀌었
으니 이를 '설형문자'
라고 한다. 글자의 선

수메르의 쐐기문자 점토판

이 쐐기풀 모양이라 '쐐기문자'라고도 한다.

농사와 분배, 그리고 거래에 관련된 것을 기록하기 위해 문자가 발명된 것으로 보인다. 우르의 사원에서 발견된 점토판을 보면 식량을 계량해서 주민들에게 나누어주는 일에 관한 내용이 대부분이다. 문자가 지배층의 통치수단으로 쓰였음을 알 수 있다. 이 외에도 상업과 교역을 위해서도 문자는 필요했다.

우리는 기록이 없는 시대를 '선사시대', 기록이 있는 시대를 '역사시대'라 부른다. 수메르문명이 인류 최초의 문명으로 인정받는 것은 바로 이 역사시대를 최초로 열었고, 점토판 문자를 통해 그들의 이야기를 자세히 전하고 있기 때문이다.

우루크의 수호신, 이난나 ──

고대에 출산과 풍작을 기원하던 기복신앙은 신화를 거쳐 종교로 발전했다. 일반적으로 다산과 수확의 기쁨을 주는 대지의 여신은 다소 애매한 위치의 '하늘신'보다 농경민족에게는 분명 더 매력적이고

이난나와 그녀의 시종 닌슈부르

위력적이었다. 이렇게 창조를 마친 하늘신은 소외되어 잊힌 신이 되기 일쑤였다. 이 단계에서 등장하는 여신이 우루크의 '이난나'다. 수메르의 종교관은 수메르문명의 발전과 함께 계속 변해갔음을 알 수 있다. 종교를 그 시대의 문명사와 함께 파악해야 하는 이유이다.*

초기왕조시대(기원전 2900~2350년)

인류 최초의 화폐 세켈이 주조되다 ——

초기왕조시대에는 상업과 교역의 발달로 화폐가 탄생했고 빈번한 약탈과 전쟁의 영향으로 전쟁 무기와 전술이 발전했다. 한마디로 거래와 약탈이 혼재된 사회였다. 수메르인이 남긴 유산 가운데 경제사에서 가장 큰 족적이 화폐의 발명이다. 기원전 9000년경부터 사람들은 교환의 단위로 가축을 사용했다. 그 무렵이 인류가 소와 양을 길들여 기르며 고기, 우유, 가죽, 노동력을 이용하기 시작한 시점이다. 곧 그간의 수렵채취로부터 목축으로 발전하면서 개인과 집단의 사유

● 장영란,《위대한 어머니 여신》, 살림, 2003.

재산이 생기기 시작한 것이다. 자본capital이라는 단어는 소와 양의 '머리'를 뜻하는 라틴어 capita에서 유래했다.

그 뒤 농업의 발달로 사람들은 물물교환을 위해 밀 다발을 사용했다. 이 밀 다발을 '세켈'이라 불렀다. 수메르인들이 기원전 3000년경에 동전을 제조해 사용하면서 여기에서 이름을 따와 세켈이라 불렀다. 인류 최초의 화폐 단위였다.

이렇게 수메르인은 화폐를 발명해 물물교환을 한층 수월하게 했다. 그러나 큰 거래에는 금, 은이 사용되었다. 아브라함이 사라를 위해 묘지를 살 때 화폐 단위로 세켈을 사용한 것이 성경에도 등장한다. 이스라엘은 지금도 화폐 단위로 세켈을 쓰고 있다. 세켈은 인류 최초이자 가장 오래 쓰이고 있는 화폐 단위다.

수메르, 무기와 전술이 발달하다 ——

수메르는 원래 여러 도시국가가 잦은 전쟁을 일으키는 지역이었다. 더불어 끊임없는 유목민의 침공에도 대비해야 했다. 이러한 끊임없는 전쟁 때문에 수메르지역은 당시에 가장 발달된 군대를 탄생시킬 수 있었다. 특히 수메르인은 최초의 청동 판금갑옷, 최초의 전차, 최초의 팔랑크스 밀집진영, 최초의 투구 등 당시로서는 혁명적인 무기를 생산해냈다. 이러한 무기 발달 이외에도 수메르인은 세계 최초로 군대를 창설했다.

빈번한 전쟁의 발발은 그간 번식과 풍요를 상징했던 여신을 전쟁도 주관하는 지혜의 신으로 복합화했다. 그리고 서서히 여신시대를 축소시키고 힘과 승리를 상징하는 남신중심의 시대를 열었다.

수레와 전차의 발명 ——

수메르인의 가장 혁명적인 기술은 바로 전쟁에서 바퀴를 응용한 것이다. 수메르인은 기원전 2600년경부터 전차를 발명했다. 수메르 주변의 유목민은 더 이상 수메르인의 상대가 되지 못했다. 이 시기에 수메르인은 속도가 빠른 사륜전차를 만들어 싸움에 사용했다. 전투용 전차를 이용한 강력한 군대로 우르는 주변을 석권할 수 있었다. 전차는 말을 타고 빠르게 이동하면서 적을 공격할 수 있는 훌륭한 도구였다. 이후 바퀴는 빠른 속도로 전파되어 육상교통의 혁명이 시작되었다.

기마병보다 전차가 먼저 등장한 이유는 고대 수메르의 말이 지금에 비해 덩치가 많이 작았기 때문이다. 원래의 말은 덩치가 작아 사람이 타기 힘들었다. 타더라도 허리 부분이 아니라 엉덩이 쪽에 앉아야했다. 그리고 힘이 달려 체력과 기동력이 지금 말에 비할 바가 못 되었다. 우리가 아는 큰 말이 등장한 것은 한참 뒤의 일로 큰 말은 유전자 변이와 의도적인 교배를 통해 만들어졌다.

기원전 2600년경의 수메르 전차

1부 종교의 탄생

기원전 2400년경에는 바퀴살이 있는 바퀴가 처음으로 등장했다. 바퀴살이 발명되면서 훨씬 더 가벼운 바퀴로 더 많은 물건을 실어 나를 수 있었다. 이때부터 사륜전차는 기동성이 좋은 이륜전차로 진화한다. 이후 인류는 수레가 있었기에 발전할 수 있었다. 수레를 이용해 대규모 관개시설과 성을 건설하는 데 필요한 자재를 운반하여 고대 왕국을 건설할 수 있었다. 또 먼 거리 이동을 원활케 하여 공간을 좁히고 시간을 줄이는 효과를 가져왔다. 말하자면 수레는 오늘날 기계문명의 효시였다.

우르의 신, 난나 ──

아브라함의 고향 우르에는 '난나' 신전이 있었다. 달의 신 난나의 의미는 '빛을 내는 자'로 나중에는 '신Sin'으로도 불렸다.

수메르 창세신화에 의하면 최초에는 바다만 있었다. 광활한 물 위에 떠 있던 바다의 여신 남무는 너무 적적했다. 그녀는 스스로 잉태하여 하늘과 땅이 붙어 있는 우주를 낳았다. 그러나 하늘과 땅도 움직임이 없었기에 지구에는 여전히 침묵만 흐르고 있었다. 이에 하늘신과 땅의 신이 결합해 바람신 엔릴을 낳았다. 그는 공기와 바람으로 하늘과 땅을 갈라 떨어뜨려놓고 만물을 만들어나갔다. "나는 아버지 하늘신과 어머니 땅의 신보다 더 위대하고 힘이 세다. 이제 이 세상은 내 힘으로 만들고 통치하겠다."

신들의 모임에서 주도권을 잡고 최고신의 역할을 맡은 바람신은 교만해졌다. 어느 날 바람신이 뱃놀이 하고 있는 아름다운 여신 '닌릴'을 보았다. 그는 한눈에 반했다. "너무나 아름다운 여신이여! 나의 사랑을 받아주오. 당신을 본 다음부터 나는 잠을 잘 수도 밥을 먹을 수도 없답니다."

그의 애원과 감언이설에도 여신은 꿈쩍하지 않았다. 여신의 마음을 돌리려 애썼지만 허사로 돌아가자 바람신은 힘으로 여신을 강간하고 만다. 여신은 하늘신에게 바람신의 악행을 눈물로 호소했다. 자식이라 알아도 모르는 척하던 하늘신은 크게 노했다. "네 악한 죄는 신들의 회의에서 용서할 수 없다고 결정되었다. 너는 이제부터 네 생명을 대신할 다른 생명을 바치지 않는 한 영원히 저승세계에서 살아야 한다. 당장 어둠의 세계로 내려가거라."

바람신은 빛이 없는 암흑의 저승으로 쫓겨 간다. 그런데 놀라운 것은 바람신을 고발했던 아름다운 여신도 바람신을 따라 저승세계로 내려간 것이다. "그는 밉지만 제 뱃속에는 바람신의 자식이 자라고 있으니 아비 없는 자식으로 키울 수는 없잖아요."

바람신과 함께 저승세계에 내려간 여신이 낳은 아이가 바로 달의 신 '난나'이다. 씩씩한 달의 신을 본 아버지 바람신은 여신을 설득해 자기들의 생명을 대신할 세 명의 저승신을 낳아 바치고 하늘로 올라온다. 하늘로 올라온 달의 신은 다른 여신과 결혼해 태양신을 낳는다.

달의 신이 태양신을 낳았다는 신화는 수메르문명에서 달이 태양보다 더 중요했음을 의미한다. 수메르문명의 터전 위에 형성된 유대교와 이를 본떠 만든 이슬람교에서 달은 역법의 중심이었다. 유대인과 이슬람이 지금도 달을 중심으로 하는 음력을 쓰는 이유이다. 이슬람 문장은 초승달과 별이 짝을 이룬 형태인데, 이것은 신성神性과 군주를 가리킨다. 후에 다른 문명권에서 태양이 더 중요한 천체로 부상하면서부터 그리스 로마 신화를 비롯한 많은 신화에서 달은 주로 여신으로 묘사되기 시작했다.*

음력을 기초로 한 유대력 ——

난나 신에서 보듯 고대인에게 달은 중요했다. 달빛은 고대인의 밤 생활에 중요한 불빛이었다. 달이 찼다 기울었다 하는 '삭망 주기'가 정확히 되풀이되는 것을 보고 고대인들은 우주가 법칙에 의해 운행되고 있음을 느꼈다. 태양 궤도도 1년을 주기로 반복되는 것을 알았다. 그래서 이런 것을 하나둘씩 적어간 것이 천문학과 수학의 발달로 이어져 역법을 알아냈다.

이렇게 달이 한 번 차오르고 지는 데 걸리는 기간 29.5일이 음력 한 달이다. 그래서 한 달의 길이는 29일이나 30일이 된다. 이렇게 계산하면 1년은 354일이다. 처음에는 1년을 354일 12개월로, 한 달은 29일과 30일로 했다. 이 역법이 소위 바빌로니아 태음력이다. 순수한 음력이었다. 하루는 달이 뜨는 저녁부터 시작되었고 한 달은 일몰 직후 보이는 새로운 초승달 저녁부터 시작되었다.

유대인의 하루는 해가 지는 일몰부터 시작한다. 창세기 1장 5절을 보면, "저녁이 되며 아침이 되니 이는 첫째 날이니라."라며 저녁을 아침보다 먼저 적고 있다. 이는 음력을 쓰는 유대인의 습관상 해질 때가 하루의 시작이기 때문이다. 그리고 한 주 역시 토요일 일몰부터 시작된다. 그래서 유대인의 안식일은 금요일 일몰부터 다음 날 토요일 일몰까지다. 그리고 한 달도 처음 초승달이 보이는 저녁부터 시작된다. 해가 바뀌는 정월 초하루는 가을 추분 직후의 초승달부터 시작한다. 히브리력이 음력이기 때문이다.

하지만 정주민족에게 농경은 무엇보다 중요했다. 그런데 농경을

● 반기성, '수메르 달의 신 난나', 《충청타임즈》, 2007. 9. 28.

하는 데 필히 알아야 할 것이 계절의 순환주기였다. 달을 중심으로 하는 음력을 계절을 알려주는 태양의 공전주기(양력)에 맞출 필요가 있었다. 음력에서는 한 달을 29일과 30일로 번갈아 쓰다 보니 1년이 354일이 되어 지구의 태양 공전주기 365일보다 11일이 짧았다. 그래서 이를 채우기 위해 윤달을 19년 동안 7번 집어넣는 방식을 택했다. 그래서 윤달이 있는 해는 30일이 더 늘어난다. 이 개정역법이 소위 바빌로니아 태음태양력이다. 음력에 기준을 두면서 계절도 맞춘 역법이다. 유대인들은 지금까지도 이러한 유대력을 사용하고 있다.

라마단이 3년마다 한 달씩 앞당겨지는 이유 ——

한편 같은 음력을 쓰는 이슬람력은 태양력보다 부족한 11일 차이를 조정하지 않는다. 따라서 이슬람력의 정초는 매년 11일씩 앞당겨진다. 이슬람교의 라마단이 3년에 한 달씩 앞당겨지는 이유이다. 유대인들은 율법을 준수하기 위해서라도 유대력을 태양력에 일치시키지 않을 수 없었다. 곧 이집트에서의 탈출을 기념하는 유월절은 봄에 지내라고 했는데 이슬람력처럼 매년 11일씩 앞당겨질 경우 유월절을 겨울에 맞을 수도 있기 때문이다.*

지구라트 ——

수메르의 도시국가들은 각자 자기들이 믿는 고유의 수호신이 있었다. 수메르인은 수호신을 위해 도시 한가운데에 벽돌로 거대한 신전

● 강영수, 《유태인 오천년사》, 청년정신, 2003.

　　　　　　　　　　　　1부 종교의 탄생

우르의 지구라트. 외벽에 걸프전 때 탄흔이 남아 있다.

을 만들었다. 훗날 40여 개의 신전이 발굴되었는데 대부분 계단식 탑 모양이었다. 이를 '높은 곳'을 뜻하는 지구라트라 부른다.

수메르인은 실제로 탑을 매우 높게 쌓았다. 그렇다 보니 지구라트 는 천문관측대로도 쓰였다. 당시 신전은 제사를 지내는 곳으로 한정 되지 않고 경제활동의 중심지였다. 토지가 모두 신의 소유여서 신전 은 경제를 좌지우지할 수 있었다. 지구라트는 신의 소유인 추수한 곡 식을 보관하는 창고로도 쓰였다.

지금까지 발견된 지구라트 중에서 기원전 2100년경 건설된 우르의 지구라트는 가장 완벽하게 보전되어 있었다. 원래 4층 구조였으나 지 금은 2층까지만 남아 있다. 우르가 부흥하면서 기원전 2113년 왕이 된 우르남무는 도시의 수호신 난나를 모신 신전을 좀 더 높은 곳에 세워 도시의 상징으로 만들었다.

II

유대교의 탄생
— 기원전 2000년~기원전 1300년 —

성서적 관점에서 보면, 아브라함은 우상숭배를 거부하고 인류 최초로 유일신을 믿은 인물이다. 하느님은 그와 계약을 맺었다. 그 뒤 유대교가 민족 종교로 자리 잡은 것은 이집트 탈출(출애굽) 시기로 모세가 시나이산에서 하느님으로부터 십계명과 율법을 받으면서부터다.

유대교의 특징은 '계약의 종교'라는 것이다. 유대인들은 하느님으로부터 선택되어 하느님과 직접 계약을 맺었다고 믿는다. 계약이란 두 당사자, 곧 창조주와 자유의지를 가진 인간 사이에 맺은 신성한 약속이다. 그 뒤 유대인들에게 계약은 목숨 걸고 지켜야 할 당위가 되었다. 그들이 비단 신과의 계약뿐 아니라 상업상의 계약도 중시하는 이유다.

또 다른 유대교의 특징은 '배움의 종교'라는 것이다. 기원전 6세기 바빌론 유수기에 성전이 없어 제물을 드리는 예배를 거행치 못하자. 선지자들은 "하느님은 성전에 바치는 천 가지 제물보다 한 시간의 배움을 더 기뻐하신다." 라고 가르쳤다. "하나라도 더 배워야, 하느님의 섭리를 하나라도 더 이해하여, 하느님에게 한 발짝이라도 더 다가갈 수 있다."라고 가르쳤다. 그래서 유대교는 배움을 기도와 똑같은 신앙생활로 간주한다. 그들이 평생 공부하는 이유이다.

나아가 유대교는 '유대인은 모두 한 형제'라고 가르친다. 율법은 유대인들이 형제애로서 단합하고 서로 도울 것을 명령한다. 그들이 강한 이유다.

유대교는 '과거의 역사'를 중시한다. 그들은 역사 속에서 수많은 고난과 뿔뿔이 흩어지는 이산의 아픔을 겪었다. 이러한 담금질을 통해 갈고 닦아지면서 그들은 더욱 강해졌다. 고난이 바로 은혜였다. 유대인은 과거의 역사를 반추하며 이를 현재의 스승이자 미래의 거울로 삼는다. 그들의 조상 아브라함과 모세가 현재 그들의 기억과 예배 속에 살아 숨 쉬는 이유이다. 유대인 역사의 굽이굽이에는 이러한 정신이 깊숙이 배어있다. 그 정신이 어떻게 형성되었는지, 유대민족과 유대교의 탄생과정을 알아보자.

아브라함시대의 다신교 사회

낙원설화 ──

고대의 종교와 신화 대부분에는 잃어버린 낙원에 대한 이야기가 있다. 수메르신화에도 낙원설화가 있다. 구약성서의 에덴동산을 수메르신화에서는 '딜문'이라 했다. 딜문이란 '정토, 밝은 세계'라는 뜻으로 병도 죽음도 없는 생명의 땅이다. 딜문동산은 태모신胎母神, 곧 모든 신의 어머니 신 닌후르사그가 동쪽에 만든 낙원이었다. 그런데 딜문에는 동식물에 필요한 물이 없었다. 그래서 물의 신 엔키가 태양신 우투에게 명하여, 땅의 물을 길어 딜문 동산에 채우게 해 푸른 초장과 나무가 우거진 정원이 되었다.

딜문동산에 여러 신이 모여 살았는데 그 가운데 태모신 닌후르사그가 여덟 그루의 나무를 동산에 심었다. 닌후르사그는 땅의 번식도 주관한 지모신이었다. 닌후르사그는 나무들을 키우는 데 성공한다. 나무 열매를 먹고 싶어 하는 물의 신 엔키의 눈치를, 그의 하인 두 얼굴의 이시무드가 알아채고는 과일을 따주어 엔키가 먹었다. 이에 분노한 닌후르사그는 엔키에게 죽음의 저주를 퍼부은 후 사라진다. 과일을 먹은 엔키의 오장육부가 썩기 시작했다. 엔키의 병이 급속히 악화되자 수메르의 신들은 닌후르사그를 만나 타협을 보았다. 이때 엔키에게 병이 난 곳 가운데 하나가 갈비뼈였다. 닌후르사그는 갈비뼈를 치료해 엔키의 병을 완치시킨다.[•]

닌후르사그는 닌티라는 생명의 여신을 만들어, 닌티가 엔키의 병을 고쳐 둘이 함께 살도록 했다.

수메르의 딜문동산 신화에서는 창조주가 여신이었는데 에덴동산 신화로 넘어오면서 창조주는 남신이 된다. 모계사회에서 남성 중심의 부계사회로 바뀌는 사회상을 반영한 것으로 보인다.

길가메시 서사시, 대홍수 이야기 ──

길가메시 서사시는 고고학자 레어드가 1851년 니네베 아슈르바니팔 궁전 지하서고에서 발견했다. 모두 12개의 점토판에 134행의 시 형태로 기록되어 있다. 길가메시는 기원전 2812년부터 126년 동안 우루크를 통치한 왕으로, 키가 4미터나 되는 거인이다. 길가메시는 지상에서 가장 강력한 왕으로 3분의 2는 신, 3분의 1은 인간인 초인이다. 그러나 백성들이 그의 압제에 불만을 터뜨리며 신들에게 길가메시에 맞서 싸울 강적을 만들어 달라고 울부짖자 천신과 모신은 엔

• 새뮤얼 크레이머, 《역사는 수메르에서 시작되었다》, 김상일 옮김, 가람기획, 2018.

길가메시 부조상. 품에 사자를 안고 서 있다.

키두라는 힘센 야만인을 만든다.

길가메시와 엔키두는 한바탕 싸운 후 친구가 된다. 길가메시가 여신 이슈타르의 유혹을 뿌리치자 그녀는 아버지 아누에게 길가메시를 징벌하기 위해 하늘의 황소를 내려줄 것을 요청한다. 길가메시와 엔키두는 하늘의 황소를 죽인다. 신들은 엔키두가 하늘의 황소를 죽인 것에 분노해 엔키두를 죽인다. 친구의 죽음으로 충격을 받은 길가메시는 삶의 무상함을 느끼고 영생을 얻는 방법을 찾아 죽지 않는 유일한 인간인 우트나피시팀을 찾아 나서 고생 끝에 그를 만나 대홍수에 대해 전해 듣는다.

대홍수의 내용은 이렇다. 인간들이 창조된 뒤 그들의 시끄러운 소리로 땅의 신이 잠을 잘 수 없었다. 신들은 인간들을 쓸어버리기 위해 대홍수를 내리기로 하고 그 계획을 비밀에 부쳤다. 그러나 경건한 사람 아트라하시스의 신은 꿈에 그에게 나타나 배에 물이 스며들지 않도록 하는 기술을 알려주며 네모상자 모양의 배를 짓고 가족과 동물들을 태우라고 지시했다. 모두 배에 오르자 7일 동안 홍수가 나서 온 인류를 휩쓸어버렸다. 그 뒤 아트라하시스는 땅의 물이 줄어들었는지 알아보기 위해 비둘기를 날려 보냈으나 되돌아왔으며 다음에 날

려 보낸 제비도 돌아왔다. 그
러나 그다음에 날려 보낸 까
마귀는 돌아오지 않았다. 그
뒤 그는 배가 머문 산에서 제
사를 드렸다.

그 뒤 길가메시는 영원히
살 수 있는 기회를 두 번 얻지
만 모두 실패하고 우루크로
돌아온다. 길가메시 서사시는

길가메시 서사시, 앗수르 제11토판, 홍수설화를 담
고 있다. 기원전 7세기.

신처럼 영생을 누리고자 했던 그가 끝내 죽음 앞에 굴복한 내용을 담
고 있다.

인류 최초의 성문법, 우르남무 법전 ——

히브리 성경에 나오는 율법의 기본정신은 '정의와 평등'이다. 이는
고대 메소포타미아 법전의 영향을 받은 듯하다. 고대 메소포타미아
법률이 의외로 '정의와 평등' 사상에 엄격했다.

기원전 2600년 무렵 라가시 왕 우루카기나(엔시)는 '자유, 평등, 정
의'에 대한 개념을 명문화했다. 그리고 사업장의 월권과 부당한 착취,
공권력 남용, 독과점 집단의 가격조작 등에 대한 개혁령을 선포했다.
예컨대 집 한 채 값도 임의로 정할 수 없었다. 강자가 약자를 억압해
서도 안 되고 또 빈민과 과부와 고아는 물론 이혼당한 여자도 법의
보호를 받도록 했다. 그리고 부자들이 가난한 이들로부터 구매를 할
때는 은을 사용할 것을 포고했다. 하지만 우루카기나왕의 사회개혁
은 성공하지 못했다.

우르남무 법전 점토판

상업과 교역이 발달한 수메르 답게 수메르 법령은 특히 상업사회의 병폐인 경제범죄에 관한 규정이 두드러진다. 기원전 21세기 우르 제3왕조를 창시한 우르남무왕은 '우르남무 법전'을 반포해 살인과 절도는 사형에 처했다. 어린이를 납치하면 감옥에 가두고 은 15세켈을 지불하게 했으며, 남자가 첫 아내와 이혼하면 은 1미나를 지불하게 했다. 또 사기꾼과 뇌물을 받은 자를 나라에서 쫓아내고, 공정한 도량형을 확립했다. 이 밖에도 많은 분량의 경제와 법률 관련 점토판 문서가 발견되었다.

우르남무 법전은 현존하는 가장 오래된 법전으로 인류 최초의 성문법이다. 그것은 기원전 2100년~2050년 사이에 수메르어로 기록되었다. 우르남무 법전은 3백 년 뒤 바빌로니아 함무라비 법전에 큰 영향을 끼쳤다. 수메르인이 만든 경제제도와 사회제도, 관료제도, 법률 등이 후대에 그대로 차용되다시피 했다.

법전의 정신, 정의와 평등 ──

우르남무 법전은 서문에서 정의와 평등을 강조했다. "강력한 전사 우르남무는 우르, 수메르, 아카드의 왕으로 도시의 주인 난나의 힘으로 … 나라에 평등을 성취했다. 그는 악덕과 폭력, 그리고 헐벗음을 근절했고, 사원의 월간 비용을 보리 90구르, 양 30마리 그리고 버터 30실라로 설정했다. 그는 청동의 실라 단위를 널리 쓰도록 했으며 1미나의 무게와 1미나에 대한 은의 세켈 무게를 표준화했다. … 고아는 부유한 이에게는 보내지지 않았다. 과부는 힘센 이에게는 보내지지 않았다. 1세켈의 사람은 1미나의 사람에게 보내지지 않았다."라고 밝히고 있다. 그 무렵 왕권신수설과 화폐제도, 그리고 부유층과 권력층으로부터 사회적 약자가 부당한 대우를 받지 않도록 보호하는 사회정의 개념이 있었다. 이러한 정의와 평등 개념이 히브리 성경에 반영되어 율법의 기본정신이 된 것으로 보인다.

최초의 의회제도가 이미 기원전 3000년에 있었다. 그때의 의회제도는 현재와 크게 다르지 않은 양원제였다. 원로들로 구성된 상원과 일반무사계급으로 구성된 하원이었다. 그리스 민주주의와 로마 공화제보다 훨씬 이전에 나타난 제도였다.

고대 메소포타미아의 결혼풍습, 신부를 돈으로 사다 ──

고대 농경사회에서 여자는 남자에 비해 생산성이 현저히 떨어져 그리 대접받지 못했다. 반면에 유목사회에서는 여자가 육아와 가사는 물론 남자들이 소떼와 양떼를 몰고 다니며 풀을 먹이는 동안 집에서 한쪽 텃밭에 농사도 짓고, 소젖을 짜서 치즈를 만드는 등 남자보다 생산성이 높았다. 한마디로 여자가 대접받는 사회였다. 이것이 정주민족과 유목민족의 큰 차이점이었다.

기원전 5세기의 그리스 역사가 헤로도토스가 전하는 풍습으로 고

바빌론의 결혼시장, 에드윈 롱, 1875.

대 정주민족 사회의 환경을 유추해볼 수 있다. 헤로도토스는 "지금은 이 좋은 풍습이 아쉽게도 없어졌다."라며 '과거'에 존재했던 고대 메소포타미아지방의 결혼풍습과 신전의례를 전했다.

당시에 여자는 상품이나 다름없었다. 일 년에 한 번 결혼 적령기에 달한 여자들을 마을 한곳에 모아 경매가 열렸다. 경매는 가장 아름다운 여자부터 시작되었다. 그 여자가 팔리면 그다음 예쁜 여자를 경매에 붙이는 식으로 진행됐다. 이렇게 예쁜 여자들은 많은 돈에 팔려나갔지만 인물이 없는 여자들은 오히려 신랑 측에 돈을 주고 시집가는 것이 통례였다.[*]

고대 농경시대 성性의 의미 ──

고대인에게 인간의 번식과 자연물의 번식은 똑같은 이치로 받아들여졌다. 곧 인간의 성은 대지를 비옥하게 만드는 신성한 힘과 본질적

● 헤로도토스, 《역사》, 박광순 옮김, 범우사, 1992.

1부 종교의 탄생

으로 같은 것으로 여겨져 수확은 신성한 결혼의 열매로 이해되었다. 씨앗은 성스러운 정자이고, 땅은 씨앗을 받아 키워내는 자궁이며, 비는 하늘과 땅의 성적 회합이었다. 그래서 씨앗을 심을 때 남자와 여자가 성교의식을 가지는 것은 흔한 일이었다.

성경을 보면 고대 이스라엘에서는 기원전 6세기에 들어선 이후에도 이러한 의식이 계속 행해졌다. 심지어 예루살렘 신전에서는 가나안 땅 다산의 여신으로 창부들의 집을 지키는 아세라 여신을 기리는 의식이 치러지기도 했다.[*]

아세라 여신

성행위가 종교 제례의식의 하나 ──

가나안의 바알 신화는 6개의 점토판에 설형문자로 기록되어 있다. 이를 보면 가나안 최고신 엘의 주재로 회의가 열리는데 바다의 신 얌이 보낸 사신들을 보자 신들이 두려워했다. 최고신 엘 역시 두려움에 굴복하여 얌의 권위를 인정했다. 이때 폭풍의 신 바알이 항의를 하며 신들에게 두려워하지 말 것을 당부한 후 바다의 신 얌을 물리치고 최고신으로 등극한다.

아브라함이 살았던 무렵의 가나안 민족은 '바알 신'과 '아세라 여신'을 믿었다. 바알 신은 풍요를 가져다주는 비와 폭풍우를, 아세라

● 카렌 암스트롱, 《신화의 역사》, 이다희 옮김, 문학동네, 2005.

여신은 창조와 번식을 주관했다. 농경민족인 그들로서는 농사짓는 데 필요한 비가 제때 와주어야 했다. 그래서 그들의 제례의식은 기우제인 경우가 많았다.

그 무렵 가나안 사람들은 비를 신들이 흘리는 땀이라고 생각했다. 특히 여신이 성적으로 흥분해 땀을 흘리면 그게 비가 된다고 여겨 신들이 성행위를 자주해야 비가 많이 내려 풍년이 든다고 믿었다. 그래서 신전 제례의식에는 여사제와 '사통하는' 의식이 포함되어 있었다. 사람들은 신들이 인간의 성행위를 보고 흥분해 성행위를 하길 바랐다. 그래야 비가 내려 풍요로운 수확이 기대되기 때문이었다. 성행위가 곧 종교의식이었다. 당시 신전의 여사제들은 성창이었다. 성창이란 제사를 드리러 온 사람들과 제례의식의 하나로 성행위를 하는 여사제들을 이른다.

이난나나 아세라의 다산과 풍요는 여신의 중요한 특징으로, 여신들은 남신과의 성적결합을 통해 다산과 풍요를 낳는다. 신전에서 여사제가 남자와 성적결합을 하는 것은 여신의 창조적 행위를 모방하는 것이다.*

신전매춘이 만연하다 ——

봄철 난나 숭배 기간에 여사제는 물론 모든 여성이 신전에서 남성들과 자유로운 성교를 즐길 수 있도록 했다. 처녀들도 이를 피해갈 수 없었다. 신전에서의 매춘행위에 대해 헤로도토스는 "모든 여자는 일생에 적어도 한 번은 여신의 신전 앞뜰에 앉아 있다가 지나가는 낯

● 장영란, 《위대한 어머니 여신》, 살림, 2003.

선 남자와 성관계를 가져야 했다."라고 전한다. 이는 여성이 신분의 고하와 관련 없이 무조건 해야만 하는 '종교적 의무'였다는 것이 헤로도토스의 설명이다. 이러한 매춘으로 받은 돈이 신전 후원금이나 불쌍한 사람들을 위한 구호자금으로 쓰였다. 이런 헌신은 오히려 사회적 갈채를 받았다. 따라서 여신을 섬기는 의례는 격렬한 엑스터시를 동반하는 축제로 공공연한 난교의 장이었다. 당시 이렇게 해서 태어난 첫아이는 신한테 번제물로 바치는 의식이 행해졌다. 그 무렵 모든 첫 수확물은 신에게 바쳐야 했다.

신전매춘과 관련된 사르곤왕 출생신화 ──

1849년 니네베 유적에서 수메르 점토판 문서 수만 점이 출토되어 해독에 성공했다. 점토판에는 고대 메소포타미아 통일왕국인 셈계 아카드왕조(기원전 2360~2180년) 사르곤왕의 전기를 담은 내용도 들어 있었다. 사르곤왕은 최초로 수메르를 통일했다.

점토판 원문

"나는 아카드 군주 강력한 왕 사르곤이다. 나의 어머니는 고귀한 신분의 에니투 여사제였다. 나의 아버지는 누구인지 모른다. 아버지 친족은 산에 사는 사람들이다. 내가 태어난 도시 아주피라누는 유프라테스 강둑에 있다. 나의 어머니는 나를 잉태하여 남모르게 나를 낳았다. 어머니는 갈대 바구니를 만들고 역청을 발라서 새지 않도록 했다. 어머니는 나를 바구니에 넣어 강물에 띄워 보냈다. 강물은 나를 싣고 흘러가 물을 긷고 있던 아키에게 데려다주었다. 그 여인은 나를 발견하고 강에서 건져 올려 나를 자신의 아들로 키웠다. 아키는 나에게 정원 일을 맡겼다. 내가 정원을 가꾸고 있을 때 대지의 여신 이슈타르가 나를 사랑했다. 그리하여 이슈타르의 도움으로 나는 왕이 되어 55년 동안 다스렸다."

사르곤왕은 그 스스로 자신의 출생비밀을 기록으로 남겼다. 이야기 구조가 모세 탄생신화와 흡사하다. 시기적으로 봤을 때, 히브리인들이 모세오경을 완성한 것은 기원전 6세기 바빌론 유수기로, 그때 접했던 기원전 24세기 사르곤왕의 영아 유기 이야기가 영향을 미쳤을 수 있다.

유대교는 어떻게 탄생되었나

하느님이 자신의 형상대로 인간을 창조하다 ──

하느님과 유대인의 관계를 적은 역사책이 있다. 세계적인 베스트 셀러, 구약성경이다. 우주만물에 대한 창조 이야기로 시작된다. 하느 님은 모든 것을 만들고 그 끝에 '하느님의 형상'대로 인간을 창조하 였다.

성서의 창세기를 보면 하느님이 인간을 만들 때 코에 생기를 불어 넣는 장면이 나온다. 유대인은 이 생기가 바로 하느님이 당신의 영혼 을 나누어준 것이라고 믿는다. 그리고 그들은 하느님이 영혼을 나누 어주었을 때 각 영혼에 걸맞은 달란트(재능)도 함께 주었다고 믿는다. 그래서 유대인은 하느님이 주신 달란트를 찾아내어 갈고닦아 그 분 야에서 능력 있는 사람이 되어 하느님의 창조사업을 돕는 것이 인간

아담의 창조, 미켈란젤로, 1510.

이 걸어가야 할 소명으로 인식하고 있다.

곧 하느님은 사람을 한 명 한 명 만들 때마다 자신의 영혼을 불어넣었고 그 영혼이 인간의 몸에서 살다 죽으면 다시 하느님에게로 되돌아간다는 것이다. 이 같은 유대인의 전승에 따르면, 우리 인간 내면에는 하느님의 영혼이 깃들어 있다.

영혼과 함께 받은 달란트 ──

유대인들은 하느님이 인간에게 당신의 영혼을 나누어주었을 때 그 영혼이 세상에 나가 거룩하고 합당하게 살아갈 수 있도록 그 영혼에 걸맞은 달란트도 함께 주었다고 믿는다. 그들은 죽어서 하늘나라에 가면 하느님이 다음과 같이 가장 먼저 묻는 질문이 있다고 생각한다. "너는 너의 달란트를 알고 있었느냐?" 그리고 장사꾼들한테는 여기에 "너는 정직하게 장사했느냐?"라는 질문이 더해진다.

이렇듯 인간의 가장 큰 죄의 하나는 자신이 태어나서 꼭 해야 할 일을 모르는 것이다. 자신이 왜 하필이면 그 시대, 그 장소, 그 환경에서 태어났는지 그 이유를 아는 게 중요하다는 것이다. 사람은 자신에게만 주어진 자신만의 유일한 재능이 있고, 그 재능을 갈고 닦아 세상에 기여할 특별한 임무가 있다. 그리고 인간은 하느님 창조사업의 파트너로서, 자기의 할 일을 찾아내어 하느님의 뜻에 맞게 이 세상을 개선시켜 나가는 임무가 주어졌다고 유대인들은 믿는다.

노아의 큰아들에게서 셈족이 나오다 ──

히브리 성서 창세기에 보면, 아담으로부터 10대가 흐르자 세상이 타락했다. 신이 인간을 만들고 나서 얼마 지나자 "사람의 죄악이 세상에 가득"하고 "마음으로 생각하는 모든 계획이 항상 악할 뿐"이라고 했다. 이렇게 되자 신은 "땅 위에 사람 지으셨음을 한탄"하고, 사람들을 물로 쓸어버리기로 했다.

하느님은 그 무렵 타락한 세상을 '물'로 씻어내면서 의인 노아를

노아의 만취, 미켈란젤로, 1509.

선택해 그 가족을 구했다. 노아에게는 세 아들 셈, 함, 야벳이 있었다. 이들이 인류의 조상이다.

성경에 보면 둘째아들 함은 포도주에 취해 벌거벗은 채 자는 아버지를 돌보지 않아 노아로부터 저주받는다. "가나안(함)은 저주를 받아 형제들에게 천대받는 종이 되어라. 하느님께서 야벳을 흥하게 하시어 셈의 천막에서 살게 하시고 가나안은 그의 종이 되어라." 이후 첫째아들 셈의 후손은 동쪽으로 가 이들로부터 히브리, 시리아, 아시리아 등 아시아계가 나왔다. 둘째아들 함의 후손은 아프리카 쪽으로 갔고 그에게서 아프리카계와 가나안인이 나왔다. 막내 야벳의 후손은 유럽으로 가 그에게서 코카소이드 백인계가 나왔으며 이들에게서 바다 사람들이 갈라져 나왔다.

이런 인종적 구분은 상당부분 사실로 규명되었다. 서구의 세계관과 인종구분은 여기에 근거하고 있다. 현대 진화론자들도 모든 인류가 공통의 조상으로부터 시작했다는 데에는 창조론자들과 의견을 같이하고 있다. 유전자 Y염색체로 본 인류의 이동경로를 보면 6만 년

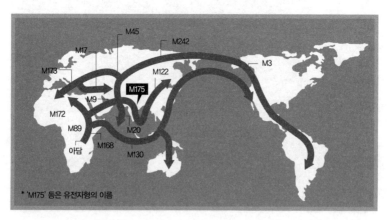

Y염색체로 본 인류의 이동경로

전 아프리카를 떠난 현생인류는 중동에서 나누어졌다.

아브라함을 선택하다 ——

셈으로부터 10대가 지나자 세상은 다시 타락했다. 그 무렵 메소포타미아문명은 물질이 넘쳐났고 부작용도 심했다. 사람들이 지나치게 타락하고 우상숭배가 만연하여 영적으로 회복되기 힘든 지경에 이르렀다. 이 시기에 아브라함은 그의 조상 노아가 타락한 세상에서 선택받았듯이 하느님에게 선택받았다.

하느님은 아브라함에게 말씀하셨다. "네 고향과 친족과 아버지의 집을 떠나, 내가 너에게 보여줄 땅으로 가거라. 나는 너를 큰 민족이 되게 하고, 너에게 복을 내리며, 너의 이름을 떨치게 하겠다. 그리하여 너는 복의 근원이 될 것이다. 너에게 축복하는 이들에게 내가 복을 내리고, 너를 저주하는 자에게 내가 저주를 내리겠다. 세상의 모든 종족들이 너를 통해 복을 받을 것이다."(창세기 12장 13절)

아브라함은 하느님 말씀에 순종해 길을 떠난다. 그래서 믿음의 조상이 된다. 아브라함이 부름을 받아 하란을 떠날 때 그의 나이 75세였다. 아브라함은 대식솔을 이끌고 떠났다. 사촌누이이자 아내인 사라와 조카 롯, 그리고 그의 집에서 태어나 훈련받은 318명의 남자 종 등 한 부족의 이동이었다. 9백여 킬로미터의 머나먼 여정을 거쳐 가나안에 도착했다. 지금의 팔레스타인이다. 이스라엘 역사는 이처럼 아브라함의 이주로부터 시작되었다.[●]

● 우광호, '유대인 이야기', 〈가톨릭신문〉, 2009. 1. 1.

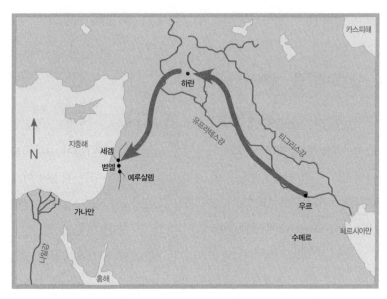

우르에서 하란을 거쳐 가나안 가는 길

아랍인의 조상 이스마엘이 태어나다 ──

유대교, 기독교, 이슬람교 모두 아브라함의 자손에서 생겨났다. 모두 유일신 하느님을 믿는 한 뿌리에서 갈라져 나온 종교이다. 유대인이 쓴 역사책을 보면 기독교와 이슬람교를 각각 유대교의 첫째 딸, 둘째 딸로 표현했다. 이는 유대교가 유일신 종교의 시발점이라는 데서 나온 표현이다.

아브라함은 나이가 들도록 아이가 생기지 않았다. 그러자 아내 사라는 당시의 관습대로 여종 하갈을 소실로 넣어주었다. 이집트 여자하갈은 임신을 하자 사라를 괄시하기 시작했다. 하갈은 이스마엘을 낳았다. 아브라함의 나이 86세 때였다. 이스마엘은 '하느님께서 들으심'이라는 뜻이다. 이스마엘(이스마일)은 아랍인의 조상이 된다. 지금

1부 종교의 탄생

도 아랍인은 아브라함(이브라힘)을 조상으로 받든다.

계약의 민족 ——

아브라함의 나이 99세 되던 해에 하느님은 아브라함과 계약을 맺는다. "나는 전능한 하느님이다. 너는 내 앞을 떠나지 말고 흠 없이 살아라. 나는 나와 너 사이에 계약을 세우고, 네 후손을 많이 불어나게 하리라." "내가 너와 계약을 맺는다. 너는 많은 민족의 조상이 되리라. 내가 너를 많은 민족의 조상으로 삼으리니, 네 이름은 이제 아브람이 아니라 아브라함이라 불리리라. 나는 너에게서 많은 자손이 태어나 큰 민족을 이루게 하고 왕손도 너에게서 나오게 하리라. 나는 너와 네 후손의 하느님이 되어 주기로, 너와 대대로 네 뒤를 이을 후손들과 나 사이에 계약을 세워 이를 영원한 계약으로 삼으리라. 네가 몸 붙여 살고 있는 가나안 온 땅을 너와 네 후손에게 준다. 나는 그들의 하느님이 되어 주리라."(창세기 17장 1~8절)

이삭이 태어나고 이스마엘이 쫓겨나다 ——

아브라함이 100세 때 하느님의 약속대로 사라에게도 아이가 생겼다. 이삭이 태어난 것이다. 사라는 그동안 자기를 괄시한 하녀 하갈과 그녀의 아들 이스마엘을 내쫓는다. 이스마엘이 오늘날 아랍인의 조상이다. 같은 조상을 모신 형제 민족 간의 악연은 이렇게 시작되었다. 이것이 이스라엘과 아랍 간 투쟁의 시작인 셈이다.

하느님은 이스마엘을 돌보아 큰 민족이 되게 하였다. 아브라함의 종교를 이스마엘을 통해 받은 사람들이 무슬림이고 이삭을 통해 받

하갈의 추방, 아드리안 베르프, 1696~1697.

은 사람들이 유대인이다. 이 슬람의 주장에 의하면 알라 와 여호와 하느님은 같은 신이다. 이슬람교는 유대인 과 기독교도가 아브라함의 종교를 타락시키고 경전으로 내려준 성경을 변질시켰기 때문에 무함마드를 통해 하늘에 있는 경전 원본을 내려 보내 아브라함의 종교를 회복시켰다고 주장한다.

아브라함의 순명順命/외아들을 바쳐라 ──

어느 날 하느님은 아브라함에게 이삭을 번제물로 바치라고 하였다. 이에 아브라함이 순종하며 이삭을 데리고 산에 올라가 제단 위에 올려놓고 번제물로 바치려 하자 하느님이 그의 믿음을 보고 중단시켰다. 대신 번제물로 양을 바치도록 하셨다. 하느님의 천사가 큰 소리로 말하였다. "네가 네 아들, 네 외아들마저 서슴지 않고 바쳐 충성을 다하였으니, 나는 나의 이름을 걸고 맹세한다. 이는 내 말이다. 어김이 없다. 나는 너에게 더욱 복을 주어 네 자손이 하늘의 별과 바닷가의 모래처럼 불어나게 하리라. 네 후손은 원수의 성문을 부수고 그 성을 점령할 것이다. 네가 이렇게 내 말을 들었기 때문에 세상 만민들이 네 후손의 덕을 입을 것이다."

이슬람교에서는 이 이야기의 이삭이 이스마엘로 대체된다. 그 뒤

1부 종교의 탄생

아브라함의 신앙은 크게 3
가지로 나타난다. '하느님
이외에 어떤 다른 신도 섬
기지 못한다. 하느님과의
계약의 징표로 할례의식을
행한다. 그리고 하느님께
드리는 제사에 인간을 희
생제물로 써서는 안 된다.'
이 사건은 그 무렵 가나안
에서 사람을 죽여 신에게
제사 지내던 관습에 반대

아브라함과 이삭. 렘브란트, 1645.

하는 메시지이다. 아브라함시대 주변 다신교에서는 맏아들 또는 흠
없는 정결한 어린아이를 희생제물로 쓰는 '인신공희' 관습이 있었다.
이후 유대교는 살아있는 사람을 제물로 쓰지 않았다. 원시종교 사이
에서 비로소 고등종교가 탄생하는 순간이었다.

성서에서 제례(예배)의 의미 ——

성전에서 드리는 제례(예배)는 창조주 하느님과 피조물 인간의 관
계를 죄라는 걸림돌이 없는 상태로 회복시키는 의식이다. 하느님과
인간이 창조 상태의 죄 없는 관계를 회복하려면 먼저 그 관계를 단절
시킨 죗값을 치러야 했다. 성경에 의하면, 죄의 삯은 죽음이었다. 하지
만 하느님은 죄 지은 인간을 살려주기 위한 새로운 법을 주었다. 인
간 대신 흠 없는 어린 양, 이른바 속죄양이 죽는 것이다. 이것이 제례
의 유래였다. 이것이 신약시대로 넘어오면, 예수 그리스도가 바로 흠

없는 어린 양으로 인류의 죄를 대신해 십자가에서 죽음으로써 우리의 죄가 사해진다. 그래서 기독교인은 의로운 '실천'으로 구원받는 것이 아니라 인간의 죄를 대신해 죽은 그리스도를 '믿음'으로써 구원받는 것이다.

이집트로 이주한 유대인 ──

아브라함이 이삭을 낳고 이삭이 야곱을 낳고 야곱이 요셉을 포함한 12명의 아들을 낳는 동안 어느새 유대인의 4백 년 역사가 흘렀다. 그러던 어느 해 가나안에 기근이 들었다. 이집트로 팔려가 꿈 해몽을 잘해 총리대신으로 발탁된 요셉은 아버지와 형제들을 기근이 든 고향에서 풍요로운 이집트로 부른다. 이리하여 야곱은 아들들과 식솔 70명의 장정과 그에 딸린 식구들을 거느리고 이집트로 이주하여 풍요로운 나일강 유역 '곳센'에 정착했다.

파라오의 유대인 말살 정책 ──

그런데 요셉의 사적을 모르는 왕이 이집트의 새 파라오가 되었다. 이 말은 새로운 왕조가 나타났음을 뜻한다. 제18왕조 첫 통치자가 된 아모스는 남아있던 힉소스족과 그들이 불러들인 다른 민족을 노예로 삼았다. 이로써 이집트에서 유대인의 노예생활이 시작되었다.

그 무렵 이집트에 거주하는 유대인 인구가 430년이 흘러 12부족 2백만 명이 되어 이집트인보다도 많아졌다. 당시로서는 대단히 큰 민족이었다. 이집트인은 자기들보다도 더 커진 유대민족에 두려움을 느꼈다. 결국 파라오는 유대인의 씨를 말리기 위하여 새로 태어나는 유대인 남자 아기는 모두 강물에 던져버리라는 명령을 내렸다. 훗날 유대인을 이끌고 이집트에서 탈출한 모세의 이름은 바로 '강물에서 건진 아이'라는 뜻이다. 이스라엘 민족이 이집트를 탈출한 시기는 기원전 15세기설과 기원전 13세기설로 양분되어 있으나 많은 학자가 대체로 그 연대를 람세스 2세 통치기간인 기원전 13세기로 추정하고 있다.

유대인, 건설노예로 혹사당하다 ──

유대인 역사 가운데 출애굽(이집트 탈출) 사건은 유대 신앙의 가장 중요한 구심점이다. 출애굽 사건을 통해 이스라엘은 비로소 자신들의 정체성을 확립한다. 유대민족은 이집트 왕조가 바뀌면서 건설노예로 징발되어 수많은 건설현장에서 혹사당하고 있었다.

당시 람세스 2세는 힉소스의 수도 아리바스를 재건하고 야곱의 식구들이 번성한 비돔과 라암셋에 곡식창고를 건설했다. 또 몇몇 도시를 더 건설하여 가나안과 시리아 출정기지로 삼았다. 이러한 건설에 많은 유대인이 징집되어 혹사당했다. 람세스 2세는 유대인을 끊임없이 학대했다. 그러나 그들은 학대를 받을수록 더욱 번성하여 더 큰 무리가 되었다. 요즘 관광객들이 보는 이집트 신전 건축물의 대부분이 그때 유대인 건설노예에 의해 지어졌다. 유대인을 이용하여 여러 도시 건설은 물론 고대왕국의 피라미드 건설 이후 이집트 역사상 가장 많은 건축물이 건설되었다. 기원전 16세기에 시작된 이집트의 신왕국시대에는 고왕조의 피라미드를 대신한 신전이 건축의 주요 형태였다. 가장 대표적인 사례는 카르나크와 룩소르의 거대한 신전들이었다. 그림이 새겨진 거대한 수많은 기둥은 이집트인의 놀라운 건축

아부심벨 신전

재능을 보여주고 있다.

람세스대왕의 건축물 중 가장 유명한 것이 낫세르 호수 연안의 아부심벨 대신전과 소신전이다. 피라미드를 본 관광객들은 아스완의 아부심벨 신전을 보고 다시 한번 놀란다. 대신전은 람세스 2세 자신을 위해 지은 건물이고, 소신전은 왕비를 위한 것이다. 소신전은 대신전에서 북으로 90미터 정도 떨어져 있으며, 입구에는 람세스 2세의 석상 4개와 왕비 네페르타리의 석상 2개가 세워져 있다. 벽면을 덮은 그림과 문자들은 카데시 전투에 대한 기록으로 이집트군의 승리를 자랑스럽게 서술하고 있다. 람세스 2세는 카데시 원정을 화려한 승리로 묘사했지만 실제로는 시리아의 지배권을 빼앗기고 주변 국가가 히타이트의 영향력 하에 들어선다. 카데시도 여전히 히타이트 손에 남아 있었다.

아스완에서 남쪽으로 320킬로미터 떨어진 돌산을 깎아 만든 아부심벨 대신전의 정면은 파라오의 모습을 한 4개의 거상으로 만들어져

　　　　　　　　　　　　　　　　　　　1부 종교의 탄생

있다. 대신전은 정면 높이 32미터, 너비 38미터에 달하며, 신전의 길이
도 63미터에 달한다. 각 조상은 높이가 22미터, 얼굴의 귀에서 귀까지
의 거리가 4미터, 입술의 폭이 1미터에 달하는 엄청난 크기이다.

또한 아부심벨 신전 이외에도 카르나크 신전, 라메세움 등 거대한
건축물들을 건설했다. 특히 카르나크 신전은 이집트 역사상 숭배받
아온 테베의 3신 아몬, 무트, 콘수의 신전이 있는 이집트 최대의 신전
군이다. 따라서 고대 이집트 종교의 총본산이라 할 수 있다. 이집트
신전의 특징은 거대한 규모에 있다. 카르나크 신전은 길이가 약 4백
미터에 달하는 역사상 가장 넓은 면적의 종교 건축물이다. 유럽의 고
딕성당 중 아무리 큰 것도 이 신전의 중앙홀에 쏘옥 들어갈 정도다.
신전 주위에 돌이 없어 모든 돌을 '아스완'에서 운반해왔다. 이것들이
모두 유대인 건설노예가 지은 것이다. 오늘날 이 신전들을 바라보는
유대인의 감회는 남다를 수밖에 없다.

당시 건설노예만 있었던 것은 아니다. 웬만한 수공업 분야에는 모
두 유대인 노예들이 혹사당했다. 유대인은 무자비한 압제와 혹독한
종살이에 지칠 대로 지쳐갔다. 노예로 전락한 유대인은 절망적인 강
제노동의 상황에서 여호와에게 구원을 간구했다.

출애굽(엑소더스) ──

우여곡절 끝에 유대인들은 모세의 영도 아래 대탈출을 감행했다.
이것이 바로 유명한 '엑소더스'다. 대규모 인원이라 이동이 느릴 수밖
에 없었다. 마음이 바뀐 파라오의 추격이 시작됐다. 하지만 모세가 하
느님의 지시대로 지팡이를 내리치자 갈대 바다가 갈라졌다. 유대인
들은 무사히 바다를 건너 이집트 병사들을 따돌릴 수 있었다. 성서는

출애굽 과정에서 신이 보여준 여러 기적을 기록하고 있다. 그중에서도 홍해 바닷물을 양쪽으로 갈라지게 해서 이스라엘 민족을 무사히 건너가게 한 다음 뒤따라 밀어닥친 이집트 군대에게는 물을 다시 합치게 하여 익사시킨 기적은 이스라엘 민족에게 깊은 인상을 주었다.

십계명 ——

시나이산에서 '40'일간의 기다림 끝에 모세가 하느님으로부터 십계명을 받았다. 정통 유대교 신앙에서는 출애굽기에 기록된 대로 시나이산 정상에 하느님이 직접 '강림'하여 모든 인류에게 스스로를 드러냈다고 여긴다. 성서에 따르면 십계명 판은 하느님이 손수 만든 것이고, 판의 글자도 손수 새긴 것이다.

그런데 시나이산 밑에서는 모세가 율법을 받으러 들어간 40일 사이에 사단이 일어났다. 산 아래에 있던 이스라엘 사람들은 산에 올라간 모세가 40일이 다 되도록 내려오지 않자 혼란과 의심에 빠졌다. 이들은 두렵고 당황한 나머지 자신들의 앞길을 인도해줄 '금송아지'를 만들 생각을 한다. 그 무렵 소는 바알 신이라 하여 우가리트와 가나안의 범신 중 우두머리 신이었다. 자신들을 이집트에서 이끌어온 신을 만들자 하여 아론으로 하여금 금송아지를 만들게 했다.

그때 시나이산에서 하느님이 손수 돌판에 쓴 증거판 두 개를 받아 산에서 내려온 모세는 이스라엘인들이 금송아지를 만들어 춤추고 경배하는 우상숭배에 격노하여, 하느님께서 주신 증거판을 내던져 금송아지를 쳐부순다. 그리고 그 가루를 물에 타서 백성들로 하여금 마시게 했다. 우상숭배로 그날 죽임을 당한 사람이 3천 명이었다.

모세는 다시 시나이산에 올라가 40일간 하느님과 교통했다. 하느님으로부터 또 다시 십계명을 받았고 이스라엘을 위한 하느님의 율법을 받았다. 모세는 율법을 가르쳤다. 그 뒤 유대민족은 시나이산에서 하느님과 계약을 다시 맺고 하느님의 백성이 된다. 이 계약은 아브라함이 맺은 계약을 새롭게 한 것으로, 이스라엘은 모든 것을 하느님에게 맡기고 하느님에게만 예배드리기로 했다. 이후 4천 년 동안 '하느님과의 계약' 사상만은 변함없이 이어져왔다.

증거판을 깨뜨리는 모세, 렘브란트, 1659.

성문율법과 구전율법 ──

유대교 경전 토라에는 유대민족이 살아가면서 지켜야 할 계율이 상세히 적혀 있다. 토라에 실린 계율의 수는 613개다. 이 가운데 '하지 마라'가 365개로 1년의 날수와 같고, '하라'가 248개로 인간의 뼈와 모든 장기의 수와 같다. 다시 말해 인간이 1년 내내 하지 말아야 할 것이 있는가 하면, 인간의 지체를 가지고 열심히 해야 할 것이 있음을 뜻하는 것이라 한다.

토라는 특별하게 규제하는 것이 없으면 어떤 일이라도 할 수 있도록 허락했다. 율법은 '이런저런 일은 하라'고 적혀 있기도 하지만 그보다는 '이런저런 일은 하지 마라'고 밝혔다. 규제를 최소화하는 이른바 '네거티브 시스템'이다. 토라는 '가르침'이란 뜻의 히브리어로 유대민족이 어떻게 태동하여 왔는지 알려주는 역사서이자 어떻게 살아야 할지 가르쳐주는 율법서다.

하느님이 시나이산에서 모세에게 십계명과 율법을 내려주며 삶의 작은 부분까지 아주 자세히 알려주었다. 예를 들면 하느님이 초막절 절기에 모세에게 "너희는 칠 일 동안 초막에 거하되"라는 '율법의 말씀'을 주었다. 그 뒤 하느님은 초막 짓는 방법에 대해 자세히 설명하였다. 여기서 율법의 말씀은 글로 쓴 토라에 기록되어 있고 초막 짓는 방법에 대한 구체적 설명은 장로들의 입에서 입으로 전해져 내려왔다. 하나는 글로 쓰여 '토라'로 남겨졌고 또 다른 방대한 내용은 미처 글로 쓰이지 못하고 구전으로 전해 내려왔다. 그래서 유대인에게 율법은 두 종류가 있다. 하나는 글로 쓰인 '성문율법'이요, 또 하나는 말로 전해져 내려온 '구전율법'이다. 둘 다 모세가 하느님에게 받은 가르침이다.

율법의 정신, '정의와 평등' ——

율법의 기본정신은 체다카와 미슈파트, 곧 '정의와 평등'이다. '정의'는 홀로된 과부나 고아 등 공동체의 약자를 돌보는 것이다. 인간이 마땅히 해야 할 도리를 말하는 것이다. 그리고 '평등'은 세상의 통치자가 하느님 한 분으로 하늘 아래 인간은 모두 평등하다는 사상이다. 오늘날 유대인 공동체의 완벽한 복지제도는 바로 이 정의의 정신에서 유래했다. 그들은 공동체 내의 약자나 사회에서 소외된 자들을 어떻게든 같이 끌어안고 간다. 또 율법의 평등정신은 모든 인간은 평등하다는 시대정신을 가르치고 있다. 오늘날 유대인들의 후츠파 정신이 평등 사상에서 유래했다.

예정된 고난의 역사 ——

창세기에 보면 야훼(하느님)가 아브라함에게 이렇게 말한다. "너는 잘 알아두어라. 너의 후손은 남의 나라에서 나그네살이하며 사백 년 동안 그들의 종살이를 하고 학대를 받을 것이다. 그러나 네 후손을 부리던 민족을 나는 심판하리라. 그런 다음, 네 자손에게 많은 재물을 들려 거기에서 나오게 하리라." (창세기 15장 13절)

이미 창세기에서 예정되었던 고난의 역사인 것이다. 쇠는 뜨거운 불속의 풀무질과 다듬질을 반복함으로써 더 단단해지고 예리해진다. 실질이 강해지는 것이다. 하느님은 유대민족을 혹독한 시련을 통해 단련시켰다. 유대교는 이러한 민족적 고난과 시련의 과정을 거쳐 탄생되었다.

릴리트(릴리스)를 아시나요?

구약성경 창세기의 인간 창조에 대한 내용은 1장과 2장에서 다르게 나타난다. 1장에서는 '하느님의 모습대로 내시되 남자와 여자로 지어내시고'로 되어 있어 남녀를 동시에 창조한 것으로 되어 있는 반면 2장에서는 '아담이 혼자 있는 것이 좋지 않으니 , 그의 일을 거들 짝을 만들어 주리라.'라고 되어 있다.

유대신화에 의하면, 하느님은 남자와 여자를 동시에 창조했다. 남자는 아담, 여자는 릴리트라 했다. 릴리트가 아담의 첫 번째 아내였다는 주장이다. 이런 이야기는 초기유대교의 람비들이 수메르 여신을 유대신화에 도입했다는 설에 따른 것이다. 릴리트가 이브 이전에 아담의 첫 아내였다는 기록이 〈벤 시라의 알파벳〉이라는 7~10세기 유대교 문헌에도 나온다. 릴리트는 당시 가나안에서 추앙받던 여신이었다. 수메르의 난나 여신은 풍요와 지혜의 여신으로 숭배받아 부엉이로 상징되기도 하는데, 그래서 성경이나 신화에서도 릴리트를 부엉이나 올빼미로 번역했다.

그런데 아담과 릴리트가 성교를 하면서 싸움이 시작되었다. 릴리트는 성관계를 할 때 아담이 원하면 무조건 성관계에 응해야 한다는 것과 늘 남성 상위 체위를 하는 것에 불만을 가졌다. 부부관계를 하던 중 릴리트가 "똑같이 흙으로 만들어졌는데, 왜 나만 당신 밑에 누워야 되냐?"며 항의했다. 아담은 "나는 너보다 윗사람이니, 너는 내 말에 복종해야 한다."라고 말했으나, 릴리트는 "우리는 둘 다 흙으로 만들어졌으므로 동등하다. 그래서 우리는 서로 복종해야 할 이유가 없다."라면서 여호와(하느님)에게도 욕을 하고 홍해 근처 동굴로 도망가 버렸다. 그리고 마침 그곳에 있던 마왕 루시퍼와 연인 사이가 되었다.

아담은 이 사실을 여호와에게 보고했다. 여호와는 3명의 천사를 보내 릴리트를 데려오도록 했다. 그러나 릴리트는 아담에게로 돌아올 것을 완강히 거부했다. 이렇듯 원래 유대신화에 의하면, 남녀는 평등하게 태어났다. 릴리트의 추방은 신의 뜻이 아니라 아담의 윽박과 구박 때문이었다. 릴리트는 오늘날 페미니즘의 선구자였다.

릴리트가 도망간 뒤, 여호와는 아담의 갈빗대를 취해 이브를 창조했다. 이브는 릴리트와는 달리 순종적

릴리트, 존 콜리어, 1887.

이고 희생적이었다. 유대문화에는 갈비뼈 신화 때문에 철저한 남존여비 사상이 존재한다. 그래서 유대인 사회에서 여자는 공동체를 구성하는 성인의 머릿수에 포함되지 못하며, 의무교육과 예배, 그리고 가족사업에서 배제되었다. 여자, 곧 신부는 단지 거래의 대상이었으며 율법도 남자처럼 지키지 않아도 되었다. 지금도 철저한 가부장제를 지켜서 집안의 가장은 남편이며 가장의 자리에는 그 누구도 앉을 수 없다. 유대교에 이어 기독교문화에서도 여자는 남자보다 죄의식을 더 많이 가져야 한다는 사상이 깔려 있다.

여기서 유래된 용어가 '릴리트 콤플렉스'이다. 남자에게 동등한 권리를 주장하거나, 성적으로 적극적이거나, 아이를 원하지 않는 등 릴리트처럼 여성본능을 지나치게 억압하는 문화현상을 말한다. 특히 여성에게 모성애를 지나치게 강조해서 여성이 전적으로 아이들을 담당하게 하고, 그렇지 않으면 아이들에게 나쁜 영향을 미친다는 강박관념을 여성들이 가지게 만들었다.

III

브라만교의 탄생
— 기원전 1500년~기원전 1000년 —

기원전 20세기 무렵에 우랄산맥 자락 우랄 강변 초원에서 살던 인도유럽 어족의 일파인 아리아인이 그간 동쪽 초원으로 진출하던 방향을 바꾸어 아랄해 근처에서 이란고원 쪽으로 남하하기 시작했다. 아마 동쪽 초원에는 그들보다 더 강한 몽골로이드계 유목민족이 있었던 것으로 추정된다.

동쪽 초원의 유목민족이 강했던 이유는 생존환경이 녹록지 않았기 때문이다. 크게 두 가지 이유였다. 하나는 동쪽 초원 대부분이 산맥과 사막 등 험악한 지형 가운데 위치해 있고, 또 하나는 가뭄과 강추위 등 이상기온이 자주 엄습해 이에 맞서는 강인함이 본능적으로 필요했기 때문이다.

유라시아대륙을 가로지르는 초원길은 흑해 북부 코카서스 초원에서 시작해 아랄해 연안을 지나면서 지형이 험악해진다. 이후 초원길은 해발 7천~8천 미터의 험준한 산맥들로 둘러싸인 준가리아 사막분지를 통과해 알타이산맥을 넘어 고비사막 북단을 거쳐 몽골고원과 만주에 이른다. 게다가 동쪽 고원지대 초원에는 강Gan과 쪼드Dzud라는 두 재앙이 있었다. '강'은 이상기온에 따른 혹독한 가뭄이고 '쪼드'는 가뭄 뒤에 때 이르게 들이닥치는 강추위로, 이로 인해 풀들이 얼어 죽었고, 먹을 풀이 없으니 가축들도 오래 버티지 못했다. 몽골리안 유목민은 그런 재앙을 대대로 겪었다. 가축이 죽으면 사람도 먹을거리가 없어져 따라 죽었다. 그들의 최고 가치는 살아남는 것이었다. 몽골리안 유목민의 강인함은 바로 자연에 맞서는 생존본능에서 비롯됐다.

아리안들이 이주한 이란고원 역시 생존이 쉽지 않은 곳이었다. 카스피해에서 남동쪽 발루치스탄까지 거의 2천 킬로미터 정도 뻗어있는 큰 고원이었다. 세계적으로 고원이라 함은 보통 해발고도가 2천 미터 이상인 경우를 말한다. 특히 북쪽 고원지대는 날씨가 상당히 춥고 1년의 절반이 눈에 덮여 있어 목축을 하는 유목민족에게는 쉽지 않은 지형이었다.

아리안이 힘들게 이란고원 동남부 박트리아 초원지역에 도착해 만든 종교가 조로아스터교의 전신인 고대 페르시아의 다신교이다. 그 뒤 기원전 15세기경 아리안의 일부가 험준한 힌두쿠시산맥을 넘어 인도 북부로 쳐들어갔다. 그들은 현지 원주민을 정복하고 노예로 삼은 후 이를 영속적인 통치체제로 구축하기 위해 카스트제도를 만들었다. 이와 동시에 이 제도를 영구적으로 뒷받침하기 위해 아리안이 믿었던 고대 페르시아 다신교를 조금 변형시켜 만든 종교가 브라만교이다. 초기브라만교는 다양한 신을 숭배하면서 복을 비는 단순한 형태였다. 자연현상에 지배력을 행사하는 신들을 인격화해 섬겼다. 이후 브라만교는 제식 위주의 베다경전시대를 거쳐 우파니샤드경전시대에 이르렀고 '범아일여梵我一如' 사상이 중심이 된다.

이러한 브라만 중심의 지배질서에 맞선 신흥 크샤트리아 세력들이 갠지스강 유역에서 새로운 사상을 발흥시킨다. 그중 하나가 붓다이다. 이렇게 카스트제도와 브라만교에 반발해 태어난 종교가 불교다. 불교는 만민평등사상을 뿌리로 삼고 있다. 하지만 불교는 우파니샤드의 많은 사상을 그대로 흡수했다.

인도에서는 1세기부터 3세기까지가 불교의 전성기였다. 그러다 5세기경부터 불교가 서민들의 호응을 잃고 쇠퇴하면서 인도인 성향에 맞는 새로운 종교가 필요했다. 이때 브라만교가 변신을 시도해 동물희생제를 꽃과 과일로 간소화했다. 그리고 일생의 중요한 시기마다 의미를 부여해 작명식, 돌잔치, 결혼식, 장례의식을 철저히 챙겼다. 서민들의 곁으로 다가간 것이다. 이렇게 브라만교가 토착종교와 결합하고 불교를 포용하면서 힌두교로 발전했다.

브라만교와 힌두교의 차이점은 브라만교가 베다에 근거해 희생제의를 중심으로 신전이나 신상 없이 자연신을 숭배한 반면, 힌두교는 신전과 신상을 갖고 인격신을 받들어 모신 것에 있다. 또한 산 제물을 바치는 공희를 반대하여 육식이 금지되었다. 하지만 브라만교와 불교, 힌두교는 외형적 차이에도 불구하고 가치와 교리를 공유하며 연속된 흐름을 갖고 발전해왔다. 한 뿌리의 세 종교인 셈이다.

인도유럽어족의 대이동

고고학자 김부타스에 의하면, 중앙아시아 초원에 살던 인도유럽어족의 유목민들이 기후가 차갑게 변하자 기원전 4400년경부터 기원전 2200년에 이르기까지 살기 좋은 곳을 찾아 4차례에 걸쳐 확산을 거듭했다. 그러다 결국 기원전 2000년경 기후변화가 정점에 이르자 새로운 목초지가 있는 살기 좋은 곳을 찾아 본격적인 이동을 시작했다. 역사는 이들의 이동을 인류 최초의 대이동으로 규정한다.

인류의 대이동 ——

그들은 동서양 양쪽 세 갈래로 이동했다. 일부는 아나톨리아반도를 거쳐 지중해 바닷가로, 일부는 대륙을 거쳐 유럽으로, 또 다른 일부는 이란고원을 거쳐 인도 북부로 침입해 들어갔다. 이들이 정복과

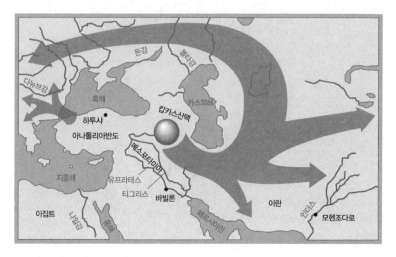

인도유럽어족의 이동

정에서 탄생시킨 종교가 브라만교와 조로아스터교이다.

'바다의 사람들'이라 불린 인도유럽인들은 지중해 쪽으로 내려가 현지 원주민들을 정복하고 그리스 로마 사람들의 조상인 라틴계가 되었다. 이들로부터 찬란한 고대 유럽문화가 시작되어 유럽인들 자존심의 근원이 되었다.

서쪽 오리엔트지역으로 간 무리로 인해 오리엔트 세계는 민족 이동의 물결에 휩쓸려 혼란에 빠졌다. 인도유럽인은 오리엔트 각지에 정착하여 국가를 세우고 정복활동을 벌였다. 그중에서도 기원전 1800년경 지금의 터키인 아나톨리아지역에 건국한 히타이트 사람들이 제일 강성했다. 그 뒤 오리엔트에는 철기문화가 보급되기 시작했는데 히타이트인이 세계에서 가장 먼저 철기를 사용했다. 그들은 철제 무기와 전차 등 막강한 군사력으로 이웃 나라들을 정복했다. 메소포타미아에 침입하여 바빌론을 공격하고 시리아에도 진출했다. 그렇게 히타이트는 소아시아의 최강국이 되어 이집트와 패권을 다투었다.

아리안의 유래 ——

인류학자 데이비드 앤서니가 쓴 책《말, 바퀴, 언어》에 의하면, 초원의 무리 중 하나가 기원전 2100년 무렵 카스피해 서북쪽 우랄산맥 인근의 우랄강 상류에 정착해 신타샤 문화권을 형성했다.

당시는 초원의 전사들이 한창 전쟁에 열을 올리고 있을 시기였는데 격화된 싸움은 두 가지를 발달시켰다. 하나는 전쟁의 승리를 기원하는 제례의식, 또 하나는 전쟁무기였다. 제례의식의 발달은 훗날 종교로 진화했으며, 전쟁무기의 발달은 뛰어난 금속가공술을 토대로 강력한 무기와 빠른 속도로 '회전하는 차축'의 발명으로 이어졌다. 이는 다시 가볍고 빠르면서도 험준한 산악지형에서도 쓸 수 있는 튼튼한 이륜전차 개발로 이어졌다.*

그 뒤 초원의 전사들은 강력한 무기와 이륜전차를 앞세워 기원전 2000~1800년 무렵 남하해 이란고원에 쳐들어가 이란인의 선조가 되었다. 시베리아로부터 내려온 부족이라 피부가 백색이었다. 이들이 바로 인도이란계 유러피언, 이른바 '아리안'이다. 아리안이란 용어는 조로아스터의 경전 아베스타와 브라만교의 경전 베다를 쓴 저자들이 스스로를 그렇게 칭한 데서 유래했다. 이란의 국명도 여기서 왔다.

이에 앞서 생활 속에서 영성을 처음 인식한 사람들은 시베리아 남부 초원지대에 살았던 유목민이었다. 그들이 처음으로 스스로를 아리안이라고 불렀다. 아리아인은 별도의 인종 집단이 아니었다. '아리아'란 말은 인종적인 용어가 아니라 자부심의 표현으로 '고귀한 자'라는 의미였다. 아리안은 공통의 문화를 지닌 부족들의 느슨한 네트워

* 현재의 카자흐스탄 북쪽에 위치한 우랄산맥 토볼강 근처, 기원전 20세기경으로 알려진 신타샤 유적에서 청동무기와 함께 두 마리의 말과 세계 최초의 전차가 발견되었다.

크였다.[*]

조로아스터교의 아베스타어와 브라만교의 산스크리트어가 아주 비슷하다. 뿌리가 같은 인도이란계 아리안 언어로부터 출발했기 때문이다. 기원전 2000년 무렵, 이란고원에 같이 살던 아리안이 아베스타어를 쓰는 민족과 산스크리트어를 쓰는 민족으로 나뉘었고, 산스크리트어를 쓰는 민족이 기원전 1500년경에 힌두쿠시산맥을 넘어 인도 북부로 쳐들어가 인더스문명을 흡수해 오늘날의 인도문명을 이루었다.

인도로 들어간 아리안은 현지 원주민을 정복하고 다스리는 과정에서 카스트제도를 만들고 이를 토대로 브라만교가 지배하는 신정일치의 나라를 세웠다. 이후 고대 페르시아에서는 브라만교 같은 다신교에 반발해 유일신 개념의 조로아스터교가 탄생했다.

● 카렌 암스트롱, 《축의 시대》, 정영목 옮김, 교양인, 2010.

브라만교는 어떻게 탄생되었나

아리안, 험준한 힌두쿠시산맥을 넘다 ──

이란고원 동부 박트리아 초원에 살던 아리안들은 기후가 점점 건조해지며 초원이 줄어들어 이웃 부족 간에 목초지 경쟁이 격화되자 살길을 찾아 딴 살림을 낼 궁리를 하기 시작했다. 하지만 그들을 가로막고 있는 힌두쿠시산맥은 최고 높이가 7700미터에 달하고 길이가 무려 1200킬로미터에 달하는 거

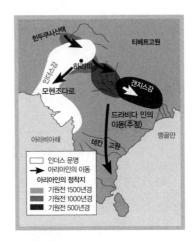

아리안의 이동

힌두쿠시산맥

대한 장벽이었다.

보통은 이런 거대한 산맥이 가로 막혀 있으면 방향을 바꾸어 반대 방향으로 살길을 찾아 개척하는 법인데 아리안 기마민족은 달랐다. 그들은 포기하지 않았다. 마침내 기원전 15세기경 인도로 통하는 힌두쿠시산맥의 유일한 산길인 카이버협로를 발견해냈다. 7천 미터 이상의 높은 설산이 즐비한 힌두쿠시산맥에서 해발 1070미터 높이의 좁은 계곡길을 발견한 것은 그나마 행운이었다. 하지만 그 길도 쉬운 길은 아니었다.

처음에는 침입이라기보다 아리안 일부가 가족과 가축을 동반하고 서서히 스며드는 식의 점거였다. 그들에게 인도 북부의 초원은 신천지였다. 목초지를 두고 다른 유목민 부족과 다툴 일도 없었다. 그 뒤 그들의 북인도 초원 개척 사실이 알려지자 목초지가 부족했던 박트리아 초원 등지의 아리안들은 전차를 앞세우고 키우던 소떼를 이끄는 대규모 이주를 준비했다.

당시 아리안들이 인도로 들어간 길은 세 가지가 있었다. 북쪽의 힌두쿠시산맥을 넘는 길, 그보다 아래쪽의 술라이만산맥을 넘어 인더스강 중류로 배를 타고 건너는 길, 그리고 좀 멀지만 남쪽 해안가를 돌아 들어가 인더스강 하류로 배를 타고 건너는 길이었다. 소규모 인원이 잠입하는 길은 어느 길을 택해도 가능했다. 개별적 잠입은 그렇게 이루어졌다. 하지만 대규모 인원이 말을 타고 소 떼와 양 떼를 몰고 중간에 배를 만들어 말들과 소 떼와 양 떼를 태우고 강을 건너는 것은 보통 일이 아니었다. 게다가 인더스강 중류와 하류 건너에는 광대한 타르사막이 가로막고 있어 이를 횡단해야 평원을 만날 수 있었다. 배를 타지 않고, 사막을 횡단하지 않고도 인도 초원으로 들어가려면 힘들더라도 힌두쿠시산맥을 넘어야 했다.

아리안들은 유목민 특유의 복장과 장비들, 곧 가죽신발과 가죽장갑을 끼고, 도끼와 칼로 험준한 산악협로의 나무와 넝쿨들을 베어내어 전차와 소떼가 지나갈 길을 만들어가며 앞으로 나아갔다. 그들은 악전고투 끝에 산맥을 넘어 인더스강 상류 계곡으로 내려왔다. 눈앞에 광활한 힌두쿠시 대평원이 펼쳐졌다.

그들은 전차를 앞세워 펀자브지방을 침입해 원주민인 드라비다족을 정복하고 자신들의 지배체제를 구축했다. 어찌나 속전속결로 전쟁을 매듭지었던지 전쟁의 흔적조차 찾기 힘들었다. 하지만 베다 경전에는 거대한 성벽으로 둘러싸인 도시와 거기에 살고 있던 적을 패배시켰다는 이야기가 자주 나오는데, 바로 아리안들이 본 인더스문명과 그 정복을 묘사한 것이다.

카스트제도 ──

아리안들은 원주민을 노예로 삼아 목축과 농사를 짓게 하여 생산

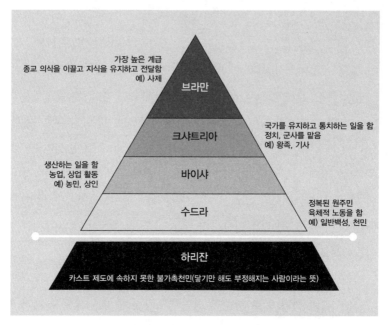

가장 높은 계급
종교 의식을 이끌고 지식을 유지하고 전달함
예) 사제

브라만

크샤트리아

국가를 유지하고 통치하는 일을 함
정치, 군사를 맡음
예) 왕족, 기사

바이샤

생산하는 일을 함
농업, 상업 활동
예) 농민, 상인

수드라

정복된 원주민
육체적 노동을 함
예) 일반백성, 천민

하리잔

카스트 제도에 속하지 못한 불가촉천민(닿기만 해도 부정해지는 사람이라는 뜻)

카스트제도

력이 늘어나면서 점차 안정을 이루었다. 아리안은 효과적인 노예제도 구축을 위해 '바루나'라는 신분차별제도를 만들었다. 바루나라는 말은 산스크리트어로 '색'이라는 의미로, 결국 피부색에 의해 신분을 차별한 것이다. 백색 피부의 아리안을 위에, 원주민 노예를 아래에 두는 카스트제도를 만들었다. 그 뒤 아리안들 자체도 사회적 기능에 따라 계급이 3개로 세분되었다.

카스트제도에 따른 신분은 브라만(사제), 크샤트리아(왕족이나 기사), 바이샤(농민과 상인 등), 수드라(일반백성과 천민) 등 4개로 구분되었다. 그 외에 최하층인 수드라에도 속하지 못하는 불가촉천민이 있다. 불가촉천민은 '이들과 닿기만 해도 부정해진다'는 뜻에서 이렇게 불린다. 또 각 계급에서도 구체적인 직업에 따라 계급이 세분화되어 바이

1부 종교의 탄생

샤와 수드라만 해도 2천 개 이상으로 세분된다. 신분이 다른 계급 간에는 혼인을 금했다. 결혼뿐 아니라 식사하고 접촉하는 것까지 규제했다. 그리고 누구나 알 수 있게 이름에서부터 신분 차이가 드러나도록 했다.

브라만교 창조설화 특징, 신이 스스로 분화되어 만물이 되다 ——

아리안들은 기원전 2000년경 시베리아에서 내려와 이란고원에 정착해 아베스타라는 경전을 남겨 후대 조로아스터교의 근간이 되었다. 또 힌두쿠시산맥을 넘은 집단은 인도에 정착해 리그베다를 남겨 브라만교를 창시했다. 리그베다는 기원전 1500년부터 기원전 800년 사이에 구전으로 전승된 노래모음집이다.•

카스트제도 설화

인도에는 다양한 창조신화가 있다. 기원전 1200년 무렵 리그베다의 〈푸루샤 수크타〉 찬가에 창조신화와 더불어 카스트제도의 기원에 대한 언급이 있다. 이에 따르면, 태초에 유일자 '푸루샤'가 있었는데, '스스로 존재하는 자'였다. 푸루샤는 천 개의 머리, 천 개의 눈, 천 개의 발을 가졌다. 그리고 그의 열 손가락은 온 세상에 편재해 있다. 한마디로 푸루샤는 우주만물 그 자체이다.

이렇듯 푸루샤는 시공간을 뛰어넘어 어디에든 존재하는 신으로, 스스로 몸을 네 토막으로 잘랐더니 세 토막에서는 신들이 창조되고, 나

• 배철현, '우주의 어머니로서 카오스', 〈월간중앙〉, 2015년 11월호.

머지 한 토막에서는 원초적 인간인 두 번째 푸루샤가 탄생했다.

푸루샤는 깊은 명상 뒤에 자신을 제물로 제사를 지냈다. 그 결과 유일자의 머리에서 브라만이 나오고 두 팔에서 크샤트리아가 나왔으며, 배에서는 바이샤가, 그리고 두 발에서는 수드라가 나왔다. 이 신화를 토대로 본다면, 카스트제도는 사회 각 구성원들의 역할분담이라는 의미를 지닌다. 또 눈은 태양, 심장은 달이 되었으며, 머리는 하늘, 다리는 땅, 배꼽은 중간 공간이 되는 등 푸루샤의 몸은 세상의 모든 것이 되었다.

이후 카스트제도는 브라만교의 '업'과 '윤회' 사상을 근거로 정당화되어 사람들이 이를 숙명으로 여겼다. 카스트제도의 목적은 이렇듯 아리안이 원주민을 지배하기 위해 종교의 이름을 빌려 만든 것이다. 이것이 브라만교가 탄생한 이유의 하나이다. 그래서 브라만교에는 특정 교조가 없다.

우주 창조설

리그베다의 우주창조설은 신화적 요소보다는 철학적 색채를 띤다. "태초에 무도 없고 유도 없다. 어떤 유일자가 자력으로 바람 없이 호흡한다."라고 서술해 만물의 근원을 유일자로 보았다.

리그베다의 10장 129절, '우주창조'에 관한 내용이다. "그때까지는 무도 없고 유도 없었으며, 공계空界도 없고 더욱이 천계天界도 없었도다. 활동하는 그 무엇도, 어디에서, 그 무엇의 도움도, 깊고 측량할 수 없는 물도 없었도다. 그때까지는 죽음도 없고 영원한 생명도 없었으며, 밤의 징표도 낮의 징표도 없었도다. 유일자만이 완전한 정적 속에서 스스로의 힘으로 호흡하였을 뿐, 그 외에는 아무것도 없었다."

브라만교 창조설의 특징은 창조가 창조주 자신의 자기분화에서 비롯된다는 점이다. 다시 말해 창조주는 이전에 존재하지 않았던 것을 새롭게 만들어내는 것이 아니라 자기 자신 속에 이미 담겨 있던 것을 내놓는다. 일반적으로 창조라는 개념은 이전에 없던 것을 새롭게 만들어내는 행위를 뜻한다. 그런 면에서 인도신화는 기독교 성경 관점의 '무로부터의 창조'라는 개념과 다르다.

대척과 합일

곧 이는 신이 스스로 분화되어 만물이 된 뒤 자신의 영혼을 분리해서 사람을 포함한 일체의 만물에 스며들어 갔으며, 일체만물이 조물주의 섭리에 맞추어 활동하게 되었다는 것이다. 한마디로 신과 만물은 다르지 않다는 사상이다. 인류 최초의 범신론이다. 이는 후에 '범아일여' 사상을 낳고 그리스 사상과 근대의 스피노자 사상 등에 영향을 미친다.

이러한 창조설화는 그 후 서양사상과 동양사상을 나누는 중요한 근거가 된다. 곧 서양종교는 신이 만물을 창조함으로써 신과 우주, 신과 인간이라는 대척의 관점에서 본 이원론적 사상이다. 반면에 동양종교는 우주와 인간이 신의 분화로 탄생됨으로써 신과 우주와 인간의 합일이라는 일원론적 사상의 근거가 된다.

또 다른 창조설화 ——

인도신화는 복잡해서 천지창조신화 또한 전해지는 이야기마다 조금씩 다르다. 조물주라는 뜻의 이름을 가진 '프라자파티'가 만물을 창조했다는 설이 있는가 하면, 창조의 신 '브라흐마'가 창조했다는 설도 있다.

프라자파티 창조설화

또 다른 천지창조신화 가운데 하나는 창조신 프라자파티에 대한 것이다. 프라자파티 신화에 따르면 태초에는 깊고 어두운 원시바다만 있었는데, 이 바다에서 만들어진 금 달걀이 9개월 동안 떠다니다 그 안에서 조물주인 프라자파티가 나왔다. 그 뒤 조물주의 첫 말씀(단어)은 지구가 되었고, 그다음 말씀은 하늘이 되었으며 계절이 나누어졌다. 그는 말씀으로 세상을 창조했다.

프라자파티는 남성도 여성도 아닌 중성이었으나, 외로움을 견디지 못해 자신을 둘로 나눠 남편과 부인이 되었다. 그리고 이들은 불, 바람, 해, 달, 새벽이라는 5명의 자식 신을 만들었는데, 이때 시간이 만들어졌고 프라자파티는 시간의 화신이 되었다.

프라자파티는 5명의 자식 신 중 외동딸 새벽에게 애욕을 품는다. 그러자 다른 신들이 프라자파티를 벌하기 위해 세상의 모든 두려운 것을 모아 시바(루드라)를 탄생시켰다. 시바가 프라자파티에게 활을 쏘아 상처를 입히자 프라자파티가 그만 태초의 씨앗을 흘리고 말았다. 그 씨앗으로부터 모든 것이 발아되어 창조되었다.

브라흐만 창조설화

태초에 우주의 근본원리 브라흐만梵, Brahman이 있었다. 브라흐만은 세상을 창조하고자 먼저 우주의 물을 창조해 그 속에 종자 하나를 심어두었다. 그리하여 인도인들은 물이 우주의 근원이라는 믿음을 갖게 되어 물을 신성시한다. 브라흐만이 심은 종자는 황금알이 되었고, 그 속에서 창조의 신 브라흐마Brahma가 태어났다. 여기서 브라흐만과 브라흐마를 혼동하면 안 된다. 브라흐만은 우주 만물이 된 근원의 실재로 중성명사이고, 브라흐마는 창조의 신으로 남성명사이다.

브라흐마

브라흐마는 오랫동안 황금알 속에 그대로 머물며 명상을 했다. 브라흐마가 명상에서 깨어나 눈을 뜨자 두 눈에서 강렬한 빛이 방출되기 시작했다. 빛이 생기자마자 어둠은 물러가고, 브라흐마는 만물을 하나씩 창조하기 시작했다.

먼저 황금알을 위로 높이 쳐들어 둘로 쪼개자 반은 위로 올라가 하늘이 되고 나머지 반은 아래로 내려가 땅을 이루었다. 둘로 쪼개진 알은 계속해서 별과 바다와 산들을 내놓았고, 거기서 신들과 악마들이 탄생했다. 그때 브라흐마는 육지가 바다 밑에 가라앉아 있다는 사실을 발견하고는 스스로 멧돼지가 되어 물속으로 들어가 육지를 물어서 물 밖으로 가지고 나왔다.

브라흐마는 여기에 만족하지 않고 이번에는 자신의 몸에서 사라스와티라는 아름다운 여인을 창조했다. 그는 자신의 몸에서 태어난 딸의 아름다운 자태를 보자 욕정을 느꼈다. 이 사실을 알아차린 딸은 우선 아버지의 오른쪽을 돌아 그의 시선을 피하려 했다. 브라흐마는 계속해서 그녀를 쳐다보려고 몸에서 머리 하나를 더 솟아오르게 했다. 딸이 다시 그의 시선을 피하기 위해 왼편으로 도니, 브라흐마의 몸에서 두 개의 다른 머리가 그녀를 보기 위해 솟아나왔다. 그녀가 할 수 없이 하늘로 피신하자, 브라흐마의 욕정은 다섯 번째 머리를 창조했다.

브라흐마는 하늘에 있는 딸을 향해 외쳤다. "나는 너를 사랑한다. 그러나 그것은 창조주로서의 사랑이다. 너와 나의 결합만이 세상의 만물을 제대로 창조할 수 있다. 자 이제 내려와 나와 함께 세상의 모든 생물과 신, 악마와 인간을 계속해서 만들어내도록 하자." 더 이상 브라흐마의 추적을 피할 수 없다는 것을 깨달은 사라스와티는 하늘에서 내려왔다. 브라흐마는 자신의 딸을 아내로 삼아 아무도 모르는 곳에서 신들의 시간으로 백 년 동안 살면서 인류의 조상인 마누를 낳았다.

근원적 실재인 브라흐만은 창조의 신 브라흐마와 유지의 신 비슈누, 파괴의 신 시바를 인격신으로 두었다. 세 신이 하나가 되어 우주의 근본원리인 브라흐만을 이루므로, 이를 삼신일체(트리무트리)라 부른다. 기독교의 삼위일체와 불교의 불법승 삼보와 일맥상통하고 있다.

아리아인의 제사문화 ──

베다의 기원에 앞서 아리아인들이 가진 제사문화를 이해할 필요가 있다. 그들은 인간의 힘을 뛰어넘는 자연현상에 두려움을 가졌다. 천둥과 번개와 폭풍은 신들이 노한 것으로 이해하고 특히 무서워했다. 한편 그들은 불과 소마주酒의 위력을 찬양했다. 그들은 제례의식 때 항상 불을 쳐다보며 의례를 올렸다. 불은 신성한 브라흐만의 정신과 품성의 표징이었다. 그리고 공희供犧, 곧 산 동물을 신에게 희생공물로 바치는 베다 의례에서는 신들에게 동물희생제물과 수확물을 바쳤는데 그 가운데 소마주를 가장 소중하게 여겼다. 이는 소마초草로 만든 술로 강한 흥분을 일으키는 환각작용을 하는데 이를 통해 신을 영접했다. 그래서 그들은 소마주를 신의 술이라 불렀다. 그들은 신의 술이 주는 황홀한 도취감을 신과 교통하는 신비스러운 영력이라 여겨 소마주 자체도 신격화했다.

그들은 이러한 두려움과 경외감을 토대로 자연신적 우주관을 가지고 모든 현상은 각 신의 의지에 의해 움직인다고 믿었다. 폭풍의 신 '인드라'를 비롯해 대략 76개의 자연신이 있었다. 이들이 제각기 직분을 갖고 인간세계를 관리하는 것으로 생각했다.

이 신들은 우주와 자연현상을 마치 사람의 형상으로 그려낸 존재들이다. 베다에서 신에 대한 용어는 '데바deva'이다. 이 말은 라틴어 데우스deus, 영어의 디오스dios와 동일한 어원을 갖는 것으로 '빛나는 존재' 또는 '주는 자'라는 의미이다.

이 신들 사이의 위계질서는 없으나 특정 신을 숭배할 때 그 신을

힌두교 의식

최고신으로 숭배하며 섬겼다. 이를 종교학자 막스 밀러는 '교체신론'이라 칭했다.*

결국 이러한 제사의식은 자연에 대한 두려움을 해소하기 위한 고대인들의 생존방편 중 하나였다. 그들은 자신들이 직면한 역경을 해결하기 위해 특정 신에게 찬양과 제물을 바치고 은총을 빌었다. 그러한 제사의식은 복잡한 절차로 이루어졌는데, 그 모든 것을 독점적으로 관리하는 집단이 사제계급 브라만이었다. 브라만교의 3대 특징이 베다 경전을 신성하게 믿는 것, 동물희생제인 공희를 중시하는 것, 그리고 카스트제도에 대한 믿음이다.

브라만교의 경전 베다 ——

베다는 '안다知'라는 말로 '지식', '지혜'를 의미한다. 당시 '안다'는 것은 자연신들이 다스리는 자연현상의 돌아가는 이치를 안다는 뜻이었다. 이러한 섭리를 알고 있는 브라만들이 당연히 최고 지배층이 되었다. 또 베다는 넓은 의미로는 '기록될 가치가 있는 지식 전체'를, 좁은 의미로는 '성스러운 지식'을 의미한다. 이는 브라만교 교의와 제례규정, 찬가, 기도문뿐 아니라 철학, 문학, 사회생활 등 다양한 내용을 담고 있는 방대한 산스크리트어 문헌으로 분량이 기독교 성경의 6배에 달한다. 학자들은 기원전 수십 세기 전부터 구전되던 내용을 기원전 1500년~1200년 사이에 글로 기록한 것으로 추정하고 있다.

인도에서는 종교문헌을 슈르티와 스므르티로 나눈다. 슈르티는 '들은 것'이라는 뜻으로 신이 직접 말한 문헌이고, 스므르티는 '기억

● 류경희,《인도의 종교와 종교문화》, 서울대학교 출판문화원, 2013.

　　　　　　　　　　　　　　　1부 종교의 탄생

한 것'이라는 의미로 인간이 쓴 문헌이다. 브라만교 전통에서 베다는 성자 리시를 통해 '들은 것'이라는 뜻이다. 당시 베다는 사제계급 브라만의 독점물이었다.

베다의 제례의식은 '찬가, 제문, 예식, 주술'의 순서에 따라 이를 분담하는 4명의 제관에 의해 주관되었다. 따라서 베다 문헌은 리그베다(찬송의 베다), 야주르베다(제문의 베다), 사마베다(예식의 베다), 아타르바베다(주술의 베다) 등 4종으로 이루어졌다. 이러한 베다의 구분은 제의에 참여하는 네 명의 제관이 지닌 역할인 찬가, 제문, 예식, 주술에 따라 나뉘었다. 리그베다는 신들을 불러들이는 노래, 야주르베다는 제사 진행(법식)과 관계가 있고, 사마베다는 제례 예식 때 부르는 노래, 아타르바베다는 주술로 재앙을 없애고 행복을 구하는 데 쓰였다.

브라만교는 제사장인 브라만의 역할에 따라 개인과 우주의 운명이 달라진다고 가르쳤다. 그래서 아리아인은 사제계급 브라만이 베다를 암송하며 기도드리는 제사의식을 신성하게 여겼다. 브라만들은 수천 편이나 되는 시를 노래처럼 달달 외워 후손에게 전했는데, 20년은 훈련해야 다 외울 수 있었다. 브라만이 존경받는 이유였다. 오랫동안 입으로만 전해지다 기원전 1000년 무렵부터 문자로 기록됐다. 주로 신에 대한 찬가와 기도를 수록한 리그베다는 이 시대를 알려주는 거의 유일한 문자 기록이다.

번개와 전쟁의 신, 인드라

인도인들이 번개와 전쟁의 신 인드라를 좋아하는 데는 그에 대한 신화가 한몫했다. 인드라는 소마 음료를 마시고, 흰 코끼리를 타고 다니며, 무적의 전곤(혹은 번개)으로 적진을 유린하는 전쟁의 신이다. 그는 거대한 코브라 브리트라를 죽여 그 뱀의 똬리 속에 갇혀 있던 물

전쟁의 신 인드라

을 해방시켰다. 그 물이 곧장 바다까지 내달렸다고 한다. 그렇게 인드라는 지상의 일곱 강을 다시 흐르게 했고, 그의 승리 덕에 태양과 하늘과 새벽이 살아날 수 있었다. 그 뒤 그는 천상과 지상의 왕으로 추앙받았다. 초기브라만교에서는 인드라가 최고신으로 아리아인들의 수호신이었다.

제사중심주의, 브라흐마나 ——

기원전 10세기부터 8세기경까지 베다에 대한 주석서로서 브라흐마나가 편찬되면서, 브라흐마나시대로 접어든다. 기원전 1000년경부터 아리안 기사계급이 인더스강 유역을 떠나 비옥한 갠지스강 유역으로 진출해 농경중심사회가 되었다. 이때부터 무력으로 원주민을 제압하기보다는 사제계급인 브라만의 권위와 주술로 그들을 굴복시켰다. 이로써 브라만이 집전하는 제사의 중요성이 날로 커져갔다. 유목민들이 귀히 여기던 '말 희생제'와 같은 산 제물을 바치는 공희제도 빈번히 열리고, 그 형식 또한 매우 엄격하고 복잡해졌다.

그 무렵 브라만은 제식의 실행과 우주 자연현상 사이에는 밀접한 대응관계가 있어 제사는 불가사의한 영력을 갖는다고 믿었다. 그러자 제사의 의미 역시 변했다. 기존에는 신을 감동시켜 은총을 받는 것이 목적이었다면, 제사과정 자체가 우주의 운행에 대응되면서, 제사의 형식준수가 신앙의 주된 목적이 되었다. 제사를 주관하는 브라만들은 신의 지위에 비견되기 시작했다. 그들은 제사와 관련된 복잡한 지식을 독점하며 자신들의 지위를 강화시켜나갔다. 이러한 제사만능주의 경향은 베다의 부속서이자 제사에 관한 신학적 해설을 담은 브라흐마나로 고조되었다. 브라만 중심주의는 카스트제도로 구체화되어 인도 사회에 뿌리내렸다.

시대의 변화 ——

기원전 1000년 이후 후기베다시대로 갈수록 목축 비중보다 농업 비중이 커져갔다. 철제 농기구와 우경이 도입되면서 농업 생산량은 획기적으로 증가했다. 이는 잉여생산물에 따른 계급분화와 상업발달을 가져와 도시화를 가속화시켰다.

이 과정에서 영토를 많이 확보하며 실력을 기른 크샤트리아와 상권을 장악한 바이샤 계급은 브라만의 권위에 도전하기 시작했다. 이로써 브라만이 주도하는 제례의식 만능주의는 강한 반발에 부딪혀 우파니샤드가 정립되는 등 새로운 경향이 등장하기 시작했다. 우파니샤드는 자아와 우주의 본질에 관한 논의를 심화시켰다. 이러한 추세는 제사 위주의 브라만교가 고차원적인 철학종교로 발전하게 된 의미 있는 변화였다.

우파니샤드, 진리 탐구에 대한 다양성을 인정하다 ——

브라흐마나 경전의 종교이념이 지나치게 형식적인 제의주의로 변해가자 이에 반대하는 일단의 자유주의 사상가들이 등장했다. 그들은 현실적 가치가 아닌 탈속적 가치를 탐구했다. 이로써 등장한 것이 '숲의 시대'이다. 숲에 들어가 명상하며 진리를 탐구하는 사람들이 많아졌다. 이런 풍조로 남자 아이들은 아예 어릴 때부터 다르마(법)를 배우기 위해 숲으로 들어갔다. 브라만은 8세, 크샤트리아는 9세, 바이샤는 12세가 되면 숲속으로 들어가 스승과 6년간 생활을 같이하며 배워야 했다.

숲의 시대 기간은 길지 않았고 곧 바로 우파니샤드시대가 열렸다. 브라흐마나시대가 의식에 치중한 시대였다면 우파니샤드시대는 철학적인 사유의 시기였다. 이들로부터 세계 최초의 스승과 제자의 '대화체 경전' 우파니샤드가 탄생했다. 우파니샤드는 베다의 결론이라는 뜻에서 '베단타'라고도 불린다.

우파니샤드시대가 열리면서 다양한 파의 다양한 철학적 사유가 생겨나고 브라만교는 이 다양성을 인정했다. 우파니샤드의 문헌은 기원전 8세기부터 약 500년에 걸쳐 쓰인 2백 권에 달하는 사색서로, 그 저자나 사상의 전개가 매우 다양하게 나타나 일관된 체계를 갖추고 있지 않다. 그럼에도 가장 두드러지는 특징은 이전 베다의 이원론적 세계관과는 달리 모든 존재의 본질을 하나로 보려는 일원론적 세계관을 제시한다는 데 있었다.

리그베다와 브라흐마나 시대에는 인간의 욕망이 충족되는 삶을 이상으로 보았다면, 우파니샤드 이후에는 오히려 욕망으로부터의 해탈을 삶의 이상으로 추구했다. 인도종교사에서 획기적인 사상적 전환이었다.[*]

● 류경희, 《인도의 종교와 종교문화》, 서울대학교 출판문화원, 2013.
  홍인경, '모든 종교의 유래가 된 베다와 아베스타', 〈원불교신문〉, 2007. 11. 9.

1부 종교의 탄생

범아일여 사상의 우파니샤드 ──

우파니샤드가 탄생하면서 자유사상가들은 우주의 근원적 실재와 인간의 본질을 탐구하며 그 상호관계를 밝히는 데 주력했다. 그들은 우주가 전체적으로 어떤 통일성과 조화를 가지고 운행되며, 인간을 포함한 우주의 모든 존재가 유기적으로 서로 연결되어 있다고 느꼈다. 브라흐마나에서는 '제사'가 중요한 데 반해, 우파니샤드에서는 '깨달음'이 중요했다.

이 시기에 윤회Samsara, 업Karma, 법Dharma, 브라만(우주의 본체), 아트만(인간의 영혼)과 같은 주요 개념이 제시됐다. 본래 유목민족인 아리아인의 종교관에 '내세' 개념은 있어도 '윤회' 개념은 없었는데, 거듭되는 계절의 변화에 맞춰 사는 농경을 하면서 윤회를 수긍했다.

우파니샤드는 공부의 대상을 자연이라는 외부세계에서 인간 내면의 정신과 영혼으로 바꾸었다. 곧 나의 바깥에 있는 존재로서의 신을 바라보는 것은 의미가 없으며 자아自我와 우주와 신은 하나라는 사상으로 전환한 것이다.

이후 우주의 근본원리 브라만(Brahman, 梵)과 개인의 자아 아트만(atman, 我)이 동일하다는 '범아일여梵我一如' 사상이 출현해 브라만교의 중심사상이 된다. 브라만은 원래 만유에 내재한 신성한 신비력이므로, 우주의 근본원리인 범梵과 영원한 참 존재인 나我는 하나라는 뜻이다. 만물에 스며있는 브라만과 나의 내면에 있는 신이 동일하다는 것을 깨달으라는 가르침이 핵심이다. 카스트제도 하의 인도에서, 아트만 개념은 신분의 귀천을 초월하여 개인 존재의 고귀함에 대해 일깨운다는 의의가 컸다.

그 무렵 인도인들은 근본적으로 현실세계는 고통이라고 생각했고,

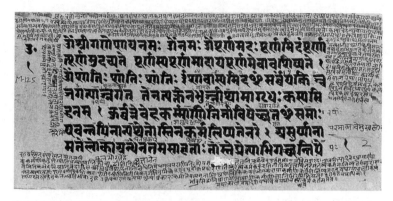

우파니샤드의 핵심이 담긴 이샤 우파니샤드

하늘의 뜻을 깨달아 해탈함으로써 윤회의 고통으로부터 벗어나는 것이 인생의 최고목표였다. 우파니샤드 사상에서는 인간이 우주와 자아가 하나라는 섭리를 깨달을 때 윤회의 고리를 끊고 해탈할 수 있다고 가르쳤다. 우파니샤드의 범아일여 사상은 뒤에 불교를 비롯해 인도에서 발생한 모든 종교의 중심사상으로, 이른바 '축의 시대'에 만들어진 동양종교와 동양정신의 기본개념이 되었다.

그럼에도 이후의 브라만교는 제사중심의 형식주의에서 탈피하지 못했다. 여전히 제사장인 브라만의 역할에 따라 개인과 우주의 운명이 달라진다고 가르쳤다. 그 무렵 갠지스 강변에 소왕국을 세운 왕들은 브라만과 손잡고 신정일치의 사회를 이루어 자연스럽게 제왕으로 인정받았다. 이는 카스트제도의 계급구조를 더욱 공고히 했다.*

● 한국종교문화연구소,《세계종교사입문》, 청년사, 2003.

1부 종교의 탄생

종교와 문화에 나타나는
정주민족과 유목민족의 차이 ——

정주민족과 유목민족의 차이는 농경과 유목만큼이나 극명하게 대조적이다. 한쪽은 한곳에 안주하려는 사람들이고 다른 쪽은 돌아다니며 더 좋은 초지를 찾아야 하는 사람들이다. 한쪽은 계절의 순환에 맞추어 기계적인 삶을 사는 사람들이고 다른 한쪽은 수많은 변화에 재빨리 적응해야 하는 사람들이다. 한쪽은 자기 것을 지키려는 사람들이고 다른 쪽은 남의 것을 빼앗아야 생존이 가능한 사람들이다.

그들의 문화나 종교 역시 극명하게 대조적이다. 한쪽은 자기 것을 지키려는 습성이 강해 배타적이고 다른 쪽은 변화를 수용해 자기 것으로 만든다. 그래서 정주민족의 종교는 다른 종교에 대해 배타적인 반면 유목민족의 종교는 다른 종교를 수용하고 포용하여 자기 것에 융합시킨다. 동서 문화의 차이도 여기서 유래된 것으로 보인다. 서양은 분리를 추구하고 동양은 조화를 추구한다. 서양은 개체를 중요시하고 동양은 관계를 중요시한다. 자신을 표현하는 데도 서양은 '내'가 중시되는 반면, 동양에서는 '우리'가 중시된다.

서양종교에 의하면, 신은 자연을 창조하여 인간에게 주고 이것을 지배토록 했다. 신의 형상을 닮은 인간은 자연보다 우월해 인간의 자연으로부터의 분리는 당연했다. 소크라테스, 플라톤, 아리스토텔레스의 철학은 모두 인간의 자연으로부터의 분리나 정신의 육체로부터의 격리라는 전제로부터 출발했다. 반면에 동양종교는 범아일여 사상 등 포용과 융합의 종교이다. 그렇다 보니 동양철학 역시 분리나 격리 대신 통합과 일치를 먼저 생각한다.

포용과 융합의 브라만교,
인더스문명의 종교를 흡수하다 ──

브라만교의 특징 역시 다른 문화나 종교를 포용해 융합한다는 점이다. 이는 아리안 특유의 유목민 기질로부터 기인한 것으로 보인다. 브라만교 신앙과 전통 가운데는 다산과 풍요를 빌며 물과 강 주위를 돌며 예배드렸던 인더스문명 종교의 여러 장점을 그대로 흡수한 것이 많다. 브라만교 수행 중 '명상'과 '목욕'은 인더스문명에서 받아들인 것이다. 소에 대한 숭배와 남근(링가) 숭배도 마찬가지다.

갠지스강에서 아침 의식을 치르는 힌두교인

브라만교는 드라비다족의 시바 신앙을 흡수함으로써 토착민들도 쉽게 받아들일 수 있는 대중종교로 탈바꿈했다. 실제 인더스문명에서 발견된 조각품 가운데 시바의 원형으로 여겨지는 것이 있다. 또한 시바 신 말고도 인더스문명의 신들이 브라만교에 많이 흡수되었다. 이후 이러한 포용과 융합의 전통은 불교와 힌두교로 넘어가면서도 그대로 유지된

1부 종교의 탄생

다. 동양종교가 모든 것을 녹여내어 융합하는 포용의 종교가 된 이유
이다.*

* 김장호, '힌두교는 종교가 아닌 또 하나의 우주', 〈샘이 깊은 물〉, 2003. 3.

2

축의
시대

I

조로아스터교와 유대교의 만남
— 기원전 700년~기원전 500년 —

고대 페르시아의 다신교 사회에서 기원전 자라투스트라가 신의 계시를 받아 아후라 마즈다 외의 다른 신을 모두 거짓으로 선언했다. 당시 대부분의 종교가 다신론이었음을 감안하면, 그의 가르침은 매우 획기적이었다.

자라투스트라가 창시한 조로아스터교는 여러 신이나 영을 최고신 아후라 마즈다 아래 통괄하고, 세계를 선과 악의 두 원리로 설명했다. 여기서 유일신 개념과 아울러 선과 악의 이분법, 곧 천사와 악마, 천당과 지옥, 심판과 부활, 인간의 자유의지 등의 교리가 나왔다.

유대인의 바빌론 유수기 포로생활에서 이들을 구원해준 키루스 2세(고레스왕)가 조로아스터교 신봉자였다. 그를 메시아로 생각한 유대인들은 고레스왕이 믿는 조로아스터교의 교리에 깊은 영향을 받았다. 무엇보다 당시 유대교의 단일신 개념을 유일신 개념으로 바꾸게 된다. 그리고 이후 이러한 선과 악의 이분법 교리는 유대교보다 기독교에 더 강하게 영향을 미쳤다.

히브리왕국의 흥망성쇠

가나안 사람들, 최초의 해상교역을 시작하다 ——

기원전 3000년경부터 지중해 동부에 가나안 사람들이 살고 있었
다. 현재 이스라엘과 레바논에 해당하는 지역이다. 그리스 사람들은
이들을 페니키아인이라 불렀다. 이
는 '자주색 옷을 입은 사람'이라는
뜻이다. 페니키아인들은 스스로를
'가나안 사람들'이라고 불렀다. 그
들은 히브리인, 아람인과 함께 셈
족의 가나안계에 속하며 오래전에
이들 민족 간에 혼혈이 이루어졌
다. 히브리인과 페니키아인은 굉장

가나안

히 가까운 관계이다. 혈통으로는 구분 자체가 무의미하고 언어도 방언 정도의 차이로 서로 통한다. 문자도 완전히 동일해서 페니키아 문자가 곧 고대 히브리 문자이다.

페니키아인들은 주로 해안가에 살았다. 뒤로는 산이 가로막고 있었기 때문에 평야가 아주 협소했다. 그래서 그들은 앞으로 마주한 바다로 나가지 않을 수 없었다. 이후 이들은 배 타는 것을 업으로 삼았다. 바다가 그들의 먹거리를 해결해주는 주무대였다.

지중해 역사는 소금과 레바논 삼나무가 움직였다

페니키아의 특산품은 재질이 단단하고 좋은 향기를 내뿜는 '레바논 삼나무'였다. 그들은 수메르 이래로 삼나무 목재로 뗏목을 만들어 인근 지역에 내다 팔았다. 그 뒤 삼나무로 큰 배를 만들어 소금, 삼나무 목재와 함께 올리브와 포도주, 그리고 바다에서 잡아 말린 생선으로 인근 지역들과 해상교역을 하기 시작했다. 특히 소금과 올리브, 포도는 기후와 토양을 가린다. 그래서 소금이 생산되는 지역과 흐리고 비가 많아 소금 생산이 어려운 곳, 그리고 올리브와 포도를 재배할 수 있는 지역과 그렇지 못한 곳이 있어, 자연스럽게 두 지역 사이에 무역이 이루어졌다.

교통이 발달하지 못한 고대에는 주로 수로를 통해 교역이 이루어질 수밖에 없었다. 앞서 말한 물건들을 갖다 주고 키프로스에서 구리와 토기를, 이집트에서 곡물과 파피루스를, 크레타에서 토기를, 멜로스섬에서 흑요석 무기와 도구들을 수입하여 인근 지역에 되팔았다.

페니키아 최대 수출품, 백향목

페니키아인은 백향목이라 불리는 레바논 삼나무로 배를 만들어 지

2부 축의 시대

중해지역을 오가며 교역을 했다. 인류 최초의 대형 배가 탄생한 것이다. 이 크고 튼튼한 삼나무 배가 페니키아인들이 지중해 해상무역을 석권할 수 있었던 이유였다.

백향목은 구약성서에 70번이나 등장하는 귀한 나무로 레바논산맥 표고 2천여 미터의 눈 덮인 높은 산에 자라는 나무다. 특이하게 이곳에서만 크게 자란다. 레바논 삼나무는 향이 나는 목재라 백향목이라 불리며 단단할 뿐 아니라 물에 잘 썩지 않는 것이 특징이다. 솔로몬의 성전과 왕궁을 지을 때 사용한 목재와 베네치아 바다 밑의 침목들이 주로 레바논 삼나무로 이루어져 있다. 백향목은 수피에 상처가 나면 송진을 내는데 매우 향기롭다. 이 송진은 방부제와 방충제가 함유되어 있어 고대 로마에서는 종이에 발라 책에 좀이 쏘는 것을 막기도 했다. 그래서 백송나무라 불리기도 한다. 이런 성질 때문에 오랜 기간

레바논의 삼나무

썩지 않는 고급목재로 사용할 수 있다.

레바논 삼나무는 그 크기가 웅대하다. 높이는 40미터, 둘레는 4미터에 달하고 오래된 것은 수령이 3천 년이나 된다. 지금은 귀한 나무지만 당시에는 수량이 풍부했다. 이 삼나무로 페니키아인들은 갤리선을 처음 발명했다. 갤리선은 사람들이 양쪽에서 노를 저어 움직이는 큰 배다. 이로써 페니키아인들은 먼 거리 항해를 주도했다. 지금도 레바논 국기 한가운데는 그들이 자랑하는 삼나무가 들어 있다.

원시 교환시장의 탄생과 식민도시 건설

기원전 5세기 그리스의 역사가 헤로도토스는 원시형태의 교역을 다음과 같이 기록했다. "상선을 타지에 정박시키고 상인은 상륙한다. 그들은 물건을 진열한 다음 우호의 뜻을 표시하는 것으로 그 자리를 물러난다. 뒤에 원주민이 나타나서 자신들의 물건을 늘어놓고 상대방을 놀라게 하지 않기 위하여 사라진다. 그러면 상인은 다시 돌아와서 상대방의 물건을 조사한다. 만족하지 않으면 자신의 물건 일부를 갖고 사라진다. 새로운 흥정을 의미한다. 이 같은 흥정으로 쌍방의 제안이 균형을 이루고, 모두가 만족할 때까지 계속된다. 그리고 거래가 이루어진다." 아마 성가신 과정이겠지만 이로써 교환시장이 생겨났다.

그 뒤 페니키아는 지중해에서 오랜 기간 해상무역에 종사했다. 그들의 항해는 세계사에서 하나의 전환점을 마련했다. 교역량이 커지고 해상교역 거리가 점점 멀어지자 중간중간 현지 항구에 식민지를 건설하기 시작해 세계 최초로 막강한 해상교역국이 되었다. 그들은 당시 그들이 세상 끝이라고 믿었던 곳까지 교역망을 확장하기 위해 노력했다. 상선들은 지브롤터해협을 넘어서 대서양까지 항해했고 아프

페니키아의 해상무역

리카 해안까지 갔다. 기원전 2000년 무렵에는 지금의 영국 남부 콘월의 주석을 소금과 바꾸어와 유럽대륙에 본격적인 청동기시대를 개막시켰다.

페니키아인들은 먼 거리 교역을 하는 과정에서 사이프러스에서 코르시카와 스페인에 이르는 땅을 식민지화했다. 그리고 기원전 810년 경에는 오늘날의 튀니지에 카르타고를 세웠다. 후에 카르타고는 전 지중해에서 가장 강력한 도시국가의 하나로 성장하여 지중해의 통상을 지배하고 해양 패권을 장악했다. 지중해 해상권과 교역을 장악한 페니키아인의 활약으로 고대 세계사의 중심이 오리엔트에서 지중해로 옮겨간다.

가나안과 팔레스타인 분쟁의 시작 ——

기원전 13세기 여호수아의 지도 아래 이스라엘인들이 430년 만에 이집트를 떠나 40년간의 광야생활을 거쳐 고향 가나안으로 돌아왔다. 유대인들이 가나안에 돌아온 기원전 13세기는 바로 소아시아의

이스라엘의 가나안 정복

히타이트에서 철기문명이 본격적으로 시작된 시기였다. 또한 이 시기에 가뭄으로 코카서스 초원에 살던 인도유럽어족의 대이동이 시작되었다. 그들이 그리스지역에 들어와 원주민과 합쳐져 지금의 그리스인이 되었다.

유대인에게 처음 붙은 명칭은 이브리 Ivree였다. 여기에서 히브리Hebrew가 나왔다. 이브리는 '강 건너에서 옮겨온 사람들'이란 뜻이다. 당시 가나안 사람들이 보기에 유대인들은 외지에서 옮겨온 이방인이었다. 그런데 이집트의 노예생활에서 벗어나 약속의 땅으로 들어가는 시점부터 야곱이 천사와 씨름한 후 하느님에게 받은 이름 이스라엘(신과 씨름하는 자)에 따라 '이스라엘의 자손'이란 의미에서 이스라엘이라 불리기 시작했다.

이집트에서 돌아온 유대민족은 그 땅에 살던 다른 민족들을 몰아내고 종교적 연합체 성격의 나라를 세웠다. 여호수아는 11부족에게는 땅을 나누어주고 레위족에게는 땅 대신 종교의식을 관장하고 십일조를 받도록 했다. 그 뒤 그들은 약 8백 년간 가나안 땅에서 살았다.

아시아와 유럽, 그리고 아프리카 이렇게 세 대륙 사이에 있는 가나안 땅은 문명의 교차로이자 교통의 요충지로서 여러 민족의 이동 통로였다. 그 결과 유동 인구가 증가하면서 유대인을 중심으로 여러 민족이 함께 뒤섞여 살게 되었다.

팔레스타인인과의 악연 ——

이 시기 남부해안에는 청동기문명을 붕괴시킨 바다의 민족 필리스틴Philistine이 살고 있었다. 이 사람들이 현 팔레스타인인Palestine이다. 이들은 이스라엘인들이 청동무기를 쓰고 있을 때 이미 철제무기를 사용했으며, 이집트에서 돌아온 이스라엘인들과 비슷한 시기에 크레타섬을 떠나 가나안에 정착했다. 이때부터 양 민족 간에 충돌이 시작되었다.[*]

필리스틴을 성경에선 '블레셋 사람들'이라 불렀다. 블레셋 사람들은 무척 강했다. 엄청난 힘을 자랑하던 판관 삼손도 그 벽을 넘지 못했다. 그러자 이스라엘 사람들은 보다 강력한 지도체제가 필요해 새로운 정치체제를 생각해낸다. 지금까지 이스라엘민족 12지파는 지파별 자치제를 시행하며 외부에서 적이 침략해왔을 때만 일시적으로 판관이라는 지도자 밑에 모여 싸웠다. 그런데 이렇게 느슨한 연합체로는 왕의 지휘 아래 일사불란하게 전쟁을 치르는 블레셋 사람들을 대적하기 어려웠다. 이에 이스라엘인들은 자신들을 대표해 전쟁을 지휘해줄 왕을 요구했다.

골리앗을 물리친 다윗 ——

그리하여 사울이 이스라엘 초대 왕으로 추대되었다. 사울이 블레셋 사람들과 싸움을 하는데, 하루는 블레셋 진영에서 거인이 나타났다.

● 오늘날 팔레스타인은 바로 필리스틴들이 살던 지역 이름 필리스티아에서 유래했다. 로마가 서기 135년 유대인들의 반란을 진압하고 그들을 몰아낸 후 그 흔적을 지우기 위해 이스라엘 땅의 이름을 '유대'에서 '팔레스타인'으로 바꾸었다.

다윗과 골리앗, 카라바조, 1600.

그는 이스라엘 진지를 향해 무서운 소리로 외쳤다. "너희들 가운데 한 사람이 나와 나하고 겨루자. 내가 지면 우리 군사는 모두 너희의 노예가 되마. 그러나 내가 이기면 너희는 항복하라." 이렇게 40일 동안 아침저녁으로 나와서 싸움을 걸었으나, 겁먹은 이스라엘 사람들은 아무도 나서려 하지 않았다.

마침 이스라엘 진지에 다윗 소년이 있었다. 그는 유다지파 출신이었다. 다윗은 골리앗을 보더니 분연히 나가서 상대하겠다고 했다. 다윗은 돌 다섯 개를 넣은 자루를 들고 거인 앞으로 나아갔다. 골리앗은 비웃으며 단숨에 죽이겠다고 덤볐으나 다윗이 돌팔매를 이용해 거인 이마에 돌을 명중시켰다. 거인은 그 자리에서 쓰러져 죽고 이에 놀란 블레셋 사람들은 퇴각했다. 골리앗과의 전투에서 승리한 다윗은 이스라엘민족의 영웅이 됐다.

하지만 다윗은 사울왕의 질투로 도망다녀야 했다. 그 뒤 길보아산 전투에서 참패해 전사한 사울왕의 시체는 블레셋 군대에 의해 성벽 위에 걸리는 수모를 당했고 이스라엘은 국토의 대부분을 블레셋민족에게 뺏겼다. 이후 우여곡절 끝에 사울왕의 뒤를 이어 다윗이 왕이 됐을 때 그의 나이 30세였다.

다윗, 현재 이스라엘 영토의 5배 되는 대국을 만들다 ──

그는 우선 잃어버린 땅을 되찾아야 했다. 그 무렵 다윗은 투석기로 날리는 돌보다 훨씬 더 멀리 날아가는 활의 장점에 매료됐다. 다윗은 투석기를 다룰 줄 아는 군사들을 모아 활을 집중 훈련시켜 유능한 궁수로 만들었다. 그들은 좌우 양손으로 돌팔매질도 하고 활도 쏠 수 있는 궁수로서 일당백의 용사들이 되었다. 그들은 먼 거리에서는 활로, 중거리에서는 투석기로, 단거리에서는 칼로 싸우는 전천후 부대가 되었다. 마침내 이들이 말과 전차를 사용한 블레셋 군대와 그밖의 적들을 능가했다. 고조선과 고구려가 큰 나라를 건설한 배경에도 활을 잘 쏘는 군사력이 큰 역할을 했듯이, 먼 거리 전투에서 활의 역할은 절대적이었다.

또한 다윗은 군대를 효율적인 조직으로 재편성하고 유능한 지휘관들을 길러냈다. 그의 휘하에는 30명의 핵심 지휘관 '30인의 용사들'이 있었다. 이들을 각 부대의 지휘관으로 내세워 군대를 효과적으로 통솔했다.

다윗왕은 블레셋을 정복한 뒤에 에돔마저 정복해 소금계곡과 철광산을 확보했다. 소금과 철은 당시 경제적으로 아주 중요한 자원이었다. 그 뒤에도 다윗왕은 언제나 싸움을 승리로 이끌어 왕국은 아카바만에 이르기까지 현재 이스라엘 영토의 5배 정도로 커졌다. 그의 왕국은 이집트 국경과 홍해에서 유프라테스강 유역까지 확장되었다. 솔로몬시대 이스라엘의 번영은 다윗왕의 영토 확장에 힘입은 바 컸다. 이에 따라 다윗 왕국은 비옥한 토지를 갖게 되었고 중요 국제교역로를 통제하게 되었으며 주변 국가들로부터 조공을 받았다.

다윗, 호구조사로 벌받다 ──

다윗왕은 장군 요압에게 이스라엘 백성의 수를 조사해 그 결과를 보고하도록 명령했다. 요압은 휘하 장수들을 인구조사관으로 동원해 9개월 20일 만에 백성 수를 모두 헤아려 왕에게 보고했다. 그 결과 무장가능한 장정의 수가 이스라엘에는 80만 명, 유다에는 50만 명 정도로 나타났다. 다윗은 호구조사를 통해 징집과 부역, 그리고 세금징수의 기본 틀을 마련했다. 이로써 이스라엘은 확실히 부국강병의 국가 면모를 갖추었다.

그러나 다윗은 곧 그의 인구조사가 사악한 짓이었다는 것을 깨닫고 신에게 용서를 빌었다. 신은 다윗에게 속죄를 위한 벌로 3년간의 기아, 3개월간의 패전과 학살, 3일간의 역병 가운데 하나를 택하도록 했고, 다윗은 세 번째 벌을 선택했다. 그 결과로 7만 명의 백성이 역병으로 죽었다.

인구를 헤아린 행위가 7만 명의 죄 없는 백성이 죽음을 당할 만큼 큰 죄일까? 인구조사라는 행위 자체가 통치행위의 시작이며, 이는 신이 가진 통치권을 침해했기 때문이었다.

이 사건으로 우리는 유대인의 중요한 기본사상 중 하나를 엿볼 수 있다. 율법의 기본정신은 '체다카'와 '미슈파트'이다. 체다카, 곧 '정의'는 공동체 내의 약자를 돌보는 것을 뜻하며, 미슈파트, 곧 '평등'은 이 세상의 통치자는 하느님 한 분이며 하늘 아래 모든 인간은 평등하다는 의미이다. 유대인은 이렇게 주권자는 하느님 한 분뿐이라는 인식이 뚜렷하다. 인간이 통치자가 될 수 없다는 것이다. 백성의 대표는 단지 대표일 뿐으로 그들의 통치자는 하느님 한 분이다. 그래서 지파별 자치제와 민주주의 제도가 역사상 가장 먼저 유대인에 의해 실현된 것이다.

예루살렘 솔로몬 성전 ——

솔로몬왕은 하느님에 대한 보답으로 아버지 다윗왕이 준비하던 예루살렘 성전을 즉위 4년 2월에 시공하여 11년 8월에 준공했다. 7년에 걸쳐 건축한 예루살렘 성전은 어떤 나라의 이방 신전보다 장엄하고 품위가 있었다. 신전 벽은 석재였고 지붕은 페니키아산 백향목이었다.

솔로몬 성전(3차원 일러스트레이션)

금과 은, 구리 장식이 많이 들어갔다. 성전은 하느님이 거하는 집으로 그 안에는 언약궤가 안치되었다. 그 뒤 모든 안식일 제례의식은 이곳에서 거행되었다. 예루살렘 성전은 유대인들에게 영원한 정신적 지주이자 마음의 고향이 되었다.

솔로몬왕, 해상무역을 주도하다 ——

가나안은 육상과 해상 무역의 요충지였다. 육상으로는 북쪽 페니키아에서부터 이스라엘로 뻗어 내려온 '해변 도로'와 산악지대의 '왕의 대로'를 통해 아시아와 아프리카를 연결했다. 해상으로는 이스라엘이 지중해 쪽의 항구와 홍해-인도양 양쪽 해양에 항구를 가진 유

시바여왕을 접견하는 솔로몬. 라파엘.

일한 나라였다. 솔로몬은 이러한 지정학적 이점을 최대한으로 살려 이스라엘을 전성기에 올려놓았다.

히브리왕국의 번영은 페니키아의 도시국가 티레(두로)와 동맹 관계를 맺으면서 시작되었다. 당시 페니키아 두로의 왕 히람은 이스라엘을 통해 홍해와 연결되는 교역로를 찾고 있었다. 히람은 홍해를 지나 인도양으로 통하는 이스라엘의 항구도시 에시온 게벨이 절실히 필요했다. 히람왕은 솔로몬왕과 동맹을 맺고 예루살렘 성전 건립을 후원하는 대신 이스라엘을 통과해 홍해로 진출할 수 있었다. 또한 홍해 근처의 구리광산을 히람왕과 공동개발하면서 이스라엘 왕실 재정도 풍족해졌다.

솔로몬은 이스라엘 남부 에일랏 부근에도 해상무역기지를 건설해 주변 나라들과의 무역을 크게 번성시켰다. 시바여왕과는 몰약과 유약, 향신료 등을 거래했고 동부 아프리카와도 선단을 운용하여 교역을 늘렸다. 당시 '유향길'(스파이스 로드)이라고 불리는 교역로를 통해 거대한 부를 축적한 나라가 시바왕국으로 중국의 비단, 아라비아반도의 유향 등을 이집트나 이스라엘 등에 공급했다. 시바여왕은 솔로몬에게 120키카르, 곧 5톤에 달하는 엄청난 황금과 시바의 최고 상품으로 신전 분향에 필요한 향품과 방부제, 그리고 각종 향신료 등을 가져와 조공으로 바쳤다. 이로써 두 나라는 밀월관계를 오래 지속할 수 있었다.

2부 축의 시대

그 무렵 솔로몬은 인도양으로 나갈 수 있는 홍해의 에시온 게벨에 구리제련소와 조선소를 만들어 선박을 대량 건조했다. 솔로몬과 히람은 아라비아 남부 이외에 스페인 남서부의 무역도시 다시스와도 거래했다. 솔로몬이 최고의 부를 쌓을 수 있었던 계기는 바로 다시스 상선대 덕택이었다. 이 배들은 홍해를 거쳐 아라비아반도와 인도양 너머의 인도, 그리고 동부 아프리카 등 매우 먼 거리를 항해하고 3년에 한 차례씩 에시온 게벨로 돌아왔다. 두로의 히람과 솔로몬의 해상 무역 탐험대는 지중해와 인도양은 물론 당시 세계 끝으로 알려진 중국까지 항해했다. 중국의 자료에도 솔로몬대에 이미 많은 유대인이 중국 곳곳의 유명 항구에 드나들고 있었고 왕복에 3년 가까이 걸리는 먼 거리를 항해해 왔다고 적혀 있다.[*]

알파벳을 만든 페니키아 상인들 ──

갤리선을 발명해 지중해에서 북해에 이르는 지중해 상권 전체를 장악한 페니키아 상인들은 장사를 하기 위해 누구나 알 수 있는 쉬운 글이 있어야 했다. 그들은 수메르 사람들이 만든 뜻글자(표의문자), 곧 사물의 모양을 본떠 만든 설형문자를 누구나 편리하게 쓸 수 있도록 가나안어 등을 참고해 22개의 자음으로 된 소리글자(표음문자) 알파벳을 발명했다. 페니키아어와 사촌격인 히브리어도 모음 없이 22개의 자음으로만 구성된 언어였다. 고대에는 대부분이 문맹이라 글을 아는 것은 고급능력으로 권위의 상징이었으며, 글을 읽고 쓸 줄 알아야 장사와 무역을 할 수 있었다.

● 김성, '솔로몬의 국제 무역항을 찾아서', 〈국민일보〉, 2001. 2. 6.

페니키아어와 고대 그리스어가 나란히 적힌 표석

페니키아 알파벳은 지중해를 따라 퍼져나가 그리스에서는 헬라어로, 로마에서는 라틴어로 발전해 나중에는 유럽 전체로 퍼졌다. 그리스 알파벳은 러시아를 비롯한 동유럽에 영향을 주었고, 로마 알파벳은 서유럽에 영향을 끼쳤다. 꼬불꼬불하게 생긴 아랍 문자나 이란 문자도 알파벳이 변형된 것이라고 한다.

그리스의 개안 ——

지중해의 암흑시대가 끝날 무렵, 그리스는 후진국이었다. 가나안 사람들이 그들과 교류를 시작했다. 페니키아인은 그리스에 글자 등 문화를 전파하고 물물교역을 하며 상호 호혜적 관계를 시작했다. 그리스인은 이때 문화에 눈을 뜨기 시작했다. 유럽문화의 뿌리로 일컬어지는 그리스문화는 사실 이렇게 가나안문화로부터 유래했다.

당시 그리스의 가장 중요한 발전은 작고 독립적인 도시국가 폴리스의 건설이었다. 그리스인은 폴리스 전체를 군대로 만들고 있었다. 그리스인들은 가나안으로부터 무기와 갑옷, 의류들을 사들였다. 하지만 팔 것이 별로 없었다. 그럼에도 페니키아와 히브리 사람들은 그리스 도시국가들의 자립을 도왔다. 그리스에 포도나무와 올리브나무를 이식해 농사짓게 했다. 이후 페니키아 상인들은 그리스인들의 포도주, 올리브유 교역을 도왔고 히브리인들은 그리스 국내 상업을 도왔다.

그리스인들은 이들로부터 갤리선 조선기술과 항해술을 배워 독자적인 행동에 나서는데, 바로 해적질이었다. 그 뒤 지중해 해상권을 둘러싼 이들의 관계는 투쟁의 역사가 된다.

솔로몬의 타락 ──

솔로몬은 페니키아인과 북쪽 이스라엘인을 부역에 동원하는 등 심각한 계층분리와 종교적 불협화음의 씨를 뿌렸다. 그는 '신부가 무역을 성사시킨다'는 기치를 내걸고 주변 왕국의 딸들과 결혼했다. 이로써 무역을 확장시킬 수는 있었다. 아브라함시대에도 그랬지만 당시 유대인 사회에서는 일부다처제가 시행되고 있었다. 율법으로 금지되어 있지는 않았다.

그러나 솔로몬은 초심을 잃고 타락했다. 야훼가 금한 이방 여인들을 맞아들여 아내를 7백 명이나 두었고 첩도 3백 명이나 되었다. 그는 방탕한 생활에 빠졌다. 예루살렘 동편 산 위에 이방 아내들이 믿는 여러 우상이 버젓이 자리 잡았다. 말하자면 신앙의 자유를 허용한 셈인데 당시 제사장들이 이를 너그럽게 보았을 리 없다. 솔로몬 스스로도 여인들의 꾐에 넘어가 다른 신들을 섬겼다. 그는 야훼 앞에서 해서는 안 될 일을 한 것이다.

구약성서의 〈열왕기상〉에 보면 야훼가 노하여 "너의 마음이 이러하고, 내가 너와 계약을 맺으면서 일러둔 법들을 지키지 않았으니 내가 반드시 이 나라를 너에게서 쪼개어 너의 신하에게 주리라. 그러나 너의 아비 다윗을 보아서 네 생전에는 그렇게 하지 않겠고 너의 아들대에 가서 이 나라를 쪼개리라."라고 질타한 기록이 있다.

왕국이 둘로 갈라지다 ——

기원전 926년, 이스라엘은 40년간 통치한 솔로몬이 죽고 그의 아들 르호보암이 왕이 되었을 때 강제노동과 세금을 줄여달라는 북쪽 부족들의 요구를 받았다. 이들은 특히 '지도자란 국민의 심복이어야 한다'라는 원칙을 요청했다. 그러나 르호보암은 이를 단호히 거절했다. 르호보암왕이 이스라엘의 요구사항을 들어주지 않자, 그들은 따로 모여 여로보암을 왕으로 추대했다. 여로보암은 솔로몬시대에 왕에게 부역정책 반대의사를 표시하며 항거하다 이집트로 도피한 인물이다.

결국 이스라엘은 이듬해 야훼의 말대로 두 왕국으로 갈라진다. 이로써 북쪽은 솔로몬의 아들에게 등을 돌린 나머지 10지파가 독립하여 솔로몬의 신하였던 여로보암을 내세운 '이스라엘왕국'이 되었다.

남쪽은 유다지파와 베냐민지파로 구성되어 르호보암이 이끄는 '유다왕국'이 되었다. 왕국 대부분을 이루고 있는 유다지파의 이름을 따 유다왕국이라 불린 것인데, 유다는 '하느님은 찬송받을지어다'라는 뜻이다. 두 왕국으로 갈라지면서 선대 다윗왕과 솔로몬왕이 이룬 광대한 영토의 상당부분을 잃어버렸다.

헤브라이문명과 이스라엘·유다 왕국

　　　　　　　　　　　　　　　2부 축의 시대

가나안의 다신교 ──

그 무렵 가나안 사람들은 농경생활을 하여 자연종교를 가지고 있었다. 그들은 농경신들을 총칭해 바알이라 불렀다. 그들의 신 위계는 상위의 지배자 엘과 그 아래 하늘의 바알, 그리고 엘의 배우자 아세라였다. 이 바알 신들은 농사주기와 밀접한 관계를 가지고 있었는데, 농사의 각 단계는 바알의 출생, 성장, 죽음으로 묘사되고, 이때마다 제의를 드렸다. 중요한 제의는 동물희생제의로 지냈다. 주요 축제는 풍요의 여신 아스타르테 숭배의식과 관련된 성창 관습이 있었다.

일부 이스라엘인들 역시 이런 신앙에 빠져들었다. 비옥한 땅이 많아 농사짓는 사람이 많았던 북쪽 이스라엘왕국에서는 야훼 신앙이 상대적으로 약했고, 목축하는 사람이 많았던 남쪽 유다왕국에서는 야훼 신앙이 강했다. 바알 신앙은 자연종교였던 반면, 야훼 신앙은 역사를 신의 활동영역으로 생각하는 계시종교였다.

여로보암, 황금 송아지상 바알 신을 세우다 ──

이스라엘왕국의 여로보암은 문득 이런 생각이 떠올랐다. '이 백성이 예루살렘 성전에 제사 드리러 다닌다면, 그들 마음이 다시 유다 왕 르호보암에게 기울 것이다. 그러면 그들은 나를 죽이고 르호보암을 다시 왕으로 삼을 것이다.' 여로보암은 신하들과 의논한 끝에 황금송아지 두 마리를 만들고 이스라엘 백성에게 말했다. "여러분이 예루살렘으로 제사를 드리러 다니는 것은 너무 번거로운 일입니다. 여기에 계시는 신들이, 여러분을 이집트에서 이끌어내셨습니다. 이제 이 신들을 향해 예배하십시오."

북쪽 이스라엘왕국은 백성들이 남쪽 유다왕국의 예루살렘 신전을 방문하는 것을 막기 위해 아예 두 개의 황금송아지 바알 신을 만들어 예루살렘 북쪽 벧엘과 단에 하나씩 세우고 제단을 만들었다. 벧엘이란 '엘의 집' 곧 엘을 모시는 신전을 의미한다. 명백한 우상숭배였다. 하느님과의 계약을 위반한 것이다. 십계명 가운데 첫째 계명인 '야훼 이외의 다른 신을 섬기지 말라'와 둘째 계명인 '우상을 섬기지 말라'를 동시에 어긴 것이었다.

기원전 722년 이스라엘왕국의 멸망 ——

그 뒤 형제국가는 2백 년간 치고받고 크게 싸우다 결국 기원전 722년 북쪽 이스라엘왕국은 아시리아의 사르곤 2세에게 멸망당했다. 이스라엘왕국의 존속 기간은 불과 209년이었다. 아시리아는 그들이 믿는 태양신 아수르의 이름에서 유래한 나라다. 이스라엘왕국을 정복한 아시리아는 반란을 막기 위해 귀족들은 아시리아로 포로로 끌고 갔고 나머지 이스라엘 사람들은 북동쪽 변방으로 추방했다. 이로써 이스라엘왕국의 10지파는 역사 속으로 사라졌다.

이사야의 예언, 하느님의 약속은 결코 깨어지지 않는다 ——

성경에 나오는 예언자들은 앞일을 점지해주는 예언자라기보다는 합리와 정의에 입각한 바른 소리를 신앙의 힘으로 담대히 말하는 시대의 통찰력을 가진 사람을 뜻한다. 예언자라는 말의 어원은 그리스어 prophetes인데, 이는 예언자의 기본 성격을 암시하는 말이다. '미리

아시리아 왕의 사자 사냥

말하는 이'의 뜻을 가진 pre-phetes가 아니라 다른 이를 위하여pro 말하는 자라는 의미이다.

기원전 8세기의 예언자 이사야는 남쪽 유다왕국의 왕족 출신으로 기원전 759년경부터 60년간 4대 왕에 걸쳐 예언했다. 그는 이스라엘이 파멸될 것을 내다보았다. 하지만 이는 이스라엘이 하느님에게 복종하지 않는 바람에 하느님 약속이 일시 중단되는 것으로, 이스라엘 백성을 선택한 하느님의 약속은 결코 깨어지지 않는다고 설파했다. 이스라엘 땅이 일시적으로 상실되는 일이 있더라도 언젠가는 되찾을 수 있다는 것이다. 약속의 땅이라는 관념은 유대 종교에 특유한 것이다. 그것은 유대교 교의 중에서 가장 중요한 요소다. 이사야는 궁극에 이르러 메시아의 새 시대가 도래할 것을 예언했다.

1차 이산, 바빌론 유수기 ──

1948년 이스라엘 건국행사 때 낭독된 구절은 이렇다. "흩으시는 여호와는 곧 모으시는 여호와였으니, 그날에 내가 다윗의 무너진 천막을 일으키고 그 틈을 막으며 퇴락한 것을 일으켜서 옛적과 같이 세우고 … 내가 저희를 그 본토에 심으리니 저희가 내가 준 땅에서 다시 뽑히지 아니하리라. 이는 네 하느님 여호와의 말씀이니라." 이처럼 유대인들은 하느님이 흩고 모으는 게 모두 예정된 것으로 믿었다.

솔로몬왕 시절부터 만연된 우상숭배와 타락의 죄로 유대인들은 그들의 유일신 여호와의 뜻에 따라 가나안 땅에서 두 번이나 흩어진다. 바빌론 유수기가 1차 이산이요, 훗날 로마제국에 의해 멸망당해 2천 년 가까이 나라 없이 떠돈 것이 2차 이산이다. 첫 번째 흩어짐부터 살펴보자.

아시리아를 물리친 유다왕국 ──

아시리아 왕 산헤립이 유다왕국에 금과 은을 요구하며 시비를 걸었다. 유다왕국은 북쪽 시리아, 남쪽 이집트와 연합했다. 기원전 701년 전쟁이 시작되자 아시리아 대군에 밀린 시리아와 이집트는 굴복하고 말았다. 유다왕국은 대제국 아시리아와 홀로 맞섰다. 이때 선지자 이사야는 히스기야왕에게 용기를 주어 하느님에게 기도하게 하고, 아시리아 왕이 물러날 것이라고 예언했다. 이사야 예언자도 하늘을 향해 부르짖으며 기도했다.

다음 날 아침 거짓말 같은 일이 일어났다. 아시리아군이 홀연히 철수한 것이다. 하느님의 심판이 아시리아군에 임하여 모든 지휘관과 장수를 쓸어가버렸다. 예루살렘을 포위하던 아시리아군 가운데 18만 5천 명이 몰사하여 다급히 물러난 것이다. 이를 본 유대인들은 하느님이 베푼 은혜에 감읍하였다. 이로써 유다왕국은 나라를 지키게 되었다. 그 뒤 아시리아제국은 유다왕국을 감히 범접지 못했다. 그리고 기원전 612년 바빌로니아에게 멸망당했다. 후대의 그리스 역사가 헤로도토스는 당시 아시리아 진지에 발진티푸스가 퍼져 철수했다고 주장했다.

신전의 나라, 신바빌로니아 ──

그즈음 바빌로니아 남부에 정주한 칼데아(갈대아)인들은 차차 세력을 늘려 바빌론을 수도로 하는 칼데아제국을 건설했다. 유프라테스강은 바빌론의 중앙을 관통하여 흐르고 있었다. 배가 드나들며 해상

바빌로니아 이슈타르 문

교역이 번창한 바빌론은 국제도시가 되었다. 그 뒤 기원전 612년에 이들은 아시리아를 멸망시키고 신바빌로니아를 건국하여 다시 한번 바빌론을 문명의 중심으로 만들었다.

세계사에서 두 번의 바빌로니아가 있었다. 기원전 1830년부터 기원전 1531년까지 3세기 동안 존속하다가 히타이트인의 침입으로 멸망한 구바빌로니아와 천 년 후 같은 자리에서 탄생한 느부갓네살(네부카드네자르 2세)의 신바빌로니아가 그것이다. 그러나 성경에는 이런 구분 없이 두 나라 모두 바빌로니아로 불렀다.

바빌로니아의 수도 바빌론은 수많은 정복자가 정복하고 파괴하였지만 그때마다 다시 복원되었다. 느부갓네살은 바빌론을 사상 최대의 성곽을 가진 도시로 재건해 세력이 최고조에 달했다. 바빌론은 '신의 문'이라는 뜻이다.

당시 바빌론에는 위대한 신들을 위한 신전 53개, 마르두크 신을 위한 신전 55개, 대지의 신들을 위한 신전 3백 개, 하늘의 신들을 위한 신전 6백 개가 있었다. 그러고도 나머지 신들을 위한 제단이 4백 개나 더 있었다. 이 가운데 가장 큰 '신의 문'이라는 뜻의 바벨탑이 있었다. 이 탑은 7층으로 높이가 90미터이며 8500만 개의 벽돌을 사용했다.

신바빌로니아의 유다왕국 침공 ——

이 왕국은 스스로 과거 찬란했던 바빌로니아왕국의 계승자를 자처했다. 느부갓네살왕은 기원전 605년에 중동지역의 패자 이집트군을 격파하고 블레셋 도시들을 점령했다. 기원전 597년에 이들은 아시아에서 이집트인을 추방한 후 시리아까지 손에 넣었다. 느부갓네살왕의 기세에 놀란 유다왕국의 지도자들은 전통 우방인 이집트 파라오에게 군사지원을 요청했다. 기원전 721년 아시리아가 북이스라엘을 멸망시킬 때도 유다왕국은 이집트의 보호로 왕조를 유지할 수 있었다. 그러나 이제 이집트는 신흥 강국으로 떠오른 신바빌로니아로부터 유다왕국을 보

신바빌로니아제국

호하기에는 너무 약했다. 오히려 이러한 지원요청은 느부갓네살왕에게 침략명분을 주어 기원전 601년 유다왕국은 바빌로니아의 속국이되었다.

1차 바빌론 유배 ——

유대민족이 이민족에게 지배받고 노예로 전락했을 때 그들은 자신들이 하느님의 계명을 어겼기 때문에 이런 벌을 받는다고 뼈저리게 뉘우쳤다. 이는 신앙을 회복하는 기회가 된다. 그들은 이교도들의 우상숭배가 강요될수록 하느님을 따르고자 강력한 저항운동을 벌였다. 기원전 600년, 유대인들이 반란을 일으켰다. 유대인들은 용맹하게 저항했지만 궤멸적인 타격을 입었다. 결국 예루살렘이 함락되었다. 기원전 597년의 일이다. 느부갓네살은 항거할 만한 8천 명을 추방시키고 왕과 상류층 유대인, 그리고 은장이, 대장장이 등 기술자들을 바빌론에 포로로 데려갔다. 이것이 1차 바빌론 유배다.

2차 바빌론 유배 ──

포로들의 대이동, 제임스 티소, 1896~1902.

  그래도 느부갓네살은 유다왕국을 병합하지 않고 허수아비 왕을
세워 속국으로 남겨두었다. 그런데 이 유다 왕이 뜻밖에 이집트와 동
맹을 맺어 바빌로니아에 반기를 들고 독립을 선언했다. 이에 격분한
느부갓네살은 다시 쳐들어가 기원전 587년에 2차 침공이 일어났다.
이집트는 몇 주 만에 항복했지만 유대인은 1년 6개월을 싸웠다. 6개
월 동안 예루살렘을 포위하던 바빌로니아군은 기원전 586년에 성벽
을 격파했다. 3차례에 걸친 전쟁으로 유다왕국은 정말 철저하게 파괴
되었다. 이때 수많은 유대인이 바빌론으로 끌려갔다. 이것이 유명한 2
차 바빌론 유배이다.

2500년 유대인 방랑시대의 시작 ──

북쪽의 이스라엘왕국이 망한 지 125년 후에 유다왕국도 이렇게 신바빌로니아에 의해 정복당했다. 하지만 다른 민족에게 지배를 받으며 산다는 것이 유대인에게는 너무나 힘들었다. 무엇보다도 신앙적 갈등이 컸다. 또한 유대인이 어려서부터 성경을 읽고 배워 대부분 일찍이 글을 깨우친 민족임에 반해 오히려 정복민족은 대부분 문맹으로 현격한 수준 차이를 보였다. 이러한 문화적 충돌은 결국 또 반란으로 이어졌다. 예루살렘이 포위당한 채 진압군에 대항하며 3년 5개월을 버텼지만 반란은 실패하여 기원전 582년에 예레미야의 예언대로 유다왕국도 멸망한다. 전쟁의 참화로 예루살렘 성전은 말 그대로 초토화되었다. 이때 언약의 궤에 안치되어 있던 모세의 십계명 석판마저 없어졌다. 유다 국토 전체가 폐허가 되었다. 당시 유대인 상류층은 모조리 바빌로니아로 잡혀갔다. 이것이 바빌론의 유수의 전모다. 이것이 첫 번째 흩어짐인 '제1차 이산'이다. 이때부터 1948년 이스라엘 건국까지 약 2500년을 '유대인 방랑시대'라 부른다.

조로아스터교와 유대교의 만남

　　오늘날 이란지역에 세워졌던 여러 왕조와 제국을 흔히 페르시아라 통칭한다. 기원전 1800년 무렵부터 이란고원에 정착한 아리아인은 용맹한 기질을 바탕으로 용병생활을 하며 점차 세력을 확대했다. 이후 그들은 서북부의 엘람왕국을 무너뜨리고 정착한 메디아족, 동북부에 정착한 스키타이족, 남부고원에 정착한 페르시아족, 동쪽에 정착한 아리안족과 파르티아족, 박트리아족으로 나누어졌으며 이들이 원주민을 정복하고 지배부족이 되었다.

　　아리안의 이란고원 유입은 고대 페르시아문화를 통째로 바꾸었다. 이들은 언어도 인도유럽어의 한 종류인 페르시아어를 썼으며, 아리안 특유의 종교관과 가치관이 페르시아 전역에 퍼져나갔다. 그중 메디아왕국이 가장 먼저 두각을 나타냈는데, 메디아는 메소포타미아와 이집트에 걸쳐 대제국을 건설했던 아시리아를 무너뜨리며 기원전 728

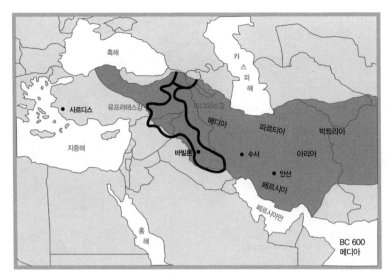

메디아왕국

년 역사의 무대에 등장했다. 메디아왕국은 자그로스산맥 동쪽을 근
거지로 삼다가 북쪽에서 밀고 내려온 스키타이인들에 의해 차츰 서
쪽 메소포타미아지역으로 밀려났다. 한때는 아나톨리아반도 깊숙한
곳까지 치고 들어가 큰 왕국을 세웠으나 짧은 전성기를 보낸 후 페
르시아에 흡수된다.

키루스 2세, 페르시아제국을 건설하고
주변국들을 정복하다 ─

기원전 600년경 지금의 이란고원 동남쪽에 페르시아족이 살고 있
었다. 키루스 2세는 기원전 590년경에 페르시아족의 조그만 나라 안
산의 왕 캄비세스 1세와 메디아왕국의 공주 사이의 외동아들로 태어
났다. 그는 기원전 549년 메디아왕국을 정복하고 나라의 이름을 메

키루스 2세의 무덤

디아에서 페르시아로 바꾸었다.

그 뒤 키루스 2세는 먼저 이란고원에 사는 이란 부족들에 대한 지배력을 공고히 한 뒤 서방으로 영토를 확대해나가다가 소아시아의 리디아왕국과 부딪쳤다. 당시 리디아는 기병이 강했다. 천재적인 군사전략가였던 키루스는 리디아를 정복하기 위해 꾀를 썼다. 그는 리디아 기병에 맞서 말보다 훨씬 덩치가 큰 낙타부대를 전면에 배치하는 전략을 구사했다. 기본적으로 말은 낙타를 두려워하는 습성이 있었다. 이로써 낙타와 낙타 냄새에 익숙하지 않은 말을 탄 리디아 기병을 낙타에 올라탄 페르시아 궁수들이 효과적으로 물리칠 수 있었다. 이는 말과 낙타의 싸움이자 창과 칼을 든 기병과 활을 쏘는 궁수의 싸움이었다. 낙타의 거친 숨소리에 놀란 말에서 내린 기병들은 보병 전투를 시도했지만 낙타 위 페르시아 궁수들이 활을 쏘자 사상자가 속출하면서 진영이 흐트러졌다. 그 틈을 이용해 페르시아 보병과 기병,

그리고 전차부대가 일제히 돌진하자 리디아군은 궤멸되었다.

키루스 2세는 기원전 547년에 리디아왕국을 함락시키고 메디아왕국과 합쳐 페르시아제국을 건설하였다. 키루스 2세는 아케메네스왕조의 시조로 지금까지도 이란인들에게 건국의 아버지로 알려져 있다. 성경에는 히브리 발음에 근접한 고레스왕이라고 기록되어 있다. 고레스는 '태양'이라는 뜻이다.

고레스, 강의 물줄기를 바꾸다 ──

기원전 539년에 페르시아제국은 기마대를 이끌고 비옥한 메소포타미아평야로 진격했다. 신바빌로니아의 수도 바빌론은 견고한 이중 성벽과 유프라테스강으로 둘러싸여 있는 천연의 요새였다. 바벨론의 성벽은 둘레가 66킬로미터에다 높이는 24미터가 넘었으며, 여러 개의 감시탑이 있었다. 그리고 이중으로 건설된 된 성벽 꼭대기는 4두 전차 네 대가 나란히 달릴 수 있을 만큼 폭이 넓었다.

난공불락의 바빌론성을 무너뜨리기 위해 페르시아의 고레스왕은 기상천외의 방법을 강구했다. 바빌론성을 에워싸고 흐르는 유프라테스 강물의 물줄기를 바꾸는 전략이었다. 누구도 생각하기 힘든 기발한 방법이었다.

그는 먼저 바빌론 북쪽의 수면이 얕은 인공저수지 둘레에 벽을 쌓고 강과 저수지를 잇는 운하를 팠다. 그 뒤 추수감사절에 유프라테스강과 운하, 저수지 사이의 벽을 한꺼번에 허물었다. 강물은 운하를 따라 저수지로 밀려들었다. 그 통에 바빌론성을 에워싸며 흐르던 유프라테스강 하류의 수위는 점점 낮아져 거의 바닥을 드러냈다. 추수감사축제에 한창이던 바빌론 사람들은 낮아진 수위를 눈치 채지 못했다. 페르시아의 정예부대는 한밤중에 강을 걸어서 건너 선착장을 따라 나있는 문들을 통해 기습하여 바빌론을 점령했다. 기원전 539년 10월 13일 밤에 일어난 일이다.

바빌론을 정복한 페르시아 군대는 놀랍게도 신전을 파괴하지 않았다. 그 무렵 정주민족들은 상대국을 정복하면 제일 먼저 신전을 파괴하고 신상을 부수는 것이 관례였다. 그들은 신전에 칼을 차고 들어가지도 않고 피정복민들이 믿는 신들을 모두 그대로 인정하며 평화를 선언했다. 페르시아인들이 이렇게 관대할 수 있었던 밑바닥에는 그들이 모시는 지혜의 신 '아후라 마즈다'가 세계 유일의 신으로 다른 모든 신을 관장하고 있다고 믿었기 때문이다.

페르시아, 세계 최초의 중장기병을 선보이다 ──

역사에서 보면 평야지대의 정주민족은 초원지대의 유목민족에게 항상 정복당한다. 한마디로 경쟁력의 차이다. 험난한 환경을 헤치며 생존을 위해 수시로 옮겨 다니며 주변 변화에 대처해 치열하게 살아

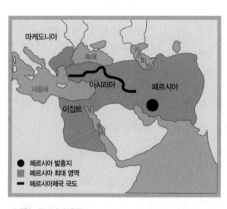

거대한 페르시아제국

가야 하는 유목민족을 풍요롭고 편안한 환경의 정주민족이 당해낼 수 없기 때문이다.

게다가 페르시아는 세계 최초로 중무장한 기병을 선보인 나라였다. 말에 올라탄 병사는 갑옷과 투구를 갖추었

고 말은 머리와 앞부분에 마갑을 착용했다. 우리 고구려의 개마부대와 비슷한 중무장기병이었다. 당시 다른 나라들도 기병이 있었으나 이렇게 중무장한 기병은 처음이었다. 그들은 손쉽게 경무장한 적들을 제압했다. 또한 이들은 철제전차를 타고 투창과 활을 이용한 치고 빠지는 기습공격으로 적의 대오를 흐트러뜨려 손쉽게 승리를 거두었다. 이러한 전술적 경쟁력이 밑바탕이 되어 있는 데다 고레스왕의 비상한 전략이 더해져 세계제국을 건설할 수 있었다. 공원국 작가에 의하면, 당시 페르시아인은 남자의 조건을 '활쏘기', '말타기' 그리고 '진실만 말하기' 셋으로 규정했다.

이사야의 고레스 예언 ——

바빌론 점령으로 고레스는 메소포타미아뿐 아니라 바빌로니아인들이 정복해 다스리던 시리아와 가나안까지 수중에 넣었다. 이로써 신바빌로니아의 유다왕국 지배는 불과 50년에 그쳤다.

조로아스터교를 믿는 고레스는 하늘에 계신 신을 모든 신보다 위대하다고 선포하고 그 신이 이 큰 나라를 자기에게 허락한 것이라고 고백할 만큼 깊은 신앙심을 가진 사람이었다.

성서적 관점에서 보면, 유대인들에게 경천동지할 만한 일이 벌어졌다. 놀랍게도 이는 이미 150년 전에 자기들의 선지자 이사야가 히브리 성경의 이사야서에서 예언한 것이 사실로 이루어진 것이다. 이사야는 고레스의 이름을 그의 예언서에 기록하고 있었다. 이사야서 44장에서 고레스왕을 하느님에 의해 임명된 목자로 부르며, 45장에서 '기름 부음 받은 자'로 칭하고 있다.*

이후 페르시아는 오리엔트 세계를 통일하고 거대한 제국을 이루었다. 고레스왕 시대에 모두 이루어진 일이다. 오리엔트 역사상 가장 큰 제국이었다. 그 아들 캄비세스는 이집트, 누비아, 에티오피아까지 원정하며 에게해에서 인도양까지 지배하여 아시리아를 능가하는 세계 제국을 수립했다. 또 화폐제도를 확립하고 세계 최초의 우편제도인 역전제도를 창설했다.

인류 최초의 인권선언문 ——

페르시아의 고레스왕은 그가 믿는 조로아스터교의 교리를 충실히 따랐다. 이 종교는 '바른 생각, 바른 말, 바른 행위'를 지상 최대의 목표로 삼고 있었다. 조로아스터교가 보는 이 세상은 선한 영과 나쁜 영의 대결장인데 사람은 자유의지에 따라 어떤 영의 편에 서서 싸울 것인지 스스로 결정하고 그 결과에 책임져야 한다.

고레스왕은 조로아스터교의 신 아후라 마즈다의 뜻에 따라 선한 영의 전사로서 싸울 것을 다짐하고, 신의 뜻을 헤아리는 의로움과 자비로움으로 이 세상에 '정의와 평등'을 구현하는 데 앞장섰다.

바빌로니아 정복 직후부터 고레스왕은 절대군주국이었던 바빌로니아와는 아주 다른 정책을 폈다. 그는 '고레스 원통'이라는 인류 최초의 인권선언문을 발표했다. 이 문서는 1879년에 발견되었다. 여기에 보면 "바빌론 거주민에 대하여는 … 나는 노동자들에게 임금을 안 주는 것과, 사회적 신분을 안 주는 제도를 폐지한다. … 나는 그들의 무질서한 주거생활에 안녕을 주었고 티그리스 다른 편에 있는 헌납됐던 도시들을 돌려주었다. 그 땅은 오랫동안 폐허가 되어온 거룩한

● 이사야서는 기원전 8세기에 살았던 이사야 예언자의 저작이라는 견해와 기원전 6세기 바빌론 유수기 이후 저작과의 합성이라는 견해가 맞서고 있다.

땅으로 … 나는 역시 이
전의 원주민들을 모아서
그리로 돌려보냈다."라
고 적혀 있다.

곧 모든 사람은 종교
의 자유를 가지고, 노예
제도를 금지하며, 궁궐

고레스의 원통

을 짓는 모든 일꾼에게 급여를 지급한다고 되어 있다. 노예제도와 부
역제도가 일반화되어 있던 고대 당시로서는 정말이지 파격이었다. 심
지어 전쟁포로들에게까지 자유를 허락해 자기 나라로 돌아갈 수 있
게 해주었다.

영국 역사학자 찰스 프리먼은 고레스의 업적을 다음과 같이 평가
했다. "고레스가 이룩한 업적이 알렉산드로스대왕보다 훨씬 더 위대
하다. 알렉산드로스대왕은 기원전 320년에 페르시아 아케메네스왕조
를 파괴했지만 자신이 정복한 지역에 안정을 가져다주지 못했다."

탁월한 지도자 고레스 ──

그는 통치 기간 동안 다민족국가인 페르시아제국의 융화를 위해
종교적 관용정책을 폈다. 그는 피정복민에게조차 기꺼이 배우는 자세
를 취했다. 정부형태와 통치방식에서도 다른 민족의 것을 차용하여
새로운 제국에 맞게 응용했다. 이는 그의 뒤를 이은 다리우스 1세 등
에까지 전해져 페르시아제국의 문화와 문명을 형성하는 데 큰 역할
을 했다.

그리스의 역사가 헤로도토스에 따르면 페르시아인은 고레스(키루스

2세)를 자신들의 아버지라고 불렀다. 이후의 군주 가운데 그렇게 존경받은 인물은 없었다. 그는 페르시아 건국의 아버지이자 이란 건국의 아버지로 받들어지고 있다. 고레스는 건국 시조 이상의 존재로 역사속에 남아 있다. 그는 고대 사람들이 통치자에게 기대한 탁월한 자질의 상징이 되었다. 용맹하면서도 관대하고 아량 있는 정복자로서의 영웅적 특질을 지녔다.

고레스왕은 다문화 포용정책을 폈다. 그는 모든 민족이 저마다의 민속과 풍습에 맞게 자신들의 지도자들이 세운 규칙에 따라 살아가도록 허락하는 방법으로 광대한 영토를 통치했다. 그의 인품은 그리스인들에게 알려졌으며 특히 알렉산드로스대왕에게 큰 영향을 미쳤다. 알렉산드로스대왕의 '세계시민' 사상을 포함한 헬레니즘은 고레스로부터 영감받은 바 크다. 또 후대의 무슬림들도 페르시아의 포용정책을 따랐다. 이는 오스만시대까지 이어졌다.

유대인들 '고레스 칙령'으로 귀환 ──

바빌로니아 정복 후 고레스왕은 맨 먼저 바빌론에 포로로 잡혀온 여러 민족을 모두 풀어주었다. 그뿐만 아니라 지배하고 있던 각 민족의 종교와 행정자치를 대폭 허용했다. 피지배 민족인 유대민족에게도 자율권을 부여했다.

기원전 538년 고레스왕의 포고로 유대인의 귀향이 허용되었다. 이른바 '고레스 칙령'이다. 유대인들에게 고레스 칙령은 꿈같은 소식이었다. 이로써 고레스왕은 유대인들에게 해방자, 곧 메시아로 추앙받았다.

유대민족이 바빌로니아로부터 풀려날 때까지의 50여 년을 역사에서는 '바빌론 유수기'라 부른다. 기원전 586~538년의 기간이다. 당시 바빌론에 살던 유대인 15만 명 가운데 1차로 4만여 명이 고레스 칙령이 발표된 기원전 538년에 예루살렘으로 돌아갔다. 이들은 세 번의 전쟁 폐허에서도 어렵게 살아남은 현지의 유대인들과 합류하여 살게 되었다. 이들을 이끌고 간 첫 번째 유다총독은 예전의 왕 여호야긴의 아들 세나자르였다. 잔류 유대인들은 돈을 모아서 귀환하는 유대인들의 예루살렘 정착경비를 지원했다. 이른바 시오니즘의 시작이었다.

페르시아의 고레스왕은 바빌론이 약탈했던 성전의 온갖 제기도 갖고 돌아가도록 허락했다. 하지만 고레스의 명령에도 불구하고 첫 번째 귀환자들의 성전재건 노력은 실패하고 만다. 고향에 남아 있던 가난한 유대인들이 저항했기 때문이다. 그들은 사마리아인, 에돔인, 아랍인과 힘을 합쳐 귀환자들이 성벽 쌓는 일을 방해했다. 이렇게 저항이 만만치 않은 데다, 귀향자들도 너무 곤궁해 생계조차 어려웠다.

2차 귀환과 성전 재건 ——

다리우스 1세의 전면적인 지원을 받아 기원전 520년에 제2차 귀환이 있었다. 인솔자 스룹바벨은 다윗의 자손으로 페르시아의 유다총독으로 임명되었다. 성서에 의하면 4만 2360명의 포로들이 스룹바벨과 함께 귀환했다.

신전 재건사업이 시작되었다. 페르시아와 마찬가지로 성전건설에 참여한 사람들에게 급료가 지급되었다. 새 신전은 비록 레바논 삼나무가 다시 사용되기는 했지만, 솔로몬 신전보다는 훨씬 수수하게 지어졌다. 사마리아인은 이단으로 간주되어 재건공사에 참가하지 못하게 했다. 마침내 기원전 515년에 성전 봉헌식을 올렸다. 성전 소멸로

제2 예루살렘 성전 모형

부터 꼭 70년이 되던 해였다. 솔로몬왕의 첫 성전에 이은 제2성전이
었다. 이 시기부터 유다왕국은 제사장을 중심으로 한 행정자치령 형
식의 나라가 된다.

조로아스터교 영향받은 유대교 ——

당시 유대인들은 고레스왕을 정말 메시아로 생각했다. 그는 바빌
로니아 노예생활에서 해방시켜주었고, 귀향을 허락해주었다. 땅을 되
돌려주고, 파괴된 예루살렘 성전까지 다시 지을 수 있도록 지원해주
었다. 무엇보다 종교적 자유를 주었다.

따라서 유대인들은 자연히 고레스왕이 믿었던 조로아스터교의 유
일신 사상을 주목하게 된다. 당시 유대인들도 야훼를 믿고 있었지만,
엄밀히 말하면 야훼는 여러 신 중 유대민족의 수호신이었다.

유대교가 일신교였던 사실은 구약성경 곳곳에 흔적이 남아있다.
"우리의 형상을 따라 우리의 모양대로 우리가 사람을 만들고"(창세기 1
장 26절), "하느님은 신들의 모임 가운데에 서시며 하느님은 그들 가운
데에서 재판하시느니라."(시편 82편), "여호와여 신 중에 주와 같은 자

가 누구니이까"(출애굽기 15장 11절) 그나마 수호신 역할도 잘하지 못했다. 지금까지 무슨 일이 있어도 자기들을 지켜주는 신이라 철석같이 믿었는데, 어처구니없이 바빌로니아의 신 마르두크에게 져서 야훼의 집인 성전이 무너지고 나라가 멸망했다. 유대인들은 '우리가 받드는 신이 이방 신들보다 못하다는 말인가'라는 참담한 의문이 들었고 그때까지 가지고 있던 민족 신관이 도전을 받아 크게 바뀌었다.

유대교, 일신교에서 유일신교로

그러던 참에 유대인들이 자기들의 메시아인 고레스왕의 신 아후라 마즈다를 통해 조로아스터교에 관심을 가졌고 유일신 사상을 처음 접했다. 또한 조로아스터교는 유일신을 믿으면서도 선한 영과 악한 영 사이에서 인간의 자유의지와 선행의 중요성을 강조했는데, 이것 역시 유대인들에게 강한 영향을 준 것으로 보인다.

유대인들은 자기들이 믿는 야훼가 고레스왕이 믿는 신과 같은 신일 수 있다고 생각했다. 그 뒤 조로아스터교의 유일신 사상이 유대인들에게 강하게 인식되면서 그들의 종교관에 일대 혁명적인 전환을 불러왔다. 바빌론 유수기 이후에 쓰인 것으로 추정되는 구약성경 이사야서에서 "나는 여호와라 나 이외에 다른 신은 없느니라."(이사야서 45장 4절)라고 유일신임을 선언했다. 이로써 야훼는 이제 유대민족만을 위한 신이 아니라 온 세상을 다스리는 신이라는 생각을 하게 되었다. 이른바 보편신관의 등장이었다. 이는 종교사에서 획기적인 분기점이 되었다.

고대 페르시아 종교의 태동

　조로아스터교는 인류 최초의 계시종교 중 하나이다. 그뿐만 아니라 인류문명사에서도 중요한 의미를 가지고 있다. 조로아스터교는 고대 이란고원에 살았던 인도이란계 아리안의 토속신앙은 물론 인도의 베다 종교와도 연계되어 있다. 또한 비슷한 시기에 융성했던 유대교, 불교, 마니교에도 큰 영향을 미쳤다. 우리가 조로아스터교를 이해하려면 그 뿌리격인 고대 페르시아의 종교를 먼저 알아야 할 필요가 있다.

　기원전 2000~1800년 무렵부터 이란고원에 살았던 인도이란계 아리안들은 훗날 이란고원 잔류파와 인도 이주파로 나누어지기 전까지 오랜 기간 같이 살았다. 그들의 고대 언어 '아베스타'와 '산스크리트'의 체계가 놀랍도록 유사한 점이 이를 증명하고 있다.

　그들은 스스로를 '아리아'라고 부르며 자신들이 정착한 땅을 '아리아인의 땅'이라는 의미의 '이란'이라고 불렀다. 조로아스터에 의한 조로아스터교가 등장하기 전까지 이란고원의 인도이란계 아리안들은 수많은 신을 믿었다. 주로 자연계나 자연현상을 인격화시켜서 신으로 모셨다.

제례의식의 기원 ——

원래 아리안들에게 아후라 마즈다는 창조의 신이 아니라 정의와 지혜의 신이었다. 아후라 마즈다가 창조의 신이 된 것은 조로아스터교 출현 이후였다. 고대 아리안들은 세상의 창조주인 하늘의 신 '디아우스 피트르'를 숭배했다. '디오스'라는 말이 여기서 유래했다. 그러나 디아우스는 창조를 끝내고 사람들과는 멀리 떨어져 있었기에 그들의 관심은 생활 속에서 더 쉽게 만날 수 있는 자연 신들로 옮겨갔다. 이 과정에서 신의 이름들이 조금씩 바뀌기도 했다.

'바루나'는 우주의 질서를 유지했다. '미트라'는 농경인들에게 가장 중요한 폭풍, 천둥, 생명을 주는 비의 신이었다. '마즈다'는 해와 별과 연결된 정의와 지혜의 신이었다. '인드라'는 전쟁의 신이었다. '아그니'는 불의 신

불의 신 아그니

이자 그 자신이 바로 불이었다. 조로아스터교를 '배화교'라 부른 이유
는 바로 아그니 신 때문이다.

아베스타계 아리안들은 자신들의 신을 빛나는 존재라는 뜻의 '다
에바'와 불멸의 존재라는 의미의 '아메샤'라 불렀다. 산스크리트어에
서 이 단어들은 '데바'와 '암리타'가 되었다.

아리안들은 신들이 세상의 질서를 유지하느라 소비한 에너지를 채
워주려고 먹이, 곧 희생제물을 바쳤다. 처음의 제례의식은 간단한 것
으로부터 출발했다. 곡식이나 굳은 우유를 불의 신에게 던져주거나
소마 줄기를 으깨 물의 여신에게 드렸다. 그 뒤 아리안은 가축을 희
생물로 바치기도 했다.

아리안은 제의를 거행하기 위해 인도적으로 도살한 동물 고기만
먹었다. 세속적 방식의 도살은 동물을 영원히 죽이는 것이고, 제례의
식에 바쳐진 동물의 영혼은 가축의 원형인 '게우슈 우르반(황소의 영
혼)'에게로 돌아갔다고 믿었다. 이로써 영혼을 깊이 존중하는 태도가
자리 잡았다. 이것이 '축의 시대'의 핵심원리로 자리 잡는다. 아리안은
희생제의를 통해 세상 이치를 설명했다.

아리안의 창조신화 ──

아리안들은 신들이 세상을 일곱 단계에 따라 만들었다고 보았다.
신들은 첫 단계에 하늘을 창조했다. 돌로 만든 아주 크고 둥근 껍질
같은 것이었다. 그다음에 껍질 아랫부분에 모인 물 위에 땅을 창조했
는데 평편한 접시처럼 자리 잡았다. 신들은 땅의 중심에 '식물, 인간,
황소' 피조물 셋을 갖다 놓았다. 마지막으로 신들은 아그니, 곧 불을
만들어냈다.

그러나 처음에는 모든 것이 생명이 없어 움직이지 않았다. 식물을 으깨고 인간과 황소를 죽여 희생제를 지낸 뒤에야 비로소 세상은 생명을 얻었다. 이후 희생된 피조물 셋, 곧 식물, 황소, 인간이 자신과 같은 종류의 생명체들을 생산해냈다. 아리안들은 희생을 늘 창조적 행위로 보았다. 자신들의 삶이 다른 생물의 죽음에 의존한다고 믿었다.*

고대 페르시아 종교관 ——

그래서 아리안의 종교의식은 희생제가 대부분이었다. 일반적으로 희생제에서는 자기 대신 희생되는 제물과 자신을 동일시하는 의식을 치른 후에 신에게 제물을 바쳤다. 이는 유대교에서 자기 죗값 대신 희생되는 흠 없는 어린 양의 개념과 같은 것이었다.

기원전 2000~1500년경 아리안족이 이란고원에 유입될 당시, 아리안족 종교관은 이 세상을 진실의 영(아샤, Asha)과 거짓 영(드루그, Drug)의 끊임없는 투쟁의 장소로 보았다. 이러한 종교관은 고대 페르시아 종교에 그대로 반영되었다.

고대 페르시아 아리안들의 종교는 인도 베다 종교와 여러모로 같았다. 사제들은 여러 신 가운데 아후라라는 주신을 모셨는데, 그는 천상에서 우주의 질서를 관장하는 존재였다. 다른 신들은 그의 위계질서 안에 있었다.

아후라 마즈다와 동일한 신격으로 여겨지는 바루나라는 신이 고대 인도이란지역의 창조신에 해당한다. 미트라와 함께 고대 이란지역의 2대 주신 중 하나로 그 격은 미트라보다 높았다. 조로아스터교 이전

● 유흥태, 《페르시아의 종교》, 살림, 2010.

창조신 바루나

에 이 지역에 군림한 아수라계 신족의 뿌리이기도 하며, 애초에 '아후라'라는 단어 자체가 아수라와 같은 의미였다.

미트라는 계약의 신인데 시간이 지나면서 태양과 빛의 신의 이미지가 더해졌다. 고대 페르시아의 만신전에서 아후라 마즈다에 버금가는 위치를 가지고 있다. 미트라의 많은 특성 중 가장 돋보이는 것이 정의감이다. 그는 신의가 두터운 사람을 보호하고 그렇지 않은 사람을 벌했다. 신의를 중시하는 계약의 신이자 전사들의 수호신, 충성의 신이 된 것이다. 또한 그는 가축과 자손을 내려주는 신으로 유목민족에게는 가장 중요한 신이었다. 미트라숭배는 헬레니즘세계를 거쳐 이후 로마제국까지 전파되었다.

아리안들은 데바Daeva라는 힘의 존재를 숭배했는데, 이 명칭은 리그베다의 데바(Deva, 빛나는 존재)와 일치하며, 기독교의 Devil이 여기서 유래했다. 이들의 고대 신관은 처음에는 아후라와 데바로 구성된 두 세계로 나누어진 이원론적 종교로 시작해 점차 선한 신과 악한 신의 대결구도로 변형되었다. 이 변형과정은 고대 페르시아와 인도에서 동시에 일어났는데, '아후라'가 페르시아에서는 선한 신인데 반해 인도에서는 악한 신 '아수라'로 바뀌었다.

금속제련사의 주술사적 권위 ──

인류는 사냥과 채집으로 연명했을 때조차도 원시신앙을 가지고 있었다. 인간은 천재지변을 겪으면서 자연에 대한 두려움과 경외심을 갖게 되었고, 이를 '신격화'하고 '의인화'하여 믿었다. 신격화는 인간을 넘어서는 자연의 두려운 힘을 보면서 느낀 경외감을 토대로 이루어졌으며, 의인화는 그 신들이 성스러운 정령을 갖고 있다고 믿으면서 인간과 소통이 가능할 것이란 믿음에 기초하고 있다.

어떠한 사회에도 초자연적 존재나 영역과 보다 깊은 관계를 갖는다고 믿어지는 사람이 있었다. 곧 종교적 직능자이다. 아리안들은 고대로부터 광석을 갖고 구리나 청동을 만드는 금속제련사를 존경의 도를 넘어 경외했다. 일반인은 돌을 갖고 금속으로 변화시키는 그들을 신적 권위를 부여받아 마술을 부리는 마법사로 여겼다.

일반인으로부터 신적 권위를 갖는 마법사로 대우받는 제련사들 또한 그들의 신비적 권위를 유지하기 위해 금속제련을 폐쇄된 공간에서만 했다. 그리고 제련사들은 제련일을 하지 않을 때도 고온의 화롯불을 꺼트리지 않으려고 끔찍이 귀하게 여기며 보호했다. 일반인은 마법사가 신성한 불의 힘을 빌려 만물을 정화시키고 더 나아가 그 형태조차 바꿀 수 있다고 보았다. 이 때문에 마법사가 귀히 여기는 화롯불에 대해서도 경외감을 느꼈다.

훗날 이것이 발전해 금속제련사들이 주술사나 사제 계급이 되었다. 실제 조로아스터교에서는 사제를 마구스Magus라 불렀는데, 이 단어의 복수형이 마기Magi이다. 예수 탄생 이야기에 나오는 '동방박사'들은 조로아스터교의 사제들이었다. 마법사라는 뜻의 Magician도 마기에서 유래했다.

불을 제례의식의 중심에 두는 조로아스터교와 브라만교 등 아리안의 종교들을 외부에서는 불을 숭상한다 하여 '배화교'라 칭했다. 아리안들은 그들이 믿는 최고신이 세상에 빛을 발하고 물질의 속성을 바꾸는 데 불을 도구로 쓰고 있다는 믿음을 갖고 있었기에 신의 귀한 도구인 불을 소중히 다루었다.

전쟁을 배경으로 탄생한 조로아스터교 ──

아리안의 삶의 방식은 그들이 선진기술을 받아들이면서 바뀌었다. 기원전 15세기경 메소포타미아와 아르메니아지역 유목민 간의 교역이 시작되었다.

아리안들은 발전된 사회와 교역하면서, 그들로부터 청동무기에 관해 배웠으며 소가 끄는 수레에 이어 전차를 얻었다. 그 뒤 아리안은 전사가 되었다. 습격과 약탈이 유목보다 이익이 많았다. 일부는 용병이 되어 전차전 전문군사가 되었다. 이로써 초원지대에 전례 없이 폭력이 늘어났다. 이후 전쟁의 신 인드라가 그들의 최고신이 되었다.

그 뒤 아리안들은 인드라의 호전성에 경악하여 신들에게 의심을 품기 시작했다. 지상에서 일어나는 일은 하늘신들의 행동이 반영된 것이라고 보았기 때문이다. 하늘에서 인드라 같은 호전적 신들과 바루나, 마즈다, 미트라 등 정의, 진리, 생명을 존중하는 평화와 질서의 신들 사이에 싸움이 일어난 것은 아닐까 하는 생각이 들었다.

이런 의문은 기원전 1200년경 통찰력 있는 한 사제의 관점이었는데, 그의 이름은 조로아스터였다. 그는 아후라 마즈다가 자신에게 초원지대의 질서를 회복하는 일을 위임했다고 주장했다. 이때부터 아후라 마즈다는 '신성한 불멸의 존재들'을 창조한 최초의 유일신으로 재조명되었다. 이렇게 조로아스터교는 가축 약탈과 전쟁이 심했던 초원의 무질서한 사회상을 배경으로 태어났다.*

● 카렌 암스트롱, 《축의 시대》, 정영목 옮김, 교양인, 2010.

조로아스터교는 어떻게 탄생되었나

조로아스터교의 탄생 ──

고대 페르시아에서는 아후라 마즈다가 아닌 태양의 신 미트라 또는 데바 신을 숭배했다. 하지만 조로아스터 등장 이후 유일신 신앙이 정립됐다. 조로아스터교의 창건 시기에 대해서는 기원전 1800년에서 기원전 640년경까지 의견이 다양하다. 심지어 기원전 7000년이라는 주장도 있다. 이란의 조로아스터교 교단은 기원전 1768년에 창시되었다고 주장한다. 일반적으로 조로아스터교의 창시자 조로아스터는 기원전 650년경 출생한 사람으로 알려졌으나 유명한 비교종교학자 카렌 암스트롱은 그의 탄생을 기원전 1200년경으로 보고 있다.

조로아스터가 바로 니체의 저서에 등장하는 '자라투스트라'이다. 자라투스트라는 '낙타를 가진 사람'이라는 뜻이다. 당시는 낙타를 가

조로아스터교 유일신 아후라 마즈다의 형상 '파라바하르'

진 사람이 존경받는 유목사회였음을 알 수 있다. 또한 당시 사회는 계급사회였다. 족장과 사제계급, 전사계급, 농부와 목축업자 계급 등 3계급으로 구분되었다.

　조로아스터는 사제계급 출신으로 어려서부터 사제교육을 받았다. 일반적으로 고대 페르시아 사제들은 7살 때 집을 떠나 스승에게 맡겨져 사제교육을 받기 시작했다. 이렇게 사제 입문과정을 마친 조로아스터는 이후 종교학교에 들어가 신학교육을 받았다. 그는 교육받으면서 다신교에 대한 모순을 해결하기 위해 많은 선생을 찾아다니며 토론을 벌였다. 그리고 이 과정에서 점차 자신만의 종교관을 발전시켰다. 일반적으로 고대 페르시아에서는 15세부터 성인으로 간주하는데, 그는 성인이 된 이후에도 5년간 종교수행을 계속했다. 20살이 된 그는 세상으로부터 벗어나 종교인으로 거듭나기 위해 친구와 가족도 멀리했다.

　조로아스터는 20세에 부모와 아내를 떠나 빈민가 사람들에게 농사법을 가르쳤다. 그는 30세 되던 해에 진리를 받게 된다. 조로아스터는 초원의 질서가 약탈과 폭력으로 아수라장이 되는 것을 보고 마음 아파했다. 봄 축제를 하던 어느 날 아침 조로아스터는 동틀 무렵 그날 희생제에 쓸 물을 길러 강으로 갔다. 그는 어떤 알 수 없는 힘에 이끌려 강으로 걸어 들어가 물속에 몸을 담갔다. 신성한 물은 그를 태고의 순수함으로 되돌려놓았다.

그가 물 밖으로 나왔을 때 강둑에 빛나는 존재가 서 있었다. 그 존재는 자신의 이름이 '보후 마나(선한 목적)'라고 했다. 그는 여섯 천사장 중 하나로, 조로아스터를 데리고 아후라 가운데 가장 위대한 마즈다 앞으로 데려갔다. 마즈다는 지혜와 정의의 신으로, 광채를 발하는 일곱 신이 그를 둘러싸고 있었다. 마즈다는 조로아스터에게 그의 백성을 모아 폭압에 대항하는 성정을 펼치라고 말했다.

조로아스터는 아후라 마즈다가 단순히 위대한 신이 아니라 최고신임을 확신했다. 아후라 마즈다는 '지혜의 주님'이라는 뜻이다. 조로아스터는 영적 깨달음을 얻었다. 이후 아후라 마즈다로부터 포교자의 사명을 받은 그는 이렇게 외쳤다. "이 일을 위해 당신은 저를 태초부터 당신의 창조물에서 구별하여 선택하셨나이다."(야스나 44장 11절) "저의 온 마음을 당신

조로아스터의 일생

2부 축의 시대

의 신성한 영 보후마나와 연합하기로 결심합니다. 저는 당신을 향한 우리의 행동에 복을 주실 것을 알고 있습니다. 저는 온 힘을 다해 당신의 가르침, 정의와 진리를 세상 사람들에게 가르칠 것입니다."(야스나 28장 4절)

그 뒤 8년 동안 나머지 다섯 천사장들이 하나씩 그에게 나타나 진리를 전해주었다. 조로아스터는 40세 때 이 진리를 사람들에게 전하기 시작했다. 하지만 사람들은 그를 미친 사람 취급해 성공을 거두지 못했다. 실망한 그에게 유혹의 시련이 닥쳤다. 전승에 의하면 조로아스터가 광야로 가서 기도할 때 악령 앙그라 마이뉴가 나타나 아후라 마즈다를 숭배하지 않겠다고 하면 세상권세를 다 주겠다고 유혹하지만 조로아스터는 이를 거부한다.

이후 조로아스터는 그의 종족에게 거부당한 뒤 다른 종족들에게 선교하러 떠날 결심을 했다. 그때 마침 그의 사촌 중 하나가 그를 믿고 제자가 되어, 둘이 박트리아 비스타스파왕에게 진리를 전하러 갔다. 2년간 투옥되기도 했으나 우여곡절 끝에 왕과 온 조정이 조로아스터의 가르침을 받아들인다. 비스타스파왕은 여러 신을 믿는 다신교 사회보다 조로아스터교라는 새로운 유일신 종교가 나라를 하나로 뭉치게 하는 데 효과적이라고 보았다. 왕은 소 1만 2천 마리의 가죽을 무두질해 햇볕에 말린 후 그 위에 경전 아베스타를 쓰도록 명했다. 그 뒤 조로아스터교는 급속도로 퍼져나갔다.*

● 카렌 암스트롱, 《축의 시대》, 정영목 옮김, 교양인, 2010.

유일신교의 출발 ——

이후 조로아스터는 세상에는 오직 한 분의 참 신이 있는데, 그분이 바로 아후라 마즈다라고 선포했다. 그는 당시 사람들이 믿는 다른 신은 모두 거짓 신이라며 아후라 마즈다를 제외한 다른 신에 대한 제의를 거부했다. 그 무렵 다신교 사회에서 이런 파격적인 선언은 실로 놀라운 일이자 세계종교사에서 아주 중요한 사건이었다. 유대교, 기독교, 이슬람교에서 발견되는 유일신관의 근원이라 볼 수 있기 때문이다.

조로아스터는 신이 처음 세상을 창조했을 때의 순수성이 회복되기를 바랐다. 그는 하오마를 마시는 관습과 다신교 사회에 만연한 동물희생제와 미신 등을 배격했다. 그의 교리는 이해하기 쉬웠고 의례는 완전히 새로웠다. 조로아스터는 자신의 종교를 전하면서 점차 페르시아인의 종교관을 조로아스터교식으로 바꾸어나갔다. 그 결과 페르시아인은 같은 아리안임에도 인도 아리안과는 다른 세계관을 갖게 되었다.

조로아스터는 단순히 종교 지도자에 그치지 않고 기존의 전통을 과감하게 변화시킨 사회개혁가였다. 이러한 개혁성향은 그가 발전시킨 조로아스터교의 교리에서도 찾아볼 수 있다. 조로아스터교에서 가장 핵심이 되는 교리는 선악의 투쟁을 다루는 이원론이다. 그는 '선한 생각, 선한 행위, 선한 말'이 '악한 생각, 악한 행위, 악한 말'을 이길 때 낙원에 갈 수 있음을 가르쳤다.

이렇듯 조로아스터교는 이원론을 기반으로 한 유일신교이다. 조로아스터에 따르면, 아후라 마즈다는 우주를 창조하고 그 운행법칙과 질서를 만들어 총괄하는 최고신이다. 아후라 마즈다가 고대 인도이란계 아리아인들이 숭배했던 신들과 영들을 창조해 그의 아래에 두고, 세상을 선과 악의 대결원리로 설명한다.[*]

선한 영과 악한 영의 대결 ——

조로아스터교의 이원론은 이원론적 일신론이라는 특징을 갖는다. 조로아스터교는 창조질서를 지키는 역할로, 두 종류의 에너지를 사람들에게 알려준다. 바로 선과 악이다. 세상에 존재하는 모든 물질은 서로 끌어당기거나 밀어내는 힘으로 영향을 미친다. 마치 동양의 음양오행 사상처럼, 반대되는 두 힘은 창조질서에 필요하다. 아후라 마즈다로부터 우주질서의 운행을 위해 대척의 쌍둥이 영, 곧 선한 영 '스펜타 마이뉴'와 악한 영 '앙그라 마이뉴'가 나왔다. 마치 태극에서 음양이 나왔다는 동양사상과 비슷하다. 세상의 역사는 이들 쌍둥이 영이 투쟁하는 역사다.

악한 영 앙그라 마이뉴는 몇 가지 이름으로 불렸는데 그중 가장 많이 불린 이름이 사탄 혹은 샤이탄이다. 조로아스터교는 세계에서 최초로 악마에 대한 계보를 체계화한 종교이다.

조로아스터교 창조설화 ——

앙그라 마이뉴와 싸워야 하는 아후라 마즈다는 일찍이 마이뉴를 빛의 주문으로 어둠 속에 봉해버린 뒤 혼돈의 우주를 질서로 정리하고, 하늘, 물, 땅, 식물, 동물, 사람을 차례로 창조했다.

● 유흥태, 《페르시아의 종교》, 살림, 2010.

그는 거대한 빛나는 광석으로 하늘을 만들었다. 그때 악신과의 전쟁에 출전할 용사들인 별, 달, 태양을 40일간에 걸쳐 창조해낸 아후라 마즈다는 5일간 휴식을 취했다. 그리고 다음 55일간은 물을 창조하여 대지의 3분의 1을 바다로 채운 후 또 다시 5일간 휴식을 가졌다. 그 뒤 70일이라는 시간을 들여 땅을 만들고 5일 쉬고, 25일 걸려 식물을 만들고 5일 쉬고, 75일 걸려 소(동물)를 만들고(모든 동물은 최초로 만들어진 황소에서 나왔다) 5일 쉬고, 70일 걸려 최초의 인간 가요마르트를 만들었다. 모든 창조가 끝난 후에 그는 다시 5일간 휴식을 취했다. 이렇게 아후라 마즈다가 세상을 창조한 기간은 모두 365일이었다. 성서의 창세기와 조로아스터교의 창조설화는 스토리가 유사하다.

마르두크 창조설화와 유사한 구약성경 창세기 ——

당시 유대교는 아직 성경이 없던 때였다. 이후 만들어진 히브리 성경(구약성경)의 창세기는 조로아스터의 창조설화뿐 아니라 바빌론의 수호신 마르두크의 창조설화와도 매우 유사하다.

마르두크의 천지창조는 이랬다. "땅이 혼돈하고 공허하고 어두움에 싸여 있었다. 마르두크 창조신이 있기를 원하는 것은 스스로 자연히 만들어졌다. 만물을 만들고 불어나게 하는 것은 보이지 않는 작은 것(영)이었다. 신은 빛을 창조했다. 빛을 낮이라 부르고 어두움을 밤이라 칭했다. 악령의 신 티아마트의 시체를 둘로 나누어 하늘과 땅을 창조했다. 하늘이 솟아오르자 물이 하늘과 땅을 나누었다. 큰 빛(태양)과 작은 빛(달)과 별이 창조되고 이들이 밤과 낮을 다스렸다. 곡식과 식물을 창조하고 동물을 창조했다. 점토에 피를 섞어 인간을 창조했다. 마르두크는 신들의 일을 덜고 신들을 섬기도록 인간을 창조했다. 마르두크 창조신에게 거역하지 않는 나라는 꽃이 피며 부강하다. 신들은 휴식을 취한다."

구약성서 창세기 천지창조 내용은 마르두크가 빛으로부터 시작해서 인간까지 만든 다음에 휴식하는 창조 과정이 거의 같다. 또 두 창조신이 절대적 상대 관계인 빛과 어두움, 혼돈과 질서, 하늘과 땅, 낮과 밤, 일과 휴식 등 이원론 혹은 음양론으로 우주만물을 창조한 것이나 창조한 피조물의 내역도 거의 똑같다.

그래서 사도 바울 다음으로 기독교 발전에 크게 공헌한 성 아우구스티누스는 창세기 9장까지의 내용을 글자 그대로가 아닌 신화적, 우화적으로 해석하라고 충고했다.[•]

조로아스터교의 절박한 기도와 실천적 교리 ──

조로아스터는 싸움에 물든 초원지대를 구할 방법을 찾는 일이 급했다. 당시 사람들은 아후라 마즈다에게 처참한 현실로부터 구원해달라고 간절히 청했다. 조로아스터는 이런 상황을 보면서 마즈다의 선함만큼이나 강한 악령의 무리가 존재한다는 생각을 하기에 이르렀고, 적대적 악령에게 '드루지'라는 이름을 붙였다. 그리고 모든 인간은 마즈다와 드루지 중 하나를 선택해야 한다고 생각했다. 삶은 전쟁이 되었으며, 마즈다 추종자들은 악을 물리치기 위해 더욱 열렬히 제의를 행했다. 하루에 다섯 번씩 기도를 했다.

훗날에는 조로아스터교의 신전들이 세워졌지만 초기조로아스터교 의식은 집 안에서 주로 이루어졌다. 조로아스터교의 가장 중요한 의

● 허헌구, 《성경의 비밀과 영의 비밀》, 한솜미디어, 2012.

이란의 역사도시 야즈드의 조로아스터교 유적

식은 매일 드리는 다섯 번의 기도이다. 유대교도 이를 본떠 하루에 다섯 번 기도를 드렸으나 나중에 세 번으로 줄였다. 지금도 이슬람교는 하루 다섯 번 기도하는 전통을 고수하고 있다.

사산조 페르시아시대에 우상숭배를 금하는 조로아스터교 교리에 따라 성상파괴운동이 일어났다. 이로 인해 예배행위 중 우상숭배와 성상사용이 금지되었다. 하지만 예술에서 신의 이미지를 사용하는 것은 허용되었다. 따라서 성상을 대신한 것이 성스러운 불 제단의 설치였다.

그 뒤 아후라 마즈다를 신봉하는 이들은 항상 태양이나 화로 불 앞에서 선 채로 기도했다. 이들은 신성한 불 앞에서 기도하면 자신의 죄를 용서받을 수 있다고 생각했다. 그들은 정의와 진리, 곧 아후라 마즈다의 성품을 상징하는 불을 향해 시선을 고정하고 신을 찬양하며 기도문을 암송한다.

선하고 공평하고 지혜로운 아후라 마즈다는 세상을 질서정연하게 창조했고, 그가 계획하는 세상을 이루기 위해 사람들에게 바른 사람으로 살도록 이끄는 것이 조로아스터교의 역할이다. 조로아스터교의 교리를 한마디로 요약하면 인간은 악을 물리치기 위해 언제 어디서나 '선한 생각, 선한 말, 선한 행동'을 해야 한다는 것이다.

불을 숭배하는 조로아스터교의 제례의식 ——

조로아스터교는 불을 숭배한다는 뜻의 배화교로도 불린다. 그들은 빛을 아후라 마즈다의 상징으로 여겨 빛을 발하는 불을 귀하게 여겼다. 조로아스터교가 생기기 훨씬 이전부터 고대 페르시아 사람들은

동굴로 된 조로아스터교 성지 순례지 착착chak chak. 불의 사원이다.

'땅, 물, 불, 바람'을 중요한 요소로 여겨 신성시했다. 이는 브라만교에서도 조물주가 세상을 창조한 4가지 요소로 나온다. 두 종교가 똑같이 인도이란계 아리안으로부터 탄생하여 그 근본이 같다.

그들은 4요소 중에서도 특히 불을 중요하게 여겨 조로아스터교가 생기기 이전에 이미 불의 신 '아타르'를 섬겼다. 인도 베다 종교에서는 불의 신을 '아그니'라 부른다. 이후 조로아스터교도 불을 신성하게 여겨, 사원에 켜져 있는 불은 수천 년 동안 꺼지지 않았다. 불은 모든

● 카렌 암스트롱, 《축의 시대》, 정영목 옮김, 교양인, 2010.
　유홍태, 《페르시아의 종교》, 살림, 2010.
　신양섭, 〈페르시아 문화의 동진과 조로아스터교〉, 한국중동학회, 2009.

불결한 것을 깨끗이 해줄 뿐 아니라 스스로 오염되지 않는다. 따라서 조로아스터교에서 불은 정화를 상징한다.

성상숭배 금지 ──

역사가 헤로도토스는 이렇게 기록했다. "페르시아 사람들은 그들이 믿는 신들에 대한 어떠한 형상도 만들지 않았으며, 신상이나 신전을 만들어 숭배하는 것은 어리석음의 상징으로 간주했다고 한다. 왜냐하면 그들은 우리 그리스인과 달리 신이 인간의 형상을 하고 있다고 여기지 않기 때문이다."

그 무렵 인근 정주민족은 모조리 신상과 신전을 짓는 문명이었다. 그들은 인간의 얼굴을 닮은 신을 만들어 모셨으나 아리안들은 달랐다. 그들은 눈에 안 보이는 추상적인 신을 모셨다. 아후라 마즈다만 하더라도 아후라는 빛을 의미하며, 마즈다는 지혜를 뜻한다. 이름 그대로 '지혜의 신'이다. 지혜의 신이 얼굴이 있을 리 없었다.

천국과 지옥 ──

모든 사람은 선과 악 사이에 일어나는 싸움의 참가자로 싸움터는 지상과 인간 육체다. 사람이 죽으면 영혼이 3일간 몸에 남아 한평생 한 일을 돌이켜본다. 곧 첫날 밤, 영혼은 생전에 자기가 했던 '말'을 되짚어본다. 둘째 날 밤에는 생전에 했던 '생각'을, 셋째 날 밤에는 자신이 했던 '행동'을 되돌아본다.

제4일이 되면 심판대로 가서 천사가 그의 지난 행위를 저울에 올려놓고 심판을 한다. 악 쪽으로 기울면 그 영혼은 지옥으로 가고, 선쪽으로 기울면 낙원으로 간다. 영혼은 '신바드 다리'에서 계곡을 가로질러 선인은 노래의 집으로 건너가고 악인은 다리 밑 지옥으로 떨어진다. 천국에 해당되는 곳이 노래의 집이라는 교리가 재미있다. 천국에서 영원토록 신을 찬양한다는 뜻이겠다.

한편 선한 행동과 악한 행동이 전체적으로 균형을 이루는 사람들이 가는 혼합지역(하밍스타간)이 있다. 오늘날 가톨릭이 인정하는 연옥과 비슷하다.

낙원이나 지옥에 간 영혼은 거기서 영원히 사는 것이 아니다. 세상 끝에 이르면 아후라 마즈다는 이 세상을 창조 때의 모습으로 회복시켜놓는다. 이때 영혼들이 부활하고, 악한 영은 순화되어 선한 영과 합류한다. 그러나 사탄과 악귀들은 유황불에 소멸되어 새 세상에는 더 이상 악이 없다.

조로아스터교에는 아후라 마즈다가 이 세상 종말에 그를 믿다가 죽은 자들의 육체를 다시 살려낼 것이라는 믿음이 있다. 그들은 다시는 파괴되지 않을 육체를 받는다. 늙는 일도 없어, 어른은 40세, 아이들은 15세의 상태를 유지하며, 아후라 마즈다의 뜻이 실현되는 나라에서 영생복락을 누리며 산다.

조로아스터교 교리의 특징 ——

첫 번째 조로아스터교 교리의 특징은 선과 악의 대결이라는 이원론이다. 그런데 선과 악의 갈등은 물질세계에서 일어나는 것이 아니라 인간 마음에서 일어난다는 것이 이른바 조로아스터교가 말하는 '윤리적 이원론'이다. 나중에 이것이 와전되어 이 세상을 대결의 장으로 인식하는 이원론이 나오는데, 바로 '우주적 이원론'이다. 조로아스터교의 가르침은 본질상 윤리적 성격을 띤다.

두 번째 조로아스터교 교리의 특징은 자유의지를 가진 인간의 적극적 역할이다. 조로아스터교는 이 세상을 중립의 세계로 본다. 따라서 그는 인간의 의지로 이 세상을 얼마든지 바꿀 수 있다고 주장한다. 이런 이유로 조로아스터는 사람들에게 끊임없이 악에 대항하여 싸우라고 한다. 이렇듯 인간의 적극적인 행위가 조로아스터교의 가장 특징적 교리이다.

구세주 메시아론 ──

세 번째 조로아스터교 교리의 특징은 메시아가 도래하는 종말론이다. 조로아스터교는 이 세상은 불행히도 악이 지배하기 때문에 필연코 종말을 맞을 것이라는 사상을 지녔다. 이 교리에 따르면, 이 세상은 3천 년이 4번 반복되는 1만 2천 년 동안 지속되는데, 지금은 1만 2천 년 중 마지막 3천 년이다.

아베스타를 보면 조로아스터가 죽은 뒤 그의 정액이 페르시아의 한 호수 속에 기적적으로 보존되었는데, 천 년 간격으로 세 동정녀가 그곳에서 목욕을 하고 구세주를 잉태하게 된다. 첫 번째 구세주는 '아우쉐타르'이고, 두 번째는 '아우쉐타르마'이고, 마지막으로 조로아스터 사후 3천 년에 '사오샨트'가 최후의 구세주로 오면 세상이 종말을 맞는다.

어느 시점이 되면 아후라 마즈다는 불로써 세상을 심판한다. 이로써 어둠의 세상은 사라지고, 구세주가 재림하며, 죽은 자와 산자가 모두 부활하여 최후의 심판을 받는다. 이후 새로운 세상이 펼쳐진다. 무한한 시간에서 비롯된 유한한 시간은 1만 2천 년이 지난 뒤 다시 무한한 시간과 융합된다. 이는 우주만물은 영원히 순환함을 의미한다. 곧 만물의 윤회설이다. 조로아스터교의 윤회사상이 같은 아리안계인 인도아리안이 만든 브라만교와 불교, 힌두교의 윤회사상과 그 바탕이 같다.

조로아스터교 교리의 특징은 구세주의 구원 방법을 알려주고, 종말의 모습 곧 부활과 심판에 대해 알려준다는 데 있다. 세상 끝에 창조주는 불로 심판하고, 새로운 세상이 펼쳐지며, 처녀가 잉태한 구세주가 재림하면 선인들은 무덤에서 부활하여 지상천국에서 영생을 누린다. 기독교 신약성경과 조로아스터교는 메시아론과 종말론의 맥락이 같다.[*]

아베스타 ——

아베스타는 문자가 생길 때까지 긴 세월 동안 구전으로만 전해오다가 기원전 7세기경 아베스타어라 불리는 고대 페르시아어로 문자화되었다. 아베스타어로 쓰인 아베스타 경전과 고대 산스크리트어 쓰인 베다 경전은 뿌리가 같은 인도이란계 언어로 사투리 정도의 차이만 있어 서로 두 경전을 자유롭게 읽을 수 있다고 한다. 따라서 유럽의 동양학 학자들과 베다학자들은 베다를 연구하면서 아베스타를 해독한다.

그 뒤 기원전 4세기부터 아베스타는 중기 페르시아 일상어인 팔레비어로 쓰였는데, 기원전 334년 알렉산드로스대왕이 페르시아를 정복했을 때 아베스타 경전을 모두 불태웠다고 한다. 그래서 남아있는

● 유홍태,《페르시아의 종교》, 살림, 2010.
　허헌구,《성경의 비밀과 영의 비밀》, 한솜미디어, 2012.

아베스타는 사산왕조 초기인 서기 3세기에 옛날 단편들을 모은 21권의 책이다. 그 가운데 현재 온전히 남아 있는 것은 '벤디다드' 뿐이고, 다른 20권은 단편적으로 전해지고 있다.

아베스타는 5개 부분으로 구성되어 있다. 종교적 핵심을 이루는 '야스나'는 주로 조로아스터에 대한 찬송과 더불어 아후라 마즈다와 천사, 불, 물, 지구에 경의를 표하는 기도와 찬송으로 구성되어 있다. 둘째, '비스프라드'는 야스나의 보조서로 영적 지도자들에게 존경을 표하는 내용이 실려 있다. 셋째, '쿠르다 아베스타'는 '작은 아베스타'로 불리는 기도서로 신자들을 위한 기도문과 축복문이다. 넷째, '야슈츠'는 여러 천사와 영웅에게 바치는 21편의 찬송으로 풍부한 신화를 담고 있다. 다섯째, '벤디다드'는 조로아스터교 의식법과 민법으로 창조와 최초의 인간 이마Yima 이야기, 그리고 인간이 지켜야 할 도덕과 윤리 등이 기록되어 있다.

아베스타의 많은 부분, 특히 벤디다드가 구약성경의 첫 5권인 모세오경과 일치한다는 것을 세계에 알린 것은 유럽의 학자들이었다. 이 사실이 조로아스터교도들의 일방적 주장이라 해도 아베스타의 내용을 볼 때 유대교와 기독교는 여기서 자유로울 수 없다. 더불어 탈무드와 꾸란 역시 아베스타에 기인한다는 것이 학계의 통설이다.●

유대교에 미친 영향 ──

조로아스터교는 유대교, 기독교, 이슬람교, 불교 등 다른 종교에도 큰 영향을 미쳤다. 특히 기원전 6세기 바빌론으로 끌려온 유대인 포

● 홍인경, '모든 종교의 유래가 된 베다와 아베스타', 〈원불교신문〉, 2007. 11. 9.

로들은 당시 바빌론을 정복한 페르시아의 국교인 조로아스터교를 접하면서 신선한 충격을 받았다.

조로아스터교의 '유일신, 선과 악, 천사와 사탄, 최후의 심판, 구세주, 부활, 낙원과 지옥, 종말' 등의 개념은 유대인들이 그간 몰랐거나 희미하게 느꼈던 것들을 명확하게 해주었다.

유일신 개념

그때까지만 해도 유대교의 신관은 단일신이었다. 곧 야훼는 자기 백성을 선택한 신 가운데 가장 강한 신이었다. 그 무렵 모든 민족은 자기들의 수호신이 따로 있었다. 바빌론 유수기에 유대인에게 가장 큰 영향을 미친 것은 유일신 개

최후의 심판, 안드레아 비센티노.

넘이었다.

"유대인들은 페르시아 왕들에게 상당히 호의적이었다. 구약성서에도 나오는 것처럼 신바빌로니아에 의해 나라를 빼앗기고 노예로 살고 있던 유대인들을 해방시켜준 페르시아 왕을 구원자로 묘사하고 있다. 더구나 다신교 사회에서 유일신에 대한 절대적 경배, 메시아의 출현에 대한 믿음, 도덕적·영적으로 엄격한 율법에 기초한 삶의 방식 등은 양 종교 간의 벽을 허물었다."[•]

악마의 개념과 천당과 지옥, 심판이 유대교에 스며들다

조로아스터교에서 이야기하는 선과 악의 대결장이라는 이분법 교리로 인해 유대교에 천사에 대항하는 악마의 개념이 생겼고, 이에 따라 천당과 지옥, 심판이라는 개념이 자연스레 유대교에 스며들었다. 히브리 성서, 곧 구약성경에는 죽어서 천국이나 지옥에 간다는 구체적인 언급이 없다. 다만 죽으면 우리 몸은 지하의 저승, 곧 '쉐올'이라는 중립적인 곳으로 간다고 적혀 있다. 구약시대 유대인들은 죽음 이후에 살아생전의 행실에 따라 갈린다는 희미한 생각은 있었으나 명확하지는 않았다.

한편 유대인들은 조로아스터교의 메시아사상을 주목한다. 조로아스터교에는 3천 년마다 구세주가 등장해 세상을 구한다는 구세주 개념이 있다. 조로아스터가 죽은 후 3천 년이 지나면, 마지막 구세주가 지상에 강림해 모든 인간은 부활하며, 심판이 내려진 후 영생복락의 메시아 세상이 온다는 사상이었다.

기원전 586년 바빌론에 포로로 잡혀가기 전의 유대교와 기원전

• 유홍태, 《페르시아의 종교》, 살림, 2010.

539년 포로에서 풀려난 후의 유대교에 엄청난 변화가 있다. 포로 이전에는 '천사장, 사탄, 육체 부활, 심판, 천국, 지옥, 세상 종말' 등의 개념이 없었는데, 포로 이후에 이런 개념이 쓰이거나 문헌에 등장한다.

선과 악, 천국과 지옥을 분명히 구분한 조로아스터교는 악마를 최초로 '사탄', '샤이탄'이라고 불렀다. 그뿐 아니라 기독교가 사용하는 천국(파라다이스)이라는 단어 자체도 고대 페르시아어에서 유래했다. 파라다이스는 고대 페르시아어로 '정원'을 의미하는 '파이리다에자pairidaeza'로부터 유래되었다.

사후세계에 대해서도, 여호와에게 선택된 선지자까지도 죽으면 지하세계인 쉐올에 간다고 생각했던 유대인들의 관념체계는 바빌론 유수를 거치면서 서서히 변화되었다. 이후 유대인들은 쉐올(음부)에서 부활 때까지 무의식 상태로 있다가 여호와가 그들을 음부에서 구할 날이 있을 것으로 믿었다.

이후 유대인들의 여호와 신앙은 어린 양을 바치는 동물희생제사 수준을 벗어나 신과의 영적교류를 중시하기 시작하면서 동물제사를 지내지 않는 유대인들이 늘어났다. 특히 유대교 혁신파인 에세네파와 나사렛파는 성전에서의 동물제사를 거부했다. 예수는 당시 유대인 사이에서는 에세네파의 개혁적 랍비로 인식되었고 나사렛파는 예수를 따르던 무리들이었다. 이렇게 유대 사회에 조로아스터교의 영향이 스며든 것은 자연스러운 역사의 흐름이었다.

조로아스터교 교리, 사두개파는 거부하고 바리새파는 수용

모세오경과 동물희생제사를 중요하게 여기던 보수 성향의 사제계급 사두개파는 유대인들 사이에 퍼져나가던 이런 새로운 종교관을 무시하며 거부했다. 반면에 바리새파는 이를 수용했다. 마태복음 22

장 23절의 '부활 논쟁'에서 보듯, 사두개파는 영혼의 세계를 부인한 반면 바리새파는 인정했다. 그 뒤 신약시대에도 이러한 논쟁은 계속되었다.

바리새인Pharisee이란 말 자체가 '분리하다'라는 뜻을 가진 단어로 '분리된 자'를 의미한다. 그러나 이것이 '분리주의자'란 뜻은 아니고, 사제계급 사두개파와 율법해석에서 의견을 달리한다는 말이다. 또 다른 주장은 바리새가 페르시아, 곧 '파르샤'의 히브리 발음으로 페르시아주의자들이라는 말에서 기인한다고 설명한다. 바리새인들이 주장한 '천사, 사후세계, 부활, 최후의 심판, 구세주' 등의 교리는 조로아스터교의 교리를 흡수한 것이다.

이와 반대로 유대교 사제계급인 사두개파는 모세율법만을 중요하게 여겨 '구세주, 부활, 천사, 악마' 등은 물론 심지어 사후세계 개념도 인정하지 않았다. 그래서 죽은 영혼은 그대로 지하세계 무덤(쉐올)에 거주한다고 주장했다. 하지만 바빌론 유수 이후 유대교에 조로아스터교의 새로운 구원관이 도입된다. 페르시아의 영향을 받은 바리새인들이 유대교 주도세력으로 등장하기 시작한 것도 이때부터였다. 유대인들은 부활과 심판, 그리고 메시아사상을 그들에 맞게 변형시켜서 받아들였다.

기독교에 미친 영향 ──

조로아스터교의 '선과 악, 천사와 악마, 천국과 지옥' 등 이분법 교리는 유대교보다는 이후의 '나사렛 사람들', 곧 서기 90년 유대교에서 쫓겨난 초기기독교 교리에 더욱 적극적으로 반영되었다. 당시 초기기독교인들은 세상이 곧 망할 것이라는 말세론에 무게를 두고 있어 말세 이후의 세상에 관심이 많았다. 천국과 지옥 등의 내세관이 강하게 유입된 이유의 하나였다.

조로아스터교는 아후라 마즈다에 대한 '믿음'이 신앙의 기본이었다. 반면에 유대교는 믿음보다 율법을 지키는 선한 행실, 곧 율법의 '실천'을 강조했다. 나중에 '구원이 믿음에서 오는가? 행함이 없는 믿음은 꽹과리인가?'라는 바울과 유대분파의 논쟁을 살펴보면 바울은 조로아스터교의 전통인 '믿음'을 따르고 있음을 알 수 있다.

그리고 조로아스터의 출생 역시 예수와 비슷하다. 조로아스터의 어머니는 몸속에 빛이 들어와 15년간 머무는 동안 결혼을 하고 조로아스터를 낳았다. 훗날 조로아스터는 처녀가 잉태하여 샤오샨트라는 구세주가 올 것이라고 예언했다. 이러한 메시아신앙이 유대인들에게는 그들을 압제 속에서 해방시켜줄 정치적 메시아로 바뀌었다.

조로아스터 사후에 조로아스터교는 마기(제사장)에 의해 삼위일체설이 등장하는 등 많은 변질을 겪는다. 마기들은 성부 아후라 마즈다, 성자 미트라, 성령 천사장(스펜타 마이뉴)의 삼위일체를 내세웠다. 특히 성자로서의 미트라 숭배 사상은 초기기독교와 공존하면서 성자 예수에 막대한 영향을 끼친다.

유대교에서는 각 종파마다 교리에 대한 해석과 주장이 달라 통일된 교리가 그리 많지 않았다. 오히려 초기기독교도들이 조로아스터교의 이분법 개념을 그대로 도입했고, 그 뒤 이슬람교도 유대교와 기독교를 통해 이런 개념을 무리 없이 받아들였다.

세상은 악한 영과 선한 영의 투쟁이라고 갈파한 조로아스터교의 이분법적 종교관이 훗날 이들 서양종교에서 배타적 종교문화로 왜곡되어 나타난 것이 바로 교조주의(원리주의, 근본주의)이다.

전승에 의하면, 조로아스터가 광야로 가서 기도할 때 악령이 아후라 마즈다를 숭배하지 않겠다고 한다면 세상권세를 다 주겠다고 했지만 조로아스터는 거부한다. 예수가 사탄에게 시험당하는 대목과 유사하다. 30세 무렵에 신의 계시를 받아 새 종교를 전파했다는 부분도 예수와 비슷하다.

조로아스터교 신자들은 처녀가 잉태하여 샤오샨트라는 구세주가 올 것을 믿는다. 또 마지막 날에 심판의 책에 기록된 대로, 마지막 심판이 있을 것이며 지상천국에 다시 부활할 것을 믿는다. 또 영혼이 육체를 떠나기 전 3일 동안 지상에 머무르면서 살아생전의 일들을 반추한다는 조로아스터교의 믿음은 미트라와 예수 등 구세주들의 3일 후 부활에 영향을 끼친 것으로 보인다.

예수 탄생 시 경배하러 왔던 동박박사(마기)들은 조로아스터교 제사장이라고 한다. '조로아스터의 예언대로 지혜의 사람들이 황금과 유향과 몰약을 가지고 동쪽에서 예루살렘에 와 아기를 숭배하고 선물을 바쳤다.'[•]

콘스탄티누스황제의
기독교와 태양신교 통합 노력 ——

게다가 313년에 기독교를 처음으로 공인한 콘스탄티누스황제의 역할도 빼놓을 수 없다. 그는 기독교를 믿었음에도 동시에 자기 아버지가 믿었던 페르시아 조로아스터교의 태양신 미트라도 함께 섬겼다. 태양신 미트라의 로마식 이름은 '솔 인빅토Sol Invicto'였다. 당시 태양신교는 로마제국 내에 가장 많은 신도 수를 가지고 있었다. 황제는

• 윌리스 반스토운, 《숨겨진 성서》, 이동진 옮김, 문학수첩, 2011년.

내심 기독교와 태양신교의 통합
을 바랐다. 그가 기독교 주일예
배를 안식일(토요일)에서 태양신
의 예배일인 일요일로 바꾼 이유
도 거기에 있었다. 336년경 결정
된 예수탄생일 크리스마스도 당
시 로마에서 태양신을 숭배하던

콘스탄티누스황제 시대의 동전. 'SOLI
INVICTO COMITI'라는 글이 오른쪽에 쓰여
있다. '무적의 태양신'이라는 뜻.

축제일, 곧 무적의 태양신 탄생일과 같은 날로 정한 이유도 양 종교
의 통합을 바라서였다.

기독교를 공인한 후에도 그가 발행한 화폐에는 미트라 신의 초상
을 조각하고 '무적의 태양신'이라고 써놓았다. 그는 로마제국 내의 모
든 종교가 기독교로 통일되기를 바라면서 다른 종교에도 많은 관심
을 보였다. 그는 종종 아폴로 신에게도 신탁을 구했으며, 죽을 때까
지 이방종교의 제사장 직책도 가지고 있었다.

그는 기독교 스스로도 다른 종교를 포섭하려면 포용적인 교리를
가져야 된다고 생각했던 듯하다. 서기 320년 그는 주화에 밀비안 다
리에서 처음 사용한 기독교의 XP를 새겨 넣었고, 동시에 옛 신들의
상징과 이름도 새겨 넣었다.

337년 임종 직전까지 세례를 미룬 콘스탄티누스의 기독교 신앙은
조로아스터교로부터 유래된 태양신과의 혼합물이었다. 그는 기독교
의 수호자로 자처하며 수시로 종교회의를 소집하거나 참석하여 기독
교 교리 결정에 깊게 관여했다. 325년에는 황제가 직접 니케아공의회
를 소집해 논쟁 중이던 예수의 신성에 대해 삼위일체파의 손을 들어
줌으로써 교리 결정에 결정적 역할을 했다.

콘스탄티누스에 의해 교권제도가 조직되면서 가톨릭교회는 급속

도로 발전했다. 다만 그리스도가 교회의 머리가 아니라 황제가 교회의 머리로 등장한 것이 문제였다. 이렇게 콘스탄티누스황제의 영향으로 조로아스터교로부터 유래된 미트라 신앙의 교리와 제도, 관습 등이 초기기독교에 많이 수용되었다.

조로아스터교의 전파 ——

조로아스터교는 기원전 250년~서기 224년 파르티아왕국시대에 유대교 외에 기독교와 불교와도 접촉하며 함께 발전해갔다. 그러다 224년 새로운 페르시아왕조인 '사산왕조'가 출현해 조로아스터교를 국교로 삼고 기독교, 마니교, 불교 등 다른 종교들을 박해했다. 조로아스터교가 사산 왕조시대에 체계적인 종교로 발전하면서, 최고사제는 종교뿐 아니라 왕위계승자의 선정과 나랏일에도 중요한 역할을 수행했다. 일종의 신정일치 체제가 이루어졌다.

5세기 이후 중앙아시아와 중국에 조로아스터교와 그 문화를 전파한 사람들은 이란계 민족이자 실크로드의 주인공이었던 소그드족이었다. 당나라시대 중국에서는 그들이 전파한 조로아스터교를 '천교祆敎'라 불렀으며 당나라 수도 장안의 이란인 거주지마다 조로아스터교 사원인 '천사祆祠'가 있어 불 제례를 올렸다고 당나라 문헌에 기록되어 있다. 서기 5세기 마리아를 신격화해서는 안 된다고 주장했다가 이단으로 몰려 쫓겨난 기독교의 네스토리우스파가 페르시아를 거쳐 635년 중국에 자리를 튼 '경교' 등 당나라의 외래 종교들 가운데 조로아스터교의 교세가 가장 컸다고 한다. 소그드인들은 본래 스키타이 또는 사카라고 불렸다. 소그드인들은 역사상 한 번도 큰 나라를 건설한 적이 없지만 호라산에서 중국에 이르는 실크로드 상에 식민도시들을 건설해 무역거점으로 삼았으며 서쪽으로는 로마제국, 중세 이후의 비잔틴제국과 페르시아, 동쪽으로는 중국과 발해를 오가며 양쪽의 특산품을 거래했다. 특히 발해에서 담비모피를 많이 사간 것으로 유명하다.

소그드 상인들은 무역상이자 동시에 문화사절로 양쪽 세계를 오가며 문화와 종교를 연결해주는 중개자 역할을 했다. 특히 그들의 자유분방한 기질은 모든 종교를 포용했다. 비잔틴제국에서 이단으로 규정된 네스토리안 기독교나 페르시아의 조로아스터교와 마니교, 그리고 인도의 불교를 모두 수용했을 뿐 아니라 이를 멀리 중국까지 전파시켰다.*

그 무렵 동로마제국은 사산조 페르시아에 대항하기 위해 돌궐과 동맹을 맺는 등 오랜 기간 그들과의 전쟁에 시달렸다. 613~636년 사산조 페르시아는 동로마제국으로부터 시리아·팔레스타나·이집트·아나톨리아를 빼앗았다. 동로마제국은 실크로드와 기독교 신앙의 배경인 예루살렘과 소아시아를 잃은 것이다. 이때도 사산조 페르시아 산하로 들어간 지역의 기독교가 조로아스터교의 영향을 받은 것으로 추정된다.

조로아스터교의 변형 ——

조로아스터가 죽은 뒤 그의 종교는 지금의 아프가니스탄을 거쳐 남쪽으로 서서히 전파되었고, 서쪽으로는 메다이와 페르시아 영토로 전파되었다. 이렇게 전파되는 동안 조로아스터교는 다신교를 숭배

● 신양섭, 〈페르시아 문화의 동진과 조로아스터교〉, 한국중동학회, 2009.

하던 고대종교와 혼합되었다. 시간이 흘러감에 따라 조로아스터교의 유일신관이 흔들리면서, 이단종파들이 생겨나기 시작했다. 고대 페르시아 신들이 들어와 아후라 마즈다의 힘을 나누어 가졌다. 일례로 미트라가 대중적 인기를 끌기 시작하자 심지어 아후라 마즈다, 미트라, 아나히타 여신을 삼위일체로 여기는 이단이 퍼져나가더니 결국 미트라는 조로아스터교의 주요교리를 흡수해 독자종교가 되었다.

윤리적 도덕을 중요하게 여겼던 조로아스터의 사상은, 후기에 이르러 청정제의를 중요하게 추구하기 시작했다. 한편 조로아스터가 거부했던 하오마즙으로 만든 술을 바쳐 악령을 쫓고 과거의 주술도 다시 사용했다. 악령퇴치를 위한 강력한 진언(만트라)을 사용했으며, '그 뜻을 이해하든 못하든 간에 정확하게 외우기만 하면 신통력이 발휘된다'라고 믿었다.

실크로드 주도권을 놓고 동로마제국과 사산조 페르시아가 대립하던 당시 무함마드가 일으킨 새로운 세력이 급성장하고 있었다. 결국 사산왕조마저 붕괴되어 이슬람교의 영향권 아래에 놓이면서 조로아스터교는 급속히 몰락한다. 아랍 정복자들은 개종을 강요하지 않았지만, 많은 신자가 인도로 이주했고 이들을 '파르시(페르시아인)'라고 불렀다. 현재 이란 남부에는 소수의 조로아스터교 교인이 명맥을 유지하고 있다.

II

유대교는 어떻게 바로 서게 되었나
— 기원전 600년~기원전 400년 —

유대교는 크게 세 번에 걸쳐서 민족종교로 자리 잡았다. 아브라함, 모세, 바빌론 유수기의 선지자들에 의해서였다.

유대교는 아브라함에서 시작된다. 여호와는 아브라함에게 약속하기를 그를 통해서 인류의 모든 족속이 축복을 받을 것이고 아브라함은 위대한 민족의 조상이 될 것이라 했다. 이렇게 하느님은 아브라함을 선택해 그 후손을 당신의 백성으로 삼았다. 그 뒤 유대인들의 이집트 탈출 이후 모세가 시나이산에서 하느님으로부터 유대인들이 살아가면서 지켜야 할 계명과 율법을 받아 민족종교 유대교가 탄생되었다. 이 모든 과정과 율법을 기록한 것이 모세오경, 곧 토라이다.

유대인들은 평화롭고 부유해지면 나태해지고 부패했다. 서로 알력이 생기고 싸웠다. 하느님으로부터 멀어지고 심지어 우상숭배를 하기도 했다. 그래서 하느님에게 벌을 받고 나라를 잃은 다음에야 뼈저리게 후회하며 반성하고 다시 뭉쳐 하느님을 찾기 시작했다.

유대교가 환골탈태하여 오늘날의 유대교로 재정립하게 된 것은 나라 잃은 시기인 바빌론 유수기였다.

바빌론 유수기, 유대교의 재정립

예루살렘 성전의 파괴 ──

유대인들에게 가장 충격적인 사건은 바로 예루살렘 성전의 파괴였다. 이로 인해 유대인들은 영적 딜레마에 빠졌다. '성전은 하느님의 집인데 어떻게 파괴될 수 있을까? 그렇다면 우리가 믿는 하느님은 전지전능한 분이 아니란 말인가?' '우리 하느님보다 바빌로니아의 마르두크가 더 강하단 말인가?' '이제는 하느님의 집인 성전이 파괴되었으니 우리는 어디 가서 하느님을 만날 수 있단 말인가?'라는 의문이 일어났다.

결국 이 의문에 대한 대답으로 선지자들의 메시지가 등장한다. 곧 하느님이 능력이 모자라 예루살렘 성전이 파괴된 것이 아니라, 자신들의 죄 때문에 하느님이 심판했다는 것이다. 선지자들은 이 기간을

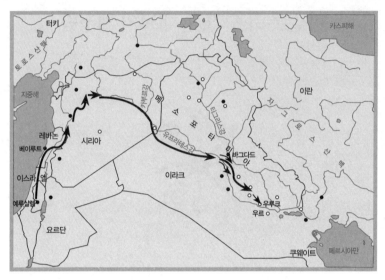

바빌론 유수

새로운 '공동체'를 준비시키려는 시련기라고 믿었다.

　바빌론의 유대인 포로들에게 종교의 자유는 허용되었다. 그러나 성전이 없어서 예루살렘에서처럼 제례의식은 드릴 수 없었다. 유대인의 종교의식은 신성한 성전에서만 제물을 바치거나 예배를 드리도록 규정되어 있었다. 따라서 예루살렘 성전의 파괴는 유대인에게 종교의 상실과 같았다. 그들에게 종교의 상실은 곧 민족의 상실을 뜻했다.

유대교를 재정립하다,
성전 중심에서 율법 중심으로 ──

　유대인들은 바빌론으로 끌려와 비참한 노예생활을 하면서 자신들이 하느님을 섬기지 않고 우상을 섬겼기 때문에 이러한 재앙이 초래되었음을 뼈저리게 반성했다. 그래서 율법학자를 중심으로 율법을 더욱 잘 준수하고, 전통을 찾고자 하는 '유다이즘'이 발생했다.

바빌로니아에 잡혀간 유대인들은 정치적, 종교적으로 지도층에 속한 사람들이었다. 이들은 포로시대가 되고 나서야 비로소 자신들의 종교를 바르게 실천할 수 있었다. 가나안 땅에서는 우상도 숭배했던 유대인들이 유배지에서는 놀라울 정도로 강한 신앙심을 드러냈다. 하느님이 선택한 유대민족이 뿌리를 잃으면 안 된다는 집단 위기의식이 발동한 것이다. 유대인들은 이제 그 누구로부터도 보호받을 수 없었다. 믿을 것은 오직 신앙뿐이었다. 따라서 오늘날 유대교의 종교적 틀이 이 시기에 형성된다. 일부 학자들이 유대교의 실질적 탄생과 형성을 아브라함시대가 아닌 바빌론 유배기로 보아야 한다고 주장하는 것도 이 때문이다.

이때 바빌론에서 선지자 에레미야와 에스겔은 "성전에 재물을 바치는 것보다 믿음을 갖고 율법을 지키는 일이 여호와를 더 즐겁게 하는 길이다."라고 역설했다. 신에 대한 제물과 제례의식을 종교 그 자체로 여겼던 당시로서는 실로 파격이었다. 그들이 성전에 고착되어 있던 종교를 어디에서나 만날 수 있는 움직이는 종교로 바꾼 것이다. 그 뒤 유대인들은 성전제의보다는 생활 속에서 '믿음을 갖고 율법을 지키는 것'을 더 중요하게 여기게 되었다. 성전 중심의 유대교에서 율법 중심의 유대교로 바뀐 것이다.

유대교의 중요한 특징, 배움의 종교 ──

이렇게 해서 시너고그가 탄생했다. 유대인들은 예루살렘 성전을 대신한 각 공동체의 시너고그에 모여 율법을 배우기 시작했다. 이때부터 모든 유대인에게 배움의 중요성이 강조되었다. 그리고 율법 낭독

바빌론 유수, 아서 해커, 1888.

과 기도를 중심으로 하는 새로운 예배의식이 시작되었다. 선지자들은 율법이 가르치는 '정의와 평등' 정신에 대해 배우는 것이 사제가 드리는 제례의식보다 우월한 것이라고 가르쳤다. 그들은 율법 공부의 중요성을 강조하며 '하느님은 성전에 재물로 바치는 천 가지 재물보다 한 시간의 배움을 더 기뻐하신다'라고 가르쳤다. '하나라도 더 배워야, 하느님의 섭리를 하나라도 더 이해하여, 하느님에게 한 발자국이라도 더 가까이 갈 수 있다'라고 가르쳤다. 곧 배움이 하느님에게 가까이 갈 수 있는 길이 된 것이다.

이로써 유대교는 성전 중심 종교에서 배움 중심 종교로 탈바꿈했다. 이것이 유대교의 가장 중요한 특징이 되었다. 그 뒤 유대교는 배움을 기도와 똑같은 신앙생활로 간주했다. 배움이 삶의 수단이 아닌 삶의 목적이 되었다. 그들이 평생 공부하는 이유이다.

사제 없는 평신도 종교 ——

그 뒤 시너고그는 유대인 생활의 중심이 되었다. 그곳에 모여 공부도 하고, 예배도 드리고, 공동체의 크고 작은 일을 의논하고 처리했다. 한마디로 공동체의 교육, 종교, 정치가 모두 시너고그에서 이루어

2부 축의 시대

졌다. 성당이나 교회에서는 신부나 목사가 예배를 집전하지만 시너고 그에는 그런 성직자가 없다. 랍비가 있을 뿐이다. 랍비는 성직자가 아니라 학자다. 공부를 많이 해서 아는 것이 많다 보니 자연히 유대인 지역사회의 지도자 역할을 한다.

유대교는 종교를 지키는 일이 성직자의 몫이라고 생각하지 않는다. 그러다 보니 모든 사람이 종교를 지킬 의무와 책임이 있다. 당연히 랍비가 일반 신도보다 높은 곳에 서서 강론이나 예배를 주도하지 않는다. 유대교에서는 누구나 13세 성인식을 치르고 나면 의무적으로 성경을 읽어야 한다. 기독교에서는 성경을 읽고 해석하는 것은 주로 신부나 목사 몫이다. 신자들은 성직자들이 읽어주고 해석해준 성경 내용을 그대로 받아들이기만 하는 수동적 입장이다. 이 점에서 유대교는 다르다. 유대교에는 성직자가 없다 보니 유대인들은 스스로 성경을 해석해야 한다.

같은 아브라함을 시조로 모시는 이슬람교도 성직자가 따로 없다. 모든 신자가 설교자가 될 수 있다. 신자는 모두 신 앞에 평등하며 종교적 의무도 마찬가지라고 믿기 때문이다.

기독교도들은 오랜 기간 대부분이 문맹이었다. 일부 귀족과 성직자만 글을 알았다. 그래서 기독교에서는 글을 모르는 신자들을 위해 성경의 내용을 한눈에 알 수 있도록 하는 성화가 발달된 것이다. 심지어 가톨릭에서는 신자들이 성경을 잘못 이해해 이단이 될까 봐 일반 신도들은 성경을 읽지 못하도록 오랫동안 법으로 금했다. 이를 어기면 종교재판에 회부되어 화형에 처해졌다. 한쪽은 글조차 읽을 줄 모르는 문맹이었고 다른 쪽은 의무적으로 13세부터 글을 읽어야만 했다. 십수 세기 축적된 교육의 힘은 엄청난 에너지를 내재한 민족을 만들었다.

'셰마 이스라엘(이스라엘아, 들어라)' ──

유대인 부모가 자녀를 13세 성인식 때까지 온 마음을 다해 헌신적으로 가르치는 이유는 대대로 내려오는 전통 때문이 아니다. 그것은 하느님의 엄중한 명령이기 때문이다. 그들은 신명기 6장에 나오는 '셰마 이스라엘(이스라엘아, 들어라)'을 최소한 아침, 저녁으로 두 번 암송한다. 유대인들이 가장 귀하게 여기는 이 기도문에 자녀교육에 대한 하느님의 명령이 있다.

"이스라엘아 들어라. 우리 하느님 여호와는 오직 유일한 여호와이시니 너는 마음을 다하고 뜻을 다하고 힘을 다하여 네 하느님 여호와를 사랑하라. 오늘 내가 네게 명하는 이 말씀을 너는 마음에 새기고 네 자녀에게 부지런히 가르치며 집에 앉았을 때든지 길을 갈 때든지 누워 있을 때든지 일어날 때든지 이 말씀을 강론할 것이며 너는 또 그것을 네 손목에 매어 기호를 삼으며 네 미간에 붙여 표로 삼고 또 네 집 문설주와 바깥문에 기록할지니라."

유대인의 귀환

느헤미야의 개혁,
부채탕감과 동족끼리의 이자 금지 ──

바빌론 유대인들은 네 차례에 걸쳐 이스라엘로 돌아왔다. 고레스 칙령이 발표된 기원전 538년의 1차 귀환에 이어 기원전 520년의 2차 귀환 그리고 기원전 444년 총독으로 임명받은 느헤미야와 기원전

428년 종교 지도자 에스라에 의해 3차, 4차 귀환이 이루어졌다.* 1차는 여호야긴의 아들 세스바살이 이끄는 일단의 유대인들이 먼저 가나안으로 귀환해 자리를 잡았다. 그 뒤 2차 귀환 때 스룹바벨이 예루살렘 성전을 재건하기 위해 이스라엘 백성 5만 명을 이끌고 예루살렘으로 돌아왔다. 그들은

폐허가 된 예루살렘 성벽을 보는 느헤미야

예루살렘에 도착하자마자 황폐한 사원에 제단을 만들고 희생제물을 바쳤다. 이후 고생 끝에 기원전 515년경 성전을 재건했다. 이를 제2 예루살렘 성전이라 불렀다. 그러나 아직 성벽 건설은 엄두를 못 내고 있었다. 그 뒤 페르시아 관리였던 느헤미야는 성전이 세워진 예루살렘에서 동족들의 고생이 심하고 아직 성벽조차 없다는 소식을 듣고 고심하며 기도하던 끝에 왕에게 간청해 유다지방의 총독으로 임명받고, 성벽 건축에 필요한 재정지원도 약속받는다.

이후 느헤미야는 여러 방해에도 불구하고 불과 52일 만에 성벽 건설을 마쳤다. 그 뒤 그는 예루살렘에 12년간 있으면서 총독의 녹을 받지 않았으며, 자비로 유대인 150명을 먹여 살렸다. 기원전 433년 느헤미야는 12년간의 임무를 마치고 바빌론으로 갔다가 다시 왕의

● 이 귀환 시기와 차수에 대해서는 여러 설이 있다. 기원전 538년과 기원전 520년을 한데 묶어 1차로 보는 견해와 에스라가 느헤미야에 앞서 기원전 458년에 2차 귀환을 했다는 설이 그것이다.

허락을 받고 예루살렘에 돌아왔다. 느헤미야는 다시 부임하여 유대인들이 율법을 준수하도록 여러 조치를 취했다. 십일조를 바치고 안식일을 지키도록 명하고 이방인과의 혼인을 금했다. 또 안식년 7년마다 토지를 쉬게 하는 농경휴지법을 만들었다.

당시 유대 지도층은 서민들을 상대로 빚놀이를 했다. 빚을 갚지 못하는 사람들은 땅을 뺏기거나 자식들을 노예로 팔아야 했다. 이는 하느님의 명령을 정면으로 어기는 행위였다. 신명기 23장에 "너희는 동족에게 이자를 받고 꾸어주어서는 안 된다. 돈에 대한 이자든 곡식에 대한 이자든, 그 밖에 이자가 나올 수 있는 것은 모두 마찬가지다. 이방인에게는 이자를 받고 꾸어주어도 되지만, 동족에게는 이자를 받고 꾸어주어서는 안 된다."라고 기록되어 있다. 격분한 느헤미야는 안식년에 부채탕감이라는 획기적 조치를 취했다. 이후로 유대인은 동족끼리는 이자를 받지 못했다.

유대인 복지공동체의 구심점, 쿠파 ——

이후 유대 사회에는 가난한 동족을 위한 복지제도가 강화되었다. 성전시대 이래로 유대인 공동체에는 무료숙박소가 있었다. 그뿐만 아니라 유대회당 어느 곳이나 '쿠파'라 불리는 헌금함이 있다. 이는 가난한 유대인을 지원하기 위한 모금함으로, 유대인 공동체가 복지제도의 축으로 삼는 구심점이다. 유대인에게 가난한 사람을 돕는 일은 지난날 신전에 희생제물을 바치던 것에 대신하는 일로 하느님에게 감사를 표하는 수단이다.

공동체는 헌금모금에 적극적이었다. 회당에 구호금 접수원이 있어 매주 금요일 아침이면 시장과 가정을 돌며 헌금이나 구호품을 거두어 갔다. 모아진 것은 당일 나누어주었다. 구호가 필요한 사람들은 하루 두 끼씩 일주일, 곧 14끼니를 지낼 수 있을 만큼 받았다. 이 구호기금을 쿠파, 곧 '광주리기금'이라고 불렀다. 이렇게 가난한 유대인은 구호받을 수 있는 권리가 있었다.

인류 최초로 온전한 공동체 복지제도 시행 ——

느헤미야는 이 제도를 강력히 시행하면서 유대인들에게 자선은 의무이자 하느님에게 감사를 표하는 화해라고 가르쳤다. 이후 쿠파제도가 온전히 자리 잡았다. 이로써 유대인 공동체에는 최소한 돈이 없어 굶어 죽거나 의료에서 소외되는 문제는 사라졌다.

쿠파를 통해 모금된 돈은 음식뿐 아니라 의복, 교육, 의료, 장례 등 가난한 사람을 위해 쓰였다. 이후 유대인들은 의식주 걱정에서 완전히 해방되었다. 또한 공동체는 배움을 희망하는 가난한 유대인 학생에게 그가 원하는 과정까지 공부를 시켜주어야 할 책임이 있었다. 그래서 공동체가 학교를 세워 운영하며 필요하면 유학도 보내주었다. 인류 최초로 온전한 공동체 복지제도가 시행된 것이다. 지금도 이러한 복지제도를 자발적으로 유지하는 공동체는 유대민족뿐이다.

쿠파 모금은 자발적이지만 계율에 따라 강제적이기도 했다. 능력 있는 유대인이라면 그가 거주하는 지역사회의 유대인 공동체 쿠파에 한 달에 한 차례 의무적으로 헌금해야 한다. 마찬가지로 3개월 뒤에는 음식기금에, 6개월 뒤에는 의복기금에, 9개월 뒤에는 장례기금에 기부해야 한다. 유대인의 기부는 동족에게만 국한되지 않는다. 이방인을 위한 구호도 있다. 이를 탐후이, 곧 '쟁반기금'이라고 불렀다.

이후 각 쿠파를 담당하는 세 명의 관리자를 두었다. 유대법에 의하면 기부가 의무여서 그들은 헌금하지 않는 사람들의 소유물을 압수할 수도 있었다. 또 복지금 지급을 세분화하여 각각에 대해 독자적인 기금관리기구가 있었다. 가난한 사람을 위한 의류, 교육, 결혼지참금, 유월절 음식물과 포도주, 고아, 노인, 병자, 장례, 수감자와 난민 등 세부적으로 나누어 관리했다.

유대인에게 자선은 의무 ——

히브리어에는 '자선'이라는 말이 없다. 가장 비슷한 말로 '해야 할 당연한 행위'란 뜻의 '체다카'가 있다. 그 뜻이 '정의' 또는 '의로움'에 더 가깝다. 곧 '자선'과 '정의'가 같은 말인 셈이다. 율법의 정신이 바로 정의이고 정의는 약한 자를 보살피는 것이다. 곧 자선은 선택이 아닌 신의 계율에 따른 의무이다.

또 자비와 비슷한 말로는 '케세드'가 있다. 케세드는 동정이나 연민 등 공감능력을 뜻한다. 상대방의 아픔을 나의 아픔으로 느끼는 힘이다. 동양의 측은지심, 곧 자비심이다.

유대교에서는 사람이 죄를 지어 하느님과의 관계가 단절되었을 때 하느님과 관계를 개선하려면 세 가지를 해야 한다고 가르친다. '회개, 기도, 자선'이다. 회개와 기도만 해서는 안 되고 자선이 포함되어야 한다. 자선이 중요한 종교 행위의 하나인 것이다.

자선은 하느님의 정의이자 사랑 행위다. 따라서 경건한 유대인은 의무적인 최소액 이상을 내놓곤 했다. 그래서 보통가정은 수입의 10분의 1을 내놓았지만 생활이 넉넉한 이는 5분의 1을 내놓았다.

이러한 종교적 의무 말고도 자선에 대한 여러 관습과 제도가 있다. 유대인들은 이를 당연한 나눔으로 여긴다. 유대인의 기부는 유대회당에서만 하는 것이 아니다. 생활 속에서 늘 실행한다. 일례로 장사하는 사람은 안식일 전날 가게가 끝날 때 가게 앞에 일정량의 상품을 봉지에 싸서 내놓는다. 가난한 사람이 들고 가도록 한 것이다. 밭에서 수확할 때는 구석의 일부를 남겨 놓았고 땅에 떨어진 과일이나 이삭은 그냥 내버려두었다. 가난한 사람이 자유롭게 주워 가도록 한 것이다. 유대인은 자선을 제도화한 민족이다.

유대교를 바로 세우다

유대교의 아버지, 에스라 ──

기원전 428년경 느헤미야에 이어 제사장이며 율법학자인 에스라가 모세의 법전을 갖고 유대로 돌아왔다. 그는 1800명과 같이 귀환했을 때 실상을 보고 깜짝 놀랐다. 유대인들은 인근의 이방인들과 결혼하여 민족 혈통의 순수성과 정통성을 잃을 위기에 처했을 뿐 아니라 이방 부인들이 가지고 온 이방 신에게 제사를 지내기도 했다. 혼혈 자식들은 히브리어를 몰랐다. 에스라는 이스라엘 백성이 고난을 겪고 멸망하게 된 원인을 하느님으로

유대인에게 율법을 읽어주는 에스라

부터 마음이 떠난 것에서 보았다. 마음이 떠난 원인은 백성들이 다른 신을 믿는 이방인들과 결혼했기 때문이라고 생각했다. 그는 원로들과 의논하여 이방인과 결혼한 모든 사람은 이방인 처자들을 공동체에서 내보내기로 뜻을 모았다.

그는 느헤미야와 힘을 합쳐 유대 사회 개혁에 앞장선다. 개혁의 핵심은 '이방인과의 혼인금지, 토라의 완성, 모세율법의 준수'였다. 먼저 유대인의 정체성 확립과 유대교 부흥을 위해 초막절을 맞아 본격적으로 율법을 가르쳤다. 그는 이방인들과 맺은 혼인을 모두 파기하여 이방인 아내들과 그들에게서 태어난 자녀들을 모두 내보내도록 명령했다. 이러한 조치는 잔인하고 비인간적으로 보이지만 당시 상황에서 하느님에 대한 신앙을 새롭게 다져 시련을 겪지 않겠다는 의지의 표현이었다. 이 사건을 '에스라 개혁'이라 부른다. 이렇게 순수 혈연 공동체를 이루어 전통을 지키려는 생각을 유다이즘이라 한다.

안식일 준수와 안식일의 의미 ——

에스라는 모세의 율법을 따르기 위해 안식일을 지키도록 했다. 금요일 일몰부터 토요일 일몰까지 성문을 닫았고 상인들은 장사를 못했다. 그리고 매주 세 번, 곧 안식일, 일요일, 목요일에 토라를 읽도록 했다. 안식일은 창조기념일이다. 하느님이 6일간 만물을 창조하고 7일에 쉬었다. 그리고 쉬는 날을 거룩한 날로 정하여 축복하였다. 이처럼 인간도 안식일에 쉬면서 육체노동에서 벗어나 만물을 지은 하느님을 기억하라는 것이었다. 동시에 나 자신을 되돌아보아 인간 중심의 교만에 빠지지 말라는 것이었다. 히브리어로 안식일을 뜻하는 사바트라는 말은 '그만두다'라는 의미이다. 이날은 오롯이 하느님을 생각하며 하느님의 눈으로 세상을 이해하고 살피는 날이다.

따라서 모든 노동과 일이 금지된다. 특히 불 댕기는 일을 금했다. 불을 피우기 위한 예비동작 39가지도 금하는 통에 나뭇가지도 분지를 수 없다. 만약 이를 어길 경우 동족이라도 가차 없이 죽였다. 안식일을 지키기 위한 고육지책이었다. 따라서 안식일에는 요리나 설거지도 할 수 없다. 무엇을 하려고 손발을 움직이는 행위는 십계명을 어기는 짓이다. 당연히 짐도 나를 수 없었고, 말을 탈 수도 없다. 지금도 유대인들은 안식일에는 자동차를 타지 않고 회당에 걸어간다. 전기스위치를 켜고 끄는 일도 안 된다. 심지어 엘리베이터 단추도 누르지 못한다. 출애굽기 20장 8~11절을 보면 '네 문안에 유하는 것'은 다 쉬게 하라고 했다. 따라서 동물도 안식일에는 쉬었다.

당시는 일주일 내내 일해도 먹고살기 힘든 때였다. 휴식의 날을 따로 정해 하루 종일 쉰다는 것은 생각조차 할 수 없었다. 하지만 유대인들은 안식일을 지켰다. 십계명에 안식일을 기억하고 지키라고 하느님이 명령했기 때문이다.

안식일을 통해 하느님은 그의 백성과 교제하면서 그들을 거룩하게 해준다. 안식일은 쉬는 날일 뿐 아니라 '거룩히 지켜야 할 날'이다. 출애굽 이후 유대인들은 안식일을 지키지 않으면 동족일지언정 가차없이 죽였다. 안식일에 노동을 금지하는 법이 매우 엄격해서 마카비시대 신심 깊은 유대인들은 안식일에 전쟁을 하느니 차라리 죽음을 택했다. 그들은 안식일을 목숨 걸고 지켰다.

안식일 개념은 이후 1500년이 더 흘러서야 로마제국에 의해 받아들여져 이방인들도 일주일에 하루를 쉴 수 있게 되었다. 이는 노동의 피로를 풀고 삶의 기쁨을 누리는, 유대인의 위대한 공헌 가운데 하나다. 유대인들이 인류에게 '휴식의 날'이라는 개념을 선물한 것이다. 목숨을 걸고 안식일을 지킨 유대인 덕에 인류는 6일간의 노동에서 해방되어 하루를 쉴 수 있다.

안식년과 희년 또한 안식일과 마찬가지 개념이다. 7년에 한 번인 안식년에는 모든 일에서 해방되어 쉬는 것이다. 유대인에게 적용된 율법이 노예에게도 적용되었다. 당시로서는 파격이었다. 그리고 50년이 되는 희년에는 모든 것이 태어날 때의 상태로 원상복구된다. 곧 죄 지은 것이 용서되어 감옥에서 풀려나고, 모든 빚이 면제되어 도망간 사람들이 돌아오며, 노예가 해방되어 모든 사람에게 자유가 선포된다. 이렇게 안식년과 희년은 사회적 불평등을 정기적으로 해소해주었다.

안식년과 희년의 정신은 공동체 자본주의를 지향하는 현대인에게도 숙제를 내주고 있다. 안식년과 희년은 인류가 본받아야 할 제도다. 특히 안식년은 일자리를 나눌 수 있는 귀한 제도다. 기업, 정부, 근로자가 3분의 1씩 부담해 안식년제도를 도입하면 일거에 실업문제가 해소될 수 있다.

예루살렘과 바빌론 두 곳에 민족 기틀 마련 ——

유대인들이 바빌론에 잡혀왔을 때 여러 발전된 모습을 보고 충격을 받았다. 특히 마르두크 신전은 예루살렘 성전과는 비교할 수 없을 정도로 웅장하고 거대했다. 그 밖에 경제제도, 과학, 수학, 천문학, 건축, 예술, 공예 등의 발전상도 놀라웠다. 특히 국제도시로서 발달된 상업과 교역 활동이 부러웠다. 유대인들은 고국으로 귀환하겠다는 사람들보다 그곳에 남아 경제적 터전을 잡거나 선진문화와 기술을 배우겠다는 사람들이 더 많았다.

이로써 유대인들은 가나안과 바빌론 두 곳에 민족의 기틀을 마련했다. 한곳에 모여 사는 것보다 흩어져 사는 것이 상부상조할 기회도 많고 바빌론 같은 국제도시에서 사는 것이 돈을 벌 기회와 배울 기회도 많았다. 이는 오늘날 이스라엘과 뉴욕에 떨어져 사는 유대인들의 관계와 흡사하다. 이후 1500년간 바빌론은 유대인 커뮤니티의 중심지가 되었다.

이때부터 유대인들은 히브리어와 바빌론의 언어인 아람어를 같이 사용했다. 당시 바빌론에는 가장 많은 유대인이 거주하고 있었고 오랜 기간을 그곳에서 보내 아람어가 모국어처럼 사용되었다. 아람어는 히브리어와 가까운 셈족의 언어로, 바빌론 탈무드도 아람어로 쓰였다. 페르시아제국의 공용어도 아람어였다. 그렇다 보니 아람어는 이스라엘의 사제와 상류층의 언어가 되었고, 히브리어는 민중의 언어가 되었다. 예수도 아람어를 사용했다. 오늘날도 전통을 고수하는 랍비의 글은 아람어로 쓰인다.

또 이때부터 이재에 밝은 유대인들은 항상 세계경제를 주도하는 도시에 몰려 살았다. 기원전 332년 알렉산드로스대왕이 이집트를 정복하고 알렉산드리아라는 계획도시를 해안에 건설해 외국인 포용정책을 펼치자 유대인들이 몰려들어 그곳을 상업과 교역의 중심지로 만들었다. 그 뒤 그리스 로마 시대에는 지중해 해상교역의 중심항구 알렉산드리아 1백만 인구 중 40만 명이 유대인이었다.

이슬람 세력이 맹위를 떨치던 중세에는 이슬람의 중심도시 바그다드를 거쳐 코르도바에 정착한 유대인이 많았다. 이후 이슬람의 박해가 시작되자 이들은 스페인왕국의 수도 톨레도로 피난을 가서 스페인제국 융성의 토대를 쌓았다. 그리고 스페인이 이슬람 세력을 이베리아반도에서 몰아내고 통일의 위업을 달성하던 1492년 유대인 추방령이 떨어졌다. 이때 추방된 유대인들이 몰려온 암스테르담이 유대인의 도시가 되어 중상주의의 꽃을 피웠고, 영국 크롬웰의 항해조례와 해안봉쇄로 무역망이 막혀 유대인들이 런던으로 거점을 옮긴 후에는 영국이 세계의 중심이 되었다. 이후 유대인 이민자들이 건설하다시피 한 지금의 뉴욕에 이르기까지 세계경제의 중심지에는 항상 유대인들로 북적였다.

토라의 완성 ──

보통 패망한 민족은 다른 나라 사람들과 섞이는 과정에서 그 문화에 젖어들고, 세월이 흐름에 따라 그 민족에 귀속되어 버린다. 이것이 역사의 일반적 흐름이다. 그러나 유대민족은 그들만의 유일신 신앙을 가지고 역사와 맞섰다. 그것은 토라(구약성경 도입부의 모세오경)였다. 그들은 자신들의 역사를 경전으로 만들어 민족의 정체성을 지켜왔다.

이들은 바빌론에 포로로 끌려가 핍박받는 가운데서도 기존의 율법을 정리하고 구전으로 내려오던 신화와 예언, 교훈을 모아 히브리 성경(구약)을 편찬했다. 이때 페르시아 국교였던 조로아스터교는 아후라 마즈다를 유일신으로 믿으며 인간의 자유의지와 선행을 강조했는데, 이것이 유대인들에게 적지 않은 영향을 주었다.

느헤미야와 에스라의 가장 중요한 업적이 토라의 정비였다. 토라는 에스라가 완결한 뒤 수정 없이 그대로 전해진 것으로 성경학자들은 보고 있다. 히브리 성경 도입부 처음 다섯 권이 모세오경이다. 창세기, 출애굽기, 레위기, 민수기, 신명기를 말한다. 다섯 두루마리라 오경이라 하며, 모세가 저술했다는 전승에 따라 모세오경이라 한다. 모세오경은 유대인들의 경전이다. 유대인들은 모세오경 이외의 예언서나

성문서는 토라를 보조하는
보조경전으로 보고 있다.

유대인들의 경전 토라

바빌로니아에서 돌아온
유대인들은 가나안에 시너
고그를 세웠다. 이때부터 시
너고그가 성전과 함께 존재
했다. 회당은 세 가지 용도
로 쓰였다. 예배드리는 곳,
공부하는 곳, 공동체 집회
장이었다. 곧 기도, 교육, 자치정부 기능을 하는 유대인 공동체의 중
심 역할을 했다. 유대인들은 포로생활을 마치고 가나안에 돌아온 뒤
로는 부족주의를 버리고 자신들의 대표부족 유다지파를 중심으로
단결했다. 그 뒤로 그들은 '유대인'으로 불렸다.

탈무드 ——

성문율법을 모아 놓은 책이 토라라면 구전율법을 모아놓고 해석한
것이 탈무드이다. 구전으로 전승되어 내려온 해설을 곁들인 구전율법
은 아무리 기억력이 좋은 사람일지라도 후대에 그대로 전하기가 힘
들었다. 게다가 교사 역할을 담당했던 랍비들도 시대에 따라 저마다
조금씩 해석방법이 달랐다.

기원전 6세기 에스라가 예루살렘으로 귀환해서 토라를 유대인의
삶의 지표로 만들기 시작했고 그 일환으로 구전율법을 모아 체계적
으로 분류하여 이를 글로 작성하기 시작했다. 이후 기록 작업은 계속
이어져 내려왔다. 서기 210년경 랍비 벤 유다 한시는 그간 선배 랍비

들이 모아 오던 구전율법의 본격적인 편찬에 착수해 6부(농업, 축제, 결혼, 민법과 형법, 제물, 제식) 63편 520장으로 완성했다. 이로써 탄생한 것이 탈무드의 전신 '미슈나'다.

그런데 미슈나는 원론적 내용만 담고 있어, 일상생활에 적용하는 데 어려움이 있었다. 그래서 랍비들은 미슈나를 바탕으로 오랜 기간 토론하고 해석하는 작업을 했다. 이 해석을 모은 것이 '게마라'다. 이렇게 미슈나와 게마라를 한데 모은 것이 '탈무드'다.

탈무드는 랍비들이 후손들을 깨우쳐 주기 위해 기원전 500년부터 서기 500년까지 1천 년 동안의 현인들의 말과 글을 모아놓은 지혜서의 일종이다. 탈무드는 히브리어로 '위대한 연구'라는 의미다. 탈무드는 한 권의 책이 아니다. 63권의 방대한 책이다. 미국에는 바빌로니아 탈무드가 72권, 히브리어-영어 대역판으로 나와 있다. 3백 페이지 책 140권 분량이다. 탈무드는 책이라기보다는 '학문'이라고 해야 옳다. 그것도 위대한 학문이다.

고난과 역경을 통해 은혜받다 ──

유대인은 아브라함시대부터 '나그네'로 떠돌아다니며 살았다. 하느님은 유대인들에게 말했다. "땅은 나의 것이다. 너희는 다만 나그네이며, 나에게 와서 사는 임시 거주자일 뿐이다." 시편에서 다윗도 같은 고백을 한다. "저 또한 저의 조상들처럼 떠돌면서 주님과 더불어 살아가는 길손이며 나그네이기 때문입니다."

이렇듯 유대교의 계시에서 중요하게 여기는 것 중 하나가 방랑생활에 대한 언급이다. '낯선 땅에서, 낯선 존재로' 박해받는다는 주제는 유대인에게 시대를 초월하여 되풀이된다. 이는 계시를 통해 유대인들이 세상에서 거쳐야 할 일종의 운명으로 묘사되고 있다.

유대인은 영원한 유목민이다. 방랑과 이산의 역사는 오늘날까지 이어지고 있다. 떠돌이 민족은 척박한 환경에서 고난을 극복해야만 살아갈 수 있는 민족이다. 정착사회에서 편하게 자란 민족이 사막과 황야의 시련에 단련되고 생존을 위해서는 물불을 가리지 않는 유목민을 이기기 힘든 법이다. 역사가 이를 증명하고 있다.

유대인은 설사 정주민족 안에 들어와 살더라도 영원한 이방인이자 아웃라이어다. 아웃라이어는 흔히 표본집단에서 동떨어진 존재를 말한다. 소외된 자, 그늘에 가려진 자, 사회에서 매장된 자. 그들이 유대인이다. 그런데 역사는 이러한 아웃라이어들에게 뜻하지 않은 기회를 준다. 그것도 황금 기회를. 농경사회에서 축출되어 상업에 눈뜨고, 상업에서 축출되어 무역과 금융에 눈뜨고, 뿔뿔이 흩어져 글로벌한 민족이 된다. 역사의 아이러니다. 아니 이것이 역사의 이치다.

유대인들은 고난과 수치의 역사를 감추지 않는다. 그들은 고난과 역경이야말로 그 극복과정을 통해 영광을 준비하는 시간이라는 역사관을 갖고 있다. 고난은 영광을 낳는 디딤돌이라는 긍정적인 신념을 지니고 있는 것이다. 시련은 영광을 준비하는 '필수적인' 과정이라는 역사인식이다.

티쿤 올람 사상

—

유대인에게는 '티쿤 올람' 사상이 있다. 티쿤은 '고친다', 올람은 '세상'이다. 그래서 티쿤 올람은 '세상을 개선한다'는 뜻이다. 이는 하느님이 세상을 창조하였으되 완벽하게 창조한 것이 아니라 미완성의 상태로 창조하여 지금도 창조사업을 계속하고 있다는 의미이다.

이렇듯 티쿤 올람은 창조론과 진화론을 함께 아우르는 사상이다. 19세기 다윈의 진화론이 나오면서 종교계는 충격에 휩싸였다. 기독교도들은 진화론을 받아들이기 힘들었다. 하지만 유대교에서는 진화를 단계별로 이루어지는 또 하나의 창조로 해석한다. 그들은 하느님이 지금도 창조사업을 계속하고 있다고 믿기 때문이다.

유대교 신앙에 의하면, 인간은 하느님의 파트너로 지금도 계속되는 하느님의 창조행위를 도와 이 세상을 좀 더 좋은 곳으로 만들어야 하는 책임과 의무가 있다. 유대인들은 그 선두에 자기들이 있다고 믿는다.

현대판 집단 메시아사상

유대인들은 자녀에게 배움의 중요성과 티쿤 올람 사상을 가르친다. 그래서 유대인들에게는 자신이 태어났을 때보다 더 나은 세상을 만드는 일이 그들이 세상에 태어난 이유이자 과제이다. 이 사상이 바로 '현대판 집단 메시아사상'이다.

메시아는 어느 날 세상을 구하려고 홀연히 나타나는 것이 아니다. 유대인들 스스로가 미완성 상태인 세상을 완성시키는 집단 메시아가 되어야 한다고 생각한다. 유대인들이 창조성이 강하다고 평가받는 이유가 바로 이러한 티쿤 올람 사상과 집단 메시아사상이 그들 의식 깊은 곳에 자리 잡고 있어 서다.

유대인 아이들은 13살에 치르는 성인식 때 랍비가 "사람은 왜 사는가?"라고 물으면 대부분 "티쿤 올람"이라고 대답한다. 이렇듯 유대인에게 삶이란 신의 뜻에 대한 헌신이자 신에 대한 충성이다. 그래서 유대인들은 이 세상을 하느님의 뜻에 맞게 건설하는 데 필요한 자기의 몫을 찾아내어 그 책임을 다하려 한다. 그것이 바로 신의 뜻이자 인간의 의무라고 그들은 믿는다. 유대인들이 비전에 강한 이유이다.

III

불교의 탄생
— 기원전 600년~기원전 200년 —

● '축의 시대'를 불러 온 '유목민 가설'

기원전 6세기 유대교가 바빌론 유수기에 조로아스터교의 영향을 받아 크게 바뀌고 있을 때, 인도에서는 지나치게 엄격한 브라만교의 계급사회와 제례의식에 반발해 새로운 사문들에 의한 새로운 사조가 자라나고 있었다. 이른바 불교와 자이나교 등 반브라만 세력의 태동이었다.

이즈음 중국에서는 공자, 묵자, 노자 등 유교와 도교를 비롯한 제자백가의 기운이 피어났고 그리스에서는 소크라테스, 플라톤, 아리스토텔레스 같은 철학자들이 출현했다. 거의 같은 시기에 지구촌 곳곳에 새로운 종교와 사상이 동시다발적으로 분출되었다.

기원전 900년에서 200년까지 약 7백 년간 세계 주요 종교와 사상이 일제히 출현한 이 시기를 '축의 시대'라 부른다. 이 시대를 '축의 시대'라고 부른 이유는 이때 등장한 사상과 철학이 오늘날까지도 인류 사상의 '중심축' 노릇을 하기 때문이다.

사실 '축의 시대'를 처음 언급한 독일 철학자 야스퍼스는 축의 시대가 실제보다 더 짧은 기간이었다고 생각했다. 다시 말해 부처, 노자, 공자, 묵자, 조로아스터가 모두 비슷한 시기에 살았다고 생각했다. 이 시기에 인도 사람들이 축의 시대의 선두에 서 있었고, 이스라엘에서는 유대교가 강력하게 재정립되어, 그는 인류의 영성이 한꺼번에 터지는 듯한 인상을 강하게 받았다. 실제 기원전 700년부터 500년까지가 '축의 시대'의 중심이었다. 현재 큰 위상을 차지하고 있는 종교와 철학은 대부분 그때 만들어졌거나 큰 발전을 했다. 조로아스터교, 불교, 자이나교, 유대교, 유가 사상, 소크라테스를 중심으로 한 그리스 철학이 이 시기에 만들어지거나 성장했다.

새로운 종교들은 서로 멀리 떨어져 있었지만 도덕성, 자기수양, 금욕을 강조하는 공통점을 갖고 있었다. 불교, 도교, 유대교, 스토아교, 자이나교, 힌두교 등이 여기에 해당한다. 그리고 이어 등장한 기독교, 이슬람교, 마니교 등 신흥종교는 전 세계에 걸쳐 확산됐고 오늘날 세계의 종교가 됐다.[*]

축의 사상이 지닌 엄청난 확산력과 '왜 그 당시 유라시아에서 이러한 사상이 동시다발적으로 출현했을까?' 하는 문제를 설명하는 가설이 몇 개 있다. 그중 하나가 '유목민 가설'이다. 이 가설은 2016년에 피터 터친의 책《초협력사회》에 잘 소개되어 있다. 그는 기마민족이 가져다준 충격이 축의 사상을 유라시아 전역으로 확산시킨 핵심동력이라고 주장한다.

유목민이 빠른 기동성으로 고대 국가의 전쟁에 충격을 주기 전까지는, 신의 현신이라는 '신왕 사상' 정도로도 국가를 유지하는 데 큰 무리는 없었다. 하지만 기병과 철제전차로 신속하게 움직이는 기마 유목민이 북쪽 변경지대 전체를 위협하자, 더 대규모로 병력을 동원해야 하는 압박이 가중되었다. 그 결과 왕과 백성을 평등하게 대하는 보편윤리가 힘을 얻었다는 것이다.[**]

● 곽노필, '기원전 5~4세기 도덕적 종교 탄생의 뿌리', 〈한겨레〉, 2014. 12. 19.

●● 임명묵, '축의 사상은 어떻게 태어났는가', 〈슬로우뉴스〉, 2018. 11. 6.

● 불교 탄생의 시대적 배경

'축의 시대'에 탄생한 대표 종교 중 하나가 불교이다. 불교가 탄생할 당시 인도는 베다와 우파니샤드에 근거를 둔 브라만교가 지배하는 사회였다. 그 무렵 브라만교는 우주의 궁극적 근원인 브라만과 개인에 내재하는 아트만이 동일하다는 범아일여 사상을 갖고 있었다. 또 인간의 행위는 전생의 업(카르마)에 의해 지배된다는 교리와 현재의 행위는 미래를 결정한다는 윤회 사상을 갖고 있었다. 그 무렵 종교인들은 윤회로부터 해탈해야 한다고 주장했다. 이후 브라만교의 카르마, 윤회, 해탈 사상은 인도 사상의 근간을 이루었다. 하지만 브라만교는 엄격한 카스트제도를 갖고 있었다. 이러한 계급제도에 반발해 만민평등 사상이란 보편윤리를 갖고 탄생한 종교가 불교이다.

그러나 불교 역시 브라만교의 중심 사상은 그대로 받아들였다. 이후에 불교를 극복하고 출현한 힌두교 역시 브라만교가 불교와 토속신앙을 흡수해 변신에 성공한 종교이다. 결국 브라만교, 불교, 힌두교는 한 뿌리의 세 종교인 셈이다.

불교, 브라만교에 반발하여 탄생하다

철기시대의 사회변화 ──

'축의 시대'를 불러 온 '유목민 가설'이 인도에서는 어떻게 진행되었을까?

기원전 15세기 인도에 들어온 아리안들이 철제농기구와 소를 활용해 농사를 짓자 생산성이 비약적으로 높아졌다. 이전의 10배 이상 능률이 났다. 그뿐만 아니라 그전에는 개간하지 못했던 돌밭 등을 손쉽게 농지로 만들어 활용할 수 있었다. 그러자 잉여인력이 많이 발생했다. 그들은 더 넓은 경작지를 확보하기 위해 기원전 10세기경에는 갠지스강 유역까지 퍼져나갔다. 철기가 보급되어 농업생산력이 급격히 증가하자 크샤트리아계급의 아리안 전사들이 원한 것은 '넓은 영토'였다. 이때부터 사회는 '부족 중심'에서 '영토 중심'으로 바뀐다.

이렇게 부족 중심 사회가 해체되자 아리안들 사이에서도 갈등의 골이 깊어졌다. 특히 브라만과 크샤트리아 사이가 벌어지기 시작했다. 시간이 흐르면서 브라만계급인 사제들의 '부족 중심' 사상과 크샤트리아계급인 군주와 전사들의 '영토 중심' 사상이 맞섰다. 결국 신권과 왕권이 대립했다. 권위적인 제례의식도 문제가 되었다. 진취적이고 자유분방한 유목민 기질의 아리안 전사들에게는 브라만 중심의 지나치게 엄격한 제례의식과 권위주의는 그들의 기질에 맞지 않았다.

인더스강 유역에서 부흥한 브라만 중심의 지배질서에 맞선 크샤트리아계급의 신흥세력들은 그들이 믿는 불의 신 '아그니'를 잘 모시기 위해 숲을 불태우며 동으로, 동으로 진출했다. 그 결과 산은 황폐해졌지만 평지는 초원으로 바뀌어 목장이나 농장이 되었다. 그들은 갠지스강 유역 초원에서 힘을 키웠다. 여기에 중소도시들이 생겨나면서 상권을 장악한 바이샤계급도 가세했다. 결국 크샤트리아 기사계급이 주도하는 16국 할거시대로 접어들면서 새로운 철학과 종교가 피어났다. 붓다가 태어난 샤카(석가)족이 건국한 마가다왕국도 16국 중 하나였다.

종교에 대한 인식 변화 ——

브라만교 초기의 리그베다와 중기의 브라흐마나 시기에는 사람들이 인간의 욕망이 충족되는 삶을 이상으로 추구했다면 우파니샤드 이후에는 오히려 그러한 욕망으로부터의 해탈을 삶의 이상으로 여겼다. 이러한 해탈 사상은 인도종교사에서 획기적 전환점이었다.

형식주의에 반대하는 일단의 자유사상가들은 인간과 우주의 본질에 대한 새로운 접근을 통해 새로운 종교관을 제시했다. 곧 인간은 본질적으로 모든 속박에서 자유로운 영적인 존재라고 이해했고 그러한 본질을 실현함으로써 완전함의 경지인 해탈에 이를 수 있다고 보았다.[*]

불교 탄생 시기의 사회환경 ──

불교가 출현한 기원전 6세기경의 사회환경을 살펴보자. 갠지스강 중류지역으로 이동한 아리안 사회에도 변화가 일기 시작했다. 원주민과의 혼혈족이 나타나 이들은 전통의식, 풍속, 신앙을 지키지 않아 브라만교의 전례의식에서 많이 벗어나 있었다.

상공업과 도시의 발달은 물질문명의 발달을 가져왔고 구속을 싫어하는 상공인들의 영향으로 자유와 평등 사상이 확대되었다. 그리고 술과 여자를 쫓는 향락에 취해 윤리와 도덕이 무너지고 부패와 탐욕이 판쳐 브라만교의 가르침은 헛돌았다. 이에 브라만교를 대신하는 다양한 학파가 나왔다. 원시불교 경전에는 62개라 하고 자이나교 문헌에는 더 많은 학파를 전하고 있어 중국 춘추전국시대의 제자백가를 능가했다. 이러한 시대적 배경 아래 크샤트리아계급에 의해 해탈을 앞세운 불교와 자이나교가 등장했다.

브라만교의 변화와 새로운 사조의 등장 ──

브라만들의 종교적 권위는 약화되었고 크샤트리아와 상공인들이 주도하는 도시 분위기는 보다 합리적인 종교를 원했다. 번잡한 제사

● 류경희,《인도의 종교와 종교문화》, 서울대학교 출판문화원, 2013.

의례와 공희, 곧 동물을 죽여 희생제에 바치는 것에 회의가 생겼다. 이러한 변화는 외적인 형식추구 대신 내적인 진리탐구로 방향을 바꾸어 범아일여 사상을 탄생시켰다. 인간은 '유한한 행위業, karma'로는 도저히 영원한 세계를 얻을 수 없고 끊임없는 윤회를 되풀이할 수밖에 없다는 자각이 일어났다. 더불어 인간의 참 자아와 우주의 궁극적 실재를 아는 '깨달음'을 통한 해탈이 강조됐다.

그러자 브라만의 권위를 인정하지 않고 제사행위와 내세를 거부하는 새로운 사조의 종교운동이 나타났다. 이러한 운동을 주도한 사람들을 사문沙門이라 불렀다. 그들은 출가자들로서 금욕적 고행주의 전통을 지키며 숲속에서 명상을 통해 얻은 새로운 깨달음으로 인생문제에 다양한 해결방식을 제시했다.

사문들 가운데 불교의 창시자인 석가모니가 있었다. 석가모니는 히말라야 산자락에 있는 카필라성(가비라성) 석가(샤카)족의 왕자 출신이다. '모니'는 고요히 명상에 잠긴 성자라는 뜻의 존칭이다. 따라서 석가모니란 석가족 출신의 성자라는 의미이다. 석가모니의 성은 고타마, 이름은 싯다르타였다. 훗날 깨달음을 얻어 '붓다'라고 불렸다. 신도 사이에서는 진리의 체현자라는 의미의 여래, 존칭인 세존, 석존으로도 불린다.

붓다의 탄생 ——

붓다는 산스크리트어로 '깨친 이'라는 뜻으로 고유명사가 아니라 존칭이다. 싯다르타는 기원전 6세기 히말라야산맥 밑자락 마가다왕국의 왕자로 태어났다. 마야부인이 계행을 지키느라 남편과 동침하지 않고 지냈는데, 석가모니가 흰 코끼리가 되어 오른쪽 갈비뼈를 헤치고 태 안에 들어오는 꿈을 꾸고 잉태된 것으로 불경 본생경에 기록되어 있다. 기독교의 '동정녀 잉태설'과 유사하다. 그 뒤 왕비가 친정으로 가는 도중 룸비니동산에서 보리수 가지를 잡으려고 오른손을 드는 순간, 싯다르타는 왕비의 옆구리를 통해 태어났다. 그리고 그는 일곱 발자국을 걸어가서는, 모든 중생을 위해 성불하려고 이번에 마지막으로 세상에 태어나는 것이라며 '천상천하유아독존'을 선언했다.

싯다르타가 태어났을 때 성자 아시타가 찾아와 살펴보고는 이른바 32가지 성인의 상을 발견했다고 불경은 기록하고 있다. 성경 또한 예수가 태어나자마자 동방박사들이 마구간에 나타났다고 기록하고 있다.

왕은 왕자에게 7살부터 학문에 정진토록 했다. 불경 인과경에는 싯다르타가 12살이 되던 해 태자책봉식에서 왕이 손으로 태자의 이마에 물을 끼얹고 '그대는 나의 후계자이니라.' 하고 선언하자, 하늘에서 '좋도다! 좋도다!' 하는 음성이 들려오고 연꽃이 피어났으며 파랑새 5백 마리가 내려왔다고 한다.

19살에는 아름다운 공주 야쇼다라를 배필로 정해주었다. 왕은 이들에게 계절에 따라 바꾸어 살 수 있는 3개의 궁전을 지어주고 수많은 무희를 동

붓다의 탄생

원해 아들을 기쁘게 하여 세속을 떠나는 일이 없도록 애썼다.

붓다의 득도 ──

싯다르타는 29세이던 어느 날 궁궐 밖 세상을 한번 돌아보고 싶어 아버지에게 허락을 구해 마차를 타고 밖으로 나가 세상구경을 했다. 그는 거기서 '생로병사'의 네 장면을 목격하고 충격을 받는다. 싯다르타는 깨달음을 얻기 위해 출가를 결심한다. 그리고 아내가 아들을 낳았다는 이야기를 듣고 엄마 품에서 잠자는 아들을 한번 바라본 후 조용히 나와 구도의 길을 떠난다.

이렇게 시작한 구도의 삶이 6년 동안 계속되었다. 처음에는 스승의 가르침을 받기로 했다. 싯다르타도 깨달음을 얻기 전까지는 브라만교 수행자였다. 그래서 처음 만난 스승도 브라만교 계통의 알랄라 칼라마였다. 스승이 가르치는 수행을 다 이루었지만 자기가 원하는 참된 경지에 이를 수 없음을 발견하고 미련 없이 스승을 떠났다. 하지만 다음에 만난 스승에게서도 만족스러운 가르침을 얻지 못했다.

두 스승은 선정禪定을 닦는 수행자였다. 선정이란 밖으로는 보이는 상에 집착하지 않고禪, 안으로는 마음이 어지럽지 않은 상태定, 곧 외선外禪과 내정內定을 통해 생각을 한곳에 모아 흩어지지 않게 하는 것을 뜻한다. 하지만 싯다르타는 선정만으로는 진리를 체득할 수 없다고 보고 숲으로 들어가 홀로 수행했다.

싯다르타는 네란자강 강변에 자리를 잡고 득도를 위한 고행을 시작했다. 이때 다른 고행자 5명도 합류했다. 하루에 쌀 한 톨과 대추한 알로 견디며 정진했다. 땀이 쏟아지고 귀에서 이명이 들리며 뱃가죽이 등에 붙었다. 맑고 곱던 안색은 흑갈색이 되었다. 이런 고행이 6

년간 계속되자 도저히 육체적으로 감당할 수 없었다. 그때 때마침 들려오는 노랫소리가 있었다. "악기의 줄을 너무 당기지 말라. 그 줄이 끊어지게 되리라. 너무 느슨하게 풀어 놓지도 말라. 그러면 아름다운 소리가 나지 않으리라." 그는 결단을 내려 고행을 중단하고 이른바 중도中道를 택하기로 했다.

그러던 차에 한 여인이 싯다르타를 나무 신으로 여겨 우유로 만든 쌀죽을 바쳤다. 싯다르타는 이 음식을 받아먹고 기운을 차렸다. 함께 고행하던 다섯 비구는 싯다르타가 음식을 받아먹는 것을 보고서, 고행을 포기하고 타락한 것으로 간주해 그의 곁을 떠났다.

마왕의 3가지 유혹

싯다르타는 숲속에 있는 보리수 밑으로 자리를 옮겨 성불하기 전에는 일어나지 않으리라 마음먹었다. 이때 죽음의 신 마라가 접근해 그를 '세 가지 시험'으로 유혹했다. 첫째, 마라는 무시무시한 마군을 이끌고 와 싯다르타가 수행을 포기하도록 위협했다. 둘째, 마라는 싯다르타의 공덕을 부인했다. 그렇게 앉아 있어도 성불 같은 것은 꿈꿀 수도 없는 헛일이라 했다. 셋째,

보리수 아래에서 수행하는 붓다

마라는 그의 세 딸을 데리고 나타났다. '불만, 쾌락, 욕망'이라는 이름의 세 딸이었다. 싯다르타는 이 모든 위협과 유혹을 물리쳤다.

성불

밝은 보름달이 뜬 밤, 보리수 밑에 다시 홀로 남았다. 이때 싯다르타는 '네 단계 선정禪定'을 거쳐 '세 가지 앎'을 얻었다. 첫 단계 선정에서는 깊이 생각에 몰두하면서 상쾌하고 즐거운 감정이 생겨나 마음이 한곳에 모이는 것을 경험했다. 둘째 단계에서는 생각하는 대신 마음이 흔들림 없이 고요하면서 고양되는 느낌이었다. 셋째 단계에서는 즐거움 가운데 마음이 한곳에 모이면서 그 위에 마음의 평정과 다함과 밝은 통찰이 찾아왔다. 넷째 단계에서는 즐거움도 사라지고 오로지 '마음의 평정과 다함과 밝은 통찰'만 남았다.

이렇게 마음이 한곳에 모이고 티 없이 깨끗하게 된 상태로 초저녁에 이르렀을 때 첫 번째 앎을 얻었다. 이른바 '숙명통宿命通'이다. 그것은 전생을 보는 것, 그리고 그 전생의 전생을 보는 것, 그러다가 점점 더 많은 전생을 완전히 다 보는 것으로, 그의 마음은 자비심으로 가득하게 되었다. 과거와 현재가 한 선상에 있는 시간의 영원성을 체험한 것이다.

밤이 깊어졌을 때 싯다르타는 두 번째 앎에 이르렀는데, 이것을 '천안통天眼通'이라 한다. 완전히 깨끗해진 '하늘의 눈'을 가지고 모든 중생의 죽음과 새로 남, 그리고 그 원리를 알게 되었다. 카르마業와 인과율의 법칙을 깨달은 것이다. 중생이 끝없이 윤회하는 것을 보면서 그의 자비심은 더 깊어졌다. 밤이 더욱 깊어졌을 때 그는 셋째 앎에 이르는데 이를 '누진통漏盡通'이라 한다. 모든 중생으로부터 흘러내리는 쾌락과 욕망의 무지와 사념의 누漏, 곧 번뇌를 어떻게 멸할 수 있

2부 축의 시대

는지 알게 되었다. 이 세 가지 앎을 '삼명통三明通'이라 한다.

　강 저 너머로 먼동이 트면서 싯다르타는 무지에서 깨어나 앎에 이르렀다. 어둠은 사라지고 빛이 떠올라 완전한 깨달음에 이르렀다. 붓다, 곧 '깨친 이'가 된 것이다. 이러한 깨침을 '성불, 성도, 대각, 활연대오'라 한다. 석존의 깨달음은 마음이 번뇌의 속박에서 해방된 상태이므로 이를 '해탈'이라 부르며, 이 해탈한 마음에 의해 터득된 진리를 '열반'이라 한다. 붓다는 해탈과 열반을 성취함으로써 인간이 번뇌의 속박에서 벗어나 신들의 경지인 해탈과 열반에 들 수 있음을 보여주었다. 이로써 붓다는 신들의 특성을 인간도 성취할 수 있음을 보여주었다.

　전 우주가 환희에 찼고 대지는 요동쳤으며 하늘에서 꽃비가 내렸다. 향기로운 미풍이 불어오며 신들은 각자의 범천에서 모두 기뻐했다. 신들과 자연, 그리고 인간이 동질감 속에서 하나가 되어 뭉친 것이다. 고통으로부터의 해방과 고통의 종말로서의 열반에 대한 새 희망이 솟아올랐다. 걸음걸음마다 구름이 모여 붓다와 대자연이 하나가 되었다. 붓다의 성불체험은 동양신화 중에서 가장 중요한 순간으로 불교의 핵심사건이다.[*]

붓다의 가르침 ──

　붓다는 보리수 밑에서 얻은 궁극의 깨달음을 녹야원에서 그와 같이 고행하다 떠나간 다섯 명의 비구에게 가장 먼저 알려주고 싶었다. 그는 곧바로 길을 나서 다섯 비구가 있는 사르나트까지 250킬로미터

● 오강남,《세계 종교 둘러보기》, 현암사, 2003.

붓다의 첫 번째 설법

가 넘는 거리를 11일 동안 걸어가 그들을 만났다. 붓다는 그들의 따뜻한 영접을 받고 자기를 '여래'(이렇게 온 이, 혹은 이렇게 간 이)라고 부르라고 이르며 다섯 비구들에게 최초의 가르침을 주었다.

당시에는 진리를 얻으려는 사람들이 집을 떠나 여러 곳을 떠돌며 스승에게 가르침을 받는 수행 풍습이 있었다. 이들은 한곳에 머무르지 않고 떠돌며 걸식을 했다. 그래서 이들을 '걸식하는 사람'이란 뜻에서 비구라 불렀다.

붓다는 전생의 업으로 비롯된 운명에 충실해야 더 나은 다음 생을 얻는다는 브라만교 사상을 거부하고 '인간의 운명이란 현세에서도 각자 노력하기 나름이고 모든 사람은 평등하다.'라고 가르쳤다. 이렇듯 불교는 카스트제도와 브라만교에 반발해 '만민평등' 사상을 그 뿌리로 삼고 태어났다.

불교의 진리관은, 이 고통의 세상에서 오직 한 가지만이 확실한 게

2부 축의 시대

있으니, 다름 아닌 다르마(법)다. 이는 올바른 삶에 대한 진리로서, 이 법이야말로 인간을 고통에서 벗어나게 해 줄 수 있다는 것이다.

사성제 四聖諦 ——

붓다가 다섯 비구에게 한 처음 설법은 그가 보리수 아래에서 발견한 4가지 진리였다. "무지에서 괴로움과 오해, 근심이 일어난다네. 탐욕, 분노, 자만심, 혼란, 질투와 두려움도 모두 무지에서 나온다네. 뒤바뀐 견해는 양극단으로 자리해 양면을 지닌다네. 북극성처럼 중도를 지켜야 하네. 몸은 굶주리지도 욕망에 치우치지도 말아야 하네. 그래야 모든 근심을 여읠 수 있고, 사랑과 수용을 경험한다네. 이런 경험 후 아무도 증오하지 않고 자비심과 너그러움만이 남아 있게 된다네."

붓다는 미망에서 벗어날 것을 강조했다. 네 가지 성스러운 진리가 있다. 첫째, 중생이 있는 한 괴로움이 있어 인간을 그림자처럼 따라 다닌다. 둘째, 괴로움의 원인은 무상한 점에 애착하는 것이다. 그렇다면 그것을 벗어나는 점은 무엇일까. 셋째, 해탈의 진리를 일깨우는 것이

사성제의 가르침을 받는 다섯 비구

중요하다. 중도로 보고 양극단을 여의는 것이다. 넷째, 모든 괴로움의
족쇄가 풀리고 궁극적 진리를 보는 길이 있다.

이를 '사성제'라 한다. 곧 고苦, 집集, 멸滅, 도道의 네 가지 거룩한
진리를 깨달으라는 가르침이다. '세상은 괴롭고, 그 괴로움의 원인은
갈망과 집착에 있고, 그 원인을 제거하면, 마음의 평화가 온다'는 내
용이다. 이는 '괴로움, 괴로움 발생, 괴로움 소멸, 평화'로 요약할 수
있다.

팔정도八正道 ──

붓다는 갈망과 집착을 종식하는 실제적 방법 8가지를 제시했다. 이
를 '팔정도'라 한다. '바른 견해, 바른 생각, 바른 말, 바른 행동, 바른
의식주, 바른 정진, 바른 마음 챙김, 바른 마음 집중'이다.

첫째, 바른 견해正見이다. 이는 '진리를 바라보는 올바른 견해'를 말
하며 '붓다의 가르침을 옳게 보고 받아들임'을 뜻하기도 한다. 붓다
의 진리를 통해 세상을 바라보라는 것이다.

둘째, 바른 생각正思이다. 이는 '바른 마음가짐'으로 생각하라는 것
이다. 곧 '생각할 바와 안 할 바를 바르게 구분하라'는 것이다. 삼업三
業:身,口,意 중에서 의업意業에 해당하는 부분으로, 탐심(貪心, 탐내는 마
음), 진심(瞋心, 분노하는 마음), 치심(癡心, 질투, 불신 등으로 사리를 바르게 받
아들이지 못하는 어리석음)의 삼독(탐진치)을 경계하여 치우침 없는 바른
마음으로 사유하라는 것이다.

다시 말해, 오직 생각을 바르게 하여, 탐하지 말고, 과욕 부리지 말
고, 무엇이 안 된다고 해서 절대로 성질내지 말고, 어리석은 마음에서
시기, 질투, 불신하지 말라는 말이다. 이 탐진치의 삼독을 아예 마음

에서 없애라는 것이다. 이것이 정사유다.

셋째, 바른 말正語이다. '바르게 말하는 것'은 삼업 중 구업口業에 해당한다. 망어(妄語, 거짓말), 기어(綺語, 다르게 꾸며대는 말), 양설(兩舌, 두 가지 다른 말, 이간질), 악구(惡口, 악담) 등의 말로 죄를 범하지 말고, 입으로 짓는 네 가지 악업이 아닌, 바르고 고운 언어를 사용해 '선업'을 쌓으라는 것이다.

넷째, 바른 행동正業이다. '바른 행동'은 삼업三業 중 신업身業에 해당되는 부분으로 살생, 도둑질, 불륜 등 잘못된 행위를 떠나 선행을 쌓으라는 것이다.

다섯째, 바른 생활正命이다. '바른 생활'은 '의식주'를 구할 때, 정당한 방법으로 구하고, 바른 생활습관을 가지라는 것이다. 뺏거나 삿된 방법 등을 동원해 구하지 말고, 남의 것을 해하는 행위를 하지 말라는 내용이다. 이는 자신의 이익을 위해 상대방에게 피해를 주지 말라는 것이다.

여섯째, 바른 노력正精進이다. '바르게 정진하는 것'은 '끊임없이 마음을 닦아나가는 것'이다. 붓다의 가르침에 따라 열반에 이르려면 쉼없이 노력해야 한다. 올바른 노력에는 자신의 해탈뿐 아니라 이웃과 사회를 위한 노력과 관심까지 포함된다.

일곱째, 바른 결심正念이다. '바른 결심'은 '바른 마음자리를 마음에 잘 간직하여, 잃어버리지 않겠다는 결심'을 말한다. 곧 항상 바르고 깨끗한 이상과 목표를 간직하라는 것이다. 치우치거나, 정체되거나, 변하지 않는, 처음과 끝이 같은 '초발심'을 잃어버리지 말라는 것이다.

여덟째, 바른 집중正定이다. '바른 집중'은 마음을 한곳에 모아 정신 통일하여 수행을 늘 가까이 하라는 내용이다. 바른 방법으로, 바른 마음가짐으로, 바르게 명상하고, 바르게 사유하는 바른 선정禪定에 들라는 것이다. 선정은 성불하기 위해 마음을 닦는 불교의 근본 수행 방법이다.

팔정도와 삼학 ——

붓다는 45년간 대중에게 깨달음에 도달하기 위한 다양한 수행법을 설했다. 이 수행법을 모두 포괄해서 정리해놓은 것이 혜학慧學, 계학戒學, 정학定學의 삼학三學이다. 혜학은 팔정도의 정견正見, 정사正思를 합한 것으로 평정된 마음에서 분별심을 없애고 사성제 등의 진리를 있는 그대로 보게 하는 수행 덕목이다. 계학은 팔정도의 정언正語, 정업正業, 정명正命을 합한 것으로 몸과 말과 생각으로 짓는 악행을 막고 선업을 실천토록 하는 덕목이다. 정학은 팔정도의 정정진正精進, 정념正念, 정정正定을 합한 것으로 마음을 고요하고 평안히 하여 깊은 정신집중 상태인 선정에 들도록 하는 덕목이다. 삼학은 궁극적으로 우리가 자유를 누릴 수 있는 배움이다.

세 항목은 서로 보완적으로 작용하기 때문에 칼로 무 자르듯 엄격히 나눌 수 없다. 팔정도는 하나하나 떨어져 있는 실천 덕목이라기보다는 진리구도의 길로서 서로 고리처럼 연결되어 있다. 팔정도를 통한 해탈은 나와 세계의 괴로움으로부터 벗어나 커다란 자유를 얻는 것을 뜻한다. 싯다르타가 인격을 완성하여 '깨달은 자', 곧 붓다가 된 것처럼 인간은 스스로 팔정도를 닦아 자기 자신을 구원할 수 있다.

붓다는 제자들에게 사성제와 팔정도를 자세히 가르쳤다. 이렇게 사성제와 팔정도를 가르치자 다섯 비구 중 하나가 깨달음을 얻었다.

무아無我 ──

붓다는 계속해서 '무아'에 대한 가르침을 설파했다. 무아는 간단히 말해서 우리가 생각하는 자아는 실체가 없는 껍데기에 불과하다는 것이다. 우리의 자아라는 것도 물질色, 감정愛, 생각想, 충동行, 의식識이라는 다섯 가지 존재 요소의 일시적 '가합假合'일 뿐 그 자체로는 실체가 아니라는 뜻이다.

가합이란 천지만물은 인연에 의해 잠시 이루어졌다는 뜻으로 이는 곧 사라지는 것이니 진짜와 가짜를 구분해 따지는 것 자체가 어리석은 일이라는 것이다. 따라서 자아는 집착할 가치가 없는 것으로 거기에서 해방되라는 것이다. 우리의 자아가 허구임을 알면 그만큼 자유로워지고 세상은 그만큼 더 아름다워진다.

이제 나머지 4명의 비구도 깨달음을 얻었다. 그 뒤 붓다는 45년에 걸쳐 인도 각지를 돌며 설법을 전파하며 해탈의 길을 제시했다. 이후 브라만교는 불교에 밀려 쇠퇴했다.

불교공동체 승가(상가)의 탄생 ──

붓다는 인간이 자기 분수를 지키고 남을 위해 자비를 베풀며 살아가는 청정한 공동체를 구상했다. 그는 다섯 제자와 함께 '상가Sangha'라는 불교공동체를 만들었다. 이 상가라는 말에서 한문의 승僧, 승가僧伽, 승단僧團이라는 말이 나왔다. 우리말 '스님'도 같은 어근이다.

그 뒤 붓다의 말씀으로 깨달음을 얻어 승가가 60명이 되었다. 불교 초기 경전에 의하면, 이렇게 승가에 들어오려면 "나는 부처님께 귀의합니다. 나는 진리에 귀의합니다. 나는 승가에 귀의합니다." 라며 삼귀

기도하는 노승들

의三歸依을 세 번 외워야 했다.

초기 수행공동체인 상가는 본래 '화합을 실현하는 단체'라는 의미를 지녔다. 곧 상가는 '모든 불자는 계율을 같이 지키고' '의견을 같이 하며' '같이 수행하고' '남을 위해 함께 자비를 베풀며' '항상 서로 자비롭게 말하며' '남의 뜻을 존중하는' 육화六和의 법을 지켰다. 붓다는 이러한 공동체정신을 궁극적으로 사부대중四部大衆에게 확산시켜 이상세계 건설을 목표로 했다. 사부대중이란 출가한 남자스님 비구와 여자스님 비구니, 출가하지 않은 재가 남신도 우파새와 재가 여신도 우바이를 통틀어 가리키는 말이다.

제자들을 파송하다 ──

붓다는 '많은 사람의 행복을 위해' 초기 60명의 제자를 여러 곳으로 파송해 가르침을 전했다. 당시로서는 파격적으로 사회계급이나 성별을 가리지 않고 누구에게나 불법을 가르치도록 했다. 그 무렵 카스트제도가 엄격했던 인도 사회에서 만인평등의 개념은 실로 파격 이상의 충격이었다.

당시에 붓다의 깨달음은 기성 가치관을 뒤엎는 것이라 깨달음을 얻기 위해서는 수행자들이 집을 나와 집단생활하는 것이 당연했다. 카스트계급을 뛰어넘는 가르침이 계급사회와 함께 갈 수는 없었기 때문이다.

이런 만민평등 포교의 결과로 승가에 들어오려는 사람이 많아지자 붓다는 제자들 스스로 이들의 입단식을 치르도록 했다. 먼저 삭발을 하고, 승복으로 갈아입고, 삼보에 귀의함을 세 번 외우고, 살생, 도둑질, 거짓말, 음란, 음주 등 다섯 가지를 금하는 오계五戒를 받들겠다는 수계 절차도 밟았다. 이후 불교공동체는 계속 커져 2만 명으로 늘어났다.

붓다는 2만 명의 제자들과 함께 그의 고향을 찾아가서 아버지, 양어머니, 부인, 아들, 사촌들과 친구들을 모두 승가 구성원으로 받아들였다. 이렇게 불교공동체는 계속 커져갔다.*

불경 결집 ──

붓다는 80세가 되었을 때 석 달 후에 열반에 들 것을 미리 알렸다. 그리고 제자들에게 이르기를 "내가 간 후에는 내가 말한 가르침이 곧 너희의 스승이다. 모든 것은 덧없다. 게을리 하지 말고 부지런히 정진

● 오강남, '불교 공동체의 성립과 성장', 〈에큐메니아〉, 2006. 7. 21.

하여라."라고 말하고 숨을 거두었다.

붓다는 자신의 가르침을 글로 남기지 않고, 제자들에게 말로써 가르침을 전했다. 이후 붓다의 가르침은 제자들의 입에서 입으로 전해졌다. 제자들은 붓다에게 직접 들은 내용을 중심으로 기록을 남겼다. 이러한 기록이 모여 경전이 됐다.

일반적으로 경전의 편찬은 결집結集이라는 과정을 통해 진행됐다. 제자들이 한자리에 모여 기억하고 있는 붓다의 가르침을 각각 발표하여, 대중이 이의를 제기하지 않을 때 불설佛說로 확정됐다. 붓다의 가르침을 훼손하지 않고 후대에 바르게 전하려는 뜻으로 결집이 진행됐다.

가장 최초의 결집은 기원전 5세기 붓다가 80세로 열반한 후 3개월 지나 이루어졌다. 교단 내에서는 경전 편찬에 몇 가지 우려가 제기되었다. 곧 붓다의 가르침이 잘못 전해진다든지, 혹은 해석상 이론이 제기되는 등의 일이었다. 그래서 이러한 일을 미연에 방지하기 위해 각 지역의 제자 5백 명이 함께 모여 각자가 기억하는 교법을 함께 큰 소리로 암송해 서로 확인을 거친 뒤 붓다의 가르침을 정리하는 모임인 결집을 하기로 했다.

7개월이 걸린 결집에서 석가모니가 설법한 형식으로 불법은 전승되었다. 붓다 없이 구심점을 잃어가던 불교 교단은 결집을 통해 오로지 '진리'에만 의지하는 종교로 거듭났다. 이후에도 같은 형식으로 세 차례 결집이 더 있었다. 이렇게 많은 세월이 흘러 기본 경전은 서기 250년경 대부분 완성됐다.*

붓다는 스스로를 길을 안내하는 안내자로 자처하며 자신을 신격

● 김미숙,《인도 불교사》, 살림, 2011.

화하는 것을 금했다. 하지만 사후에 붓다는 그의 뜻과 달리 신격화되었다. '과거불, 현재불, 미래불' 등 신적 존재로서의 여러 부처 개념이 등장했고 더 나아가 불교만신전이 만들어졌다. 붓다의 근본사상과 모순되는 이러한 변화는 불교가 하나의 종교로 성장해가는 과정에서 현실 적응을 위해 불가피했던 현상으로 보인다.[•]

불교와 헬레니즘의 만남
알렉산드로스의 인도 서북부 정복 ——

기원전 4세기 마케도니아의 알렉산드로스대왕은 소아시아와 페르시아의 아케메네스제국을 정복하고 박트리아에 몇몇 식민도시를 건설해 그리스인들을 이주시켰다. 마케도니아는 짧은 기간에 초강대국이 되었다. 이때를 기점으로 헬레니즘시대가 시작된다. 그 뒤 그리스 이주민들은 힌두쿠시산맥의 카이버협곡을 넘어 간다라와 펀자브 지역까지 진출했다.

기원전 326년 알렉산드로스대왕이 인도 북서 변경에 도달했다. 그곳에서 알렉산드로스대왕은 코끼리를 앞세운 인도 왕 포로스와 큰 전투를 치른다. 히다스페스강(현재의 젤룸강) 근처에서였다. 알렉산드로스는 이 싸움에서도 승리했다. 알렉산드로스는 항복한 포로스에게 관용을 베풀어 왕권을 인정해주고 새로운 동맹자로 삼았다.

히다스페스 전투를 통해 알렉산드로스는 펀자브지방 대부분을 정복했지만 진격은 계속되었다. 지친 알렉산드로스의 군대는 갠지스강에서 더 많은 인도 대군과 맞설 것이라는 예상에 질려 비아스강에서

● 류경희, 《인도의 종교와 종교문화》, 서울대학교 출판문화원, 2013.

알렉산드로스와 포로스, 르브룅, 1673.

동진을 거부했다. 정복전쟁길에 나선 지 7년이 넘어 장장 2만 5천 킬로미터, 엄청난 대장정을 한 군인들은 지칠 대로 지쳐 있었다. 알렉산드로스는 그의 참모들과 모임을 가진 뒤 회군을 결심한다.

하지만 이를 계기로 인도 북부 지역은 그리스제국에 편입되었으며 많은 그리스인이 박트리아와 인도 북부에 들어와 고대 동서문명의 융합을 가져오게 된다. 알렉산드로스는 지리적 정복만이 아닌 문화적 정복을 함께 꿈꿨다. 그는 정복지마다 문화의 융합뿐 아니라 혈통의 융합 정책도 실시했다. 그 스스로도 페르시아 여인과 결혼했을 뿐 아니라 국제결혼과 문화교류를 장려했다. 심지어 마케도니아의 지도층 시민들에게 페르시아 여인들과 결혼할 것을 명령했다. 그는 동서 문화가 융합하는 세계제국의 실현을 위해 아시아에 그리스 정신이라는 새로운 피를 주입했다.

그 상징이 자신의 이름을 붙여 각지에 건설한 도시 알렉산드리아였다. 그는 10년 사이에 25개의 계획도시를 세웠다. 간다라와 박트리아, 그리고 인더스강 유역에도 알렉산드리아가 건설되었다. 거기에 주로 그리스인들로 구성된 다국적 군대들을 정착시키고, 문화적으로는 헬레니즘을 전파시켜 헬라화를 시도했다. 이 도시들은 알렉산드로스대왕이 떠난 후에도 계속해서 헬레니즘 도시로 발전했다.

불교의 전파 ——

이러한 외세의 침략은 인도인들을 단결시키는 원동력이 되었다. 그 결과 기원전 317년경 크샤트리아 계급인 모리야 가문의 찬드라굽타 마우리아에 의해 인도 최초의 통일국가가 탄생했다. 이 가문은 본래 명문가이나, 그의 어머니가 수드라 계급이었기 때문에 찬드라굽타는 마우리아라는 어머니 성을 갖게 되었다. 마우리아왕조의 3대손 아소카왕이 즉위한 후 불교는 비약적으로 팽창했다.

그는 동부 해안 칼링가국에 대한 정복전쟁에서 승리한 이후 숨진 10만 명의 병사와 울부짖는 가족을 보면서 불교에 귀의했다. 평소 하층계급의 모계혈통 때문에 열등감을 느끼던 아소카왕은 붓다의 가르침을 접하고 크게 고무되어 이를 하나의 인도 건설을 뒷받침하는 통치이념으로 삼았다. 그는 불교장려책을 강력하게 추진하여 인도 전역에 불교를 퍼트렸다. 그 뒤 불교를 국교로 삼았다. 인도 동북방의 일개 종파에 불과했던 불교 교단과 그 가르침이 국교가 되어 바야흐로 세계 종교로 발전해갈 일대 전기를 마련했다.

마우리아왕조

그 뒤 왕은 무력정복을 포기하고 비폭력과 윤리에 기초를 둔, 다르마(dharma, 올바른 삶의 원리)에 의한 정복을 실천해나갔다. 법의 핵심은 자비와 평등이념의 실천, 올바른 인간관계의 확립이었다. 아소카는 특히 살생금지를 중히 여겨 법의 제1장으로 삼았다. 그리고 백성의 인권과 생활도 크게 개선시켰다.

아소카는 자신의 가르침과 사업을 널리 알리기 위해 포고뿐 아니라 석벽과 돌기둥에 그것을 새겨 적절한 곳에 세워두었다. 그 뒤 서민들이 불교에 마음을 열었다.

아소카왕의 칙령 12호에는 '다른 종교 … 비판하지 말고, 명예를 손상시키지 말고 … 어느 여건에서도 서로 존경하고 … 그리해야 무지함에서 깨어나고, 서로에게 유익함을 주게 된다.'는 내용도 있다.

기독교에 영향을 미친 불교

아소카왕의 조직적인 해외 포교 ──

기원전 3세기경 인도 지역 대부분을 통일한 아소카왕은 알렉산드로스대왕이 개척한 서쪽 실크로드를 활용해 불교를 세계 곳곳으로 전파했다. 그는 자신의 아들과 여동생을 스리랑카에 파견한 것을 비롯해 시리아, 이집트, 마케도니아 등 주요 국가에 많은 포교승(전법사)을 파견했다. 그는 해외에 전법사를 파견할 때 꼭 5인 1조로 나서게 했다. 더구나 전법사는 법사이면서도 왕을 대신하는 고위 외교사절 신분으로 파견했다. 조직적이고 효율적으로 전도활동을 지원하기 위한 왕의 전략이었다.

이를 통해 불교는 세계종교로 발돋움할 수 있었다. 그는 포교 승단을 스리랑카, 미얀마를 비롯해 멀리 이집트, 그리스, 북아프리카까

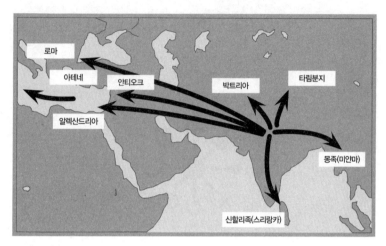

아소카왕의 불교 전파

지 파견해 불교를 적극적으로 알렸다. 아소카왕은 그의 포교활동이
그의 뜻대로 서방국가들에게 우호적으로 수용되었다고 기록했다. 그
는 진정한 불자였고, 위대한 전도사였다.

불교와 기독교 ——

실제로 아소카왕의 포교활동으로 불교가 기독교에 상당한 영향을
주었다는 연구들이 존재한다.

초기 비교종교학자 막스 뮐러는 1883년 영국에서 출판된 그의 책
《인도 : 우리에게 가르칠 수 있는 것 India : What it can teach us》에서 다음
과 같이 서술하고 있다. "불교와 기독교 사이에 깜짝 놀랄 만한 일치
성이 있다는 점은 부정할 수 없다. 그리고 불교가 기독교보다 최소
4백 년 전에 존재했다는 점 또한 인정해야 한다."

또 불교 영향설의 선구자인 독일 라이프치히 대학의 루돌프 자이

델 교수는 그의 책에서 "불교와 기독교의 내용을 비교해보니, 최소한 50개의 스토리가 일치한다."라고 지적했다.

토인비는 후대 역사가들이 역사를 되돌아보았을 때, 20세기의 가장 의미 있는 일로 불교와 기독교가 만난 사실을 꼽을 것이라고 예견했다.

워시번 홉킨스 예일대 교수는 그의 책《종교의 역사 History of Religions》에서, "예수의 삶, 유혹, 기적, 우화, 그리고 제자들까지도 불교로부터 직접적으로 영향을 받았다."라고 서술했다.

인류문명사 전체를 11권으로 담아낸 대작《문명 이야기》를 집필한 월 듀런트는 기원전 3세기 아소카왕이 시리아, 이집트, 그리스까지 보낸 불교 포교승들이 아마도 기독교 윤리학을 만드는 데 도움을 주었을 것이라고 지적한다.

불교 영향받은 영지주의, 깨달음으로 구원 ──

영지주의의 생성과정과 역사를 규명하기는 쉽지 않다. 기원전 4세기 알렉산드로스대왕이 인도까지 원정하여 대제국을 세운 이후, 헬레니즘문화는 동서양 사상을 융합해 발전했다. 그리스 철학에 기원을 둔 영지주의 사상은 유대교 신비주의 카발라와 동방종교들의 이론을 흡수해 독특한 구원관을 전개시켰다. 이른바 '앎', '깨달음'을 통한 구원이 그것이다. 이후 1~2세기의 영지주의는 기독교 등 여러 종교와 다양한 철학을 끌어들여 혼합주의가 되었다. 따라서 영지주의에는 다양한 체계와 사상이 있다. 특히 문제가 되는 영지주의는 기독교로부터 이단으로 선포된 혼합주의 영지주의이다.[*]

특히 '깨달음'을 통해 해탈할 수 있다는 불교의 영향으로 초기기독교 영지주의가 발생했다고 보는 사람들도 있다. 특히 엘레인 파젤 등 일부 학자들은 예수가 불교의 영향을 받았으며, 도마복음과 나그함마디 문서 역시 불교의 영향을 받았다고 주장했다. 불교의 '깨달음'이 영지주의에 강하게 영향을 미쳤다고 본 것이다.

영지주의란 신의 피조물인 영혼이 악마의 창조물인 물질(육체)에 갇혀 있으므로 영지(그노시스)를 얻어서 탈출해야 한다는 것이 기본개념이다. 사실 물질과 영혼의 이원론은 역사상 영지주의만이 아니라 서양철학에서 흔히 나타나는 발상이다. 물질을 악마의 창조물이나 그 부산물로 여기는 경우가 흔히 말하는 영지주의이다. 놀랍게도 이는 플라톤의《파이돈》에도 나오는 개념이다.

국어사전에 의하면, 영지주의는 선택받은 자에게만 주어지는 영적인 지식 또는 그 지식 위에 형성된 신앙을 뜻한다. 영지주의靈知主義는 말 그대로 영靈을 아는知 것을 추구한다. 곧 신비스러운 하느님의 영을 앎으로써 구원받는다는 종교체계이다. 하느님의 영으로 만물은 만들어지고, 다스려지고, 작동되고, 변화해가므로 만물 속에는 하느님의 영이 거하고 있다는 것이 영지주의 사상이다. 또 하느님의 영으로 모양만 바뀌어 만물이 만들어지고 변화해가므로, 하느님의 영으로 만들어진 인간의 영혼도 육체만 갈아입을 뿐 영원히 순환(윤회) 한다고 생각한다.

나그함마디 영지주의 문서

11, 12세기경 이단으로 몰린 영지주의자들은 로마교회의 종교재판과 십자군에 의해 집단으로 화형당하고 자료들은 모두 불태워졌다.

● 허헌구,《성경의 비밀과 영의 비밀》, 한솜미디어, 2012.

그런데 1945년 12월 나일강 중류에 위치한 동굴에서 한 농부가 우연히 항아리 하나를 발견했다. 그 안에 바로 나그함마디 Nag Hammadi 영지주의 문서 13권이 있었다. 거의 1600년 만에 햇빛을 본 것이다. 대부분 이집트 언어인

나그함마디 문서

콥트어로 쓰인 영지주의 관련 문헌들로, 영지주의 문서 52편, 헤르메스주의 문서 3편, 그리고 플라톤의 《국가》 번역본이 포함되어 있었다. 이를 소유하는 것이 이단으로 공격받던 상황에서 파코미우스 수도원의 수도사가 숨겨온 것으로 보인다.

이 문서들 중 가장 대표적인 것으로는 예수의 어록만을 담고 있는 영지주의 복음서 도마복음과 영지주의의 우주론과 세계관을 보여주는 《요한의 비밀 가르침》이 있다.

이들 책에 의하면, 예수의 비밀 가르침으로 알려진 영지주의는 영은 선하고 육은 악하다는 영혼과 물질의 이원론을 토대로 만들어진 신비주의 교파이다. 신의 피조물인 영혼이 악마의 창조물인 물질(육체)에 갇혀 있으므로 인간은 '참된 지식'인 영지(靈知, 그노시스)를 깨달음으로써 구원받을 수 있다는 생각이다. 또한 많은 영지주의자가 불교처럼 윤회를 믿었다.

또 영지주의자들은 인간을 정신(영혼)과 물질(육체) 두 요소로 구성된 존재가 아니라 영, 정신, 물질 등 세 요소로 구성된 존재로 보았다.

그래서 영적 발달정도에 따라 인간을 영적 인간, 정신적 인간, 물질적 인간 등 세 부류로 구분했다. 영지주의자 자신들은 이 세 부류 중 구원을 성취할 가능성이 가장 큰 영적 인간이며 기독교인들은 정신적 인간이라고 주장했다.

기독교는 '믿음'을 통해 구원받는다는 견해인 반면 영지주의는 '앎', 곧 깨달음을 통해 구원이 가능하다는 견해로, 기독교는 이를 이단으로 취급했다. 여기서 '앎'은 지식이나 지혜를 뜻하는 것이 아니라 '신비 체험을 통한 통찰', 곧 신의 계시를 통해 획득한 신비스럽고 비밀스러운 지식을 의미한다. 이는 유대교 신비주의 카발라와 연관이 있다.

또한 영지주의는 '앎'을 통해 인간의 참된 기원이 신성神性에 있다는 것을 깨달으며, 이 깨달음을 통해 인간의 영혼이 물질계를 벗어나 자유롭게 된다고 주장한다. 이는 힌두교 우파니샤드의 범아일여 사상과 불교의 해탈과도 일맥상통한다.

기독교가 영지주의를 이단으로 경계한 것은 이런 이유보다도 그들의 신관이 기독교의 신관과 맞지 않았던 데 더 큰 이유가 있었다. 영지주의는 일반적으로 두 하느님을 전제로 하는 이원론적 신관을 견지했다.

영지주의자들은 이 세상을 창조한 조물주가 최고신이 아니며, 그 신이 존재하기 이전에 이미 월등한 신이 존재했다고 믿었다. 따라서 참 하느님으로부터 파생된 열등한 신이 이 세상을 창조했다고 믿어 물질세계를 악하다고 규정한다. 따라서 영지주의자들에게 구원은 불완전한 신이 만들어놓은 악한 세상으로부터의 탈출인데, 참 하느님에 대한 올바른 지식을 소유해야만 영이 해방되어 구원받을 수 있다고 믿었다. 그런데 구원을 위한 지식은 스스로 깨달을 수 없고, 소수에게만 알려져 있어 그들에게서 은밀히 전수받아야 한다고 생각했다. 영지주의 기독교인에게 예수는 신의 신비를 벗겨준 참 지식의 전달자였다.

불교와 기독교는 서로 배워야 ——

불교와 기독교의 긴밀한 관계성을 본격적으로 언급한 철학자는 하버드 대학의 앨프리드 화이트헤드 교수이다. 종교가 '의례→감정→신념→합리화'의 네 단계로 진화한다고 설명한 그는 종교를 "개인이 자신의 고독을 통해 신께 나아가는 것"으로 정의했다. 다시 말해, "고독하지 않고는 아무도 종교인이 될 수 없다."라는 것이다.

화이트헤드는 1926년에 발표한 《형성과정에 있는 종교》라는 책에서 세계종교 가운데 보편성을 지향하는 불교와 기독교를 가장 합리적인 종교로 보았다. 그에 따르면 불교와 기독교는 붓다와 그리스도의 영적 체험에 기초한다. 불교는 인간의 구원을 인간과 우주 만물의 본질에 대한 형이상적 이해를 통해 도달하려는 반면, 기독교는 인간의 삶과 역사 안에 활동하는 신에 대한 신앙을 통해 달성하려 한다. 화이트헤드는 그래서 붓다는 인류에게 위대한 교리를 준 반면에 그리스도는 자신의 생명을 주었다고 말한다.

그러나 그는 이들 두 종교는 현재 퇴보국면에 있다고 한다. 화이트헤드가 불교와 기독교가 쇠퇴과정에 있다고 본 이유는 두 종교의 폐쇄성, 곧 각각 배타주의와 우월주의에 빠져 상대방에게서 더 배우려 하지 않고 자기만족에 빠져 안주하고 있기 때문이라고 보았다. 따라서 두 종교가 초기의 활력을 되찾기 위해서는 문을 열고 대화하며 상대방에게서 배워야 한다고 주장했다.[*]

아미타불과 예수 ——

아미타불

기독교의 핵심가치는 '사랑'이다. 하느님이 죄인인 인간을 사랑하여 독생자 예수를 보내어 구원하였다. 그래서 '하느님은 사랑이다'라는 말씀이 기독교 복음의 성격을 보여준다. 불교의 가장 큰 가치 중 하나도 '자비'이다. 자비라는 말에서 '자慈'는 '불쌍히 여기다'라는 뜻으로 '온갖 생명체를 사랑하고 애지중지하며 즐거움을 준다'는 의미를 담고 있다. 그리고 '비悲'는 '동정, 공감, 함께 슬퍼하다'라는 뜻이다. 자비의 진수를 보여주는 부처가 바로 아미타불이다.

대승불교에서는 석가모니 이외에도 많은 부처가 있다. 그 부처들이 각각 살고 있는 세계를 정토淨土라 부른다. 수많은 정토 중에서도 '극락정토'에 사는 아미타불 신앙은 중국, 한국, 일본에서 꽃을 피웠다. 아미타불은 석가모니의 설법에 따르면, 법장보살이 원을 세우고 수행하여 득도해 부처가 되었다. '아미타'는 '무한한 수명無量壽', '무한한 빛無量光'이라는 뜻이다. 중생이 구원을 얻기 위해 할 일은 그저 '나무아미타불南無阿彌陀佛'을 부르는 것으로 족하다. 자신의 이름을 부르는

● 류기종, '기독교와 불교의 만남', 〈당당뉴스〉, 2010. 5. 16.

이는 누구나 정토에 태어나도록 하겠다는 그의 서원이 이루어졌기 때문이다. 아미타불은 부처가 되어 현재 극락세계인 서방정토에 있다고 한다.

중생이 아미타불이 있는 서방정토에 왕생하게 되면 자연 무량한 수명을 얻게 된다는 믿음이 아미타 정토신앙이다. 나무아미타불은 아미타불에게 귀의한다는 뜻으로, 이 여섯 글자를 일심으로 부르면 구원받는다고 한다. 아미타 신앙은 기독교 신앙과 유사하다. 자신의 공덕이 아닌 믿음으로 구원받는다는 의미에서 그렇다. 예수를 믿어 천당에 태어나는 것이나 아미타불의 원력을 믿어 극락에 태어나는 것이 똑같이 믿음으로 구원받는 구조이기 때문이다. 그리고 인간의 죄를 강조하는 면에서도 닮았다.

정토신앙, 조로아스터교 영혼불멸이 불교 윤회와 결합

―

정토세계란 깨달은 자인 부처와 깨닫기 위해 수행하는 보살이 사는 세계다. 맑고 깨끗하기 때문에 아무런 고통도 괴로움도 없이 영원히 평안하고 안락한 곳이다. 이에 반해 현재 우리가 살고 있는 이 세상은 고통과 번뇌로 가득 찬 예토穢土라 부른다.

예토에서 정토에 이르는 길은 두 가지다. 하나는 혼자 힘으로 열심히 노력해서 어렵게 찾아가는 길이고, 또 하나는 남의 힘을 빌려 쉽게 찾아가는 길이다. 인도에서 가장 먼저 정토사상을 설한 나가르주나는 이를 난행도難行道와 이행도易行道로 구별했다. 중국 정토교를 창설한 담란과 선도 등은 이를 자력自力과 타력他力으로 나눴다.

'믿음'이라는 쉬운 수행, 곧 제불의 이름을 외워서 그 공덕으로 도달하는 것이 정토신앙의 핵심이다. 일반적으로 정토신앙이라고 하면 아미타불의 극락정토를 말한다.

정토신앙의 성립 시기는 인도의 쿠샨왕조시대다. 정토 사상은 쿠샨왕조의 종교인 조로아스터교의 영향을 많이 받았다. 조로아스터교는 불교와 달리 내세가 실재하고 인간은 영혼불멸하다고 보았다. 이 세상은 선과 악의 투쟁으로 죽은 후 선인은 마즈다 신이 사는 광명으로 가고 악인은 지옥으로 간다고 보았다. 이 광명의 세계가 무량광無量光, 곧 산스크리트어로 '무한한 광명을 가진 자'라는 뜻의 아미타바이다. 조로아스터교의 내세와 영혼불멸 사상이 윤회 중심의 불교와 결합되어 정토 사상이 생겼다는 것이 유럽학계의 주장이다.•

• 박부영, '한국 불교신앙의 뿌리를 찾아서—정토 신앙', 〈불교신문〉, 2004. 1. 30.

그리스철학 영향받은 '그레코 불교'

알렉산드로스의 동서 문화 융합 ——

기원전 4세기 알렉산드로스대왕의 그리스제국은 세계사에 큰 족적을 3개 남겼다. 첫째는 유대인의 헤브라이즘과 더불어 서양문화의 두 뿌리 중 하나인 헬레니즘을 남겼고, 둘째는 훗날 한 무제의 실크로드에 앞서 이와 연결되는 서방 측 실크로드를 건설했으며, 셋째는 그레코 불교(그리스식 불교)를 낳았다. 여기서는 그레코 불교에 대해 알아보자.

불교와 헬레니즘이 만나다

'그레코 불교'는 그리스식 불교를 의미한다. 곧 불교와 그리스 헬레니즘문화의 혼합을 말한다. 기원전 5세기부터 서기 5세기까지 천 년 가까운 기간 동안 박트리아와 인도 북서부를 중심으로 발전한 혼합주의 불교문화였다. 기원전 5세기 박트리아의 조로아스터교로부터 시작해 기원전 4세기 알렉산드로스대왕의 인도 침공과 그 뒤에 이루어진 그리스인의 진출로 그레코 불교는 본격화되었다. 이후 기원전 2세기 인도-그리스 왕국의 건국으로 여러 종교와 문화가 어울려 융합 과정을 거쳐 국제화되고 그 뒤 그리스화한 쿠샨왕조의 번영기에 발전한 긴 문화적, 역사적 결과였다. 이것이 5세기까지 지속되어 그레코 불교는 특히 대승불교의 예술과 영적 개발에 큰 영향을 주었다.

유대 헤브라이즘과 그리스 헬레니즘의 독특한 문화가 바로 '질문'이다. 석가모니 역시 모든 것에 질문하고 답하는 방식으로 깨달음을 얻었다. 이러한 불교의 전통이 그레코 불교 시대를 지나면서 더욱 강화되어 일상 속에서 던지는 화두와 이를 통한 깨달음이라는 선문답 세계로 진입한다.

또한 장기간의 그레코 불교 시대에 불교와 그리스 문명의 만남은 필연적으로 서로 많은 영향을 주고받았다. 이 시기에 불교는 그리스 철학, 특히 스토아학파의 영향을 받은 것으로 보인다. 스토아철학은 기원전 5세기 철학자 제논에서 시작된 금욕주의 사상에 뿌리를 두고 있는데 불교 역시 금욕을 중요시한다. 불교는 무소유와 무상, 무욕의 관점을 중시하는데 스토아철학 역시 행복을 위해서는 그 어떤 물질도 필요 없다는 입장이다. 또한 모든 감정은 내 안에서 생겨난다고 말하는 불교와 마찬가지로 스토아철학 역시 모든 감정은 내부에서 시작된다는 논지를 취한다. 불교는 다음 생보다 현생에 집중하며, 불교의 수행인 명상을 하기 위해 불교 신자가 돼야 한다고 강요하지 않는다. 이러한 실용적 측면은 스토아철학의 '핵심에만 집중하는 점'과 유사하다.*

또 그리스철학 중 플라톤 철학의 핵심은 '이데아론'이다. 사람의 영혼은 원래 완전무결한 세계인 이데아계에 있었는데 육체를 갖추고 지상으로 내려온 후 이데아를 망각했다고 한다. 그런데 이데아론의 근저에는 이데아, 영혼, 물질의 순서로 세상이 타락했다는 관점이 있다. 특히 플라톤 철학의 영향을 받은 초기기독교 영지주의 경전이 이러한 세계관을 갖고 있었다. 인간은 이러한 물질세계에서 자신의 본모습(이데아)을 깨닫지 못하면 끊임없이 물질세계에 다시 태어난다고 한다. 이것이 영지주의의 '윤회론'이다.

이러한 세계관은 영혼이 물질세계에 집착하면 끊임없이 물질세계에 다시 태어나고 영혼이 물질세계에서 금욕하고 신을 섬기면 신과 합일을 이룬다고 본 것이다. 불교의 창세기라고 볼 수 있는 아함경에서도 본래 완전했던 한 개체가 물질세상의 맛에 집착해 거친 육체가 생겨났다는 구절이 있다. 이처럼 그리스철학과 불교는 같은 세계관을 공유하고 있다.

불교는 물질세계에 대한 집착 정도에 따라 세계를 '육계-색계-무색계'로 구분한다. 육계는 거친 물질의 세계이고, 색계는 미세한 물질, 곧 빛의 세계이며, 무색계는 물질이 없는 순수 정신세계를 일컫는다. 이러한 물질-빛-정신의 3단계 구조 세계관은 그리스철학의 세계관과 일치한다.

그리스철학과 불교를 자세히 들여다보면 매우 비슷한 속성을 가지고 있음을 알 수 있다. 그리스철학에서 에로스(초월충동)는 불교에서 바라밀(깨달음을 얻기 위해 닦아야 할 수행법), 로고스(세상의 법칙)는 다르마(법), 소피아(자각)는 프라즈나(반야, 지혜)로 볼 수 있다. 그리스철학

● 박아름, 박진형, '스토아철학, 불교와 어떻게 닮았나?', 〈현대불교신문〉, 2017. 8. 11.

과 불교는 세상의 이치와 사물의 근원에 대한 분명한 자각을 추구한
다는 점에서 매우 유사하다.

페르시아제국의 북서부 인도 침공 ——

그레코 불교는 기원전 6세기 박트리아까지 거슬러 올라간다. 박트
리아는 현재 아프가니스탄과 파키스탄, 타지키스탄에 걸쳐 있었던 나
라로 아리안의 종교인 조로아스터교 발상지였다. 더구나 기원전 520
년 페르시아 다리우스왕 때 박트리아, 간다라, 인더스강 유역이 페르
시아 아케메네스왕조의 통치 아래 들어와 2세기 동안 지속되었다. 이
후 페르시아의 정치제도와 문화가 훗날 인도의 마우리아왕조를 포함
한 많은 지방에 영향을 주었다.

이 시기에 불교는 조로아스터교로부터 많은 영향을 받은 것으로
보인다. 조로아스터교의 구세주 샤오샨트가 미래불인 미륵불과 개념
이 유사하다. 또한 구도자로서의 모습뿐 아니라 '구원자'로서의 모습
이 나타나는 불교의 보살 사상 역시 조로아스터교와 힌두교에서 영

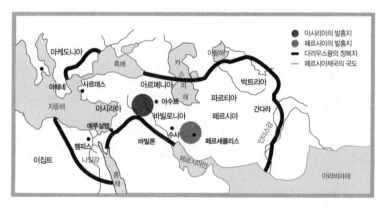

다리우스왕의 정복지

2부 축의 시대

향을 받은 것이라는 주장도 있다. 조로아스터교의 영원히 순환되는 우주의 삶은 불교에서 윤회로 표현되었다. 《자라투스트라는 이렇게 말했다》를 쓴 니체가 조로아스터교와 불교 모두에 심취했었다는 사실이 두 종교 간의 고리를 이야기해주고 있다.

그리스의 침공, 그리스-박트리아 왕국 건국 ——

그 뒤 그리스 알렉산드로스대왕의 인도 침공은 인도 종교와 문화에 중요한 영향을 미쳤다. 기원전 323년 알렉산드로스대왕이 죽은 후 그리스는 4개로 쪼개진다. 이후 더욱 잘게 분열하거나 왕조가 교체되면서 크게 프톨레마이오스와 셀레우코스의 양강 구도가 정착되었다. 그러다 셀레우코스제국이 휘청거리며 파르티아, 박트리아 등으로 쪼개지면서 기원전 250년경에 박트리아와 소그디아나 지역에 그리스인 후손들에 의해 세워진 나라가 '그리스-박트리아 왕국'이다. 중국인들은 이 나라를 '대하大夏'라 불렀다. 조로아스터교의 창시자 조로아스터가 태어나 처음으로 교세를 편 곳도 박트리아였다.

그리스-박트리아 왕국의 초대 왕은 셀레우코스제국의 박트리아 총독이었던 디오도토스 1세이다. 그는 셀레우코스제국의 지배권을 부정하고 기원전 246년 자신을 왕으로 선포했다. 이때 셀레우코스제국의 안티오코스 1세는 이집트와의 전쟁에 휘말려 있었기 때문에 별다른 조치를 취하지는 못했다. 그리스-박트리아 왕국은 이후 기원전 130년까지 116년간 존속하면서 이 일대에 그리스 언어와 문화의 뿌리를 내린다.

그리스-박트리아 왕국은 힌두쿠시산맥을 넘어 간다라를 침공했다. 이렇게 간다라를 차지한 이가 메난드로스왕인데, 바로 불교 경전

메난드로스의 주화

에도 나오는 '밀린다왕'이다. 그는 중 인도의 나가세나 스님과 접견하고 불교신자가 되었다. 〈밀린다왕문경〉은 곤란한 질문으로 스님들을 당황케 하던 메난드로스왕이 나가세나 스님의 꼼꼼한 반박으로 마침내 설득당하는 내용이다. 그의 얼굴을 조각한 주화에는 불교의 삼보 三寶도 함께 새겨졌으며, 죽은 뒤에는 붓다처럼 탑을 건립해 자신의 뼈를 나눠 보관했다고 《플루타르코스 영웅전》은 전한다. 메난드로스뿐만 아니라 박트리아의 국민도 불교를 믿었음을 유추할 수 있는 대목이다.*

인도-그리스 왕국 건국 ──

그리스-박트리아 왕국은 동서양의 중요한 교통 중심지에 있었는데, 유목민족 월지에 쫓긴 스키타이가 몰려들면서 이들에게 밀린다. 그러자 기원전 180년 그리스-박트리아 왕국은 인도로 팽창을 시도한다. 이때 인도로 원정 갔던 데메트리오스 1세는 본국에서 반란이 일어나 적지인 인도에 고립되자 아예 인도 북부에 '인도-그리스 왕국'을 건국한다.

인도-그리스 왕국은 비옥한 토지, 중앙아시아와 이란, 인도를 연결하는 실크로드 교역의 중심지로 이집트, 바빌론에 버금가는 번영을 누렸다. 두 세기 동안 존속했던 인도-그리스 왕들은 처음에는 제

● 장영섭, '불교 믿었던 그리스인들의 결실', 〈불교신문〉, 2015. 2. 28.

2부 축의 시대

우스와 포세이돈 같은 그리스 신들을 믿으며 그리스어를 사용했다. 하지만 인구의 절대다수인 인도인을 지배하며 살아가다 보니 자연히 인도문화에 영향을 받았다. 이후 그들의 주화에서 보여주듯이 그리스어와 인도어 문자를 조합하고 그리스 종교와 철학, 힌두교, 불

인도-그리스 왕국

교를 혼합했다. 인도-그리스 왕국은 인도, 페르시아, 중앙아시아, 그리스 문화의 용광로가 되어 복합문화인 '그레코 불교'를 만들어냈다.

월지족이 세운 쿠샨왕조 ——

그 무렵 중국 북서부 타림분지, 곧 지금의 신강위구르와 감숙성의 타클라마칸사막 주변의 초원에서 동서무역을 독점하던 인도유럽어계 유목민족 토하라인들이 살았다. 중국인들은 그들을 월지(月氏, 월씨)족이라 불렀다. 타림분지는 동양에서 가장 높은 고원과 드넓은 타클라마칸 사막지대에 위치해 있으면서도 동서문화가 최초로 교차한 지역이다. 타림분지는 북으로는 알타이산맥과 해발 7천 미터대의 천산(톈산)산맥, 서로는 파미르고원과 해발 8천 미터대의 카라코람산맥, 남으로는 해발 7천 미터대의 곤륜산맥에 둘러싸여 있다.

월지에 대해 처음 알려진 언급은 기원전 645년 관중의 〈관자〉라는 책에서다. 이 책에서는 우씨를 감숙성 근처의 우씨산에서 비취를 채

타림분지의 동굴에서 발견된 벽화. '월지족의 왕자들'

취해 중국인에게 제공했던 북서부 사람이라고 했다. 그 무렵 고대 중국인들이 하늘의 돌이라며 좋아했던 양질의 비취는 대부분 타림분지의 곤륜산과 허텐에서 월지족이 채취했다. 훗날 중국에 4곳의 옥 생산지가 추가되고 미얀마가 옥의 주 생산지가 된다. 월지는 목축을 하는 한편 비취와 금제품을 중국에 팔고 비단이나 중국 기물을 사와 이를 서방에 파는 중계무역을 하며 살았다.

이후 월지족은 서쪽으로 밀고 들어오는 흉노에게 패해 더 서쪽으로 이동해야만 했다. 월지가 흉노에게 쫓겨나면서 자리 잡은 곳은 신강성 서쪽 끝 이리지방이었는데, 그 지방마저도 오손에게 빼앗기고 다시 서남쪽으로 이주해야 했다. 기원전 130년경 월지족은 소그디아나로 건너와 대하, 곧 그리스−박트리아 왕국을 정복하고 그 땅을 다스렸다.

이후 한나라의 장건이 흉노를 같이 협공하자며 동맹을 맺으러 찾아오지만 흉노의 무서움을 잘 아는 그들은 한나라의 제의를 거절했다. 장건이 돌아와 한 무제에게 보고한 내용에 따르면, "월지는 유목국가로 떠돌아다니며 가축을 따라 거처를 옮겨 다닙니다. 활을 당겨 싸울 수 있는 군사는 10, 20만에 달합니다." 장건은 동맹을 맺는 데는 실패했지만 동서교류의 물꼬를 튼 인물이었다. 그가 선물로 가져간 비단이 중앙아시아 지배층을 사로잡아 이후 한나라와 서역의 각

2부 축의 시대

국이 사신을 교환하며 비
단을 교역했다.

　그 뒤 월지족이 인도로
쳐들어와 인도-그리스 왕
국을 무너트리고 쿠샨왕조
(30~375년)를 열었다. 인도
의 쿠샨왕조는 이렇게 북
방의 유목민족인 월지족이
세웠다.

　유목민족은 기본적으로

쿠샨왕조

동강서약東强西弱의 세력 구조를 이루고 있었다. 곧 동쪽의 유목민족
이 서쪽의 유목민족보다 훨씬 강했다. 동방에서 밀려난 스키타이가
서쪽으로 와 흑해 초원에 자리 잡고 한 시대를 풍미한 역사가 그랬
다. 기원전 5세기 그리스의 역사가 헤로도토스에 의하면 그들은 마사
게타이라 불리는 더 강한 동방 유목민에게 밀려 볼가강을 건너, 먼저
자리 잡은 킴메르인들을 몰아내고 흑해 북쪽에 터를 잡았다. 흉노에
게 밀려난 월지가 천산을 넘어 쿠샨왕국을 세우고 번성한 것이나 동
방에서 쫓겨난 훈족이 로마를 쑥대밭으로 만든 것도 비슷한 이치다.˙

그레코 불교, 대승불교를 열다 ──

　기원전 4세기 알렉산드로스대왕의 인도 침략 이후 박트리아와 인도
북부는 헬레니즘 문화를 접했다. 이후 많은 외지인이 박트리아와 인

● 공원국, '동방에서 온 기마궁술의 달인들, 최초의 유목민 국가를 세우다', 〈경향신문〉, 2019.
　3. 19.

도대륙 안으로 밀고 들어왔다. 특히 박트리아지역에 그리스계 통치가 수세기 동안 이어지면서 그리스철학과 종교, 불교, 힌두교, 조로아스터교가 공존하며 서로에게 큰 영향을 주어 그레코 불교가 형성됐다.

쿠샨왕조의 월지족은 그리스-인도 왕국을 계승하였기에 초기 공용어는 그리스어였다. 그들은 유목민족답게 타문화를 받아들이는 데 주저함이 없었다. 그리스의 헬레니즘과 인도의 불교를 동시에 받아들여 양 문화를 융합하여 그레코-불교 문화를 재창조함으로써 불교사에 획기적인 분수령을 만든다. 쿠샨왕조는 중앙아시아 실크로드를 장악하면서 불교문화를 동아시아로 전파시켰다. 특히 그레코 불교는 1세기경의 대승불교 부흥기에 이념적 동기를 부여했으며, 대승불교의 미술, 조각, 건축 등에 큰 영향을 미쳤다. 그리고 무엇보다 중요한 것은 대승불교를 탄생시켜 동아시아로 전해주었다는 점이다.

월지족이 쿠샨왕조를 세웠지만, 대부분의 주민은 그리스인과 이란계 박트리아인으로 여러 언어가 공존했다. 종교도 다양해 불교, 힌두교, 샤머니즘, 조로아스터교, 마니교, 그리고 박트리아(이란)와 인도계의 소수 종교들이 있었다. 쿠샨왕조의 역대 왕들의 주화 뒷면에는 여러 신이 등장한다. 그리스 로마 신이 여섯, 인도 신이 다섯, 이란 신 열일곱을 비롯해 불상을 새긴 것이 적지 않게 발견되고 있다. 이렇듯 쿠샨제국은 다언어 다종교 사회로서 국제성을 띤 다문화국가였다. 대승불교는 이런 다문화의 영향을 받아 촉발된 개혁성향의 새 불교였던 셈이다.

대승불교가 흥기하면서 불교 사상은 힌두교의 박티(헌신) 사상과 박트리아에서 걸러진 그레코-로만(그리스-로마) 신관의 영향을 받은 것으로 보인다. 대승이란 자기 자신만의 해탈을 목적으로 하는 데 그치지 않고 많은 중생의 구제를 목적으로 한다고 '스스로' 주장하여 붙여진 이름이다. 이들은 이전의 불교를 자기 자신에만 집중하는 작은 가르침이라 여겨 소승불교라 칭했다.

흔히 대승불교하면 2세기 쿠샨왕조의 카니슈카대왕을 떠올리는데, 그가 제4차 경전 결집을 후원했기 때문이다. 이때 대승불교운동이 일어났다. 중국으로 전해진 불교는 제4차 경전 결집에서 채택된 산스크리트 텍스트를 한역漢譯한 것이다. 주로 쿠샨왕조(월지) 출신이나 페르시아계 승려들이 역경에 참여했다.*

헬레니즘과 간다라문명 ──

헬레니즘이 실크로드를 통해 낳은 문화사적 열매로는 단연 불교문화의 전파를 들 수 있다. 또 헬레니즘은 인도에 영향을 미쳐 간다라 양식이란 예술조류를 낳았다. 불교는 기원전 6세기 인도 동북부 히말라야산맥 기슭에서 발흥했지만, 기원전 3세기 아리안족 아소카왕의 포교로 서북 인도 간다라에 진출한 뒤 그리스의 헬레니즘과 만나 세계종교의 뼈대를 세운다.

그 뒤 간다라문명이 꽃을 피웠다. 간다라문명은 헬레니즘문화를 받아들여 여기에 인도 고유의 불교문화를 합친 것이다. 이후 두 문화가 본격적으로 섞인 것은 기원전후에 인도 북부의 쿠샨왕조와 로마제국이 빈번한 교류와 통상을 가지면서부터였다.

그리스인에 의해 서양인의 모습을 한 초기 불상이 탄생하다

헬레니즘문화와 불교문화가 만나 꽃피운 간다라문화의 가장 극

---

* 이치란, '그레코 불교와 쿠샨 왕조', 해동불교아카데미.

적인 예가 초기 불상의 모습이다. 원래 초창기 불교에는 붓다의 열반 이후 약 5백 년 동안 불상이 없었다. 곧 붓다는 위대한 선각자로 여겨졌을 뿐 그를 신적 존재로 숭배하지는 않았던 것 같다. 어쩌면 존엄한 붓다의 모습을 인간이 감히 상상한다는 것이 엄두가 안 날 때였는지도 모른다.

그러한 모습이 당시 인도 북부에 진출한 그리스인들이 보기에는 이상했다. 그래서 변화가 생겨났다. 드디어 1세기경 그리스인들에 의해 불상이 처음으로 탄생했다. 이렇게 그리스인들이 주도한 간다라 문명에 의해 탄생한 것이 곱슬머리에 서양인 모습이 완연한 초기불상이었다. 붓다가 그리스인의 옷을 입고 심지어 콧수염을 기르고 있다.

알다시피 스님들은 삭발을 한다. 불교에서는 머리카락을 무명초無明草라 하여 욕망과 번뇌의 상징으로 여긴다. 곧 스님들이 말끔히 깎는 머리는, 세속적 명리名利에 대한 관심을 끊고 오직 수행정진에만 몰입하겠다는 다짐의 표현이다. 비구들의 계율생활을 설명한 책 비니모경에는 "머리를 깎는 이유는 교만을 제거하고 스스로의 마음을 믿기 위함이다."라고 적혀 있다. 수행자들의 삭발은 고대인도 때부터 전해 내려온 풍습이다. 붓다 역시

간다라 불상

2부 축의 시대

출가하면서 맨 먼저 칼로 머리카락과 수염을 잘랐다. 그런데 간다라 문명의 붓다에는 머리카락이 있다. 게다가 곱슬머리다. 그리스인들이 자기들의 석고상 제우스나 플라톤처럼 붓다도 그들 스타일로 만들었기 때문이다.

간다라 불교미술은 실크로드를 통해 동아시아 전역으로 전해져 불교미술 발달의 원동력이 되었다. 한국의 대승불교에도 중요한 영향을 미쳐 경주 석굴암 불상의 미소와 조각양식도 간다라 미술양식의 영향을 받았다. 그 뒤 불교가 동양에 뿌리를 내리면서 불상도 동양인의 모습으로 바뀌어갔다.

대승불교 ——

고타마 붓다는 45년 동안 승단을 이끌고 80세에 입멸하여 반열반般涅槃에 들었다. 그 뒤 승단은 제자 마하가섭이 중심이 되어 붓다의 율과 법을 유지했다. 불교는 붓다가 입적한 후 그의 가르침을 중심으로 하는 초기불교로부터 정리·해석을 위주로 하는 부파部派불교로 발전했다. 그러나 복잡한 이론으로 자기 혼자만의 해탈을 추구하는 가르침이었다. 이에 반대하여 기원전 1세기 무렵부터 일체중생의 구제를 이상으로 대중 속에 파고들어 자리自利와 함께 이타利他를 설법하는 보살의 가르침이 차차 융성해졌다.

불교는 깨달은 자를 아라한이라 했다. 아라한은 원래 '(공양을 받을) 가치가 있는 자'라는 뜻이지만, 이것이 발전해 '번뇌를 완전히 여읜 자'라는 의미도 갖게 됐다. 실제 초기경전에서 붓다는 종종 아라한이

● 장영섭, '불교 믿었던 그리스인들의 결실', 〈불교신문〉, 2015. 2. 28.

대승불교와 소승불교의 전파

라고도 일컬어졌다. 대승불교 이전의 초기불교에서 수행자의 최고 목표는 바로 아라한이었다.

그러나 대승적 관점에서 아라한이라는 목표는 이기적일 뿐 아니라, 그 깨달음의 경지는 붓다가 도달한 최고 깨달음에 비해 한결 열등한 것으로 간주되어 진정한 해탈로 인정받지 못했다. 부파불교와 대승불교의 중요한 차이점은 전자가 아라한이라는 자리自利적 목표를 추구하는 데 비해, 후자는 보살이라는 이타적 목표를 지향하는 데서 찾을 수 있다. 곧 부파불교에서는 아라한을 이상으로 삼는 반면, 대승불교에서 보살은 자신이 성불하기 전에 다른 모든 중생을 먼저 성불시키겠다는 서원을 세우고 이타를 실천하는 존재이다. 그리하여 이 실천의 뒷받침이 되는 반야경, 법화경, 화엄경 등과 중론中論, 섭대승론 등이 편찬되었다.

이를 계기로 불교 대중화 운동이 일어났다. 자신의 깨달음도 중요하지만 중생들의 교화를 위한 보살 사상이 우선시되기 시작했다. 득도자 중심의 신앙체계는 불교를 소수에 머무르게 했는데, 대승불교의 '일반 대중도 성불할 수 있다'라는 적극적인 개혁은 불교를 대중을 위한 보편불교로 이끌었다.

대승불교의 대두로 이전 6세기의 불교를 통칭하여 소승불교라 불렀다. 대승大乘은 큰 수레, 곧 큰 가르침을 뜻하며, 반대로 소승小乘은 조그마한 수레, 곧 작은 가르침을 의미했다. 대승불교가 아시아에 전파되기 시작한 것이 기원전 1세기경으로 서역에 전파한 거점이 동서 문화의 교차로이자 불상의 탄생지인 인도 서북의 간다라지방이었다. 우리나라는 4세기에, 일본은 6세기에 대승불교가 들어와 번성하기 시작했다. 반면에 그 무렵 불교의 본고장인 인도에서는 불교가 힌두교에 밀려 쇠퇴하기 시작했다.

　일반적으로 스리랑카, 미얀마, 태국의 불교를 소승불교라 하며(그들은 결코 자신들의 가르침을 소승이라 하지 않는다), 중국, 한국, 일본, 티베트에서는 대승불교가 발전했다.

범신론을 받아들인 유대인, 스피노자와 아인슈타인

스피노자

17세기 네덜란드에 살았던 스피노자는 유대인임에도 유대교의 인격적 개념의 유일신이 아닌 우주만물과 신을 동일시하는 범신론을 받아들였다. 스피노자는 '신과 자연은 동일한 것이고, 정신과 육체도 하나'라는 일원론적 사상을 1677년 그의 저서 《윤리학》에 썼다. 이는 서양철학에 새로운 세계관을 제시했지만 창조주가 피조물인 자연과 인간을 지배한다고 믿는 유대인들에게는 도저히 묵과할 수 없는 주장이었다. 유대인들은 그를 '사탄'으로 규탄했다.

스피노자는 포르투갈에서 추방당해 종교적 자유를 찾아 암스테르담으로 이주한 유대인 가정에서 1632년 태어났다. 그는 5살 때 이미 영재로 소문이 나서 탈무드 학교의 랍비 밑에서 유대신학을 공부하며 훌륭한 랍비가 될 것으로 촉망받았다. 그러나 라틴어를 배우고 기독교를 접하면서 유대교 교리에 만족하지 않고 고대 그리스 로마의 철학과 문학 작품을 공부했다. 또 근대 사상가들의 저작도 탐독했는데 특히 데카르트 철학에 깊이 몰두하며 비판적 사상을 갖게 되었다. 스피노자의 세계관은 일원론적 범신론으로, 실체를 정신과 물질, 유한과 무한으로 나누는 데카르트의 이원론에 반대했다. 세계 내의 '모든 것이 하나'라는 것이 그의 철학적 입장이었다. 모든 것은 오로지 자연 안에서만 존재하며, 생성하는 모든 것도 오직 자연(신)의 본질적 법칙에 의해 생긴다고 믿었다. 스피노자에게 자연, 신, 그리고 단 하나뿐인 실체는 모두 같은 개념이었다. '나는 신을 절대적으로 무한한 존재, 곧 모든 것이 영원하고 무한한 본질을 표현하는 속성으로 이루어진 실체로 이해한다.' '신 이외에는 어떠한 실체도 존재할 수 없으며 파악될 수도 없다.' '모든 것은 신 안에 있으며 생성하는 모든 것은 오직 신의 무한한 본성의 법칙에 의해 생기고, 또 신의 본질의 필연성으로부터 생긴다.'(《윤리학》첫 페이지)

이는 유대교 유일신에 대한 정면 도전이었다. 결국 그는 유대교 신을 모독했다는 이유로 1660년경 저주의 파문선고를 받는다. 이후 그는 유대교뿐 아니라 가톨릭, 개신교 모두로부터 공격받았다. 그 뒤 스피노자는 명예와 부, 권위까지도 스스로 물리치면서 오로지 철학적 진리를 탐구했다. 이어 1660년《지성 개선론》,《데카르트 철학의 여러 원리》를 출간했다. 그의 책들은 유대교와 가톨릭의 금서로 지정되었으며 그의 책을 읽다 걸리면 저주를 받아야 했다. 그는 1675년 필생의 저작인《윤리학》을 완성했으나,《신학 정치론》의 악평과 위협 때문에 생전에 출판하지 못했다. 이 책은 데카르트보다 더욱 엄밀한 기하학의 논증법을 응용하여 '정의-공리-정리-증명'의 순서로 자기의 주장을 논리적으로 서술하여 윤리학을 정리한 것이다.

공포의 시대에 스피노자는 긍정과 자유의 철학을 추구했지만 그것은 위험한 일이었다. 살해 기도가 있었고, 이루 헤아릴 수 없는 비난과 증오에 시달렸다. 그는 목숨 걸고 철학을 사유했고 열악한 환경에서 안경렌즈를 연마하며 생계를 유지했다. 당시 독일 최고의 하이델베르크 대학으로부터 교수 초빙을 받았으나 자유로운 철학활동에 제약을 받을 수 있다며 이를 사양하는 등 숱한 일화를 남겼다. 그는 생애 내내 검소하게 살면서 부와 명예를 탐하지 않았다. 부유한 독지가가 연금을 주겠다고 하면 정중하게 사양했다. 그는 활발한 저술 활동으로 자신의 사상을 아낌없이 나누었다. 그는 빈곤

속에서도 자신의 신념을 지키며 살다가 안경가루로 인한 폐질환으로 《국가론》을 최후의 저서로 남기고 44세의 젊은 나이에 숨을 거두었다.

스피노자는 독일 관념론은 물론 계몽주의, 사회주의자들에게도 적잖은 영향을 끼쳤다. 특히 레싱은 "스피노자 철학 외에는 진정한 철학이 없었다."라고 할 만큼 격찬했다. 괴테는 이렇게 스피노자를 평했다. "분명 그의 정신이 나의 정신보다 더 심오하고 순수합니다. 그러나 나는 내가 그에게 매우 가까이 다가가는 것을 느꼈습니다."

아인슈타인도 자기가 이해하는 신은 스피노자식 범신론이라고 밝혔다. 그도 유대인이지만 범신론과 진화론을 받아들였다. "나는 자기가 지은 피조물을 상 주기도 하고, 벌하기도 하는 신을, 또는 의도적으로 우리가 현세에서 당하는 이러한 경험을 하게 하는 신을 상상할 수 없다. 나는 육체적 죽음 후에도 살아남는 개인을 상상하기도 싫고 원하지도 않는다. 두려움이나 어리석은 이기심으로 가득한 생각은 연약한 사람들이나 하도록 하라." "보호받고 사랑받고 도움받기 원하는 사람들이 도덕적인 신의 개념을 만들어

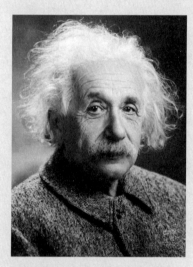
아인슈타인

냈다. 보편적인 원인과 결과의 법칙을 확실히 아는 사람이라면, 세상사를 간섭하는 존재가 있다는 것을 한순간도 인정할 수 없다." "인류의 정신적 계발의 초기단계에서 인간의 공상이 인간과 닮은 신들을 생각해 냈다. 종교에서의 하느님은 그 오래된 개념의 신들을 승화한 것이다."

아인슈타인은 과학적인 진리에 대해 그에게 문의한 어느 일본

학자에게 회신하기를, "모든 고도의 과학적 업적의 바탕에는 이성적 세계관이건 지적 세계관이건 종교적 측면의 확신이 깔려 있다. 세상의 경험에서 스스로를 드러내는 초월자의 존재에 대해 마음속 깊이 느끼는 이 확신이 내가 이해하는 신이다. 흔한 표현으로 이것은 스피노자식 범신론이라고 말할 수 있다."라고 썼다.

아인슈타인은 종교의 진화를 3단계로 설명했다. 첫 단계는 '두려움의 종교'다. 고대인들이 가졌던 굶주림과 질병, 그리고 횡포한 야생동물과 자연의 힘에 대한 공포로 인해 탄생한 샤머니즘과 토테미즘 등 원시종교이다. 두 번째 단계는 유대교와 기독교에서 보여주는 도덕적이며 윤리적인 신에 대한 관념의 종교이다. 그가 제시한 세 번째 단계의 종교는 인간이 처한 역사적인 순간 속에서 스스로 발견한 신으로, 그 신은 인간의 형상이 아니며, 어떤 도그마나 교리로 다가갈 수 없는 존재이다. 그는 이를 '우주적인 종교 감정'이라 불렀다.

그리고 그 예를 불교의 연기법緣起法에서 찾았다. 그의 신은 삼라만상에 숨겨진 신비를 찾는 탐구과정에서 비로소 발견된다는 것이다. "나는 스피노자의 신을 믿습니다. 그 신은 이 세상의 규칙적인 조화 안에서 자신을 드러냅니다." 이로써 그는 과학과 종교를 하나로 묶었다. 아인슈타인은 종교와 과학을 수레의 두 바퀴에 비유했다. 그는 이성적 사유에 의해 진리가 찾아지는 것이 아니라 '종교적 감정'에 의해 찾아진다고 보았다. 이렇게 찾은 진리를 인간의 이성은 인간이 이해할 수 있는 방식으로 정리하는 것이다. 그는 미래의 종교는 그 교리가 과학적으로 뒷받침되고 과학자와 예술가에게 영감을 줄 수 있어야 한다고 보았다. 그리고 이러한 조건을 만족시키는 미래의 종교를 '우주적 종교'라고 불렀다.

● 배철현, 《인간의 위대한 질문》, 21세기북스, 2015. 등

3

유일신
시대

I

기독교의 탄생과 성장
— 기원전 100년~기원후 500년 —

역사에서 예수만큼 세상을 뒤흔든 인물은 없다. 예수가 태어나기 수백 년 전부터 성경은 이사야 선지자를 통해 그를 예언했다. 예수가 산 삶, 그가 행한 기적, 그가 한 말, 십자가의 죽음과 부활, 그리고 승천은 기독교를 탄생시켰다.

2016년 기준, 세계 인구 71억 명의 3분의 1이 기독교인이다. 기독교는 가장 강력한 파워를 가진 종교이다. 우리나라도 예외가 아니다. 가톨릭과 개신교를 합한 기독교인 숫자는 전 국민의 28퍼센트에 육박한다. 2015년 기준 우리나라 전체 인구 가운데 19.7퍼센트인 약 968만 명이 개신교, 7.9퍼센트인 약 389만 명이 가톨릭 신자다.

예수는 유대인의 전유물이었던 유일신교 유대교를 온 인류에게 개방해 보편종교로 탈바꿈시켰다. 그 과정에서 많은 박해를 받고 결국 십자가 위에 못 박히는 고통을 겪었다. 기독교의 탄생과 성장 과정을 알아보자.

유대인들의 대규모 반란으로 야기되었던, 로마제국 역사상 가장 치열했던 2차례의 유대-로마 전쟁 결과, 유대민족의 3분의 2가 멸절했다. 모든 종파가 사라지고 바리새파만 살아남았다. 사제계급이 전멸해 이때부터 유대교는 평신도교회가 되었다. 전쟁에 져서 나라를 잃은 유대인들은 서기 70년 강제로 뿔뿔이 흩어졌다. 이른바 디아스포라시대가 본격적으로 시작되었다. 이 과정에서 교육으로 민족의 동질성을 지켜낸 '요하난 벤 자카이' 이야기, 유대 지명이 팔레스타인으로 바뀐 사연, 티쿤 올람 사상, 유대교를 바리새파가 장악한 이야기, 디아스포라 수칙 등이 나온다. 우리가 유대인과 유대교를 이해하는 데 중요한 이야기들이다.

그 무렵 나사렛파 사람들, 곧 초기기독교도들은 스스로 유대교의 일파로 인식해 유대인들과 유대교 예배를 함께 보았다. 그러다 서기 90년 유대교의 야브네(얌니아)종교회의에서 이단으로 지목받고 파문당해 유대교로부터 쫓겨났다. 그로부터 오랜 기간 박해를 피해 지하묘지 카타콤에 숨어 지내다 313년 콘스탄티누스황제의 밀라노칙령으로 기독교가 공인되어 종교의 자유를 얻고 세상 밖 양지로 얼굴을 내밀었다.

이후에도 콘스탄티누스황제는 기독교를 적극 지원해 성 베드로 성당을 건축하는 등 로마제국을 기독교국가로 만들기 위해 헌신했다. 그는 324년 니케아공의회를 직접 소집해 논쟁 중이던 삼위일체 교리를 채택해 이를 반대하던 아리우스파를 파문하고 삼위일체설을 부정하는 유대교를 박해하기 시작했다. 하지만 이후에도 삼위일체 교리논쟁은 진정되지 않고 1백여 년간 계속되었다.

392년에는 테오도시우스황제가 기독교를 로마제국의 국교로 채택했다. 이후 유대교는 심한 박해와 멸시를 당한다. 395년 로마제국은 동로마와 서로마로 분열되었다. 이후 476년 게르만족에 의해 서로마제국이 멸망당했다. 이로써 고대가 막을 내리고 암흑의 중세가 시작되었다.

기독교는 어떻게 탄생되었나

예수 그리스도 ──

기원전 4년 예수가 탄생했다. 예수는 히브리어 '여호수아'를 그리스어로 부르는 말이다. '야훼는 우리의 구원'이라는 뜻이다. 그 무렵 로마의 속주였던 팔레스타인에서는 외국의 지배에 시달려온 유대인들이 민족을 구원해줄 메시아를 기다리고 있었다. 이미 기원전 8세기경 이사야라는 선지자가 "처녀가 잉태하여 아기를 낳으리니, 그 이름을 임마누엘이라 하리라."라고 메시아의 탄생을 예언하였기 때문이다. 임마누엘이란 '하느님께서 우리와 함께 계시다'라는 의미다.*

무엇보다도 기독교의 발생에 커다란 영향을 미친 것은 메시아사

● 예수는 기원전 4년 이전에 태어났다는 것이 정설이다. 예수는 헤롯이 죽기 전에 태어났는데 헤롯이 기원전 4년에 죽었기 때문이다.

상이다. 메시아란 구세주를 뜻한다. 히브리어로는 '기름 부음을 받은 자'라는 말이다. 구약시대에는 예언자, 사제, 왕 등에게 성유를 붓는 습관이 있었다. 인류를 구원하기 위해 이 세상에 강림한 예수는 하느님으로부터 기름 부음을 받은 구세주라 하여 메시아라 불린다. 메시아를 그리스어로는

목동들의 경배, 렘브란트, 1646.

'크리스토스'라 한다. '예수 그리스도'는 여기서 유래되었다.

당시 유대왕국의 헤롯왕은 메시아가 태어날 것이라는 예언에 2살 이하의 아기는 모조리 죽이라는 명령을 내렸다. 다행히 아기예수는 이집트로 피난해 헤롯의 손아귀에서 벗어날 수 있었다.

예수, 유대인과 이방인의 벽을 허물다 ──

예수는 유대인의 민족종교인 유대교의 야훼를 온 인류의 하느님으로 바꾸어놓은 유대인이다. 예수는 성장하여 서기 27년 예루살렘으로 와서 설교를 하며 만민구원의 복음을 전파했다. 하느님 가르침의 본질인 '사랑과 박애와 평등'을 부르짖었다.

그때까지만 해도 하느님의 축복은 유대인에게만 유효했다. 그리고 인간이 병들고 어려운 것은 자신이 지은 죄 때문이라 생각했다. 그러나 예수는 이를 뒤집었다. 그가 말한 복음은 유대인이든 아니든, 사람

이 병들든 건강하든, 위대한 사상가이든 어린애처럼 단순하든, 그런 것이 중요한 것이 아니었다. 사람은 모두 하느님의 자녀이고 신의 사랑은 무한하다는 것이다.

그 무렵 모든 종교는 착한 사람은 상을 받고 죄를 지은 사람은 벌을 받는다는 '상선벌악'이 핵심이었다. 그러나 예수는 이것도 뒤집었다. 죄를 지은 사람도 하느님 앞에 진심으로 회개하면 구원받을 수 있다고 선포했다. 하느님은 죄인인 우리를 긍휼히 여긴다는 것이다. 정의가 아니라 신의 은총이 가르침의 핵심이었다. 따라서 신이 우리에게 사랑을 베풀 듯 우리도 이웃에게 똑같이 베풀라는 것이다. 거저 받았으니 거저 주라는 것이다.

이 청년은 유대인임에도 배타적인 선민사상과 형식적 율법주의에 비판적이었다. 그 무렵 바리새파가 주도하는 유대교는 신앙의 본질인 '율법'의 형식에 얽매어 있었다. 하지만 예수는 의로움의 잣대로 '사랑'을 설파했다. 혁명적인 선언이었다. 그는 어린 양들이 율법에 갇힌 자가 되지 않도록 율법의 자리를 '사랑, 믿음, 소망'으로 대치했다. 한마디로 그는 율법을 곧이곧대로 지키는 것이 능사가 아니고, 하느님과 이웃을 등진 인간이 하느님과 이웃에게로 '돌아섬'을 강조

성전에서 환전상을 쫓아내는 예수, 렘브란트, 1626.

했다. 신선한 외침이었다.

예수는 십계명과 율법의 정신을 묻는 바리새파의 질문에 다음과 같이 대답했다. "네 마음을 다하고 네 목숨을 다하고 네 정신을 다하여 주 너의 하느님을 사랑하라. 이것이 가장 크고 첫째가는 계명이다. 둘째도 이와 같다. 네 이웃을 너 자신처럼 사랑하라. 온 율법과 예언서의 정신이 이 두 계명에 달려 있다." 이렇게 십계명과 율법의 알맹이는 하느님 사랑, 이웃 사랑이라고 요약했다.

더구나 유대인들이 받아들이기 힘든 내용의 복음을 전파했다. 율법과 할례로 유대인만 선택받고 구원받는 것이 아니라 율법과 할례 없이도 모든 인류가 그를 통한 믿음으로 구원을 받을 수 있다고 가르쳤다. 예수가 전한 것은 인간이 만들어낸 온갖 고통과 억압으로부터의 해방이었다. 그가 외친 하느님 나라는 '정의가 강물처럼 흐르고' '누르는 자도 눌린 자도 없는' 그런 나라였다. 그의 사상은 율법의 기본정신인 인간평등을 지향하는 것이었다.

그의 가르침은 가난한 사람, 병든 사람, 멸시받고 손가락질당하는 사람들의 가슴에 파고들었다. 제사장이나 율법학자들처럼 사람들 위에 군림하려 들지 않고 신분이 낮은 비천한 사람들과 거리낌 없이 어울려 먹고 마셨다. 그런가 하면 부와 권력을 믿고 위세를 부리는 자들을 신랄하게 비난했다.

유대인들은 태고부터 메시아가 출현하여 모든 인류를 구원한다는 사상을 갖고 있었다. 그런데 세례자 요한이 나타나 머지않은 장래에 메시아가 출현할 것이라고 예언했고, 그의 세례를 받은 나사렛 사람 예수가 복음을 전파하자 많은 민중이 그를 따랐다.

하지만 바리새파가 보기에 예수는 위험인물이었다. 유대인들이 생각하기에 유대인과 이방인의 가장 큰 차이점은 하느님과 직접 계약을 맺었는지 여부다. 곧 하느님으로부터 '선택'받았는가 하는 것이다. 바로 이 구분과 증거가 율법과 할례였다. 유대인에게 율법과 할례는 그들의 정체성이자 종교요, 목숨이었다. 하지만 예수는 율법과 할례 없이도 그를 통해 하느님을 믿고 회개하면 누구나 하느님의 백성이 될 수 있다는 새로운 복음의 시대를 열었다. 유대인과 이방인의 벽을 허문 것이다. 이로써 하느님이 유대인만의 하느님이 아닌 모든 인류의 하느님이 된 것이다.

예수, 소외계층을 품다 ──

예수는 금기시되던 동족 내 계층장벽도 허물었다. 그러나 바리새파와 사두개파 사람들은 예수가 세리, 창녀, 문둥병자들과 어울리는 것을 비판했다. 당시에는 유대교의 '정결제도'에 따라 병자나 죽은 사람, 피 흘리는 사람, 불의한 사람, 천한 사람 등을 피했는데, 그들이 부정을 탔다고 여겼기 때문이다. 그러나 예수는 그의 도움을 필요로 하는 사람이라면 누구도 마다하지 않았다. 그의 교제에는 창녀나 세리 등 당시 천대받던 사람들이 많았다.

고대 유대교 교리에 따르면, 예루살렘 성전에 들어가 자신의 죄를 회개하고 사제의 축복을 받은 사람만이 구원받을 수 있었다. 장애인은 성전에 들어가지 못하기 때문에 구원받을 수 없었다. 유대인들은 장애가 죄 때문에 발생했다고 믿었다. 그러나 예수는 병자와 장애인들의 병을 고쳐주고, 그들이 성전에 들어갈 수 있도록 했다. 예수의 이런 행동은 종교적 공동체의 범위를 뛰어넘어 종족과 계층의 장벽을 깼다.

한 율법학자가 예수에게 당신 제자들이 왜 전통을 어기고 손도 씻지 않고 음식을 집어 먹는지 따지자 예수는 다음과 같이 가르쳤다.

병자를 치유하는 예수, 렘브란트, 1649.

"너희는 모두 내 말을 듣고 깨달아라. 무엇이든지 사람 밖에서 몸속으로 들어가는 것으로 그 사람을 더럽히는 것은 아무것도 없다. 사람에게서 나오는 것이 그 사람을 더럽힌다." 이 말은 우리가 먹는 음식물의 깨끗함에 비해 인간 마음속이 더럽다는 말이기도 하지만 구원과정에서 율법이나 전통이 어떠한 역할도 할 수 없음을 우회적으로 표현한 것이기도 하다.

예수는 설혹 가난하고 무지하며 죄가 많은 자라 하더라도, 인간은 하느님과 직접 관계를 가질 수 있다고 말했다. 그리고 예수는 하느님의 응답은 토라(율법)에 대한 복종으로 얻어지는 것이 아니라, 믿음이 깊은 인간에게 부어지는 하느님의 은총이라고 말했다. 하느님을 향한 믿음 때문에 사람들은 계율을 지킨다는 것이다.

유대인 입장에서 이는 잘못된 교의였다. 왜냐하면 예수는 다가올 최후심판 때 구제받기 위해서 필요한 것은 율법에 대한 복종이 아니라 믿음이라고 단언했기 때문이다.

예수를 십자가의 죽음으로 내몰다 ——

유대인들로서는 토라를 부정하는 것은 있을 수 없는 일이었다. 더구나 선택받지 않은 이방인들이 자기들의 하느님을 같이 모신다는 것을 받아들일 수 없었다. 게다가 그러한 복음을 전하는 예수를 자기들이 기다리던 메시아로 인정하는 것은 더더욱 힘들었다. 그들은 율법과 관습이 깨져나가는 것을 그대로 방치할 수가 없었다. 유대교 신앙공동체의 정체성을 지키기 위하여 유대인들은 예수를 배척하고 박해했다. 결국 예수를 십자가의 죽음으로 내몰았다.

예수는 십자가에 못 박히기 전날 저녁에 제자들과 '최후의 만찬'을 가졌다. "예수께서 이르시되 내가 진실로 진실로 너희에게 이르노니 인자의 살을 먹지 아니하고 인자의 피를 마시지 아니하면 너희 속에 생명이 없느니라. 내 살을 먹고 내 피를 마시는 자는 영생을 가졌고 마지막 날에 내가 그를 다시 살리리니 내 살은 참된 양식이요 내 피는 참된 음료로다." 그 뒤 이 말씀은 가톨릭 미사의식의 요체가 되었다.

십자가에 달리는 예수. 렘브란트, 1633.

유대인들은 예수를 십자가에 못 박으라고 빌라도에게 아우성치면서 "그 피를 우리와 우리 자손에게 돌릴지어다."(마가복음 27장 25절)라고 외쳤다. 예수는 십자가 처형을 당하러 끌려가면서 뒤따라오는 무리들과 여인들에게 이렇게 말했다. "예루살렘의 딸들 아, 나를 위하여 울지 말고 너희와 너희 자녀를 위하여 울라."(누가복음 23장 28절)

유대인들이 예수를 십자가에 못 박음으로써 무죄한 피를 흘리게 한 대가는 참으로 엄청난 것이었다. 유대인들은 자기들의 이러한 행동이 훗날 후손들에게 얼마나 지난한 고통의 역사를 가져다줄지 당시에는 미처 몰랐다.

정치범으로 처형된 예수 ──

하지만 예수의 십자가 처형은 정치범으로서였다. 로마인들은 정치범에 한해 십자가형을 집행했다. 로마인은 유대인의 저항과 반란이 잦아 한시도 그들에 대한 고삐를 늦추지 않았다. 특히 갈릴리는 무력 봉기로 로마를 물리치려는 열심당의 본거지였다. 민란이 잦은 곳이라 경계의 대상이었다. 이런 형편에서 예수는 대규모집회를 인도하고, 나귀를 타고 백성들의 환호를 받으면서 입성하는 등 민중을 선동하여 소요를 일으킬 가능성이 농후한 사람이라고 판단했을 것이다. 이에 따라 로마 관리들이 예수를 처형했다고 보는 것이 역사적 순리다.

그러나 당시 복음서 저자들은 유대인에 대한 적대감으로, 로마인은 단지 유대인 등쌀에 할 수 없이 예수를 처형한 것처럼 기술했다. 복음서의 이러한 기술방식은 지난 2천 년 동안 기독교인이 유대인을 미워하고 박해한 근거를 제공했다.[*]

---

[*] 오강남, 《세계 종교 둘러보기》, 현암사, 2003.

예수 부활하다 ──

부활, 렘브란트, 1636~1639.

예수 사건은 십자가에서 막을 내리지 않았다. 인간들은 그를 처치했지만 하느님은 그를 부활시켰다. 제자들은 수시로 부활한 예수를 목격했다. 겁에 질려 예수를 세 번씩이나 부정했던 베드로를 비롯해 제자들은 부활을 눈으로 직접 보고서야 확신할 수 있었다. 예수의 부활이 점차로 많은 사람 사이에서 광범위하게 믿어졌다.

마침내 서기 30년 오순절, 예루살렘에 순례 온 제자들이 예수는 이단자가 아니라 메시아라고 확신했다. 예수를 직접 따라다닌 제자들은 예수의 죽음과 부활을 하느님과의 '새로운 계약'의 증거로 믿었다. 이로써 각 개인은 예수의 죽음과 부활을 통해 하느님과 새로운 계약을 맺을 수 있는 것이다.

예수를 신의 아들로 인정치 않는 유대교와 이슬람교 ──

이러한 예수에 대해 유대교는 탈무드 〈산헤드린〉에서 "예수는 마술을 써서 이스라엘을 미혹시켜 배교하게 하였으므로 유월절 전날에 처형되었다."라고 기록하고 있다. 이렇게 유대인들은 예수를 신의 아들, 삼위일체 하느님의 한 지체로 보지 않는다.

예수를 '이샤'라고 부르는 이슬람교도 유대교와 마찬가지로 예수를 신의 아들로 보지 않는다. 그러나 처녀의 몸에서 태어난 사실과 기적을 행한 사실은 믿는다. 무슬림들은 예수를 이스라엘민족을 인도하기 위해 신이 보낸 중요한 예언자 가운데 한 사람으로 존경한다.

기독교는 어떻게 종교로 자리 잡았나

기독교 믿음의 본질, 부활 ──

초기기독교가 종교로 자리 잡은 데는 죽음을 무릅쓰고 복음을 전파한 제자들의 역할이 컸다. 그들은 처음에는 예수가 십자가에 매달려 죽자 모두 피신해 숨어 있으며 몸을 사렸다. 베드로는 예수를 세 번이나 부인했다. 그 뒤 그들은 부활한 예수를 만난 후에야 비로소 그가 하느님의 아들임을 확신했다. 그리고 모두 죽음을 불사하는 복음의 전도길에 나선다. 이후 제자들은 복음을 전파하며 모두 혹독한 죽음을 받아들이며 순교했다. 믿음과 확신은 죽음보다 강함을 보여주었다.

그 뒤 유대교를 모태로 하여 나온 기독교는 예수의 죽음과 부활을 계기로 전 인류의 구원을 지향하는 '보편적' 종교로 발전했다. 특히 바울의 역할이 컸다. 그는 예수를 한 번도 만난 적이 없는 로마시 민권을 지닌 유대인이었다. 그는 그리스도인들을 박해하러 다마스쿠스로 가던 중 예수의 음성을 듣는다. 그는 예수의 부활이 사실이고, 자신이 구세주라는 예수의 주장이 참말이라는 확신이 서자, 그때부터 이방인들에게 예수 그리스도를 전파하는 데 일생을 바쳤다.

그리고 4세기 들어 로마제국을 장악한 콘스탄티누스황제의 등장으로 기독교는 세를 얻어 이후 테오도시우스 1세 황제 때 로마제국의 국교로 자리 잡는다.

성령 강림 ——

예수가 십자가에 못 박혀 죽은 후 제자들은 예수 부활을 목격했다. 유월절 십자가에 달려 죽은 예수는 부활한 후 40일간 제자들과 함께하다 승천했다. 그리고 승천한 후 열흘이 지나 오순절이 되었다. 오순절은 추수 감사절인 동시에 모세가 율법을 받은 것을 기념하는 절기다. 이를 위해 제자들이 예루살렘에 모였을 때 성령의 강림을 체험했다.

오순절. 프란츠 크사버 펜들, 이탈리아 메란.

모두 '성령으로 충만해' 전에 배운 적 없는 여러 나라 말을 하기 시작했다. 오순절이라 각국에서 온 유대인들이 모였을 때인데 그들이 이 소식을 듣고 몰려들었다. 이들은 이상하게도 제자들이 하는 말을 자기가 사는 지역의 말로 알아들었다. 이른바 방언 현상이었다. 이 일로 하루에 3~5천 명씩 세례를 받았다.

이들은 사유재산을 처분하고 이를 모아 각 사람의 필요에 따라 나누어 쓰는 신앙공동체를 만들었다. 이는 '능력껏 벌어 필요에 따라 나누어 쓴다'는 유대인 고유의 공동체정신에 의한 것이다. 공동체가 점점 커져 마침내 예루살렘교회가 성립되었다. 이때 지도자로 단연 두각을 나타낸 사람은 베드로와 야고보였다. 이후 부활과 성령 체험으로 확신에 찬 제자들은 목숨 걸고 복음전파에 나섰다. 제자들은 '예수가 그리스도임'을 전했다.

예수 부활을 증거한 제자들의 순교

베드로 ——

예수가 십자가에서 죽자 가장 먼저 배신한 제자는 베드로였다. 그는 예수의 예언대로 첫 닭이 울기 전에 예수를 세 번이나 부인했다. "그때에 베드로는 거짓이면 천벌을 받겠다고 맹세하기 시작하며 말하였다. '나는 그 사람을 알지 못하오.'"(마태복음 26장 74절) 그러던 그가 예수의 부활을 두 눈으로 목격한 후 180도 달라졌다. 그 뒤 베드로를 비롯한 제자들은 예수를 증거하기 위해 목숨 걸고 전도하기 시작했다.

베드로는 부활한 예수가 그리스도임을 전도하던 중 헤롯 아그립바에게 잡혔으나 구사일생으로 피신해 소아시아와 안디옥(안티오크)으로 가서 복음을 전파했다. 고대교회의 전승에 의하면 그는 로마로 돌아와 그리스도교단을 주재하다 네로 치하에서 순교했다. 순교 때의 일화가 있다. 로마에서 박해가 일어나

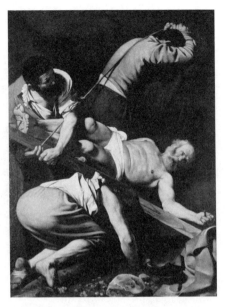

십자가형을 받는 베드로, 카라바지오, 1600~1601.

많은 성도가 잡혀 죽임을 당했다. 그때 베드로는 성도들의 권면에 따라 로마에서 도망쳐 피신하는 도중에 환상으로 예수를 만났다. 이때 베드로는 "주여 어디로 가시나이까Quo vadis?"라고 물었다. 그러자 예수는 "로마로 가서 다시 십자가에 못 박히려 한다."라고 답했다. 그 길로 베드로는 발길을 돌려 다시 로마로 돌아가 십자가에 거꾸로 못 박혀 죽었다고 한다.

바티칸의 성 베드로 성당 아래에 그의 무덤이 있다. 베드로는 예수로부터 하늘나라의 열쇠를 받았다. "내가 천국열쇠를 네게 주리니 네가 땅에서 매면 하늘에서도 매일 것이요 네가 땅에서 풀면 하늘에서도 풀리리라."(마태복음 16장 19절). 이 때문에 로마가톨릭교회와 동방정교회는 그를 초대교황으로 받든다. 이 제도를 지금까지 유지해오고 있으며 프란치스코 교황은 베드로의 266번째 후계자다.

베드로에게 천국열쇠를 건네는 예수, 피에트로 페루지노, 1481~1483.

야고보 ──

야고보는 사도 요한의 형으로 예수 승천 후 예루살렘교회의 지도
자가 되었다. 그는 유대 인근 지역은 물론 당시 땅 끝이라 여겨졌던
이베리아반도까지 가서 복음을 전하고 예루살렘으로 돌아온 지 얼마
되지 않아 헤롯 아그립바왕에 의해 참수당해 예수의 12 제자 중 첫
순교자가 되었다.

제자들이 그의 유해를 거두어 예루살렘에 안장했다가 이후 그가
복음을 전하던 스페인으로 옮겼는데, 이슬람의 공격으로 정확히 어디
에 묻혔는지에 대해서는 행방이 묘연했다. 그 뒤 한참 세월이 흐른 9
세기 초 하늘에서 한 별빛이 나타나 숲속의 한 동굴을 비추어 사람들
이 신기해하며 별빛을 쫓아가보니 거기에 야고보의 무덤이 있었다고
한다. 이때부터 이곳을 별빛이 가르쳐준 '별의 들판'이라는 뜻으로 '콤
포스텔라Compostela'라고 불렀다.

야고보의 유해가 있는 스페인 산티아고 데 콤포스텔라 대성당

 당시 스페인 알폰소왕은 성 야고보를 스페인의 수호성인으로 지정하고 별의 들판 묘지 위에 150년에 걸쳐 웅대한 성당을 건축했다. 성 야고보가 스페인어로 '산티아고Santiago'이다. 그래서 그 성당을 '산티아고 데 콤포스텔라'라고 부른다. 대성당 안에는 야고보의 유골함이 있다.

 십자군전쟁 때 교황 레오 3세는 기독교인들이 성 야고보의 묘지가 있는 스페인의 산티아고를 순례하면 천당에 갈 수 있다고 공표했다. 그 뒤 기독교인들에게 산티아고는 예루살렘 다음가는 제2의 성지가 되었다. 오늘날에도 수많은 순례자들이 그 길을 걷고 있다.

사도 요한 ──

 사도 요한은 야고보의 동생으로 이름은 '주님은 은혜로우시다'라는 뜻이다. 예수가 십자가에서 임종하기 직전에 마리아와 요한을 보

밧모섬의 사도 요한

고 "어머니, 이 사람이 어머니의 아들입니다." 하고, 요한에게는 "이분이 너의 어머니이시다."라며 요한에게 자신의 어머니를 부탁했다. 이때부터 요한은 임종 때까지 평생 마리아를 곁에서 모시고 섬겼다(요한복음 19장 26, 27절). 요한은 마리아 막달레나로부터 예수의 무덤이 비어있다는 소식을 전해 듣고 사도들 중 가장 먼저 예수의 빈 무덤으로 달려갔으며, 뒤따라오는 베드로를 기다려서 그가 먼저 들어가게 했다. 그제야 요한을 비롯한 다른 제자들도 차례대로 무덤 안으로 들어갔다(요한복음 20장 1~5절). 티베리아 호숫가에서 부활한 예수를 제일 먼저 알아본 것도 요한이었다(요한복음 21장 7절).

그는 신약의 요한복음, 요한 1~3서, 요한계시록 등의 저자이다. 예수 승천 후 초기그리스도교의 중요한 인물로 일했다. 전승에 의하면 그는 국내에서 전도하다 예루살렘이 70년 로마군에게 멸망되자 에베소(에페소스)에 가서 전도했다. 로마 도미티아누스황제의 핍박으로 끓는 가마에 넣어졌으나 튀어나오는 이적이 일어났다. 이에 그를 박해하던 무리가 놀라 그를 밧모섬으로 귀양 보냈는데 요한은 거기서 계시를 받고 성경을 쓰며 수명대로 살다 죽었다고 한다.

안드레 ——

베드로의 동생 안드
레는 형에 가려 별로 눈
에 띄지 않는다. 그러나
안드레는 예수의 첫 번
째 제자였다. 예수의 제
자가 되기 전에는 예수
의 친척인 세례자 요한
의 제자였던 것으로 미
루어 그는 신앙심이 매
우 깊은 사람이었던 듯
하다. 안드레는 소아시

안드레의 십자가형. 르브룅, 1647.

아, 스키티아, 그리스에서 전도하다 X자형 십자가에서 순교했다. '안
드레의 십자가'에 매달려 숨이 끊어지기까지 그는 이틀에 걸쳐 계속
설교를 하였다고 한다. 안드레는 그리스, 러시아, 스코틀랜드에서 수
호성인으로 모시고 있다.

제자들의 순교 ——

빌립은 예수 승천 후 소아시아의 브루기아에 가서 전도하다가 기
둥에 매달려 순교했다. 바돌로매는 소아시아, 인도 등에서 전도했으
며, 다시 아르메니아에 가서 전도하다가 십자가에 거꾸로 매달려 순
교했다. 도마(토마스)는 부활한 예수의 상흔을 보기 전까지는 믿지 않
다가 신앙을 회복한 후 파르티아, 인도 등지에 가서 전도하다가 창에

맞아 순교했다고 한다. 마태복음을 쓴 마태는 에티오피아에 가서 전도하다가 목이 베여 순교했다.

전승에 의하면 알패오의 아들 야고보(소야고보)는 성전 꼭대기에서 떨어뜨려져 순교했다. 그의 동생 유다(대대오)는 파사에 가서 전도하다가 활에 맞아 죽었다. 열심당원 시몬은 이집트에 가서 전도하다가 유대에 돌아와 십자가에 못 박혀 죽었다. 가룟 유다 대신 선출된 사도 맛디아는 에티오피아에 가서 전도하다 돌에 맞아 죽었다. 그들은 예수 부활과 예수가 그리스도임을 증거하기 위해 목숨을 내놓았다. 그들은 자신들의 목숨보다 귀한 진실을 알리기 위해 고통의 길을 피하지 않았다.

초기기독교 사상을 변화시킨 바울

사울의 회심 ──

그 무렵 예수 믿는 사람들을 핍박하던 사울이라는 자가 있었다. 바리새파인 그는 예수가 다윗이 예언한 구세주이며, 이사야 선지자가 예언한 메시아라고 선전하는 그의 추종자들에게 격분했다. 더욱이 유대인들이 십자가에 죽인 예수를 하느님이 3일 만에 부활케 하였으며, 유대인들이 이러한 죄를 회개하면 하느님이 용서해주실 것이라는 말에 분노했다. 예수의 추종자들이야말로 거룩한 성전과 율법을 거스르며 전능하신 하느님을 모독한다고 생각했다. 그는 예수를 따르던 사람들을 잡아넣기 위해 산헤드린의 정식공문을 가지고 다메섹으로 향했다.

다메섹 가까이 왔을 때 그는 갑자기 강한 빛을 보고 땅에 엎드러졌다. 눈을 뜰 수 없었다. 홀연히 하늘에서 소리가 들렸다. "사울아, 사울아 네가 왜 나를 핍박하느냐." 그가 대답했다. "주여 뉘시나이까." "나는 네가 핍박하는 예수라. 일어나 성으로 들어가라. 행할 것을 네게 이를 자가 있느니라." 동행들은 그 소리만 듣고 아무도 보지 못한 채 서 있기만 했다(사도행전 9장 6~9절).

바울이 다메섹에 들어가 아나니아를 만나 그의 인도에 따라 시력을 회복했다. 바울은 그에게 세례를 받고 모든 사람 앞에서 다메섹 오는 길에 보고 들은 일로 하느님의 증인이 될 것을 증언했다. 그리스도인의 박해자였던 사울은 사도로 부르는 분명한 체험을 통해 새사람 바울로 거듭났다. 바울의 이 경험은 그의 삶뿐만 아니라 세계의 역사까지 바꾸었다.

바울, 유대교와 기독교를 구분 짓다 ──

바울이 환영을 경험하기 전, 예수의 제자들은 자신들을 토라를 따르는 유대교의 유대인으로 여겼다. 다만 다른 유대인들과 구별되는 점은 예수는 메시아이고, 언젠가 유대민족을 구원하기 위해 그가 돌아오리라는 그들의 믿음이었다. 그들은 유대교 내에서 '나사렛 사람들'이라 불렸다.

바울은 이 작은 유대종파를 유대교와 확연히 구분되는 새로운 종교로 재정립했다. 바울은 하느님이 중요하게 여기는 것은 토라를 따르는 것이 아니라 예수에 대한 믿음이라고 설파했다. 예수에게서 직접 가르침을 받은 나사렛 사람들은 바울의 이러한 가르침을 강력하게 거부했다.

베드로와 바울, 엘 그레코, 연도 미상.

신약성서의 사도행전 10장 14절은 가톨릭교회가 최초의 교황으로 여기는 베드로가 유대교의 식사계율인 '카슈루트'를 세심하게 지키는 것을 기록하고 있다. 사도행전에 따르면 예수의 제자들은 정기적으로 성전에서 예배를 드렸다. 예수의 동생 야고보는 안디옥에 몇몇 사람을 보내 유대인들은 모두 할례를 받아야 한다는 말을 전했다.

그런데 바울이 야고보의 명령을 거부하고 다음과 같이 가르쳤다. "우리는 사람이 율법의 행위와 상관없이 믿음으로 의롭다는 인정을 받는다고 생각합니다."(로마서 3장 28절)

초대교회 그리스도인들은 유대교와 기독교는 큰 차이가 없다고 보았다. 곧 기독교를 유대교의 한 종파로 이해했다. 그래서 율법, 할례 등의 유대교 전통을 지켰다. 그 무렵 그리스도인들은 유대교 전통을 지키는 '유대 기독교인'과 유대교와 기독교 간의 단절을 주장하며 유대교 전통을 거부한 '이방 기독교인'으로 나뉘었다. 바울이 이방 기독교의 지도자였다.

초기기독교 공동체가 탄생할 당시 유대교는 바리새파, 사두개파, 에세네파, 열심당 등 다양한 종파가 있었다. 새롭게 시작하는 '그리스도교'도 나사렛 예수를 따른다는 의미에서 '나사렛파'로 불리는 유대교 내의 새로운 분파 정도로 인식되었다. 베드로를 중심으로 하는 초

3부 유일신 시대

기 예루살렘교회 역시 이러한 인식에 안주하고 있었다.

그러나 바울의 생각은 달랐다. 그는 토라의 의례와 윤리적 계명을 지키는 사람이 하느님의 눈에 의로운 사람이라는 유대인의 믿음과 치열하게 싸웠다. 이러한 유대인의 믿음이 옳다면 사람들은 노력만으로 정의에 도달할 수 있다. 그렇게 되면 예수가 십자가에 못 박힌 목적이 사라져 '예수는 결국 헛되게 죽었을 뿐'(갈라디아서 2장 21절)이라는 것이 바울의 논리였다. 이는 예루살렘교회를 중심으로 베드로가 이끄는 '유대 기독교인'과의 갈등이기도 했다.

베드로, 야고보 등 기존 제자들은 '유대 기독교' 지도자들이었고, 순교자 스데반(스테파노)을 비롯한 일곱 부제들은 '이방 기독교인'이었다. 베드로와 바울이 충돌한 것에서 알 수 있듯이 이들은 신학적 갈등을 겪었다. 바울은 '유대 기독교인'들이 다른 복음을 전하는 거짓 형제라고 비난했고, '유대 기독교' 예루살렘교회 신자들은 바울을 유대교 전통을 파괴하는 인물로 보았다.

그럼에도 갈라디아서에 따르면 예루살렘교회의 야고보와 요한은 유대교 전통에 대한 해석은 달랐지만 바울을 이방인 사도로 존중했으며 두 교회 모두 가난한 사람을 위해 일해야 한다고 생각했다.

유대교의 한 종파 '나사렛파' ——

초대교회에서는 '이방인들이 유대인이 되어야 하는가' 하는 문제에 관심이 집중됐다. 바울은 이방인이 할례와 음식정결법을 지키지 않아도 유대교 안으로 흡수 가능하다고 주장했다. 바울은 하느님의 아들 예수에 대한 믿음 하나만으로 충분히 그들도 유대인처럼 아브라함의 자녀가 될 수 있다고 가르쳤다.

다른 것은 다 지켜도 늘 유대교 밖에 있다고 위축되어 있던 '하느님을 경외하는 자'들에게 바울의 메시지는 진정한 복음이었다. 바울은 이방 지역의 디아스포라 유대교회당을 돌면서 이들 가운데 수많은 개종자를 얻는다. 하지만 그들은 아직까지 스스로를 기독교인으로 인식하지 않았다. 당시 유대교 안의 한 종파인 '나사렛파'로 불린 '유대 기독교', 곧 초기기독교 공동체의 일원이 된 것이었다.

바울의 주장을 인정한 예루살렘 종교회의 ——

바울이 선교하러 떠난 후 안디옥교회에 예루살렘 신자들이 와서 '이방인들은 할례를 받아야 한다'라고 강요하고 나섰다. 곧 구원이 이스라엘 사람들에게만 약속되어 있으므로 할례예식을 통해 이방인들을 이스라엘 백성에 입적시켜야 한다고 주장했다. 다시 말해 이들은 예수 그리스도에 대한 믿음보다 율법을 우선했다. 격렬한 논쟁이 계속되자 바울은 예루살렘에 가서 확실한 결론을 내어 교회가 분열되는 사태를 막고자 했다.

서기 49년 예루살렘에 도착한 바울은 사도들에게 그간의 이야기를 보고했다. 그런데 바리새파에 속했다가 그리스도교 신자가 된 유대주의자들이 '이방인들에게도 할례를 주고 모세의 율법을 지키도록 해야 한다.'(사도행전 15장 5절)라고 강력하게 주장하고 나섰다.

급기야 예수의 형제 야고보의 주재로 가톨릭교회 첫 공의회인 사도회의가 열렸다. 열띤 토론이 계속됐다. 그러나 토론만 하고 결론은 내지 못할 분위기였다. 하지만 베드로는 이미 환상을 통해 이방인을 구원하시는 주의 계시를 받았다. 게다가 그는 이방인 백부장인 고넬료의 가정을 방문하고 세례를 베푼 사실이 있었다(사도행전 10장 9~43절).

그래서 베드로가 구원의 원칙을 세웠다. "하느님이 우리에게와 같이 그들에게도 성령을 주어 증언하시고 믿음으로 그들의 마음을 깨끗이 하사 그들이나 우리나 차별하지 아니하셨느니라. 우리는 그들이 우리와 동일하게 주 예수의 은혜로 구원받는 줄을 믿노라 하니라."(사도행전 15장 7~11절)

다시 말해 첫째, 유대인들도 잘 지키지 못하는 법, 곧 '할례'와 '음식정결법'이라는 멍에를 이방인들에게 강제로 부과할 수 없다는 것이다. 둘째, 무엇보다도 예수가 죽고 부활함으로써 완전한 구원을 마련하였으므로 불필요한 규칙은 폐지할 수밖에 없다는 것이다. 곧 베드로의 결정은 이방인들도 사도들과 똑같이 성령을 받았고, 주님도 아무런 차별을 두지 않았으므로, 할례받지 않았다고 해서 구원받을 수 없다는 것은 말이 안 된다는 것이었다.

이로써 이방인은 할례와 음식정결법을 지킬 필요가 없다는 결론을 내렸다. 다만 우상과 음행, 목매어 죽이는 것과 피를 멀리하는 것만으로 충분하다고 결론지었다. 이렇게 베드로가 나서서 나사렛파 유대교인이 되려는 이방인들의 문제를 깔끔하게 해결했다. 이 회의에서 내린 결정은 교회 역사상 가장 대담하고 관대한 결정이었다. 그 뒤 이방인 회심자들은 기하급수적으로 늘어났다. 당시에는 그야말로 다양한 곳에서 온 그리스도인들을 형제로 맞아들이며 다문화적인 연합공동체를 추구했다.•

이 결정으로 교회는 그리스도 신자가 되기 위해 개종한 이방인이 꼭 유대인이 될 필요가 없다는 것을 인정함으로써 '보편성'을 향한 획기적 진전을 이루었다. 기독교가 세계종교가 될 수 있는 토대가 구축

• 류모세,《유대인 바로보기》, 두란노, 2010.

된 것이다.[*]

바울의 활약, 보편적 기독교의 탄생 ——

바울은 유대인 회당을 찾아다니며 '예수가 하느님의 아들 그리스도임'을 전했다. 그 뒤 그는 아라비아사막으로 가서 내적 준비를 갖춘 다음 마침내 위대한 전도자로 등장했다. 그는 초기기독교의 포교와 신학에 주춧돌을 놓은 사도이자 첫 번째 신약성서인 데살로니가전서를 51년경 저술한 신학자이다.

하느님은 단지 아브라함 자손들만의 번성을 약속한 것이 아니었다. 이 약속이 가시화되는 중심에는 유대인 예수가 있었다. 구원의 메커니즘은 구약성서뿐 아니라 이제 신약성서에도 주어졌다. 아브라함과 맺은 계약은 이제 그의 자손들에게만 해당되는 것이 아니라 모든 그리스도인에게 주어진 것이다.

바울은 예수 사후 한참 후에 입교해 활약한 인물이다. 이 때문에 열두 제자에는 들어가지 않아 이방인 사도라 불린다. 바울은 처음에는 디아스포라 유대인을 대상으로 전도하다가 스스로 '이방인을 위한 사도'라 자처하며 당시로서는 세상 끝이라 여겨지는 지중해 전역으로 전도여행을 세 번이나 떠났다. 그는 선교 중 죽을 고비를 여러 번 넘겼다.

초기기독교는 임박한 종말을 교리의 핵심으로 하는 유대교의 한 종파였는데, 바울은 이를 오늘날의 기독교로 변화시키는 데 중요한 역할을 했다.[**]

초기기독교는 하느님 나라가 곧 임박했음을 강조했다. 그러다 보

● 정관영, '초기기독교 공동체와 협동조합', 〈뉴스앤조이〉, 2013. 3. 15.
●●로버트 솔로몬, 《세상의 모든 철학》, 박창호 옮김, 이론과실천, 2007.

바티칸의 사도 바울 동상

니 재산이나 율법 등은 중요치 않았고 종교적 규율도 제대로 없었다. 그래서 사도 바울은 기독교 사상의 방향을 내세 중심으로, 그리고 내면 중심으로 전환시켰다. 다시 말해 중요한 것은 현세가 아니라 내세이며, 외부 현실이 아니라 인간 내면의 정화가 되었다.

바울에 의해 체계화된 기독교는 에게해 지역 사람들에게 전파되면서 유대교 관행을 없앴다. 그리고 그 지역에서 유행하던 영지주의, 스토아 자연철학, 로고스, 플라톤 등의 사상과 접목되어 유대인만을 위한 기독교가 아닌 보편적 기독교가 되었다.

참 올리브나무에 접붙인 돌 올리브나무 가지 ——

바울에 의하면 복음은 "모든 믿는 사람을 구원하는 하느님의 능력"인데, "먼저는 유대인에게요 그리고 헬라인"에게 적용된다(로마서 1

장 16절). 모든 사람의 불순종에도 불구하고 하느님은 예수 그리스도를 믿는 믿음과 신실함을 통해서 유대인과 헬라인 모두를 구원하는 길을 마련했기 때문이다(로마서 3장 21~26절). 당시 헬라인은 유대인 이외의 이방인을 뜻했다. 이방인들은 율법을 행하는 유대인으로 개종하지 않고, 믿음으로 하느님 백성이 될 권리가 있다는 것이다.

그러나 바울은 하느님이 선택한 민족 유대인을 존중하라고 일깨웠다. 유대인들이 지금 불순종한다고 해서 이방인들이 유대인들을 차별하는 것은, 참 올리브나무에 접붙인 돌 올리브나무 가지들이 우쭐대는 격이다. "가지가 뿌리를 지탱하는 것이 아니라, 뿌리가 가지를 지탱한다는 것을 명심"하라고 바울은 말했다(로마서 11장 18절).

바울의 교리, 기독교를 세계화시키다 ——

바울은 기독교의 세계화에 결정적인 기여를 했다. 그는 복음을 이방세계에 전하기 위해 많은 노력을 기울였다. 이를 위해 그는 구원의 의미를 '은혜' 중심으로 설명함으로써, 유대 관습에 낯선 이방인들에게 문화적 충격 없이 복음을 전파하는 데 성공했다. 바울은 흩어져 있던 기독교 교리들을 하나로 정리하면서 자신의 사상을 추가해 기독교 성립에 핵심적 역할을 했다. 그의 교리는 세 가지로 볼 수 있다.

첫째, 예수를 '인류의 보편적 구원자'로 정립시켰다. 둘째, 성령 개념을 도입해 신의 은총과 인간의 믿음을 연결시켜주는 '삼위일체' 개념을 제시했다. 마지막으로 예수가 인간의 죄를 대신해 죽음으로써 인간이 구원에 이르도록 했으나 이는 전적으로 하느님 뜻에 따른다는 '예정설'을 지지했다.

그 무렵 열두 제자가 주축인 예루살렘의 교부들이 유대교에 안주하고 있을 때 바울은 예수를 인류의 보편적 구원자이자 삼위일체설을 바탕으로 한 확고한 신의 아들로 자리매김했다. 바울은 만민평등을 주장했다. 갈라디아서에서 그는 "유대인이나 그리스인이나 종이나 자유인이나 남자나 여자나 아무런 차별이 없습니다. 그리스도 예수 안에서 여러분은 모두 한 몸을 이루었기 때문입니다."(3장 28절)라고 역설했다.

바울에 의해 정리된 기독교 교리는 '사랑'이라는 주제를 강조한 것이 특징이다. 이로써 사랑을 실천하기 위한 구제활동이 로마시대 기독교도들과 사제들의 중요한 임무가 되었다. 지금부터 2천 년 전, 인류에 대한 보편적 사랑과 재산 분배 같은 공산주의 사상을 내포한 범세계적 종교가 등장한 것이다. 이는 유대교로부터 받은 영향으로 유대인들이 고대로부터 지켜 내려온 공동체정신인 '능력껏 벌어 필요에 따라 나누어 쓴다'라는 사상과 맥을 같이한다.

임박한 종말을 강조한 초기기독교는 유대교의 한 지파에 머물 수도 있었으나 바울이 세 가지 핵심교리를 기반으로 기독교를 성립시켰다. 바울의 열성적 전도와 신학사상으로 기독교는 보편종교로 발전했다.

유대교와 기독교 ——

유대교와 기독교가 극명하게 다른 점이 있다. 유대교는 유대인에 한정된 종교인 반면 기독교는 예수의 죽음과 부활을 계기로 사랑과 전 인류의 구원을 지향하는 보편적인 종교로 발전했다. 구약성서는 '하느님의 율법을 지키면 구원받는다'는 약속이다. 그러나 인간은 그 계명이나 율법을 지키지 않아 모두 하느님의 심판에 놓였다. 그래서 하느님은 새로운 약속, 곧 신약성서를 주었다. 바로 예수 그리스도를 믿는 것이다.

구약성서는 하느님의 계명을 어떻게 지켜야 하는지 알려주는 율법서인 동시에 이스라엘의 역사서이다. 반면 신약성서는 예수 그리스도가 구세주이자 하느님의 아들임을 알게 하고 그를 왜 믿어야 하는지 가르쳐주는 안내서다. 구약성서는 하느님과 유대민족과의 약속이고, 신약성서는 예수 그리스도를 통해 구원의 범위를 이방인에게까지 넓힌 것이다.

초기기독교 공동체

초기기독교 공동체는 유대인 공동체를 본떠 약자를 돌보는 형제애로 똘똘 뭉쳤다. 그리고 크게 네 부분에서 일치된 삶을 지향했다. 첫째, 초기기독교 공동체가 활기를 띤 것은 사도들의 가르침, 곧 '교육'의 힘이 컸다. 서로의 다양성을 존중하면서도 어떻게 힘을 합쳐 어려운 환경을 이겨나가야 할지를 공동체 구성원들에게 신앙과 더불어 명백히 각인시켰다. 둘째, 초대교회 신자들은 '형제적 친교', 곧 형제애로 뭉쳐 살았다. 당시에는 사제의 권위도 없었고 모두 하느님 아래 평등했다. 이러한 평등의식이 초대교회 공동체에서 그리스도에 대한 신앙을 토대로 신자들 간에 강한 연대감을 구축했다. 셋째, 유대 공동체의 생활방식을 따라 '각자 능력껏 벌어, 필요에 따라 나누어 썼다.' 성경에 "믿는 무리가 한마음과 한뜻이 되어 모든 물건을 서로 통용하고 자기 재물을 조금이라도 자기 것이라 하는 이가 하나도 없더라."라는 구절이 있다. 초대교회 신자들이 자기 것을 내놓고 공동으로 나누는 생활을 했더니 "그중에 가난한 사람이 없었다."라는 것이다. 초대교회 공동체의 물질적 나눔은 개별 공동체뿐 아니라 다른 지역의 공동체들 간에도 이루어졌다. 안디옥 공동체는 흉년으로 식량부족 문제를 겪는 유대 공동체에 부조를 보내주었다.

넷째, 초대교회 신자들의 상호신뢰와 나눔을 바탕으로 살아가는 공동체 삶이 가져다준 자발적 선교이다. 초대교회가 강해진 공동체의 힘으로 증언에 나서면서 많은 사람이 복음을 받아들였다.[•]

• 정관영, '초기 기독교 공동체와 협동조합', 〈뉴스앤조이〉, 2013. 3. 15.

유대교, 뿔뿔이 흩어져 디아스포라시대로

제2차 이산 離散

1차 유대-로마 전쟁 ——

유대인들은 배타적인 유일신 신앙 때문에 항상 정복자들을 혐오하고 동화되기를 거부했다. 39년에 칼리굴라 로마 황제는 자신을 스스로 신이라 칭하며 제국 전역에 자신의 조각상을 세우게 했는데 예루살렘 성전에도 세우려 하자 유대인들이 이를 거부하고 반란을 일으켰으나 진압되었다. 그 뒤에 가나안에서의 소규모 반란에 이어 서기 66년 여름에는 대규모 반란이 일어났다. 로마제국을 상대로 1차 유대-로마 전쟁을 일으킨 것이다. 예루살렘에서 로마 수비대 병사들이 참살당한 다음, 시리아 주재 로마군들이 도착했으나 유대인의 거센 저항에 놀라 퇴각한 것이 결과적으로 패주로 이어지고 만다. 유대인들은 쉽게 예루살렘 외곽의 요새를 장악했고 이어 에돔, 사마리아, 갈릴리 전 지역을 손에 넣었다.

당시 카이사레아 그리스계 주민들은 유대인들이 예루살렘에서 로마에 항거하는 폭동을 일으켰다는 소식을 듣자, 그 증오를 유대인들에게 폭발시켰다. 카이사레아에 살고 있던 유대인 2만 명이 학살됐으며, 이집트의 알렉산드리아에서는 5만 명의 유대인이 죽었다. 다마스쿠스 시민들도 유대인 1만 5천여 명을 공공경기장에 몰아넣은 후 단 1시간 만에 몰살해버렸다. 이 같은 상황은 시리아에서도 마찬가지였다. 당시 참혹함을 요세푸스는 《유대 전쟁사》에서 이렇게 적고 있다. "시체들이 매장되지도 않은 채 도시마다 넘쳐났다. 노인들과 아이들의 시체가 뒤엉켜 있었고 여자들의 시체는 벌거벗겨진 채로 나뒹굴었다. 이 땅 전체가 끔찍한 참상으로 가득 차 있었다."

네로, 베스파시아누스 장군을 보내다 ——

당시 로마의 황제는 네로였다. 예루살렘에서 로마군이 전멸당하자 사태의 심각성을 인식한 로마는 4개 군단 약 2만 4천 명을 우선 유대로 집중시키고 당대 최고의 명장 베스파시아누스 장군을 총사령관으로 임명했다. 베스파시아누스 장군은 브리타니아를 정복할 때 혁혁한 공을 세운 명장이었다.

그는 가장 우수한 3개 군단과 수많은 외인부대를 이끌고 북쪽에서 갈릴리를 공격했다. 이 원정에 그의 아들 티투스가 군단장으로 참전했다. 제국 안에서도 가장 경험이 많은 베스파시아누스 장군은 일을 서두르지 않았다. 먼저 해안지대를 제압하고 연락망을 확보했다. 베스파시아누스는 68년 6월 21일 예리코를 탈환하고, 이어서 남쪽으로 13킬로미터 떨어진 강경파 에세네파의 근거지 쿰란수도원을 파괴했다. 그리고 유대인이 지키는 성채의 대부분을 공략하여 먼저 지방을 평정했다. 결국 예루살렘을 고립무원의 상태로 만들어놓았다.

베스파시아누스가 황제로 추대되다 ——

예루살렘을 공격하던 베스파시아누스 장군이 전쟁 중인 69년 로마 황제로 추대되었다. 이는 당시 로마제국이 유대민족과의 전쟁을 얼마나 중시했는지 단적으로 보여주는 것이다. 베스파시아누스는 그의 아들 티투스(디도)를 후임 사령관으로 임명하고 로마로 떠났다.

로마군과 대치하는 상황에서 예루살렘성에서는 유월절 기간에 여러 당파 간에 피비린내 나는 충돌이 벌어졌다. 온건파와 열심당원의

예루살렘 성전의 파괴, 니콜라 푸생, 1637.

3부 유일신 시대

싸움에서 처음에는 대중 지지기반이 넓은 온건파가 우위를 점하고, 열심당원은 성전구역으로 내몰렸다. 열심당원은 이두매 파견대를 불러들여 한밤중에 온건파를 덮쳤다. 예루살렘 거리는 유대인의 피로 가득 찼다. 열심당원이 주도권을 장악했다.

그러나 70년 이른 봄 로마군의 공격이 시작되자, 모든 당파는 힘을 합쳐 성을 방어하기로 했다. 굶주림과 전염병에도 지도자들은 항복을 생각조차 하지 않았다.

베스파시아누스황제의 맏아들인 29세의 티투스는 작전의 최종단계, 곧 예루살렘의 포위와 탈환을 개시했다. 이 싸움은 70년 4월부터 9월까지 이어진다. 예루살렘 성전을 지키는 유대 병력 2만 3천여 명에 비해 로마의 군사력은 8만 명으로 월등했지만 전쟁은 치열한 항쟁으로 치달았다. 결국 티투스는 8월 29일 성전구역을 점령한 다음, 9월에는 예루살렘 서북부 고지대와 헤롯왕궁까지 점령했다. 3년간 무더위와 갖은 어려움 속에 조롱당한 로마 군단은 처참한 살육과 학살로 앙갚음했다.

티투스는 유대인들의 폭동을 무력으로 가혹하게 진압하면서도 부하들에게 예루살렘 성전은 파괴하지 말라고 했다. 그러나 전쟁 중 방화되어 성전이 완전히 파괴되었다. 함락된 예루살렘성 안에서는 무차별한 살육과 약탈이 자행되었다. 성전 수장고에 숨어 있던 여자와 어린이 6천 명은 산 채로 불태워졌다.

유대인과의 전쟁이 로마제국으로서는 그 어느 나라와의 전쟁보다도 가장 힘든 싸움이었다. 그 뒤 로마는 엄청난 개선행렬을 벌였고, 생포된 한 무리의 포로들이 이를 위해 로마로 끌려갔다. 로마제국은 이 전쟁 승리를 기념하는 특별화폐까지 주조했을 뿐 아니라, 최초의 개선문을 세우기까지 했다. 유대인은 자신의 국가를 잃어버리고 흩어져 로마제국의 전역으로 퍼져나가 디아스포라가 본격적으로 시작되었다.

통곡의 벽 ──

전쟁이 끝난 뒤 로마제국은 승자의 관용을 베풀어 유대인들이 그들 땅에서 살며 유대교를 믿을 수 있도록 허용했다. 이때 티투스 장군이 당대와 후대의 유대인들에게 로마의 힘을 보여주려고 교훈으로 남겨둔 것이 바로 '통곡의 벽'이다. 원래 이름은 서쪽 벽이지만 오늘날 통곡의 벽으로 유명하다.

통곡의 벽은 오늘날 유대인들의 최대 성지 가운데 하나다. 전 세계에 흩어진 유대인들 뿐 아니라 세계 각지의 순례자들도 통곡의 벽 돌틈에 소원이 적힌 쪽지를 끼워두고 기도한다. 한 가지 간절한 소망은 들어준다는 속설이 있기 때문이다.

노예로 잡혀간 유대인들이 건설한 콜로세움 ──

전쟁의 참상은 눈을 뜨고 볼 수 없었다. 가나안에 살던 유대인 240
만 명 가운데 절반 가까운 110만 명이 죽었다. 엄청난 살상이었다. 로
마인은 항복하는 자는 용서하지만 저항하는 자는 적으로 간주한다
는 원칙을 엄격하게 지켰다. 당시 잡혀간 전쟁포로 노예만도 10만 명
에 달했다. 이때 잡혀간 유대인 노예들이 건설한 것이 그 유명한 콜
로세움이다. 오늘날 로마의 콜로세움을 바라보는 유대인들의 감회는
남다를 수밖에 없다.

교육의 중요성을 인식한 랍비, 요하난 벤 자카이 ──

서기 66년부터 70년까지 계속된 유대전쟁 때 있었던 일이다. 68년,
전쟁이 시작된 지 3년째 되던 해에 베스파시아누스 장군은 유다왕국
을 점령했지만 유대인들의 완강한 저항 때문에 예루살렘만은 함락시
킬 수 없었다. 그는 예루살렘성을 포위하고 주민들이 굶주려 항복하
기를 기다렸다.

이 무렵 강경파인 열심당의 무장투쟁이 성공하지 못할 것을 예견
한 사람이 있었다. 유명한 랍비 요하난 벤 자카이였다. 바리새파였던
그는 유대전쟁이 결국에는 대학살로 막을 내리고 유대인들은 뿔뿔이
흩어지고 말 것임을 예견하였다. 그는 민족의 독립보다는 유대교 보
존이 더 중요하다고 판단했다. 요하난 벤 자카이는 민족혼을 유지하
고 유대교를 보존할 수 있는 길은 교육이 유일하다고 보았다. 그는
유대인 디아스포라 내의 학교 회당을 이용해 율법을 가르칠 수만 있
으면 유대정신을 이어갈 수 있다고 보았다. 다행히 60년 대제사장 여

베스파시아누스 황제

호수아 벤 가말라가 모든 유대인 지역사회는 크기와 관계없이 반드시 학교를 운영해 의무교육을 시행해야 한다는 규정을 정했기 때문에 국내외 유대인 지역사회는 모두 학교를 갖고 있었다.

그는 평화를 얻기 위하여 항복하자고 주장했지만 묵살되었다. 그러자 그는 유대민족이 역사의 무대에서 사라지는 것을 막으려면 로마군 사령관과 모종의 타협을 해야 한다고 생각했다. 포위되어 있던 예루살렘은 아비규환이었다. 사람들은 굶주림과 질병으로 수천 명씩 사망했으나 아무도 예루살렘을 떠날 수 없었다. 요하난 벤 자카이는 제자들에게 자신의 확신을 토로하고 함께 탈출계획을 짰다. 제자들은 길거리로 나가 옷을 찢으며 슬픈 목소리로 위대한 랍비 요하난이 흑사병에 걸려 죽었다고 울부짖었다. 그들은 열심당원들에게 존경하는 랍비의 시체를 도심외곽에 매장하여 도시에 전염병이 돌지 않게 해달라고 요청하여 허락을 얻어냈다. 결국 제자들은 랍비가 든 관을 메고 예루살렘을 나와 베스파시아누스 장군 막사에 도착할 수 있었다.

관에서 나온 랍비는 장군에게 "베스파시아누스 당신은 얼마 안 있어 황제에 등극할 것"이라고 예언하고, 황제가 되면 자신들이 예루살렘 근처에서 평화롭게 유대 경전을 공부하도록 조그만 학교를 허락해달라고 요청했다. 랍비의 예언은 너무나 충격적이었던 반면 요청은 소박한 것이었다. 놀란 장군은 예언이 사실이 되면 호의를 베풀어주기로 약속했다.

같은 해 네로가 자살했다. 네로가 죽자 스페인에서는 갈바가, 로마에서는 오토가, 그리고 독일에서는 비텔리우스가 황제로 추대되었다. 그러나 세 사람이 모두 황제로 추대되자 이로 인해 로마는 새로운 내란 위험에 직면했다. 왕위에 추대된 세 명의 정치군인들 모두 몇 달 만에 살해되었다. 바로 이때 팔레스타인 원정에 참여했던 베스파시아누스가 그의 군대에 의해 새로운 황제로 추대되었다. 베스파시아누스는 랍비의 예언이 성취된 데 놀라지 않을 수 없었다. 랍비는 당시 로마의 정치적 역학관계를 꿰뚫어보고 있었던 것이다. 69년 로마의 아홉 번째 황제가 된 베스파시아누스는 약속을 지켜 예루살렘 가까운 도시에 유대학교 '예시바'를 허락했다. 이로써 유대문화가 소멸될 위기에서 살아남았다.

유대교, 사제계급이 전멸해 평신도 교회가 되다 ──

이 전쟁으로 바리새파를 제외한 대부분의 유대교 종파가 전멸했다. 제1차 독립전쟁을 주도한 열심당과 자객당, 상급제사장·대지주·귀족 중심의 사두개파, 쿰란수도원 중심의 에세네파가 모두 소멸되고 오직 바리새파만 살아남았다. 사두개파의 전멸로 이제 유대교에서 예배를 이끌 제사장, 곧 사제가 없어진 것이다. 이후 유대교는 사제가 없는 평신도교회가 되었다.

또 하나의 기적, 야브네에서 유대교 살아남다 ──

서기 70~80년 율법학자 요하난 벤 자카이는 바리새파를 이끌고 텔아비브 남동쪽 20킬로미터에 위치한 야브네로 갔다. 거기서 율법 중심의 유대교를 재건하고 율법학교(베트 미드라시)를 개설했다. 요하난은 여기서 토라를 가르쳐 매년 소수의 랍비를 길러내 유럽 각지로 흩어진 유대인 마을에 보냈다. 그들은 거기서 시너고그를 세우고 예배를 드리며 유대인들에게 토라를 가르쳤다. 이것이 전쟁으로 패망한 유대인들의 생존에 중심적인 역할을 맡는다.*

랍비 요하난 벤 자카이는 비록 유다왕국이 로마의 무력에 의해 망한다 할지라도 학교를 통해서 유대교와 전통이 전승되기만 한다면 유대민족은 역사에서 살아남을 수 있을 것이라고 생각했다. 실제로 서기 70년 예루살렘 성전의 붕괴에도 변형된 형태로나마 유대교가 살아남아 유대민족의 역사를 이어간 것은 바리새파 벤 자카이 덕분이었다. 벤 자카이의 후임자 가밀리엘 2세는 최고의회 '베트딘'을 창설하여 유대교 최고의결기관으로 삼았다.

랍비들은 율법을 해석하고 교육하는 역할을 수행했다. 하지만 그들은 성직자가 아니라 평신도였기 때문에 당시 랍비들은 따로 생계수단을 갖고 있었다. 랍비는 초기부터 오늘날까지 사제가 아닌 평신도이다. 그들은 엄밀한 의미에서 아무런 의례도 집행하지 않는다. 설교야말로 랍비들의 주된 기능이지만 본질적으로 교사의 가르침으로 이해된다. 그렇다고 랍비가 권위나 영향력이 없다는 이야기는 아니다. 그들의 권위는 종교적으로 주어진 권위가 아니라 학문과 가르침 혹은 탁월한 도덕성을 통해 자율적으로 생긴 권위이다.

재미있는 것은 고대 유대에서는 랍비를 길러내는 율법학교인 예시바 1학년을 '현자'라 불렀고, 2학년을 '철학자'로 불렀다. 그리고 최고

● 맥스 디몬트, 《유대민족사》, 김재신 옮김, CH북스, 1994.

학년인 3학년이 되어서야 비로소 '학생'이라 불렀다. 이러한 사실은 궁금증을 갖고 배우려는 자세로 항상 '질문'하는 학생이 가장 많은 것을 배울 수 있다는 발상에서 비롯된 것이다.

132년 바르 코크바 반란 / 제2차 이산 ──

이후 유대인의 마지막 반란은 '황제숭배'를 강요한 도미티아누스황제에 이어 하드리아누스황제가 펼친 일련의 유대인 탄압을 계기로 일어났다. 하드리아누스황제는 유능한 정치가였고 로마의 많은 속국과 화친정책을 펴서 안정된 정치를 했다. 당시 반란이 심했던 유대인들과도 화친조약을 맺고 예루살렘 성전재건을 허가했다. 유대인들은 성전 재건을 위해 막대한 자금을 거두었다. 얼마 후, 황제는 모든 속국에게 자신을 신의 아들로 부르도록 하면서 황제숭배를 다시 강요했고, 유대인들은 당연히 반발했다. 하드리아누스는 이에 대한 보복으로 유대인들이 시행하던 할례의식을 금지시켰다. 유대인들이 격렬하게 항의하자 하드리아누스는 예루살렘 성전 재건령을 취소했다. 서기 130년 유대지방을 방문한 하드리아누스는 예루살렘 바로 북쪽에 10군단을 상주시켰고 할례를 금지시켰다. 또한 무너

코크바 동상, 1905년경, 에라츠 이스라엘 박물관.

진 예루살렘 성전 자리에 로마의 주피터 신전을 세우고자 했다. 유대인들이 도저히 묵과할 수 없는 조치였다. 그러자 이에 격분한 유대인들은 바르 코크바를 중심으로 똘똘 뭉쳐 대대적인 봉기를 일으킨다. 132년에 시작된 유대인의 반란은 현지에 주둔한 로마 군단을 전멸시킬 만큼 거셌다. 코크바에 의한 대규모 반란은 제2 유대전쟁이라 일컬어진다.

유대인들은 코크바를 중심으로 일치단결했다. 하지만 폭동의 결과는 무참했다. 결국 봉기를 이끌었던 코크바는 전사했으며 당시 지식인을 비롯한 추종자들은 모두 처형됐다. 로마제국의 폭압에 항거한 독립 전쟁이었지만 이번에도 로마군으로부터 가차 없는 타격을 받는다. 50여 개의 성채가 부서지고, 985개의 마을이 완전히 파괴되어 전멸당했다. 로마군은 눈에 띄는 유대인을 모두 죽였다. 유대 역사가 디오는 58만 명의 유대인이 전투 중에 죽고, 그 밖에도 "이루 셀 수도 없는 수의 사람들이 굶주림과 화재와 칼에 죽고 유대 전역이 폐허가 되었다."라고 기록했다. 로마군의 무자비한 진압으로 유대인들의 봉기는 실패로 끝나고 말았다.

유대 지명이 팔레스타인으로 바뀌다 ──

유대인들에 대한 하드리아누스황제의 분노는 계속되어 세 가지 금지령을 내렸다. ①토라(모세오경) 사용 금지, ②할례 금지, ③안식일 예배 금지가 그것이다. 그리고 이를 어기면 사형으로 다스렸다.

로마 황제는 '유대'라는 민족의 이름도 '시리아─팔레스타인'으로 바꾸었다. 당시 속주 이름이었던 '유대'가 팔레스타인으로 바뀐 것이다. 수많은 유대인 전쟁포로가 로마제국의 노예시장으로 쏟아져 나왔다. 4세기 말경, 최초의 라틴성경 번역가로 알려진 성 제롬은 패전 후 너무나 많은 유대인이 노예로 나오는 바람에 말 값보다도 싸졌다는 구전을 기록으로 남겼다. 이토록 유대인들이 많은 반란을 일으킨 것은 그들이 호전적이어서가 아니라 너무 진보적이었기 때문이다. 외국의 통치를 수용하기에는 그들의 지적 수준과 자의식이 너무 강했다.

66년과 132년에 발생한 두 격변은 고대 유대 역사에 사실상의 종지부를 찍었다. 70년 예루살렘 함락 이후 유대인들에게는 그나마 영토가 있었다. 그러나 135년 바르 코크바에 의한 봉기가 실패로 끝나면서 유대인들은 주권과 영토, 국민 모두를 잃는다. 국가를 구성하는 세 요소가 하나도 남지 않았다. 유대인들의 나라는 이제 역사의 무대에서 사라졌다.

유대 국민의 3분의 2가 죽다 ──

이 일련의 전쟁으로 유대인들은 모든 것을 잃어버렸다. 유다왕국의 240만 국민 중에 66~70년 전쟁으로 예루살렘 성전이 파괴될 때 110만 명이 죽었고, 132~135년 반란 때 58만 명 이상이 살해당했다. 로마제국과의 전쟁에서 국민의 3분의 2가 죽었다.

이때부터 2천 년에 걸친 본격적인 유랑의 시대가 시작된다. 반란 전쟁에 패한 뒤 유대인들은 정든 고향을 등지고 사방으로 뿔뿔이 흩어진다. 그들은 주로 북부 이탈리아와 독일, 그리고 북아프리카로 향했다. 이렇게 두 번째 흩어짐은 로마제국이 유대인들의 예루살렘 입성을 금지한 서기 135년부터 시작되었다. '2차 이산'이라 불린다. 이스라엘 사람들은 이후 전 세계에 강제로 흩어졌다.

유대교, 바리새파가 장악하다 ──

로마에 대한 1, 2차 봉기의 실패로 좌절을 맛본 유대인들은 요하난 벤 자카이의 방법을 받아들이기 시작했다. 그들은 칼을 내려놓고 펜을 들었다. 이것이 70~200년 사이에 일어난 유대 역사의 의미 있는 한 과정이었다.

게다가 예루살렘이 유대 독립전쟁으로 붕괴되면서 제사장 지파인 사두개파와 레위지파는 역사 속으로 사라진다. 이후 유대민족에겐 제사장이 없다. 이로써 유대교는 사제 없는 평신도 종교가 되었다. 또한 68년 에세네파 공동체의 근거지 쿰란이 로마군의 공격으로 파괴되면서 에세네파도 자취를 감췄고, 혁명당원 역시 두 차례에 걸친 항쟁과정에서 전멸했다.

오직 바리새파만이 살아남아 유대민족을 이끌어줄 유일한 세력이 되었다. 모든 빈자리를 바리새인들이 메웠다. 이후 성전예배, 곧 동물 희생제의는 사라지고 랍비를 중심으로 율법의 연구와 실천을 중요시하는 이른바 '랍비 유대교'가 중심이 되었다. 하지만 그들은 평신도에 불과했다. 그래서 바리새파의 율법학자, 곧 랍비들이 사제는 아니지만 평신도로서 정신적 스승이 된다. 랍비는 '위대한 이' 또는 '상급자'라는 의미이나 후에 '나의 스승'이라는 뜻의 호칭으로 발전한다.●

조로아스터교 교리를 부정하고 거부했던 제사장계급 사두개파의 몰락으로 유대교의 주도권이 자연히 조로아스터교 교리를 적극 수용했던 바리새파로 넘어갔다. 이때부터 유대교에 선과 악의 이분법적 교리가 득세한다.

● 김경래, 《그리스도 이후 유대인 방랑사》, 전주대학교 출판부, 1998.

유대교의 두 가지 근본 원칙 ──

70년 로마군에 의한 성전 파괴와 그 뒤 디아스포라 시절의 유대인 삶은 유대교의 성격을 완전히 바꿔놓았다. '성전 중심'의 종교에서 가정과 회당에서의 '배움 중심'의 종교로, '사제 중심'에서 '평신도 중심'의 종교로 변화되었다.

이후 바리새인들이 고수해온 두 가지 근본 원칙이 있다. 첫째, '각 사람은 하느님과 친밀하고 직접적인 관계를 맺어야 한다'는 원칙이요, 둘째, '지식은 경건에 이르는 길이다'라는 원칙이다.

첫 번째 원칙은 하느님과 평신도 사이에서 매개자, 중간자 역할을 하는 사제주의를 배척함으로써 이후의 유대교는 사제가 없는 평신도 교회가 되었다. 또 두 번째 원칙에 근거하여, 그들은 토라를 꾸준히 읽으면 '좋은 생각과 좋은 말과 좋은 행위'가 뒤따른다고 믿었다. 그리고 그런 좋은 생각과 좋은 행위가 반복되어 습관이 되고, 좋은 습관은 좋은 성품을 만든다고 보았다. 이는 다분히 바빌론 유수기 조로아스터교의 영향으로 보인다.

따라서 유대인 예배에서 사제의 설교가 없자 토라 읽기는 중요한 요소가 되었다. 그리고 희생제물을 드릴 수 없자 차선책으로 기도문이나 시편을 낭송했다. 1세기 들어서는 이미 회당예배가 공식화되었다.

이리하여 유대인이 사는 곳은 어디나 회당이 들어섰다. 유대인들은 교육을 기도만큼이나 중시했다. 지식에 대한 유대인의 열정은 "네 자녀에게 부지런히 가르치라."(신명기 6장 7절)는 토라의 명령 때문이다. 그러나 모든 아버지가 자녀를 가르칠 능력이 있는 것은 아니어서 거의 모든 회당이 학교를 운영했다.*

디아스포라 수칙 / 유대인은 모두 한 형제다 ──

로마시대 제2차 이산 이후 유대 현인들은 사방에 흩어져 사는 동족을 보호하고, 종교적 동일성과 민족적 동질성을 유지할 방법을 찾아 디아스포라 수칙을 제정하고 이를 준수하도록 했다.

수칙의 주요 요점은 '모든 유대인은 그의 형제들을 지키는 보호자이고, 유대인은 모두 한 형제'라는 것이다. 이러한 유대인 고유의 공동체의식이 유대 사회를 발전시켰다. 그리고 세계 각지의 디아스포라를 하나로 묶어놓았다. 이 원칙들은 시대에 따른 개혁을 거쳐 오늘날까지 굳건히 이어지고 있다. 유대인이 강한 이유의 하나다.

이러한 공동체정신을 그대로 흡수한 것이 무함마드가 만든 이슬람의 '움마' 공동체이다. '모든 이슬람은 그의 형제들을 지키는 보호자이고, 이슬람은 모두 한 형제다'라고 하며 형제애를 피를 나눈 혈연보다도 더 고귀한 정신으로 강조했다. 이를 토대로 서로 돕고 단결할 것을 명했다. 이슬람이 급속도로 클 수 있었던 이유이다.

● 김경래, 《그리스도 이후 유대인 방랑사》, 전주대학교 출판부, 1998.

2천 년 디아스포라에서 살아남은 힘, 공동체정신

———

나라가 망해 영토를 잃고 뿔뿔이 흩어지면 대개 1백 년도 못 가서 역사에서 사라진다. 그런데 유대인들은 나라 없이 떠돌이생활을 2천 년 가까이 했음에도 어떻게 민족적 동질성을 잃지 않고 다시 자기들의 나라를 재건할 수 있었을까? 기적 같은 일이다. 그 해답은 그들의 공동체정신, 곧 단결력에 있다.

— 능력껏 벌어 필요에 따라 나눈다

'각자 능력껏 벌어 필요에 따라 나눈다'는 율법정신에 따라 살았다. 설사 공동체가 어려움에 처한 경우라도 복지시스템은 언제나 가동됐다. 버는 것은 자본주의의 효율을 이용해 각자 알아서 벌고 이를 모두 공동체에 내놓아 쓰는 것은 필요에 따라 나누었다. 오늘날 이스라엘의 집단농장 키부츠는 이러한 정신을 이어받은 것이다.

유대인만큼 복지제도가 잘되어 있는 민족은 없다. 자본주의의 정점에 있는 유대인들이 역설적으로 최상의 공산주의 분배시스템을 갖추고 있다. 그들의 율법 덕분이다. 그들의 율법은 자기 동족을 의무적으로 돌보도록 명시하고 있다. 율법정신의 최고 목적은 '약자를 돌보는 정의와 만민평등의 실현'에 있다.

— 헤세드 정신

유대인이 믿는 유대교의 율법정신은 두 단어로 요약할 수 있다. 하나는 체다카(정의, 자선)이고 또 다른 하나는 미슈파트(평등)이다. 그들에게 정의는 공동체의 약자를 도와주고 돌보아주는 것을 의미한다. 그렇다면 어떻게 도와주는 것일까?

유대인들은 자선에도 여러 품격이 있다고 생각한다. 품격 높은 도움은 무엇일까? 유대인에게 자선은 선택이 아니라 종교적 의무이다. 유대인들은 자선을 베풀 때 그 마음가짐에 따라 '자선의 품격'을 8단계로 나눈다. 가장 하치의 품격이 속으로는 아까워하면서 마지못해 도와주는 것이다. 하느님 보기에 썩 예쁘지 않은 것이다.

사실 히브리어에 자선이라는 단어는 없다. 그들에게 약자를 보호하는 것은 인간이라면 누구나 지켜야 할 당연한 도리이기 때문이다. 그래서 이를 자선이라 부르지 않고 정의(체다카)라 부른다. 흥미로운 것은 체다카 품격 가운데 최상의 품격이 상대방이 자립할 수 있도록 도와주는 것이다. 물질적 도움만이 아니다. 지식과 정보는 물론 인맥형성 지원 등 상대방의 자립에 필요한 모든 도움을 망라한다. 한마디로 이왕 도와주는 거 화끈하게 도와주는 것이다.

"남을 도와줄 때는 화끈하게 도와줘라. 처음에 도와주다 나중에 흐지부지하거나 조건을 달지 마라. 괜히 품만 팔고 욕먹는다." 이는 탈무드에 근거한 말이다.

체다카 품격의 8단계를 보자.

1. 아깝지만 마지못해 도와주는 것

2. 주어야 하는 것보다 적게 주지만 기쁘게 도와주는 것

3. 요청을 받은 다음에 도와주는 것

4. 요청을 받기 전에 도와주는 것

5. 수혜자가 누군지 알지 못하면서 도와주는 것

6. 기부자는 수혜자를 알지만 수혜자는 기부자를 모르게 도와주는 것

7. 수혜자와 기부자가 서로 모르는 상태에서 도와주는 것

8. 수혜자가 스스로 자립할 수 있게 만들어주는 것

유대인이 강한 것은 바로 그들의 공동체정신에 있다. 유대인은 개인적인 역량도 크지만 그보다는 '나'보다 '우리'를 중시하는 단결력과 서로 돕는 협동정신이 강하다. 유대인에게 최고 단계의 도움은 상대방이 자립, 성공할 수 있도록 화끈하게 도와주는 것이다. 이를 '헤세드 정신'이라 부른다. 그들이 진정 강한 이유이다.

― 라손 하라(나쁜 혀)

유대인은 고리론으로 똘똘 뭉쳐 있다. 고리는 하나라도 끊어지면 쓸모없다. 고리는 그들의 공동체를 의미하는 것이다. 그래서 공동체 구성원끼리 어느 누구와라도 서로 불신이 생겨 관계가 끊어지는 것을 극력 방지하고 있다. 그래서 그들은 아이가 아주 어렸을 때부터 공동체정신을 단단히 교육시킨다.

유대인 부모는 자녀가 친구를 사귀기 시작할 때 꼭 해주는 말이 있다. 아이에게 어떠한 상황에서도 그 누구의 험담도 하지 말라고 가르친다. "남을 헐뜯는 험담은 살인보다도 위험하다. 살인은 한 사람만 죽이지만 험담은 세 사람을 죽인다. 곧 험담을 퍼뜨린 사람 자신, 험담을 막지 않고 듣는 사람, 험담의 대상이 된 사람이다."

그렇다면 험담이 아닌 '사실'은 이야기해도 괜찮을까?

사람들은 다른 사람을 비방하고 모략하는 것은 나쁘지만, 다른 사람의 부정적인 면이 사실인 경우, 그 사실을 이야기하는 것은 도덕적으로 허용될 수 있다고 여긴다. 하지만 유대 율법은 이런 관점에도 반대한다. 다른 사람을 깎아내리는 어떠한 말도 해서는 안 된다고 가르친다. 이를 '라손 하라'라 한다. '나쁜 혀'란 뜻이다. 하물며 명예훼손과 중상모략을 일컫는 '모치 셈라'는 율법 중에서도 큰 죄악에 속한다. 그들의 공동체가 신뢰를 바탕으로 강력한 결속력을 갖는 이유이다.

유대인 부모는 자녀가 친구를 사귈 때 해주는 말이 하나 더 있다. "사람은 누구나 단점과 허물투성이란다. 그러니 친구를 사귈 때 친구의 단점과 허물을 보지 말고 그의 장점과 강점을 살펴보도록 해라. 그러기 위해서는 네가 하고 싶은 말보다 친구의 말을 두 배 이상 더 들어라. 곧 경청이 친구 사귀는 지름길이란다. 경청을 통해 그 친구가 갖고 있는 장점과 강점을 찾아보아라. 훗날 친구의 강점과 네 강점이 서로 힘을 합할 때 더 큰일을 할 수 있단다."

— 정보의 공유

유대인들이 단결력이 강하고 돈을 잘 버는 것은 그들의 오랜 전통인 '정보의 공유'에 있다. 뿔뿔이 흩어져 디아스포라의 삶을 살면서 종교적 의문 등을 서로 편지로 물어왔던 오랜 관습이 자연히 정보교환으로 발전하여 환거래 등 돈을 버는 중요수단이 되었다. 그들은 고대로부터 정보가 곧 돈이 된다는 사실을 처음으로 인지한 민족이다. 그 뒤 정보산업의 중심에는 항상 그들이 있었다. 지금도 그들이 금융산업 등 정보가 돈이 되는 분야에서 탁월한 경쟁력을 갖는 이유이다.

기독교, 로마제국의 국교가 되다

박해받은 초기기독교 ——

초기기독교인이 박해를 받은 원인은 황제숭배를 거부했기 때문이다. 로마제국의 수호신인 황제에 대한 숭배를 거부하는 것은 곧 제국의 안녕을 위협하는 반국가적 행위였다. 자연히 로마에 재난이 발생할 때마다 기독교인은 비난의 대상의 되어 사자 밥이 되었다. 이와 같은 박해는 네로황제 때부터 313년 콘스탄티누스황제에 의해 기독교가 공인되기까지 250년간 계속되었다.

네로황제가 다스리던 서기 64년에 발생한 로마 대화재는 기독교 역사에 잊을 수 없는 사건이었다. 네로는 화재원인을 기독교인들에게 돌렸다. 그 뒤 극심하게 박해하기 시작했다. 당시 일반인들도 기독교에 대해 부정적 시각을 가지고 있었다. 로마 화재 사건으로 네로는

불타는 로마를 보는 네로황제, 칼 폰 필로티, 1861.

많은 그리스도인을 죽였다.

유대교와 기독교가 갈라선 이유 ──

유대교와 기독교가 처음부터 반목했던 것은 아니었다. 오히려 유대교와 초기기독교는 오랜 기간 사이좋게 예배를 같이 보았다. 유일신 하느님을 믿는 뿌리가 같았기 때문이다. 초기기독교 예루살렘교회의 경우 유대교의 한 분파인 '나사렛파'로 존재했다.

그 무렵 로마와 3차에 걸친 전쟁 막바지에 예루살렘에서 최후의 일전이 있었다. 68년 로마군이 예루살렘성을 포위하기 시작하자 종말론 신앙 속에 살아온 나사렛 사람들은 예수의 말씀을 떠올렸다. "예루살렘이 군대들에게 에워싸이는 것을 보거든 그 멸망이 가까운 줄

알라. 그때에 유대에 있는 자들은 산으로 도망갈 것이며"(누가복음 21
장 20, 21절)

세상의 종말이 임박했음을 확신한 유대 기독교인들은 요르단강 동
편 펠라성으로 피난을 갔다. 예수의 혜안이 유대 기독교인들을 살린
셈이지만 민족의 위기상황에서 피난으로 목숨을 연명한 이들의 행동
은 유대인들에게는 정죄의 대상이었다. 이때부터 유대인들은 나사렛
파를 비겁한 배신자들로 여기며 신앙공동체를 함께할 수 없다고 보
았다.

그 무렵은 로마와 3차에 걸친 전쟁 후유증으로 유대민족의 3분의
2가 멸절되어 거의 모든 종파가 와해되고 바리새파만이 남았다. 전쟁
통에 제사장계급이 전멸당해 사제가 없어지자 이른바 랍비들이 주도
하는 랍비 유대교가 자리 잡았다.

유대인들은 유대왕국이 로마제국에 의해 무참히 박살난 이유가 하
느님에 대한 자신들의 불충에 직접적인 원인이 있다고 보았다. 특히
종파 간 교리 싸움에 문제가 있다고 보았다. 그래서 랍비들은 율법
논쟁은 용인하나 종파적 논쟁은 멈추어야 한다고 생각했다. 이것이
이단들에 대한 저주의 기도문으로 나타났다. 랍비들은 성전이 없는
세계에서 종파를 고집하는 사람들을 멸망시켜달라고 하느님에게 기
도했다.

그러다 서기 90년 야브네종교회의에서 구약성경을 확정지으면서,
랍비 사무엘이 회당예배 때 바치는 18조 기도문 가운데 이단자들을
단죄하는 제12조에 '나사렛 사람들', 곧 그리스도교도들을 덧붙였다.
그 뒤 기독교도들은 더 이상 유대교 회당예배에 참석할 수 없었다. 이
때부터 기독교는 독자 종단으로 독립했다.

제12조항을 의역하면 다음과 같다. "나사렛 사람들과 이단자들을

사라지게 하소서. 살아 있는 이들의 책에서 그들을 지워버리시어 의인들과 함께 쓰여 있지 않게 하소서. 무엄한 자들을 굴복시키시는 하느님, 찬양받으소서."

지하묘지 예배당, 카타콤 ──

초기기독교 공동체는 남의 눈을 피해 함께 모여 살며 예배드릴 공간이 필요했다. 서기 200년부터 기독교인들은 로마 시내에 카타콤이라는 지하묘지 동굴을 파서 그 안에서 은밀하게 예배를 드렸다. 그들은 동굴을 드나들 때 '익투스ΙΧΘΥΣ'라는 암호를 썼는데, 이는 그리스어로 물고기를 뜻하기도 하지만 하느님의 아들 예수 그리스도의 약자였다. 그래서 기독교인은 물고기를 그리며 서로 기독교인임을 확인했다.

익투스

3부 유일신 시대

로마인들은 전통적으로 화장을 선호했는데, 부활을 믿는 기독교인들은 매장을 했다. 그러나 그 무렵 기독교인들은 대부분 하층민이라 묘지를 살 만한 여력이 없었다. 또한 당시 로마제국은 로마 시내에 묘지를 만들지 못하게 했다. 그런데 로마 땅은 단단하지 않아 쉽게 동굴을 파내려 갈 수 있었다. 한번 판 동굴은 공기에 노출되어 단단하게 굳어졌다. 따라서 로마의 기독교인들은 지하 깊숙이 로마의 대로를 따라서 긴 터널을 파내려 가기 시작했다. 카타콤은 지하 3, 4층으로, 통로는 2.5미터 높이에 1미터 넓이로 간신히 사람들이 통행할 수 있었다. 그리고 기독교인이 죽으면 카타콤 통로의 벽을 파내어 그곳에 장사지냈다.

데린쿠유 지하동굴 ──

바울이 주로 전도활동을 했던 소아시아, 곧 지금의 터키에는 그 무렵 기독교로 개종한 유대인이 적지 않게 살았다. 유대교와 로마군으로부터 핍박받았던 초기기독교인들이 신앙을 지키기 위해 계곡이나 동굴에 숨어 살았던 흔적이 여러 곳에 남아 있다.

'깊은 우물'이라는 뜻의 지하도시 데린쿠유는 평균 50~70미터, 최대 깊이 120미터의 지하에 어림잡아 지하 20층으로 건설되었다. 2만 명 이상을 수용할 수 있는 이 지하도시에는 통풍장치, 우물, 곡식창고, 집회장소, 화장실, 공동취사장, 술과 기름 짜는 곳, 포도주 저장소, 감옥, 교회, 학교 등 지상에서 필요한 모든 것을 갖추고 있었다. 실제로 이 지하도시는 그 당시의 지상주택들과 일일이 연결돼 있었다고 한다. 또한 다른 지하도시인 카이마클리로 대피할 수 있는 통로가 9킬로미터에 걸쳐 연결돼 있다. 터키의 카파도키아에는 이런 지하도시

데린쿠유 지하동굴

가 중심지에만 36개가 있고 전체적으로 2백여 개에 달한다고 한다. 그 가운데 가장 규모가 큰 것이 '데린쿠유 지하도시'이다.

로마제국의 혼란과 디오클레티아누스의 개혁 ——

로마제국은 235년에서 284년까지 49년 동안 무려 26명의 황제들이 바뀌었다. 군대의 쿠데타가 횡행하던 시절이었다. 284년 일리리아(발칸반도) 출신 장군 디오클레티아누스가 황제가 되면서 혼란은 끝났다. 디오클레티아누스는 로마제국을 굳건히 부흥시켰다. 하지만 기독교는 위험세력으로 간주해 탄압을 계속했다.

디오클레티아누스는 거대한 제국을 한 사람이 다스리는 것은 무리라고 여겨 4인 정치체제, 곧 '사인정'을 도입했다. 로마제국을 4개 지역으로 나눈 후, 2명의 대황제(아우구스투스)가 각각 부황제(카이사르)

철저한 종말관

—

예수가 나사렛 사람들에게 피신하라고 이야기한 데는 이유가 있었다. 예수 스스로가 그의 당대에 세상 끝이 이를 것으로 보았다. 그래서 예수는 때가 이르렀으니 그를 통해 하느님을 믿고 회개하면 누구든지 하느님 나라에 들어갈 수 있다고 가르쳤다. "때가 이르렀다. 하느님 나라가 가까이 왔으니 회개하고 복음을 믿으라."

의사이면서 목사이자 신학자이기도 했던 알베르트 슈바이처에 따르면, 유대교의 묵시적 종말론의 관점에서 예수는 하느님 나라가 자신의 생애 동안에 지상에 임할 것으로 믿었다. 예수는 그에 따라 행동하고 가르쳤다. 제자들에게 복음을 전파하러 보내면서 "이스라엘의 동네들을 다 돌기 전에" 세상이 끝나리라고 했다(마태복음 10장 23절).

예수는 대중에게도 그의 종말론을 펼쳤다. "진실로 너희에게 이르노니 여기 서있는 사람 중에 죽기 전에 인자가 왕권을 가지고 오는 것을 볼 자도 있느니라."(마태복음 16장 28절)

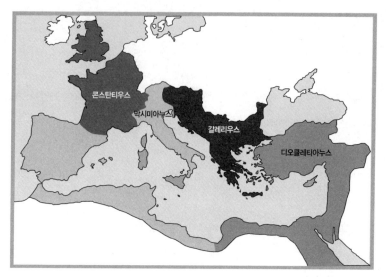

사분 통치

를 한 명씩 거느리고 다스리는 것이다. 대황제가 죽거나 은퇴하면 부황제가 대황제가 되고, 신임 대황제가 부황제를 새로 임명하는 시스템이었다. 이는 군대가 쿠데타를 일으켜 황제를 옹립하는 폐단을 없애고 안정적인 황제계승체계를 보장하기 위해서였다. 디오클레티아누스는 로마제국을 보스니아지역을 기준으로 둘로 나누었는데, 이는 나중에 로마제국이 동로마제국과 서로마제국으로 나뉘는 계기가 되었다. 그 뒤 대황제들이 부황제들을 독립시켜 로마제국은 293년부터 네 명의 황제가 통치하는 '사분 통치 시대'를 열었다.

기독교 박해 ——

로마제국에 기독교가 은밀히 널리 퍼지자 303년 디오클레티아누스 황제는 기독교도들을 박해하기 시작했다. 기독교가 불법 종교인 데

3부 유일신 시대

다 로마 신에게는 제물을 바치지 않았을 뿐 아니라 기독교도들이 로마군 입대를 거부하고 복무 중이던 기독교 군인들은 탈영했기 때문이었다. 이는 체제에 대한 심각한 도전이었다.

황제는 칙령을 선포해 교회를 파괴하고 모든 성경을 공개리에 불사르는 조치를 취했다. 기독교인들의 사회적 권리 박탈은 물론 기독교 성직자들의 체포령이 하달되었다. 이런 상황에서 왕궁에 두 차례 화재가 발생했는데, 황제는 기독교인들의 소행으로 보아 기독교인들을 모조리 죽이기 시작했다. 이때 수많은 기독교인이 순교했다. 305년 디오클레티아누스황제가 죽은 뒤 갈레리우스는 박해를 계속했다. 이것이 당시 로마제국을 4등분해 다스리던 황제들 간에 정치적 내분을 일으켜 서로 다투는 계기가 되었다.

이를 계기로 콘스탄티누스는 다른 황제들을 하나씩 제거해나가기 시작했다. 콘스탄티누스는 사분 통치 시절 서북쪽 갈리아와 브리타니아 지역을 담당하던 콘스탄티우스의 아들이었는데, 아버지가 숨지자 나머지 지역에 대한 통합에 나섰다. 그는 여러 정적을 제거하고 312년에는 막센티우스(막시미아누스의 아들)마저 격파하고 로마에 입성해 서방을 제패했다. 뜻밖에도 이 싸움에서 기독교가 이겼다.

콘스탄티누스, 태양 위에 빛나는 십자가를 보다 ──

콘스탄티누스가 처음으로 기독교를 믿게 된 동기는 310년 10월 27일 막센티우스와 로마 근교 밀비우스 다리에서 전투할 때 태양 위에 빛나는 십자가를 보았기 때문이다. 그는 그때 십자가 위에 쓰인 '십자가의 깃발로 싸우라'는 글자를 보았다. 그는 그 의미를 생각하다 그날 밤 꿈을 꾸었다. 꿈에 주님이 나타나서 낮에 본 것과 같은 십

밀비우스 다리 전투, 루벤스, 17세기.

자가를 보이면서 이것과 같은 것을 만들어서 군기장軍旗章으로 삼으라고 말했다.

그는 전 군대에 그리스어로 그리스도를 상징하는 깃발을 들고 싸우도록 했다. 그리스어 키x와 로p는 라틴어로 Ch와 R에 해당하는데, 그리스도의 알파벳 머리글자와 일치한다. 이 전투에서 군사력의 열세로 고전하던 그는 3배나 많은 적을 기적적으로 무찌르고 승리했다. 이로 인해 콘스탄티누스는 그리스도의 놀라운 능력을 확신하고 하느님을 믿기로 결심했다. 그는 그리스도의 은혜에 보답하기 위해 기독교를 대대적으로 부흥시키고, 로마제국을 기독교 국가로 만들기로 작정했다. 원로원은 그의 승리를 기념하여 콜로세움 옆에 개선문을 세워주었다. 이후 그는 기독교에 입문한 후에도 죽을 때까지 영세를 받지 않았는데, 그것은 영세 후 죄를 범하면 다시 속죄할 수 없다고 생각했기 때문이다.

로마제국의 기독교 공인, 313년 밀라노칙령 ——

콘스탄티누스황제 때 유대인들에게 커다란 사건이 발생한다. 콘스탄티누스황제가 313년 밀라노칙령으로 '종교의 자유를 선포'한 것이다. 이는 313년 2월에 당시 서로마 황제였던 콘스탄티누스와 동로마 황제 리키니우스가 밀라노에서 혼인동맹을 맺고 발표한 칙령이다. 기독교 탄압에 종지부를 찍은 것이다.

312년 막센티우스와의 전투에서 승리하여 서방의 패권을 거머쥔 콘스탄티누스는 313년 동방의 황제 리키니우스와 밀라노에서 만나 제국의 모든 종교에 평등권을 주는 정책에 합의한다. 리키니우스가 기독교인이 아니었기 때문에 이 회의에서는 기독교 용어는 전혀 없었고 기독교에게 우월한 지위를 주지도 않았다. 단지 기독교에게 주어진 것은 당시의 다른 종교들과 같은 혜택이었는데 이것만으로도 엄청난 것이었다. 이로써 기독교의 예배가 회복되고 교회단체가 인정되었으며 성직자들이 다른 종교의 사제들과 마찬가지로 신분상 혜택을 받았다.

기독교인들은 완전한 종교 자유를 획득했다. 그동안 박해하고 금지했던 기독교를 누구나 믿을 수 있는 종교로 공식적으로 인정받은 것이다. 기독교도들은 박해 때 몰수당한 재산을 되돌려 받았다. 그리고 종교재산과 성직자에 대한 세금과 병역면제 등이 시행됐다. 교회에 대한 세금면제는 지금까지도 지켜지고 있다. 밀라노칙령은 그간 숨어 지냈던 기독교도들한테는 무한한 기쁨이요 예수를 박해했던 유대인들에게는 불행의 시작이었다.

극적이고 운명적인 반전이었다. 이로써 역사의 전면에 기독교가 부상하고 유대교는 잠수한다. 또 서양문명은 헬레니즘에서 헤브라이즘으로 중심추가 이동한다.

콘스탄티누스와 기독교의 인연 ——

콘스탄티누스로 하여금 기독교를 공인하도록 만든 당시의 몇 가지 역사적 이유가 있다. 첫째, 독실한 기독교 신자인 어머니 헬레나의 영향이다. 콘스탄티누스의 아버지 콘스탄티우스는 소아시아지방에서 장군으로 복역하던 중 술집 하녀에게서 아들 콘스탄티누스를 얻었다. 그런데 콘스탄티우스는 디오클레티아누스황제의 신임을 얻어 부황제까지 올라갔다. 당시 부황제는 정황제의 딸과 결혼하는 것이 관례였다. 그래서 콘스탄티우스는 어쩔 수 없이 아내를 버리고 황제의 딸과 결혼했다. 이때 버림받은 헬레나는 훗날 효자 아들 콘스탄티누스가 황제가 되면서 궁으로 돌아온다.

둘째, 동로마 황제 갈레리우스는 원래 기독교를 무자비하게 핍박했는데, 임종할 때 이를 뉘우치며 콘스탄티누스에게 기독교인에 대한 관용을 보일 것을 유언으로 남겼다고 한다.

셋째, 콘스탄티누스 자신이 예수와 태양신과의 큰 차이를 알지 못했다. 274년 로마제국의 아우렐리우스황제가 '정복되지 않는 태양'을 로마제국의 종교로 만든 이후 태양신은 제국의 최고신이었다. 콘스탄티누스의 혼동에는 충분한 이유가 있었는데, 기독교인들은 예수를 '의의 태양'으로 불렀고, 태양신을 섬기는 축일sun-day에 기독교인들도 함께 예배를 보았기 때문이다. 콘스탄티누스 이후의 일이지만, 교회에서 '정복되지 않는 태양'의 생일인 12월 25일을 예수의 생일 크리스마스로 함께 기념하게 된 것도 이런 이유이다.

넷째, 4개로 분열되었던 제국을 가까스로 재통일한 황제는 이미 제국 인구의 20퍼센트까지 급성장한 기독교를 보면서, 이를 제국의 정치사상 통일에 활용하고자 했다. 특히 기독교가 동물희생제의를 드

3부 유일신 시대

리는 다른 신들을 거느리지 않는 일신교라는 점이 황제에게는 매력적이었다.

로마제국의 종교정책, 혼합절충주의와 황제숭배사상 ——

당시 로마제국은 기원전 63년의 초대황제 아우구스투스 이래로 종교의 혼합절충주의가 대세였다. 아우구스투스의 등장은 공화정에서 제정으로 바뀌는 정치시스템의 변화뿐 아니라 '팍스로마나'라고 불리는 새로운 시대를 열었다. 방대한 영토의 제국을 다스리기 위해서는 무엇보다 '통일성'이 필요했다. 이는 도로규격에서부터 도량형, 법률 등의 통일뿐 아니라 언어와 화폐 통일에 이어 사상의 통일, 심지어는 종교의 통일에 이르기까지 적용되었다. 그리고 이를 진두지휘하는 황제를 신격화했다.

그중에서도 황제들은 제국의 평화를 유지하기 위해서는 사상적 단합과 정치적 단결이 중요하다고 보고, 그 밑바탕을 이루고 있는 종교적 통일성 확보에 중점을 두었다. 황제들은 제국의 영토가 넓어지고 피지배민족이 다양해질수록 이를 신경 썼다. 정복지마다 신들이 달라 로마에 만신전을 세우고, 특별한 예외가 아니면 그 신들을 대부분 포용하여 기존의 신들과 융합시켰다. '모든 길은 로마로 통한다'라는 이야기를 종교에도 적용해 지역마다 서로 언어가 달라 신들의 이름이 다르게 불릴 뿐 '모든 신은 하나다'라는 '혼합절충주의'와 황제를 신격화하는 '황제숭배사상'을 추구했다.*

● 류모세,《유대인 바로보기》, 두란노, 2010.

황제, 직접 교회를 다스리다 ──

그때까지 수백 년 동안 박해만 받아오던 기독교는 의식, 제도, 교리 등을 제대로 발전시키지 못해 다른 종교들에 비해 이런 면이 빈약한 상태였다. 밀라노칙령 발표를 계기로 콘스탄티누스황제는 기독교를 강력한 종교로 키워나가기 시작했다. 그는 교회의 감독들에게 큰 호의를 베풀고 왕궁으로 초대하기도 했다. 그는 교회를 후원하면서 한편으로 교회 문제에 최고 권위자로 자처했다. 그는 장로회의에 호위병 없이 나타나기도 하고, 토론에 참여하기도 하여, 신앙이나 교리 문제 해결에 간섭했다. 종교회의와 공회의를 소집해 주재했고, 회의 결정에 반대하는 이단자들에 대해서는 군사력을 동원해 진압했다.

급기야 황제 자신이 교회를 다스리기로 결정했다. 이때부터 교회에 보내는 모든 공문서에 '가톨릭'이란 용어가 쓰이기 시작했다. 본래 가톨릭이란 '우주적'이라는 뜻으로 2세기부터 이단이나 분열되어 떨어져나간 무리와 구분해서 그리스도교회를 가톨릭이라 불렀다. 콘스탄티누스는 자신의 위치를 교회의 머리로 분명하게 드러냈다. 교회의 감독들이 있었지만 그는 자신을 '감독 중의 감독'이라고 했다.

그러면서 그는 자기 아버지가 믿었던 페르시아 조로아스터교의 태양신 미트라를 동시에 섬겼다. 기독교 공인 후에도 그가 발행한 화폐에는 미트라를 조각하고 '무적의 태양, 나의 보호자'라고 써넣었다 그의 영향으로 미트라 신앙의 의식이나 제도, 관습, 교리 등이 초기기독교에 대부분 수용되었다.

콘스탄티누스황제,
니케아공의회에서 삼위일체 교리 채택 ——

324년 서로마 황제 콘스탄티누스와 동로마 황제 리키니우스는 로마제국의 마지막 패권을 놓고 결전을 벌여 콘스탄티누스가 로마제국을 통일했다. 콘스탄티누스황제가 로마제국 전체의 통치권을 장악하자 이제 유대인들은 처음으로 팔레스타인과 디아스포라에서 동시에 기독교 황제의 손아래 놓였다. 그동안 유대인들이 누렸던 법적지위가 모두 물거품이 될 위기에 이르렀다.

기독교인들은 유대인 대신 '옛 이스라엘'을 대체했다고 주장했다. 아울러 그들은 이스라엘 땅을 성지로 간주했다. 이 점에서는 로마 정부 역시 마찬가지 견해였다. 팔레스타인지역에서 이미 소수로 줄어든 유대인들은 서서히 기독교화되는 위기를 맞았다.

제국을 통일한 콘스탄티누스는 '하나의 제국, 하나의 법, 하나의 시민, 하나의 종교'를 통치이념으로 삼았다. 로마제국 분열의 참상을 온몸으로 겪어낸 그로서는 제국의 분열은 어떤 경우에도 두 번 다시 용서하지 않겠다는 의지가 강했다. 이는 종교 교리에서도 마찬가지였다.

황제는 325년 니케아공의회 개막연설에서 이렇게 말했다. "앞으로 나는 교회 안에서

니케아공의회

벌어지는 모든 소요를 전쟁이나 전투로 간주하겠소. 전쟁이나 전투보다 더 진정시키기가 어렵기 때문입니다. 교회는 하나가 되어야 합니다."

그는 친히 제1회 니케아공의회를 주재하고 당시 뜨거운 논쟁을 벌이던 교리 문제를 매듭지었다. 당시 기독교의 최대 논쟁거리 중 하나인 '예수는 신인가 인간인가'에 대하여 예수는 아버지인 하느님과 본질적으로 동질의 신격을 갖는다고 의결했다. 이로써 삼위일체설을 기독교의 기본교리로 확정했다.

초기기독교의 강력한 라이벌, 태양신 미트라교 ——

미트라는 '메흐르'라고도 불리는 태양과 빛, 약속의 신이다. 당시 로마제국의 최대 종교였던 미트라교는 조로아스터교로부터 독립해 나온 종교로 선과 악의 이원론 등 조로아스터교의 교리를 그대로 계승한 것이 많았다. 미트라는 조로아스터교 경전 아베스타에 언급되었듯 어둠과 악의 힘에 대항해 빛과 정의를 지키는 수호신으로 고대로부터 아리안족이 숭배하는 신이다.

미트라라는 이름이 처음 언급된 것은 기원전 1400년경의 '히티'라는 비석으로 소아시아 카파도키아에서 발견되었다. 이 비문에는 메흐르라는 이름과 함께 당시 인도유럽계 민족들이 믿던 바루나, 인드라, 나사티야라는 신들도 언급되어 있었는데, 미트라는 대개 바루나와 짝을 이루어 등장했다.

페르시아인에게 '메흐르-바루나'는 모두 세상질서를 바로잡는 신으로, 법을 공평하게 집행하여 세상질서 유지를 책임지는 모든 지배자들의 수호자였다. 조로아스터교에서도 미트라를 아후라 마즈다 다음으로 중요하게 여겨왔다. 경전 아베스타에는 미트라가 진리와 정의, 용맹, 빛, 언약의 신으로 진리를 위해 싸우는 자들을 돕고 거짓을 말하고 언약을 깨뜨리는 자들을 벌하는 신으로 묘사된다.

그러나 미트라교가 종교로서 꽃을 피운 곳은 페르시아가 아니라 로마제국이었다.

로마시대 미트라 모자이크

미트라가 가진 특성 가운데 충성심, 상호의무, 남성성, 용맹이라는 요소로 숭배받으며 특히 로마군에게 전파되어 번창했다. 폼페이우스황제 때(기원전 106~48) 태양신은 로마제국의 수호신으로 격상되었다. 일종의 국교가 된 것이다. 로마제국에서 미트라교는 당시에 부상하던 기독교를 능가하는 세력을 형성했다.*

초기기독교, 미트라교 영향받아 ——

그 무렵 기독교는 미트라교의 영향을 받았다. 미트라는 태양신이자 계약의 신인데 원래는 조로아스터교 아후라 마즈다의 아들로서, 조로아스터교에서는 아후라 마즈다와 미트라, 그리고 이쉬타르 여신이 삼위일체로서 숭배받았다. 기독교의 삼위일체설은 조로아스터교의 영향을 받은 것으로 보인다.

● 유흥태, 《페르시아의 종교》, 살림, 2010.

그 뒤 미트라는 창조신으로 격상되어 숭배되었다. 이후 미트라 숭배파들은 조로아스터교로부터 분파되어 독립해 종교를 이루었다. 특히 미트라는 로마 군인들 사이에서 큰 인기를 끌었는데, 이는 조로아스터교 때부터 굳어지기 시작한 군신軍神의 이미지 때문이었다. 미트라는 언제나 악과 싸우는 전사들을 도와주고 보호한다고 믿었다. 이때 미트라교의 악을 응징하는 선과 악의 이분법적 교리가 기독교에 크게 영향을 미친 듯하다.

당시 미트라교는 '미트라에움'이라 불리는 지하 동굴사원에서 의식을 행했는데, 이는 죽어서 무덤 속에 내려갔다가 3일 만에 다시 부활한 미트라처럼 부활을 염원하기 위한 것이었다. 그 무렵 로마제국에는 680~690개의 미트라에움이 있었다.

《영지주의 발견》을 쓴 미국 채프먼대학 성서학 교수 마빈 메이어에 따르면, "초기기독교는 전반적으로, 많은 면에서 미트라교와 닮았다. 그 닮은 정도는 기독교 옹호론자들로 하여금 서둘러서 그 유사점에 대한 창의적인 신학적 설명을 만들게 할 정도였다."*

교회 예배, 안식일에서 일요일로 바뀌다 ——

창세기의 창조 명령에 따라 일주일의 마지막 날인 안식일에 보던 예배를 왜 기독교에서는 일주일의 첫 번째 날인 일요일에 드리는 것으로 바꾸었을까?

당시 콘스탄티누스황제는 기독교와 미트라교에 양다리를 걸치고 두 종교의 통합을 꾀했다. 그가 주도한 325년 니케아종교회의에서 태

---

* 허헌구, 《성경의 비밀과 영의 비밀》, 한솜미디어, 2012.

양의 날인 일요일을 부활절로 성수하도록 결의했다. 안식일을 제7일 토요일에서 일주일이 시작되는 첫째 날 일요일로 옮기려는 공식적인 시도였다. 명분은 그리스도의 부활이었다. 그래서 처음에는 예배일로 서의 일요일 성수가 아니라, 부활을 기념하는 날로서의 일요일 집회를 공식화한 것이다.

이를 통해 콘스탄티누스는 로마제국의 2대 종교, 곧 태양신을 숭배하는 사람들과 기독교도들을 일요일로 묶어서 단일종교로 융합해보려는 야심찬 종교정책을 시도했다. 그는 이 정책의 성공을 위해 자신도 기독교로 개종할 것을 선포했다. 또 니케아공의회에서 유대교를 '신의 뜻으로부터 이탈'로 규정하고 유대인을 이교도로 선언함으로써 반유대주의의 문을 열고 안식일도 토요일에서 일요일로 바꾸는 계기를 마련했다.

그 무렵 초기기독교 영지주의자들은 예수는 '공의의 태양Sol Juvictus' 임으로 로마인들이 믿는 '불패의 태양Sol Invictus'인 미트라와 같은 신이라는 동신이명同神異名을 주장했다. 이들로부터 소위 '일요일 신성론'이 제기되었다. 그 뒤 343년 사르디카회의에서 일요일 신성론을 부각시키면서 '태양의 날'이었던 일요일 명칭을 '주님의 날'로 개칭했다. 그리고 365년 라오디게아종교회의에서 기독교 예배일을 정식으로 안식일에서 일요일로 바꾸었다.

유대교 박해가 본격적으로 시작되다 ——

하지만 부작용도 나타났다. 미트라교도 등 많은 이교도가 기독교로 몰려들었다. 이제 기독교 신자만 되면 사회적 출세 길이 넓어지면서 여러 특권도 누릴 수 있게 되었다. 교회는 세금감면과 징집면제을

해주었고, 기독교인은 세상 법정에서 재판받지 않고 교회법에 의해
교회법정에서 재판받았다. 신자가 폭증하면서 교회는 거대화, 이교도
화하기 시작했다. 교회가 거대해지자 유대인 박해도 거세졌다.

이후 콘스탄티누스황제는 삼위일체를 부정하는 유대교가 해롭다
고 보았다. 그는 329년 기독교인들의 유대교 개종을 금했다. 그리고
유대인의 기독교인 노예소유도 금했다. 황제는 어머니 헬레나와 더불
어 유대교의 본거지인 이스라엘 땅을 아예 기독교화하는 운동을 벌
였다.

기독교가 로마제국의 종교가 되면서 이제 예수의 죽음에 대해 로
마인들을 비난하기 어렵게 되자 그 화살이 너무나도 쉽게 유대인들
에게 돌아갔다. 유대인 박해가 본격적으로 시작됐다. 이후 기독교 후
손들은 유대교인들이 예수를 죽였다고 굳게 믿었다.

콘스탄티누스, 로마를 기독교 도시로 만들려다 실패하다 ——

콘스탄티누스황제와 어머니 헬레나는 예루살렘에 교회를 세우고
기독교 전파에 노력했다. 황제는 로마를 기독교 도시로 만들기로 했
다. 그는 기독교를 공인한 후 베드로가 십자가에 거꾸로 매달려 순
교한 네로황제의 전차경기장 자리였던 바티칸에 성 베드로 대성당을
건축했다.

가톨릭 신자들은 베드로의 시신이 성전 제대 아래 묻혀 있다고 여
기는 까닭에 옛날부터 역대 교황의 시신을 제대 아래에 안치했다. 성
베드로 성당은 15세기 말 아비뇽 유수기에 비워두는 바람에 관리가
소홀해 노후해져서 16세기에 미켈란젤로에 의해 지금의 형태로 재건

축되었다. 그리고 황제는 원로원에 기독교를 권했으나 거절당했다. 이로써 로마의 기독교 도시화는 좌절되었다.

로마제국, 330년 수도를 비잔티움으로 옮기다 ——

당시 인구 1백만 명의 로마를 기독교화하려다 실패하자 황제는 아예 동방의 비잔티움을 개조하여 새로운 기독교 도시를 만들었다. 이무렵부터 로마는 제국의 중심으로서의 지위를 잃었고 밀라노와 라벤나로 이탈리아반도의 정치적, 경제적 중심이 옮겨졌다. 그 뒤 로마는 성 베드로 대성당을 갖고 있는 로마가톨릭교회의 중심지로서 역할을 맡게 된다.

콘스탄티누스는 비잔티움을 자신의 종교 도시로 대대적으로 개조했다. 원로원 등 로마에서처럼 공공건물을 지어 '새로운 로마Nova Roma'로 불렸다. 그러나 사람들은 그 이름보다 황제의 이름을 따라 '콘스탄티누스의 도시'라는 뜻으로 콘스탄티노폴리스(콘스탄티노플)이라고 불렸다. 또 확장되는 로마제국을 효율적으로 통치하고 기독교 도시가 로마제국의 중심도시가 되도록 330년 수도를 아예 로마에서 교통과 해상교역의 요충지인 비잔티움으로 옮겼다.

정치혁신과 황제권 강화를 통해 로마제국의 중흥을 꾀하기 위해서였다. 비잔틴시대가 시작될 무렵 콘스탄티노플은 로마와 닮아 있었다. 비잔틴은 기독교 국가였고, 그래서 도시 안에는 기독교의 상징물들이 세워지기 시작했다. 도시의 건설자 콘스탄티누스황제는 성 소피아 성당 건설에 착수했다.

성 소피아 성당

농노제의 실시와 유대인 박해

천도 이후 콘스탄티누스는 다양한 법령을 통과시켰다. 기독교 성
직자에게는 세금을 부과하지 않는 법령 제정뿐 아니라 사유재산 소
유를 승인했다. 훗날 이로 인해 제국은 재정난에 시달리게 된다. 잔인
한 십자가형을 금지하고 교수형으로 대신했다. 도축업과 제빵업 등
은 대대로 직업을 계승하도록 했다. 이후 직업을 대대로 세습하는 관
습은 중세까지 계속되었다.

또 토지를 빌려서 농사하는 소작농들을 농노로 바꾸는 법령을 제
정했다. 농노제의 시작이었다. 이는 당시 시대 상황에서 영주가 성을
쌓아 외침을 막고, 농민을 보호하고, 생산력 유지를 위해 농민을 땅
에 붙잡아 두는 것이 불가피했기 때문이다. 하지만 소작농은 영주의
땅을 빌려 농사짓는 종속된 삶으로 인해 사실상 영주의 노예나 마찬
가지여서 이를 '농노'라 불렀다. 농노들은 이동의 자유가 없어 영주
의 땅을 벗어나면 안 되었다. 중세 장원경제의 기초가 이때 놓여졌다.

337년 황제가 죽자 그를 기려 비잔티움의 이름을 콘스탄티노플로 바꾸었다.

그 뒤 왕위를 계승한 콘스탄티누스 2세는 유대인의 기독교 노예 소유금지령을 이교도 노예로까지 확대했다. 이는 유대인의 경제활동, 특히 농업에서의 퇴출을 의미했다. 당시는 노예경제시대였다. 유대인의 법적지위에도 제약을 가했다. 그리고 유대인과 기독교도 사이의 혼인도 금했다. 어길 경우 사형에 처했다. 기독교 성직자들은 공공연히 반유대인 설교를 하면서 무리로 하여금 유대인들의 예배장소를 파괴하도록 선동했다. 황제는 수도를 옮기면서 성당 건설경비 등을 위해 로마에서 금을 대량으로 가져갔고 이는 로마제국 재정의 부실로 이어져 화폐경제 붕괴를 가속화시켰다.

크리스마스의 유래 ——

12월 25일은 원래 미트라교 태양신의 탄생일이었다. 당시 로마제국에 널리 퍼져 있던 미트라교 태양신 숭배자들은 일 년 중 낮의 길이가 가장 짧은 동짓날 태양신이 태어났다고 믿었다. 그 이유는 동지 이후로 태양이 떠있는 낮의 길이가 점점 길어지는 것을 태양신이 태어나 힘이 강해지는 것으로 여겼기 때문이다. 그들은 이날 전후로 로마 전역에서 대규모 축제를 벌였는데 이때 농경신 사투른에게 농신제도 같이 올렸다.

그 무렵 세력이 강화되기 시작한 기독교는 예수 성탄일을 1월 6일 주현절에서 태양신의 생일인 12월 25일로 옮겨 같이 축제를 벌였다. 크리스마스에 선물을 교환하는 것도 로마 농신제에서 어린아이에게 인형 등 선물을 주었던 것에서 비롯되었다. 크리스마스트리 역시 당시 상록수 숭배사상에 따른 것이다. 신년에 집 주변을 상록수로 꾸미고 악신을 물리치는 의식을 행하는가 하면 상록수에 태양을 상징하는 붉은 열매를 매달아 장식하는 관습이 있었다. 성탄절이 공식적인 교회절기로 교회력에 삽입된 것은 354년 로마 리베리우스교황에 의해서였다.

암브로시우스, 교권을 확립하다 ──

당시 로마 교부는 기독교 공인 초창기여서 전혀 힘을 쓰지 못할 때였다. 오히려 안티오키아 등 소아시아지역 교부들의 세력이 강했다. 이때 교권확립에 최초로 앞장선 교부가 밀라노의 암브로시우스였다. 원래 암브로시우스는 밀라노를 포함한 주변지역의 집정관이었다. 374년 밀라노 교부가 죽자 후계자 다툼이 일어났다. 집정관으로서 중재에 나섰던 그가 오히려 그의 인격을 흠모하던 시민들에 의해 갑작스럽게 교부로 추대되었다. 35살의 젊은 나이였다.

그는 교부가 되고 난 후 강직한 신앙생활을 하며 당시 강력한 황제인 테오도시우스와도 맞서 싸웠다. 390년경 테오도시우스황제는 테살로니키(데살로니가)에서 일어난 교회 소요를 진압하면서 죄 없는 주민들을 학살했다. 불법을 저지른 황제에게 어느 누구도 대항하지 못하고 있을 때, 이 소식을 들은 그는 즉시 황제에게 서한을 보내 테살로니키 학살에 대한 책임을 물었다. 그는 황제에게 공식적으로 참회할 것과 아울러 당분간 교회 출입을 금할 것을 요청했다.

그러나 이러한 요청을 묵살한 황제는 부활절에 측근들을 대동하고 교회로 행차했다. 그러자 암브로시우스는 교회 문을 가로막고 황제가 못 들어오게 했다. 그의 단호한 태도에 테오도시우스는 하는 수

없이 발길을 돌렸다. 황
제는 성탄절에 다시 교
회를 찾았다. 암브로시
우스는 이번에도 입구에
서 황제를 제지하며 그
에게 사죄를 요구했다.
그러자 황제는 결국 굴
복하여 자신의 죄를 용
서받기 위해 미사에 참석
하려 하니 부디 들여보
내달라고 간청했다. 이에

암브로시우스와 테오도시우스황제, 반 다이크, 1620.

암브로시우스는 가벼운 보속을 명하고 교회 출입을 허가했다. 세상
권력이 하느님 법 앞에 무릎 꿇는 순간이었다.

암브로시우스는 로마제국에 대한 충성은 기독교인의 의무라고 여
겼지만, 국가로부터 교회의 독립성만은 최선을 다해 지켰다. 그는 "황
제도 기독교인으로서 교회 안에 있는 것이지 교회 위에 있는 것이 아
니다."라고 강조하면서 하느님의 교회는 사회법보다 교회법을 우선
적용해야 한다고 선포했다. 또한 그는 더 나아가 우상숭배를 완전히
철폐했다. 이 일이 있고서 보편적인 교회의 권위가 황제의 권위보다
더 빛나게 되었다.

테오도시우스,
392년 기독교를 로마 국교로 채택하다 ——

그 뒤 테오도시우스황제는 신실한 기독교도가 되었다. 그는 392년

에 기독교를 로마제국의 국교로 채택했다. 그리스도교가 로마의 국교로 채택된 배경에는 이렇듯 암브로시우스 교부가 주도한 교권의 확대를 들 수 있다.

신약성경이 기록되고 얼마 후인 4세기 초를 고비로 교회에 대한 그리스문화의 영향력이 줄어들자 교회 언어가 라틴어로 바뀌었다. 이를 계기로 4세기 말에는 로마제국의 공식 언어가 그리스어에서 라틴어로 바뀐다. 교권의 확립은 이렇게 로마제국을 명실상부하게 기독교 국가로 바꾸어 놓았다.

395년 로마제국은 동로마와 서로마로 분열되었다. 이후 476년 서로마가 게르만족에 의해 멸망당했다. 비잔틴제국의 관할 아래 있던 예루살렘에 기독교를 믿는 로마인들이 대거 피난 오면서 유대인들의 입지는 더욱 축소되었다. 교황 그레고리 1세는 신학적 입장에서 유대교를 박해했다. 유대인이 회당을 새로 짓는 것을 금했으며 기독교로 개종하지 않은 유대인들을 법으로 차별했다.

동시에 로마제국은 국교인 기독교의 발전을 위해서는 유대교뿐 아니라 이단 종교를 척결할 필요성을 느껴 미트라교를 이단으로 지목하고 무자비하게 박해하며 대대적인 소탕작전에 들어갔다. 이로써 4백여 년간 번성했던 미트라교는 5세기경에 이르러 로마제국에서 자취를 감추었다.

힌두교의 탄생과 성장
─ 400년~800년 ─

● 다신론적 일신교, 그리고 트리무르티

힌두교는 가지각색의 교리와 종파가 있다. 힌두교는 인더스 문명기의 원시신앙부터 브라만교, 불교, 토속신앙을 대부분 포용했기 때문에 다양한 종교의 복합체라고 할 수 있다. 이러한 다른 요소가 섞였음에도 서로 부딪치지 않고 조화를 이룬다는 점은 실로 놀라운 일이다.

일례로 힌두교는 다신교이면서 일신교이고, 일신교이면서 유일신교라 주장한다. 힌두교는 브라만교를 계승한다. 이 때문에 브라만교의 많은 신관神觀과 신화가 이어져 다신교처럼 보인다. 하지만 신들의 배후에 유일한 최고신을 설정하고, 여러 신을 최고신의 다양한 현현으로 통일시키고 있는 점에서 일신교라 볼 수 있다. 또 힌두교에는 기독교의 삼위일체와 같은 교의가 있다. 이른바 '트리무르티', 즉 '세 개의 형상'이라는 뜻이다. 경북대 철학과 임승택 교수는 이렇게 설명한다. "이것은 브라흐마, 비슈누, 시바의 '삼신일체설'에서 잘 나타난다. 최고의 실재인 브라흐마는 창조자로, 비슈누는 유지자로, 그리고 시바는 파괴의 신으로 신봉된다. 이들은 유일신의 세 측면으로 해석된다. 이러한 관념은 하나의 신이 다양한 신격이나 모습으로 나타나는 인도 고유의 '화신化身 사상'과 결부되어 있다. 이와 같은 화신 사상은 여러 부족이나 다른 계급의 신들이 서로 융합할 수 있는 이론적 근거가 된다.["]

● 임승택, 《초기불교 94가지 주제로 풀다》, 종이거울, 2013.

● 모든 종교는 사실 하나다

힌두문화는 본질적으로 합일을 지향하되 종교의 상대성을 인정하는 문화이다. 힌두교가 최종목표로 삼는 '해탈' 사상에도 이러한 속성은 잘 드러나 있다. 영원한 정신적 자유를 뜻하는 해탈은 모든 존재의 다양성을 인정하는 동시에 그 모든 것이 하나라는 것을 깨달을 때만 얻어질 수 있다. 이른바 '범아일여' 사상이다.

힌두교도들에게 가장 사랑받는 경전인 바가바드기타에는 "어떤 신이든지 진실하게 헌신적으로 받드는 것은 모두가 바로 최고의 절대자인 크리슈나를 섬기는 것이다."라는 구절이 있다. 다시 말해 힌두교뿐 아니라 기독교, 이슬람교 등 모든 종교의 절대자는 궁극적으로 동일한 존재라는 것이다. 이처럼 힌두 사상의 본질은 다른 종교의 '다름'을 인정하며, 그 모든 것을 동일한 하나로 여기는 것이다.

불교를 극복한 브라만교,
힌두교로 태어나다

기원전 3세기~기원후 3세기 사이 불교와 자이나교의 등장과 융성
으로 브라만교는 위기의식을 갖고 토착신앙과 불교를 흡수해 힌두
교로 변신을 꾀한다. 힌두교는 인격신을 내세워 서민들이 친근하게
여기도록 했고 새로운 경전을 펴내 일상생활 규범을 확립했다. 이러
한 변신에는 불교, 특히 대승불교의 영향이 컸다. 이 시기에 새로 등
장한 경전이 마누법도론과 바가바드기타이다.

시대적 배경 ——

중앙아시아에 근거지를 둔 아리안계 유목민족 월지족이 침공해
들어와 알렉산드로스대왕이 남겨두고 간 그리스 잔존세력을 정복

하고 세운 나라가 '쿠샨왕조'(30~375)이다. 중국은 이들을 '월지국'이라 불렀다. 한나라의 외교관 장건이 흉노에 대한 원한을 내세우며 동맹을 맺으러 오지만 월지국이 이를 거부한 사실은 유명하다. 쿠샨왕조는 종래의 불교를 그대로 인정해 이를

굽타왕조

발전시켰으나 이들의 쇠퇴로 불교 또한 세력이 꺾였다.

반면에 4세기 초에 등장한 북인도의 굽타왕조는 쿠샨인과 샤카인, 투르크인과 같은 이민족을 몰아내고 북인도를 통일하는데, 이때부터 굽타왕조에서 민족의식이 싹트기 시작했다. 그들은 브라만교를 토대로 민속신앙과 불교를 흡수한 힌두교를 민족종교로 내세웠다.

인도 역사상 황금시대라 불리는 이 시기에 정치적으로 왕정제도가 확립되었고, 정치적 안정을 바탕으로 상업의 발전과 더불어 문학, 예술, 종교 등 모든 분야가 절정을 이루었다. 이 시대는 문학과 예술의 발전 못지않게 과학과 천문학, 수학, 기하학을 발전시켰으며 지구의 자전을 밝혀냈다. 천문학에 기초한 인도의 수학은 최초로 '0'의 개념을 발견하고, 마이너스의 개념도 발전시켰다.

그뿐만 아니라 종교적으로는 종래의 브라만교가 자기개혁을 통해 힌두교라는 이름으로 다시 인도의 중심종교로 등장한다. 이로써 힌두교는 우주의 창조주 브라흐마, 우주의 유지자 비슈누, 그리고 창조를 위한 파괴자 시바, 세 신을 주로 섬겼다. 힌두교는 동시에 그 신들은 하나의 초월적이고 절대적인 유일신의 세 가지 현현이라는 '삼신

일체 신앙'을 갖는다.

힌두교도들의 일상생활에 마누법도론이 영향을 끼친 것도 굽타왕
조부터였다. 또한 산스크리트어로 쓰인 마하바라타와 그 부속서 바
가바드기타가 힌두교 경전이 되었다.

마누법도론 ──

우파니샤드가 내 안에 있는 브라흐만을 깨닫는 것을 가르친다면
마누법도론은 법에 충실할 것을 가르치는 실천적인 책이다. 이 마누
법도론 안에 사상제도가 있어 우리가 잘 아는 브라만, 크샤트리아,
바이샤, 수드라 계급이 나오며 현재까지 이어지고 있다. 마누법도론
에서는 각자 계급마다 나온 곳이 다르다며 계급을 정당화하고, 계급
의 역할을 충실히 따를 것을 요구한다.

이제 인도종교사에서 경전을 신의 계시(슈르티)로 보는 시대는 지나
고 인간이 저술한 종교서적(스므르티)으로 보는 시대로 진입했다. 이러
한 새로운 문헌 중에 기원전 3세기~기원후 3세기 사이에 생긴 마누
법도론은 인도인들의 실제 종교생활에 가장 큰 영향을 주었다. 모두
12장으로 구성된 이 경전에는 삶의 문제를 구체적으로 가르쳐주는
교훈으로 가득하다. 이 책에서 특히 중요하게 다룬 것이 '삶의 네 단
계, 삶의 네 가지 목적'이다.

삶의 네 단계

삶에는 네 단계가 있으며, 힌두 사회에서 카스트제도 상류 세 계급
에 해당하는 사람은 평생 이를 실천하라고 가르친다. 첫째는 '학생'
단계로서 8세에서 12세 정도까지 집을 떠나 스승과 함께 살면서 배

다 등 경전을 읽고 배우는 시기이다. 둘째는 '재가자' 단계로서 결혼하고 자식을 기르는 등 사회에서 주어진 임무를 성실히 수행하는 시기이다. 셋째는 '숲속 거주자' 단계로서 자식이 다 자라고 가장으로서 사회에서 할 일이 끝나면 숲으로 들어가 명상도 하고 신에게 제사도 지내며 살아가는 시기이다. 넷째는 본격적인 '출가 수행자' 단계로서 부인과도 결별하고 완전히 속세를 떠나 걸식하며 고행과 명상에 전념하는 시기이다. 이 단계가 카스트제도 3단계 이상에게만 허용된 이유는 수드라나 불가촉천민은 베다를 읽거나 들어도 안 되기 때문이다.

삶의 네 가지 목적

삶의 네 가지 목적은 첫째 즐거움, 둘째 재산, 셋째 의무, 넷째 해탈(목샤)이다. 놀라운 것은 즐거움과 재산을 인생에서 추구할 정당한 목표로 인정했다는 점이다. 심지어 카마수트라라는 문헌은 성적 쾌락

카주라호 성애 사원, 80여 가지 남녀 교합상이 있다.

을 포함해 삶의 즐거움을 누리는 방법을 자세히 가르쳐준다. 카마는 '성性의 신'을 일컫고 수트라는 '기술'을 말한다. 성행위도 기도형식의 하나로 그 방법이 80여 가지나 있다. 그러나 즐거움과 부가 인생의 전부가 아니고 결국 사회에서 자신에게 주어진 임무를 다하고 궁극적으로는 해탈하는 것을 최종목표로 삼는다.

실존철학자 키르케고르는 인간의 삶에는 세 단계가 있다고 했다. 탐미적 단계와 윤리적 단계, 그리고 종교적 단계이다. 인간은 '순간적 쾌락'을 추구하는 탐미적 삶을 통해서, 그리고 윤리적 이상의 실현을 통해서 궁극적 만족을 얻으려 하지만, 결국 '신앙의 도약'을 통해 종교적 실존의 단계에 이른다는 것이다. 이는 마누법도론에 나온 '즐거움 추구→재산 추구→사회적 의무 이행→종교적 해탈' 생각과 비슷하다. 마누법도론은 사람이 일생 동안 해야 할 일을 구체적으로 적시하고, 이를 성실히 지킬 때 이상적인 삶이 가능하다고 가르친다.

마하바라타와 바가바드기타 ——

힌두교는 특이하게도 서사시라는 문학작품을 경전으로 삼고 있다. 마하바라타가 바로 그렇다. 전통적으로 베다는 하층민들의 손이 닿을 수 없는, 심지어는 들을 수조차 없는 고귀한 경전으로 받들어져온 반면 서사시는 하층민들도 쉽게 접할 수 있는 대중 경전이다. 마하바라타는 '바라타족의 전쟁에 관한 대서사시'라는 뜻으로 기원전 400년 경에 정리되기 시작하여 서기 400년경에 완성되어 음유시인들의 낭송을 통해 전승되었다.

● 오강남,《세계 종교 둘러보기》, 현암사, 2003.

줄거리는 기원전 1000년경 인도 북쪽에 살던 바라타족의 한 갈래인 쿠루족과 판두족 사이에 전쟁이 일어나 18일 동안 싸운 끝에 판두족이 승리한다는 이야기다. 그러나 막상 전쟁에 관한 부분은 5분의 1도 안 되고 신화와 전설을 비롯해 종교, 철학, 도덕, 사회제도에 관한 이야기가 주를 이룬다.*

마하바라타 18권 중 제6권 일부분이 인도의 종교사와 철학사에서 가장 영향력

바가바드기타

이 큰 바가바드기타이다. 내용상으로는 하나의 독립된 경전이다. 바가바드기타는 그 이전의 모든 종교사상이 함축되어 있으며 또 이 책에서 그 이후의 모든 종교사상이 나왔다고 해도 과언이 아니다.

'신의 노래'라는 뜻의 바가바드기타는 18장 700구절로 된 서사시 형식을 띠고 있다. 원래는 마하바라타의 일부분이었다가 경전에 포함되면서 독립되었다. 힌두교에서 종파를 초월해 가장 널리 읽히는 경전이다.

인도의 국부로 추앙받는 간디는 바가바드기타의 해설서를 썼으며, 바가바드기타의 가르침을 인생관의 바탕으로 삼아 죽을 때까지 이

---

* 김장호, '힌두교는 종교가 아닌 또 하나의 우주', 〈샘이 깊은 물〉, 2003. 3.

를 곁에 두고 읽은 것으로 유명하다. 랄프 에머슨, 올더스 헉슬리, 헤르만 헤세, 칼 융 같은 서양의 유명한 소설가와 학자들도 바가바드기타를 자신의 삶과 작품에 반영했다. 특히 영국 작가 올더스 헉슬리는 바가바드기타를 "영원을 이야기하고 있는, 세상에서 가장 빛나는 경전"이라고 찬양했다.

이 책은 비슈누 신의 현현인 크리슈나 신과 아르주나 왕자가 나누는 이야기이다. 왕자가 적과 대치하고 있는 전장에서 전쟁을 해야 할지 말아야 할지 갈등할 때 크리슈나 신이 그를 설득해 전쟁을 하도록 하는 과정을 담았다. 우리 안의 두 본성인 선과 악 사이에 벌어지는 전쟁을 기술하고 있다.

바가바드기타는 신에게 헌신하는 '신애信愛'가 종교생활에서 가장 중요하다는 것을 강조하는 경전이다. 아르주나 왕자와 그의 전차장 쌈자야가 등장해 싸움터에서 적을 앞에 두고 이야기를 시작한다.

같은 씨족 간의 싸움이므로 전장 저편에 있는 사람들을 다 안다. 모두 친척이다. 아르주나는 어떻게 친척을 죽일 수 있는가 하고 고민한다. 쌈자야는 아르주나가 크샤트리아계급의 무사라는 사실을 상기시키며, 무사는 무사의 의무를 다해야 한다고 설득한다. 이렇게 시작한 대화는 결국 인생과 우주에 관한 모든 문제를 다룬다.

나중에 전차장은 비슈누 신의 현현인 크리슈나였음이 밝혀진다. 크리슈나는 금욕생활, 요가 수행, 법과 의무의 충실한 수행 등 해탈(목샤)에 이르는 여러 방식을 이야기한다. 그중 헌신과 경배를 통한 신애의 방법이 많은 사람에게 최선의 방법이라고 강조한다. 이 대화 속에 마음, 물질, 카르마, 요가, 명상, 지혜, 깨달음, 윤회, 삶과 죽음 등 인류가 품어온 거의 모든 의문과 답이 들어있다.

그는 다음과 같이 선언한다. "신애로써 나를 공경하는 사람들, 그들은 내 안에 있으며 나 또한 그들 안에 있다." 그뿐이 아니다. 더욱 놀라운 사실은 신애를 통해 심지어 태생이 천한 사람, 여자, 바이샤, 노예계급 수드라도 지고의 목표에 이른다는 것이다.

실로 놀라운 복음이었다. 지금껏 여자나 하층계급으로 태어난 사람은 이번 생에는 구원에 도달할 수 없고 오로지 선업을 쌓아 다음 생애에 더 좋은 상태로 태어나는 길밖에 없다고 생각했는데, 바가바드기타에서는 이들이 크리슈나를 경배하고 사랑하면 구원받을 수 있다고 보장한 것이다. 이것은 인도종교사에서 중요한 전환점이 되었다. 이는 사실 불교의 영향을 받은 것으로 보인다. 불교는 이미 기원전 6세기에 해탈할 수 있는 능력을 성별이나 계급에 따라 구별하지 않고 만민평등 사상을 가르쳤다.

또 한 가지 놀라운 점은 비슈누 신이 인간을 사랑해서 필요할 때마다 여러 모양으로 변신해 이 세상에 나타난다는 화신(化身, 아바타르) 사상이었다. 이는 힌두교에서 아주 중요한 사상이다.

바가바드기타가 이렇게 관심을 받는 것은 오늘날 전 세계에 퍼진 요가와 관련이 깊다. 원래 요가는 육체운동뿐 아니라 명상을 통해 진리에 이르는 수행법이었다. 요가는 특정한 자세를 통해 몸과 마음을 수련하여 정신적으로 초월적 자아와 하나 되어 무아지경, 혹은 삼매경의 상태에 도달하는 것을 목표로 한다.

바가바드기타는 다양한 요가의 형태를 통해 이야기를 풀어낸다. '행위의 요가'에서 시작하여 '신애의 요가', '지혜의 요가'를 거쳐 해탈의 길을 제시한다. 힌두교는 요가 수행을 통해 신과 합일하여 해탈할 수 있다고 믿는다. 베다나 우파니샤드와 달리 서민의 삶 속에서 호흡해온 대중들의 경전 바가바드기타는 인도의 모든 계층과 다양한 문화를 하나로 묶는 공통분모로 오늘날 힌두교의 살아 있는 경

전이다.[•]

구나, 인간의 세 가지 기운 ——

바가바드기타는 인간이 육체라는 이기적 욕망의 한계에 갇혀 있는 한 그 눈으로 보고 느끼는 세상은 진짜가 아니며, 이 세계 너머의 진짜 세계는 '브라흐만'이라고 한다. 이때 진짜 세계를 알아볼 수 있는 것은 눈이 아니라 자신의 이기적 욕망을 분별해내는 마음인데, 이를 '아트만'이라고 한다.

바가바드기타는 사람들이 진짜 세계를 볼 때 나타나는 차이를 '구나'라는 용어로 설명한다. 구나는 쉽게 말하면 기질이다. 차분한 사람, 활동적인 사람, 화를 잘 내는 사람 등 사람마다 기질이 다르기 때문에 진짜 세계를 보는 데도 차이가 생긴다는 것이다. 바가바드기타는 기질, 곧 구나가 다음과 같은 세 가지 기운으로 구성된다고 설명한다.

삿트바 : 밝고 순수하며 평화로운 기운
라자스 : 욕망과 집착에서 생기는 격정적인 기운
타마스 : 무지에서 비롯된 어두운 기운

세 기운은 균형 상태와 불균형 상태를 오간다. 세 구나가 균형을 유지할 때는 현상적인 우주 전체가 가능성 상태로 존재하지만, 힘의 균형이 깨지는 순간 마음이 다양한 양상으로 전개된다.^{••}

• 오강남,《세계 종교 둘러보기》, 현암사, 2003.
•• 한혜정,《바가바드기타, 흔들림 없는 믿음으로 찾아가는 삶의 진리》, 풀빛, 2018.

구원의 세 가지 길을 가르친 경전 ——

힌두교의 다양성 때문에 외부인이 이를 이해하기란 쉽지 않다. 구원의 문제만 보더라도 다른 종교들과는 달리 다양한 방법이 있다. 바가바드기타는 구원에 이르는 길을 크게 세 가지로 제시했다. 1) 지혜(깨달음)의 길, 2) 행위의 길, 3) 헌신의 길이다.

인간이 살면서 아무런 보상을 바라지 않고 행위하며 삶에 충실하기는 어렵다. 또한 그 행위가 올바른 것인지 늘 성찰해야 한다. 그렇다면 결과에 대한 집착과 기대 없이 옳은 행위를 하려면 어떻게 수행해야 하는가.

바가바드기타가 오랫동안 수많은 사람에게 사랑받은 까닭은, 이에 대한 수행방법으로 '요가'를 제시한 데 있다. 바가바드기타는 계급이 낮은 사람이건, 다른 종교를 믿는 사람이건, 그동안 어떤 삶을 살았건, 누구나 깨달음을 통해 진리에 다다를 수 있다고 가르친다. 이는 카스트제도의 계급사회에서 획기적 사건이었다.

현대인에게 요가는 건강관리나 스트레스 조절을 위한 운동법으로 알려져 있지만, 바가바드기타에서 요가는 브라만과의 합일을 체험하는 초월적인 의식 상태를 말한다. 요가는 깨달음을 얻은 궁극적인 상태 또는 그 상태로 나아가기 위한 명상법이나 수련방법을 가리킨다.

바가바드기타는 다양한 종교에서 실천하는 어떤 수행방법이든, 모두 진짜 세계를 보기 위한 방법이 될 수 있다고 말한다. 굳이 종교적 방법이 아니어도 마찬가지이다. 그러면서 일상에서 행할 수 있는 세 가지 요가 방법을 제시한다.

즈나나(지혜) 요가, 카르마(행위) 요가, 박티(신애, 신에 대한 사랑) 요가가 여기에 속한다. 즈나나 요가는 집착에서 벗어나 포기 상태에 도달하기 위해 정신을 갈고닦는 수련, 카르마 요가는 집착에서 벗어나 완전한 포기 상태에 도달하기 위해 다르마를 충실히 수행하는 수련, 박티 요가는 행위의 결과에 대한 집착을 버리고 자신의 노력이 가치가 있음을 믿고 신에게 헌신하는 것을 말한다. 세 요가는 각각 따로 존재하는 것이 아니라 구원에 이르기 위해 서로 이어져 있다.

크리슈나의 가르침은 다음의 3가지 요가(노력, 행위, 방법)로 요약된다.

즈나나 요가(지혜의 요가)

'깨달음의 길' 또는 '명상의 길'이라고도 하며, 올바른 지혜를 통해 번뇌로부터 해방되는 방법에 대한 가르침이다. 인간이 완전한 포기를 달성하기 위해서 행위에 대한 집착을 버리되, 이유와 목적을 항상 인식하면서 지혜로운 마음을 가지도록 노력해야 한다. 즈나나 요가는 지혜로운 마음을 갖기 위해 경전 공부나 명상을 통해서 정신을 갈고닦는 것을 말한다.

고통의 원인이 나我와 나 아닌 것非我을 구별하는 분별심에 있다는 것을 깨닫고, 범아일여, 곧 나와 우주만물이 같은 뿌리라는 근원적 지혜를 깨달음으로써 구원에 도달하는 것을 목표로 한다. 이는 우주와 자아의 합일을 꾀하는 것으로, 우주의 실재와 순수자아를 꿰뚫어보는 통찰과 직관을 통해 해방과 자유에 이른다는 우파니샤드를 근거로 하고 있다.

카르마 요가(행위의 요가)

개인에게 주어진 다르마를 충실히 이행하는 것이 구원에 이르는 첩경이라는 가르침이다. 행위를 하면서도 그 굴레에서 벗어날 수 있는 수행방법으로 행위의 결과에 대한 집착을 버리면 행위에 속박되지 않

3부 유일신 시대

고 그 결과에도 영향을 받지 않는다. 완전한 자유에 이르려면 이 훈련을 통해 완전한 포기 상태에 도달해야 한다.

이렇게 자신에게 주어진 각종 다르마를 충실히 이행하고, 그 결과에 집착하거나 헛된 욕망을 품지 않는 것만으로도 목샤(해탈)에 도달할 수 있다고 한다. 출가수행을 기반으로 하는 우파니샤드의 한계에서 벗어나, 보편적인 구원의 가능성을 열었다는 점이 획기적이다.

박티 요가(신애의 요가)

어느 특정한 신에 대한 지고한 사랑과 헌신, 그로 인해 신으로부터 받는 은총을 통해 구원에 이른다는 가르침이다. 행위의 결과에 대한 집착을 버리고, 지혜로운 마음을 가지기 위한 자신의 노력이 가치가 있음을 믿고 헌신하는 것을 말한다. 신분에 관계없이 신에 대한 사랑과 헌신으로 구원될 수 있다는 개방된 길을 제시했다. 유일신교의 구원관과 유사하지만, 율법 등 특정한 형식윤리를 따지지 않기 때문에 더 폭넓은 관점이라 할 수 있다.

세 길 모두 자아를 극복함으로 새 사람이 되게 한다는 점에서 공통성을 가지고 있다. 사람마다 타고난 기질과 사고력, 감성이 다르므로 각자 맞는 방법이 있다. 이성적이고 사고력이 강한 사람은 즈나나 요가, 활동성이 있는 사람은 카르마 요가, 감성이 풍부한 사람은 박티 요가가 적합할 수 있다. 그러나 사고력, 활동성, 감성은 누구나 가지고 있으니, 세 가지 요가는 한 방향을 가리키고 함께 이루어져야 한다. 이러한 3가지 요가는 서로 상충되거나 별개가 아니며 근원적 진리에 이르는 융합과 통섭이 가능한 길이다.

하지만 실행하기에는 상대적으로 어려운 길과 쉬운 길로 나뉜다.

깨달음의 길은 어려운 길이라 소수에게만 가능하다. 일반인이 가장 많이 따르는 길은 신에게 전적으로 헌신하는 신애의 길로 인도인 대부분은 이 방법을 따른다. 바가바드기타는 어려운 전통 힌두 사상을 누구나 접근할 수 있는 보편종교로 재탄생시킨 위대한 작품이다.*

● 한혜정,《바가바드기타, 흔들림 없는 믿음으로 찾아가는 삶의 진리》, 풀빛, 2018.

탈무드와 마하바라타

___

유대교의 탈무드에 비견되는 힌두교 경전이 바가바드기타가 포함된 마하바라타이다. 그래서 힌두교에서는 마하바라타를 탈무드처럼 경전으로 존중한다. 탈무드가 '위대한 학문'이라는 의미인 것처럼 마하바라타도 '위대한 인도의 역사'라는 뜻을 갖고 있다.

마하바라타는 오랜 세월에 걸쳐 구전되던 내용을 정리·보완하여 4세기경 완성되었는데, 이는 탈무드의 완성 시기인 4~6세기와 거의 비슷하다. 마하바라타는 탈무드처럼 전쟁 이야기 이외에도 인물, 신화, 전설, 우화, 철학, 율법, 역사, 도덕, 의학, 과학, 문학, 교훈담, 지혜서, 제례의식, 축제, 민간전승 등을 담은, 인도인의 삶을 규율하는 백과사전식 경전이다.

여기에 더해 탈무드가 토라의 내용을 뒷받침하듯, 베다 경전의 내용과 힌두교 기본교의인 다르마(法, 자연의 법칙), 카르마(業, 행위), 해탈, 인과응보, 열반, 범아일여 사상, 윤회 사상 등 수없이 많은 이야기를 정리해 놓았다.

마하바라타는 총 250만여 단어로 이루어진 방대한 학문인데 이는 공교롭게도 250만여 단어로 이루어진 탈무드와 분량에서도 비슷하다.●

● 허현구,《성경의 비밀과 영의 비밀》, 한솜미디어, 2012.

힌두교, 대중화에 성공하다

힌두교 발전의 다섯 단계 ——

힌두교에는 다른 종교에서 찾아볼 수 없는 특징이 있다. 다른 종교를 배척하기보다는 이를 포용하고 융합하려 한다는 점이다. 힌두교 역사의 실질적인 출발점이 되는 브라만교는 그 이전 인더스문명의 종교를 포용했다. 이후 힌두교는 인도에서 기원한 다양한 종교를 모두 포괄하고 있다. 따라서 5천 년 역사의 힌두교는 인도 종교들의 발달사를 모두 포함하는 개념이다. 세상에서 가장 오래된 종교이다.

힌두교 역사를 다섯 단계로 나누어 볼 수 있다.

첫 번째는 브라만교 시대,

두 번째는 브라만교에 대한 반발로 탄생한 불교 시대,

세 번째는 불교 영향으로 브라만교가 개혁을 받아들이고 토속신앙을 흡수하여 힌두교로 변신한 시대,

네 번째는 인격신 비슈누와 시바를 숭배하기 시작한 시대,

다섯 번째는 수행법 탄트라, 박티의 유행 시대이다.

인도에서는 1세기부터 3세기까지가 불교의 전성기였다. 그러다 4세기경 반전이 일어났다. 인도가 불교의 발상지임에도 5세기경부터 불교가 쇠퇴했다. 그 이유의 하나는 불교가 기본적으로 인도인의 뿌리박힌 사상인 카스트제도에 반대하고 남녀평등 사상에 따라 승려계급에 여성참여를 허용해 기득권층의 격렬한 반발과 저항을 샀기 때문이다. 또 다른 하나는 대중과 유리된 채 너무 이론적인 학문화의 길을 걸은 것이다.

이후 서민종교인 불교가 쇠퇴하면서 인도인에게는 그들의 성향에 맞는 새로운 종교가 필요했다. 이때 브라만교가 변신을 시도했다. 소나 말 같은 동물을 잡아서 드리던 제사 대신 이를 꽃과 과일로 간소화했다. 그리고 사람이 태어나면서부터 죽을 때까지 만나는 삶의 고비마다 의미를 부여해서 작명식, 돌잔치, 결혼식, 장례의식을 철저히 챙겼다. 낮은 곳으로 더 가까이 다가간 것이다.

다신, 일신, 유일신 ──

힌두교에서는 개인이 자기에 맞는 신을 선택해 믿을 수 있는 자유가 있다. 집단이 개인에게 특정한 신을 믿도록 강요하지 않는다. 대체로 자신이 태어난 가정에 전통적인 '가정의 신'이 있고, 또 그가 속한 마을의 '지방 신'도 있다. 여기에 다시 '자기 자신이 믿는 신'이 따로

브라흐마, 비슈누, 시바.

있을 수 있다. 세 신은 같을 수도 있고, 다를 수도 있다. 이런 의미에서 힌두교는 다신교이다.

하지만 마을이나 부족 등 집단이 수호신을 결정할 때는 여러 신가운데 가장 강하다고 생각하거나 자기들에게 가장 어울리는 신을 선택해 부족의 수호신으로 모신다. 이 경우는 일신교에 해당된다. 다른 신들의 존재를 인정하지만 그 가운데 자기들의 신만을 믿겠다는 것이다. 대부분의 유일신 종교는 이렇게 일신교로 출발했다. 이런 의미에서 최근의 힌두교는 일신교이다. 비슈누파와 시바파가 서로 자기들의 신이 여러 신 가운데 최고신이라고 주장하며 믿고 있기 때문이다.

그러나 힌두교는 또한 여러 신의 배후에 유일신의 존재를 상정한다. 브라흐마, 비슈누, 시바는 동일 신의 다른 모습일 뿐이다. 본래 한몸인 동일한 신이 우주의 섭리를 창조할 때는 브라마 신으로, 우주의 질서를 총괄할 때는 비슈누 신으로, 우주의 질서를 파괴할 때는 시바 신으로 나타난다. 이른바 삼위일체이다. 다른 신들도 유일자, 곧 궁극적인 실재로부터 파생되어 나온 것이다. 이런 의미에서 힌두교는 유일신 종교이다. 결국 힌두교는 다신, 일신, 유일신이 혼재된 종교이다. 어느 무엇이라고 규정할 수 없다. 다양성을 존중하면서도 융합을 지향하고 있다.

삼신 경배 ——

브라만교가 여러 토착종교와 결합하고 기존 불교를 포용하면서 힌두교로 발전했다. 이때 세 신이 부각된다. 첫째는 창조의 신 브라흐마, 둘째는 보존의 신 비슈누, 셋째는 파괴의 신 시바이다. 이 신 중 하나를 믿고 헌신하면 해탈(목샤)에 이를 수 있다고 믿는다.

브라흐마

힌두교 신화에 따르면, 브라흐마는 낮에 43억 2천만 년 동안 지속되는 우주를 창조했으며 밤이 되어 브라흐마가 잠들면 우주는 그의 몸으로 흡수된다. 이러한 과정은 브라흐마의 생애가 끝날 때까지 반복되고 최종적으로는 우주가 '불, 물, 공간, 바람, 흙'의 다섯 요소로 해체된다.

브라흐마는 창조의 신으로 존경받지만 경배하는 사람은 거의 없다. 이런 현상은 여러 종교에서 발견되는 일반적 현상인데, 창조의 신은 창조를 마친 후 일단 전면에서 물러나 잊히는 것이 보통이다. 이런 신을 라틴어로 '데우스 오티오수스'라 한다. 곧 잊힌 신, 소홀해진 신이라는 뜻이다.*

● 오강남,《세계 종교 둘러보기》, 현암사, 2003.

비슈누

브라만교가 힌두교로 변화하는 과정에서 차츰 그 지위가 높아져 으뜸 신으로 숭상받는 신들이 '비슈누 신과 시바 신'이다. 힌두교도 대부분이 비슈누파나 시바파 가운데 하나이다. 그런데 양쪽은 자신들이 섬기는 신을 으뜸으로 보고 다른 쪽을 밑에 둘망정, 서로 배척하지 않는다. 이런 점이 힌두교의 포용적 모습이다.

창조신의 역할을 맡은 브라흐마가 세상을 창조한 이후 뒷방으로 물러나 있다면, 비슈누는 창조된 세상을 살피며 언제나 선이 악을 이기도록 관장하는 평화의 신이다. 세 걸음으로 전 우주를 왕래한다는 비슈누 신은 우주의 질서이자 정의인 다르마를 방어해내고 인류를 보호하는 수호신이다. 그와 동시에 악을 제거하는 정의의 신이자 평화의 신이며, 우주의 질서를 보호하고 유지하는 최고신이다. 그처럼 비슈누는 인간에게 우호적이라 힌두 신들 중 가장 자비로우며 선한 신으로 나타난다. 괴테의 말을 빌리면 "저 깊은 내부에서 우주 전체를 들고 있는" 중요한 신이다.

비슈누 신은 원래는 태양신으로 천계와 하늘, 땅을 날아다니며 인간을 돌보는 신이다. 또 비상시에 세상을 구하기 위해 물고기, 거북, 돼지, 인간, 사자 등 다른 몸으로 변신하기도 하며 신화에서는 크리슈나, 라마 등으로 나타나기도 한다.

비슈누 신은 '온화'와 '자애'를 상징한다. 바가바드기타에는 신에 대한 박티(신애)를 논하는 구절이 있다. 박티는 힌두교 신앙을 이해하는 데 중요한 말이다. 박티는 원래 남편과 아내의 약속 같은 인간 사이의 신애를 가리키는 말이다. 중세 이후에 박티 운동이 일어나 힌두교의 주류를 이루었는데, 이 운동을 주도한 무리가 비슈누 신자들이다. 현재는 비슈누 신자들이 수적으로 시바파를 압도한다.

비슈누의 10화신化身, 구세주 신앙

비슈누의 특징은 화신 사상이라 불리는 구세주 신앙이다. 비슈누는 세상이 혼란할 때 세상을 구제하기 위해 여러(10가지) 모습으로 세상에 등장하는데, 그때그때 상황에 따라 형상이 달라진다. 물고기, 거북이, 멧돼지, 난쟁이, 반인반수, 도끼 들고 있는 파라슈라마, 인도 현군의 대명사 라마와 크리슈나, 그리고 불교 창시자 붓다가 9번째 화신이다. 10번째 화신인 칼키 아바타는 아직 세상에 나타나지 않았는데, 그가 등장할 때 세상은 종말을 맞고 새 세계가 열린다고 한다.

비슈누는 이미 이렇게 9번을 화신(아바타)하여 인류를 악으로부터 구했는데, 여기서 재미있는 사실은 첫 번째 화신 이야기에서 노아의 홍수와 유사한 '홍수 설화'가 나온다는 것이다.

힌두교도들에게 가장 유명한 비슈누의 화신은 7번째 라마와 8번째 크리슈나인데, 이들은 각각 인도의 2대 서사시 라마야나와 그 일부인 바가바드기타의 중심인물이다. 힌두교는 불교의 붓다 역시 비슈누의 화신으로 보면서 불교 사상까지도 함께 아우르고 있다.

마지막 10번째 화신인 칼키 아바타가 다시 인류를 구원하고 정의를 회복시키기 위해 올 것이라는 것은 기독교의 메시아사상과 닮았다. 동서양 종교의 기본적인 모티브가 비슷하다는 점이 흥미롭다.

비슈누의 화신

시바 링가. 남녀 성기를 상징하며 음양의 조화를 추구하는 근원적 실재를 의미한다.

시바

자애의 신 비슈누와 대조되는 시바 신은 파괴의 신이자 죽음의 신이다. 시바가 파괴의 신이면서 경배받는 것은 파괴가 창조를 위한 전제조건이라는 좋은 뜻으로 받아들여지기 때문이다. 특히 많은 고행자나 수행자가 그를 좋아하는 것은 옛 자아를 죽이고 새로운 자아로 태어나는 데 그가 도와준다고 믿기 때문이다. 시바 신은 파괴를 본성으로 하지만, 반면에 자신을 믿고 따르는 이들에게는 은총을 내리고 재생을 돕기 때문에 숭상받는 것이다.

시바를 섬기는 사람들은 시바를 창조의 신, 파괴의 신, 보존의 신을 다 합친 신, 심지어 우주 만물의 궁극 실재 자체라고 믿는다. 시바파는 인간은 무지 때문에 시바와 떨어져 지내는데, 지혜나 신애를 통해 시바와 다시 하나가 됨으로써 해탈에 이를 수 있다고 생각한다. 그래서 시바파 신자들은 시바와 하나 되기 위해 시바의 유일한 상징물인 링가를 소지하며, 신상이나 베다와 브라만의 권위, 제사와 순례 등을 거부하고, 만민평등을 주장한다.•

여신숭배, 샥티교 ──

삼신 이외에도 여신숭배 사상이 강해 '샥티 신앙'이 부흥하고 있다.

• 김장호, '힌두교는 종교가 아닌 또 하나의 우주', 〈샘이 깊은 물〉, 2003. 3.

샥티교 혹은 샥티파는 우주의 여성원리인 샥티와 그 현신인 여신들을 숭배하는 종파이다. 주술적이고 신비한 교의를 담은 탄트라 문헌을 통해 신앙체계로 발전했다. 샥티교는 비슈누교, 시바교와 함께 3대 종파의 하나이다.

힌두교가 발전하는 과정에서 토착 여신들은 주요 3신의 부인 자리에 등극했고, 그러한 밀교적 종교관의 성장 덕분에 세력이 커졌다. 그리고 점차 우주의 창조활동을 하는 생명력으로 격상된다. 이들 여신들은 창조력의 근원이라 할 수 있는 샥티의 다양한 존재형식으로서 여러 형태를 취하고 있다. 지혜를 상징하는 브라흐마의 부인 '사라스와티'와 부와 행운을 상징하는 비슈누의 부인 '락슈미', 파괴와 응징을 상징하는 시바의 부인 '두르가' 혹은 '칼리'가 주요 신앙의 대상이다. 그 밖에 시바의 또 다른 부인 '사티'나 '파르바티'도 생명력의 원천으로서 숭배대상이다. 특히 이들 중 두르가와 칼리의 경우, 일부 지역에서 최고신으로 추앙받는다.

여신들이 인기 있는 이유는, 샥티는 창조에만 관여하는 것이 아니라 모든 변화의 주도자이기 때문이다. 샥티는 '우주적 존재'이면서 또한 '우주적 자유'이기도 하다. 샥티의 여러 형태 중 가장 중요한 것은 신비한 영적 에너

물소 악신을 파괴하는 두르가

지인 '꾼달리니 샥티'로서의 모습이다. 이는 우주의 탄생과 수호, 파괴 그리고 은총과 해탈을 관장하는 지고의 존재 내지 근원적 실재로 간주되어, 오히려 남편인 시바보다 더 중요한 신앙의 대상이 되고 있다.

바가바드기타의 요가 수련을 통한 해탈 ——

베다는 너무 엄격한 제례의식 위주이고, 우파니샤드는 너무 형이상학적이라 서민들에게는 좀 더 보편적인 방식이 필요했다. 그것이 바가바드기타가 설파한 요가수련에 의한 해탈이었다.

요가Yoga는 산스크리트어로 '결합하다', '묶어두다'라는 뜻으로, 명사로는 '결합', '삼매'(三昧, 해탈, 합일, 정신집중, 열반, 초월, 무아경)의 의미를 갖는다. 이런 관점에서 요가는 수행자가 신의 의지와 인간 의지의 합일, 마음(정신)과 육체의 합일을 목적으로 자아와 우주의 근원을 깨닫는 수행법이다.

요가 수행자, 작자 미상, 17세기.

삼매三昧는 산스크리트어 '사마디(절대자를 아는 상태)'를 한자로 표기한 것이다. 인도의 요가, 불교 등에서 말하는 고요함, 적멸, 적정을 통한 명상 또는 정신집중 상태를 말한다. 보통 독서삼매에 빠졌다고 할 때처럼, 고도의 정신집중으로 매우 고요한 상태이다.

기원전 3000년 전 유물에서 요가 수행의 기본자세인 결가부좌를 한 시바 신상이 발견된 것으로 보아 요가의 기원은 인더스문명에서 비롯된 것으로 추정된다. 요가 수행법은 브라만교의 리그베다와 우파니샤드에 나타나 있고, 불교도 이를 받아들이고 있다. 또 모든 계층이 요가를 할 수 있도록 구상된 힌두교 문헌 마하바라타에도 등장한다.

하지만 요가의 근본경전은 요가수트라로, 서기 400~450년경 고대로부터 전수된 요가 수행법의 모든 것을 정리하고 체계화하여 편찬되었다. 요가수트라의 정의에 따르면, 요가란 마음속에서 일어나는 생각의 흐름을 통제하는 것이다. 인도에서 요가는 우파니샤드시대 이후 모든 종교, 곧 브라만교, 불교, 자이나교, 힌두교 등에서 행해진 공통적인 수행법이다. 이처럼 요가는 본질적으로 인도인 정신생활의 뿌리인 동시에 종교적 실천의 기둥이다. 고대 인도에는 '육파 철학'이 있었는데 그중 하나가 '요가학파'로 요가수트라는 요가학파의 근본경전이다.

요가 수행은 범아일여적인 깨달음을 궁극적인 목표로 참된 자아인 '아트만'과 우주적인 실재인 '브라흐만'이 하나라고 자각하는 것이다. 이런 관점에서 요가는 육체적이고 정신적이고 영적인 종합훈련이다.

힌두철학에 의하면, 절대자를 아는 상태 '사마디'와 영혼의 자유 상태인 '목샤'에 도달하는 길은 요가를 수행하는 것이고 요가 수행을 하기 위한 준비작업이 힌두철학을 공부하는 것이다.

탄트라, 삶의 즐거움을 긍정하는 실천철학 ——

7세기경 힌두교 내에서 베다의 엄격한 제식주의인 브라만교에 반대하는 모신숭배 종파가 나타났는데, 그들의 경전이 탄트라이다. 탄트라는 '지식, 요가, 예절, 실천'의 4부로 구성되어 있다. 난해한 베다에 비하면 서민의 민속신앙을 흡수해 평이해졌으며 더구나 카스트제도 밖의 불가촉천민계급까지 포함시켰기 때문에 인도 전체에 퍼졌다. 또한 불교에도 영향을 미쳐 밀교의 융성을 촉진했다.

탄트라는 윤회, 카르마, 해탈 등 힌두교 교리를 계승하고 있지만, 우주론에서는 입장이 조금 다르다. 탄트라에 따르면 우주는 남성성의 상징이자 궁극적 실재인 '시바'와 여성성의 상징이자 활동력인 '샥티' 두 모습으로 드러나며, 모든 창조활동은 양자의 결합을 통해 시작된다. 곧 시바와 샥티의 결합이 창조활동의 근원이며 그중 모신인 샥티의 활동성과 창조력에 더 주목한다.

그렇다보니 탄트라는 성력性力이 곧 창조력이라고 믿는다. 두르가 여신을 숭배하는 집단을 샥티파(탄트라파)라고 하는데, 그들은 여성과 성적 상징, 비밀스러운 비의를 강조했다. 이를 활용한 요가 수행법이 '탄트라 요가'이다. 탄트라는 '정신적 지식을 넓힘'을 뜻하는 산스크리트어로, 탄트라 요가는 대우주와 소우주, 곧 '세계와 인간이 본래 하나'라는 인도 전통사상의 실천운동이다. 일반 종교에서는 인간의 육체를 더럽고 고통스러운 것으로 간주하는 경향이 있지만 탄트라에서 육체는 신이 거주하는 사원이자 해탈을 위한 신성한 도구이다. 이 때문에 탄트라 요가를 통한 해탈은 관념적 명상이 아닌 육체를 활용해 그 경지를 추구하는 것이다.

탄트라는 7~12세기에 유행한 힌두교 신비주의 종파의 하나로 탄

탄트리즘을 보여주는 카주라호 사원의 조각

트라 지식이 은밀한 입문식을 통해 스승에게서 제자에게로 전수된다
는 점에서 불교에서는 이를 밀교라 한다.

탄트라는 시바 신과 그의 아내 샥티의 성적합일에 의해 우주가 만
들어졌다는 범아일여 사상을 음양의 원리, 곧 '남성원리(시바)'와 '여성
원리(샥티)'의 합치라는 이해하기 쉬운 형태로 설명한다. 이는 중국의
음양오행 사상과 유사하다. 탄트라는 고행주의 전통과는 달리 인간
의 성을 억압하지 않고, 오히려 성적 에너지를 우주 에너지가 구체화
된 것으로 보고 이 에너지를 사용해 영적 완성을 달성하려 한다.

탄트라의 기원은 분명치 않지만 5세기경으로 본다. 7세기에 이르
러 상층계급 사이에 널리 퍼졌고 7~12세기 사이에 절정기에 이르러
오랜 기간 힌두교 대중화에 기여했다. 탄트라가 추구하는 궁극의 목
표는 모든 제약을 초월해 절대자유의 경지에 도달하는 것이다. 탄트
라는 해탈의 목표를 고행이나 금욕이 아닌 성 에너지를 우주의 창조
력이 구체화된 것으로 이해하여 그 힘을 최고의 신비체험을 달성하기
위해 사용한다. 곧 성교를 통해 해탈을 달성할 수 있다고 제시함으로

써 성을 구원의 수단으로 삼았다.*

탄트리즘 수행법의 특징 ——

당시 카스트제도의 엄격한 사회에서 초고차원적인 우파니샤드의 범아일여 사상을 통한 깨달음은 지식이 짧은 서민들에게는 이해하기조차 힘들었다. 그러던 차에 서민들도 손쉽게 접근할 수 있는 새로운 방식의 수행 방법이 제시된 것이다. 그중에서도 서민들의 주목을 받은 것이 탄트라 경전에 근거한 탄트리즘이었다. 그리고 해탈을 위한 실천으로 제시된 것이 성력숭배와 성생활에 관한 것이었다. 정통 브라만교에서는 도저히 받아들일 수 없었던 것들이나 이해하기 쉽고 실천하기 쉬운 점 때문에 민중의 마음을 사로잡았다.

탄트리즘은 해탈에 이르는 어렵고도 지난한 과정을 대중들이 쉽게 이해하고 따라할 수 있도록 명상 시 소리와 그림 등을 활용했다.

삼매에 도달하려는 밀교적 수법에는 구밀(口密: Mantra, Dharani), 의밀(意密: Mandala), 신밀(身密: Mudra)의 세 가지가 있다. 구밀은 신에게 바치는 소리를 통해서, 의밀은 배열한 부처 그림을 통해서, 신밀은 몸가짐을 통해 삼매에 이르고 해탈하려는 것이다. 소리를 이용해 삼매에 도달하려는 구밀에는 진언Mantra과 다라니Dharani라는 주문이 있다. 진언은 다라니보다 비교적 짧은 주문이고, 대개 옴Om, 나무Namo, 훔Hum으로 시작해 사바하svaha로 맺는다. '영원한 소리'라는 '옴' 한 글자 속에 천 가지 진리가 들어 있다고 한다. 일정한 음성과 음률을 가진 주문을 소리 내어 외우면 그 음성과 음률에 몸이 반응하게 되는

● 류경희, 《인도의 종교와 종교문화》, 서울대학교 출판문화원, 2013.

수행법이다.

진언(만트라)은 성스러운 소리이다. 뜻이 없는 순수한 소리로 우주의 파동이며, 내면 깊숙한 소리이다. 진언의 유래는 리그베다에서 "수리 수리 마하수리 수수리 사바하"의 '사바하'가 처음 사용됐으며 '옴'은 우파니샤드에

'옴'을 형상화한 영적인 상. 힌두교의 상징으로 쓰인다.

서 사용되던 진언이다. '진리를 깨닫는 소리'인 '옴'은 아트만과 브라흐만을 가리킨다. 온갖 교의는 이 한 소리에 들어있다. '옴'은 암송, 기도, 각종 의례, 요가와 같은 명상과 영적활동 중에 행하는 신성한 영적 주문이다.

여기서 유래한 것이 불교의 '옴 마니 반메 훔'이란 육자진언이다. 이 주문을 외면 모든 죄악이 소멸되고 모든 공덕이 생겨난다고 한다. 천수경 해설을 보면, 이 산스크리트어 주문은 하늘세상을 뜻하는 '옴', 아수라를 의미하는 '마', 인간을 뜻하는 '니', 짐승을 의미하는 '반', 아귀를 뜻하는 '메', 지옥세계의 제도를 의미하는 '훔'으로 구성되어 있다. 일체의 복덕 지혜와 모든 공덕, 덕행의 근본을 갈무리한 진언이다. 네팔과 티베트에서는 이 진언을 1백만 번 외우면 성불할 수 있다는 믿음이 있다.

탄트라 요가 ──

탄트라 경전은 우주만물을 창조하는 시바와 그의 부인 샥티의 성

력을 숭배하고 있다. 시바는 우주 만물의 근원인 씨앗을 창조하지만 정작 우주 만물을 낳는 것은 샥티라는 이야기이다.

시바 신은 보통 남성 성기 모양의 '링가'라는 상징으로 표현되는데, 이는 우주를 창조하는 남성적 원리를 뜻하며, 그 파트너 샥티는 우주 만물을 낳는 여성적 원리를 의미한다. 두 원리는 애초 하나였으나 둘로 분리되면서 진정한 세계가 아닌 환영의 세계가 창출되었다는 설명이다. 외향성과 내향성이 합일을 이루면 이런 분열에서 초월하여 해탈에 이른다는 논리를 수행의 요체로 삼고 있는 것이 탄트라이다.

탄트리즘(샥티즘)에서 샥티는 '신성한 힘'이라는 뜻으로, 우주 전체를 관통하여 흐르고 있다고 여기는 우주의 원초적 활동에너지를 지칭한다. 그들은 '우주 원초 에너지'인 샥티를 '지고자Supreme Being'로 숭배한다. 그들은 남녀 성교 시에 일어나는 엑스터시를 통해 육체의 특정 부위에 위치한 차크라를 각성시키는 방법으로 수행을 하면 더 빨리 해탈에 이를 수 있다고 보았다.

차크라

샥티파는 인체에 흐르는 기의 존재를 믿었다. 차크라는 우리 인체에 흐르는 기(에너지)의 흐름이 교차하는 마디이다. 그들은 인체에는 이 마디, 곧 에너지 센터가 6개 있다고 보왔다. 그리고 머리 위 정수리에 남성원리 시바가 자리하고 있다고 생각했다. 정신분석학자 칼 융은 차크라를 정밀하게 발달된 '정신적 체계, 회음부에서 머리의 꼭대기까지 올라가는 의식이 자리하는 곳'이며 '의식의 다양한 위치에 자리하고 있는 연꽃처럼 생긴 센터'라고 불렀다. 여성원리로서의 생명 에너지인 샥티는 가장 아랫부분에 있는 물라다라 챠크라에 똬리를 튼 채 잠자고 있는 뱀의 모양으로 존재하고 있다. 그래서 이를 잠자는 뱀이라는 의미를 지닌 '꾼달리니'로 부른다. 곧 이 에너지 체계는 평소에는 깨어나지 못하고 잠들어 있다.

이것을 각성시켜 꾼달리니 파워가 차크라를 따라 움직이면 우리 의식이 확장된다. 따라서 꾼달리니 요가의 핵심은 우리 몸에 있는 꾼달리니 파워를 깨우는 것이다. 이 꾼달리니가 궁극적으로 정수리에 도착하면 그곳에 있는 남성원리 시바와 합쳐져 절대 신과의 합일을 경험하면서 지극한 희열의 상태에 이른다는 것이다. 이렇게 탄트라는 남녀의 성적결합을 통해 남녀분리 이전의 원초적 상태로 복귀함으로써 해탈을 경험할 수 있다고 보았다. 탄트라 수련은 성의 탐닉을 가르치는 것이 아니다. 핵심은 성교의 에너지를 머리로 끌어올려 얻는 절대적 엑스터시를 통해 궁극적으로는 성을 초월해 영적 기쁨을 맛보자는 것이다. 그들은 정액을 방출하지 않고 기의 흐름을 역류시켜 머리 쪽으로 상승시킨다면 우주의 근원에 도달할 수 있고 열반의 길이 열린다고 믿는다. 이것이 탄트라 수행의 정수이다.•

• 류경희, 《인도의 종교와 종교문화》, 서울대학교 출판문화원, 2013.

종교마다 다른 성性에 대한 관점

　일반 종교에서는 인간 육체를 하등한 물질로 보고 그 육체로 인한 욕망을 불경한 것으로 간주하는 경향이 있다. 특히 성性이 그렇다. 하지만 힌두교 특히 샥티교(탄트리즘)에서는 육체를 신이 거주하는 사원이자 해탈을 위한 신성한 도구로 본다. 그래서 탄트라 요가에서는 성을 통해 해탈에 이르는 수행법이 개발된 것이다. 반면에 한 뿌리의 동양종교인 불교에서는 성에 대한 욕망은 극복하거나 절제해야 되는 대상이다.

　이런 현상은 서양종교에서도 마찬가지이다. 초기기독교 사상을 이끌어온 아우구스티누스조차도 "출산 목적이 아닌 성관계는 죄"라고 주장했다. 그래서 종교적 의미가 있는 날에는 성관계를 죄악시하는 경향이 있다. "목요일은 그리스도가 잡히신 날이기 때문에, 금요일은 그리스도가 십자가에 못 박히신 날이기 때문에, 토요일은 동정녀 마리아의 영광을 위하여, 주일은 그리스도의 부활을 생각하며, 월요일은 박해받고 숨져간 모든 영혼에 대해 경의를 표하는 뜻"에서 성행위가 금기시되었다. 이런저런 종교적 이유로 섹스를 금지하는 날이 많아 1년에 섹스가 가능한 날이 며칠 되지 않았다. 이를 위반하면 사람들 앞에서 고해성사를 해야 했다. 이는 나중에서야 비밀 고해성사로 바뀌었다. 심지어 중세 기독교에서는 자위행위조차도 처벌의 대상이었다. 이러한 기독교의 성에 대한 부정적 사조는 현대에까지 영향을 미쳐 성은 감추어야 할 그 무엇이 되고 말았다.

　반면에 기독교의 뿌리인 유대교는 성을 신의 창조물로 이해하고 하느님이 주신 성스러운 선물로 받아들인다. 신이 이브에게 잉태를 많이 하여 번성하라고 명한 것으로 보아 성행위는 권장할 일이지 죄가 아니었다. 따라서 모든 '일'이 금지된 안식일에 유일하게 하느님을 기쁘게 할 수 있는 일이 부

부간의 성행위이다. 그만큼 성을 성스러운 행위로 인정하는 것이다. 그로 인한 잉태는 신의 선물로 인식되어 피임을 하지 않았다. 고대로부터 유대인이 자녀가 많은 이유이다.

하지만 유대교와 기독교를 본떠 만든 이슬람교는 라마단 등 경건하게 지켜야 할 금식시간 중에는 성행위가 금지된다. 성생활을 불경하게 보는 것이다. 종교마다 성을 바라보는 관점이 다르다.

힌두교 대중화를 이끈 박티 신앙 ——

또 다른 힌두교 신비주의 신앙은 바로 '박티 신앙'이다. 그들은 박티 요가를 통해 자기가 좋아하는 신과 합일을 이루면 해탈할 수 있다고 가르친다. 박티는 산스크리트어로 '애착', '헌신', '경애'를 뜻하며, 특정 신을 택해 그에 대한 헌신과 사랑을 통해 해탈을 추구한다. 박티 신앙은 베다 전통의 제식주의와 우파니샤드 전통의 사변론과는 달리 일신교적 성격이 강하며, 힌두교 대중화에 결정적 기여를 했다. 비슈누교, 시바교, 샥티교 등 거의 모든 종파에서 이를 수용하고 있다.

박티 신앙의 요체는 바가바드기타를 통해, 구원에 이르는 3가지 길 중 하나인 '박티 요가'의 형태로 제시되었다. 박티 요가는 신에게 열렬한 애정과 봉헌을 바침으로써, 그 신과 합일을 이루어 해탈에 도달할 수 있다는 관점이다. 대중에게는 엄격한 제식주의와 형이상학적인 사변론에서 벗어나 보다 보편적인 구원의 길이 열린 것이다.

6, 7세기경 바가바드기타가 널리 전파되면서, 박티 요가의 가르침은 토착신앙과 결합해 발전했다. 그 중심에는 신에 대한 사랑을 노래한 음유시인 성자들이 존재했다. 그들은 난해한 산스크리트어 대신, 타밀어나 텔루구어와 같은 이해하기 쉬운 토착언어를 사용해 신에 대한 사랑을 표현했으며, 이를 통해 박티 신앙의 대중화를 이끌었다.

박티 신앙에서는 특정 신에게 사랑과 헌신을 바치고, 그로부터 은총을 받아 구원에 이른다는 점을 강조한다. 여기서 말하는 사랑과 헌신은 브라만교에서와 같이 제사 대상을 향한 숭배가 아니라, 어떠한 대가도 바라지 않는 순수한 동기와 사심 없는 마음을 전제로 한다. 이러한 입장은 전형적인 일신교 신앙이다. 이는 상대적으로 이해하기 쉽고 수월한 형태의 수행을 추구하기 때문에 힌두교의 대중화에 지대한 공헌을 했다.

박티의 대상이 되는 신에는 제한이 없으므로 어떤 신을 숭배하는지는 문제되지 않는다. 인도이슬람제국시대에 힌두교에서는 박티 신앙이 가장 유력해졌으며, 오늘날에도 큰 영향력을 미치고 있다. 현재 박티 신앙은 비슈누교, 시바교, 샥티교 등 주요 종파의 일반적인 체제로 흡수되어 보편적 구원관으로 자리 잡았다.

힌두교와 브라만교의 차이, 요가 수행법 ——

힌두교와 고대 브라만교의 차이점이 있다면, 브라만교가 베다에 근거하여 희생제를 중심으로 하며 신전이나 신상 없이 자연신을 숭배한 데 비해 힌두교는 신전과 신상이 있으며 인격신이 신앙의 중심이 된다는 것이다. 또한 신불神佛에 산 제물을 바치는 공희를 반대하여 육식이 금지되었다.

브라만교가 제례의식 위주에서 우파니샤드를 거치면서 범아일여의 합일 사상을 통한 해탈을 추구했다면, 힌두교는 이를 바탕으로 하되 카스트계급에 상관없이 누구나 참여할 수 있는 요가 수행법 등으로 해탈을 추구함으로써 대중화에 크게 성공했다.

힌두교의 특성, 다양성과 포용성 ——

인도인들은 '신은 모든 생명체 안에 수많은 형태로 나타난다'고 믿는다. 그래서 힌두교는 하나의 원칙에만 집착하지 않고 상황에 따라 새로운 개념을 끊임없이 수용했다. 곧 다양성과 포용성이 그들 종교

안에 녹아 있다.

힌두교의 또 다른 특징은 과거에 대한 존중이다. 새로운 문화와 마주치면 이를 받아들이면서도 전통 믿음을 견지하기 때문에 세대가 거듭되면서 힌두 사상은 자연스럽게 확장되었다. 한마디로 포용하면서 진화하는 종교이다.

특이하게도 인도에서는 불교, 자이나교, 시크교조차도 힌두교의 한 분파로 보는 시각이 지배적이다. 불교의 석가모니는 아예 비슈누 신의 화신으로 보고 있다. 자이나교는 독자적인 신과 규율을 고수하면서도 힌두교 경전이나 신을 일부 받아들였다. 시크교는 아예 힌두교와 이슬람교가 합쳐져 생긴 종교이다.

힌두교는 그 핵심 사상이 범아일여인 만큼 우주의 원리와 자신을 성찰하는 내면적 종교로 진화했다. 이들은 깨달음을 통한 해탈을 위해 모든 욕망과 집착을 버리고 육체를 통제하는 강한 정신력을 갖게 될 때 진리를 깨달을 수 있다고 믿는다.

오늘날 인도는 헌법적으로 만민평등 사회이다. 그럼에도 인도인의 일상생활에서는 힌두 카스트식 불평등과 신분질서가 실질적 밑바탕을 이루고 있다. 아이러니다. 현재 인도의 최대 종교는 힌두교로 인도인의 80퍼센트가 믿는다. 반면 불교신도는 전체 인구의 0.8퍼센트인 8백만 명에 지나지 않는다.

브라만교와 불교와 힌두교의 결합, 앙코르와트

———

브라만교와 불교, 그리고 힌두교가 결합한 대표적인 건축물이 캄보디아의 앙코르와트사원이다. 앙코르와트 입구에 황색가사를 걸치고 네 팔을 지닌 거대한 부처가 우뚝 서 있다. 힌두교 3대 신 가운데 하나인 비슈누의 화신인 부처이다. 9세기 초에 크메르왕국을 연 자야바르만 2세는 정통 브라만 의식을 고집하는 독실한 힌두교 신자로, 브라만식 제례를 드릴 수 있는 브라만교 사원을 지었다. 당시 크메르족은 왕과 왕족이 죽으면 그가 믿던 신과 합일한다는 신앙을 가졌기 때문에 왕은 자기와 합일하게 될 신의 사원을 건립하는 풍습이 있었다. 앙코르와트는 자야바르만 2세가 브라만교의 비슈누와 합일하기 위해 건립한 브라만교 사원이었다. 그 뒤 역대 왕들의 종교에 따라 사원 일부가 불교 사원으로 교체되거나 불교 색채가 가미되었다.

12세기 자야바르만 7세는 불교를 중흥시키면서도 힌두교를 포용한 왕이었다. 앙코르와트가 브라만교 신전이라면, 그가 지은 앙코르톰은 거대한 왕궁이었는데 그 중심에 바이욘 불교 사원을 세웠다. 3층의 중앙 성소와 열여

앙코르와트사원

압사라

유해교반

섯 공간마다 불상을 모시고 56개의 탑 사면마다 관음보살을 새긴 명백한 불교 사원이지만 왕은 조성 당시부터 힌두교를 적극 수용해 회랑의 벽에는 거대한 힌두 신화가 새겨져 있고 기둥마다 압사라가 춤을 춘다. 압사라는 힌두교 신화와 불교 신화에 나오는 구름과 물의 여자 요정이다.

앙코르톰 남문은 힌두 신화의 유해교반(乳海攪拌, 우유바다 젓기) 내용을 담았다. 다리 양쪽에 선신과 악신이 도열하여 머리가 일곱 개 달린 뱀 나가를 안은 채 영생의 묘약을 얻기 위해 우유바다를 휘젓고 있다. 이렇듯 브라만교와 불교와 힌두교는 서로 포용하며 공존하는 한 뿌리의 종교이다.*

● 구미래, '힌두교를 품은 불교', 〈불교신문〉, 2015. 3. 11.
　송위지, '캄보디아 불교의 역사와 현황', 〈불교평론〉, 2017. 3. 2.

III

이슬람교의 탄생과 성장
—500년~1500년 —

이슬람교만큼 빠르게 성장한 종교는 없었다. 무함마드 생전에 이미 아라비아반도를 통합했다. 그의 사후 20여 년 만에 페르시아제국과 소아시아에 이르는 방대한 지역을 정복했다. 이슬람교가 탄생한 지 90년 만에 북부 아프리카를 거쳐 스페인까지 정복했다. 그 뒤 인도 펀자브에서 유럽 피레네산맥까지, 사마르칸트에서 사하라사막까지 이르는 대제국을 건설하는 데 걸린 시간은 '움마 공동체'를 만든 지 불과 100여 년이었다.

　지금도 이슬람교의 증가속도는 가파르다. 이런 추세라면 2065년에 기독교를 제치고 세계 제1의 종교가 된다고 한다. 현재 세계 47개국에 18억 명의 무슬림이 있다. 이슬람은 '신의 뜻에 절대 복종한다'라는 의미이고, 무슬림은 '복종하는 사람'이란 뜻이다. 신정일치의 이슬람교가 복종을 토대로 강한 결속력을 갖는 이유이다.

　그런데 이슬람교의 증가속도가 왜 이렇게 가파른 것일까? 이슬람교의 어떤 매력이 사람들을 끌어들이고 있는 것일까?

　이 질문에 답하기 전에, 유대교의 공동체정신을 떠올려보자. 세계경제를 움켜쥔 유대인의 힘은 그들의 공동체정신, 곧 단결력에서 나온다. 그들은 2500년 이상 뿔뿔이 흩어져 디아스포라 공동체생활을 해오면서 박해와 학살 등 수많은 고난의 형극을 이겨내고 지금의 위치에 이를 수 있었다.

　무함마드는 유대교와 기독교의 장점을 본떠 이슬람교를 만들었다. 참고로 그가 만나본 당시 기독교는 예수의 단성론을 주장하는 네스토리우스파의 기독교였다.

　그 뒤 무함마드는 유대인 디아스포라 공동체와 똑같은 유형의 '움마 공동체'를 만들어 어려운 시기를 이겨내고 세력을 확장할 수 있었다. 움마 공동체가 지향하는 정신이 바로 '형제애와 평등정신'인데, 이는 전적으로 유대인 공동체의 체다카·미슈파트와 동일한 정신이다. 움마의 중심에는 피보다도 강한 무슬림 '형제애'와 인종과 성별과 계급을 초월한 '평등사상'이 자리잡고 있다.

움마 공동체는 마지막 쌀 한 톨까지 나누어 먹으며, 인종, 성별, 국적 등일체의 차별을 하지 않는다. 유대인의 디아스포라는 유대민족 중심의 공동체라 배타적이다. 하지만 움마 공동체는 개방적이다. 믿음만 있으면 누구나 공동체의 일원이 될 수 있다. "알라 이외에 신은 없고 무함마드는 신의 사

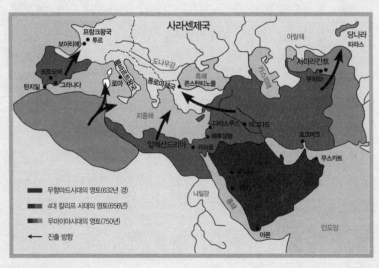

사라센제국

자다."라고 암송하는 순간 누구나 형제가 되고 움마의 성원이 될 수 있었다. 이를 반긴 것은 사회적 약자인 힘없는 서민과 소외계층이었다.

사막의 척박한 환경 속에서 아랍부족들은 툭하면 이웃 부족을 약탈하거나 전쟁을 벌였다. 그런 호전적인 부족들을 하나로 묶어 움마 공동체로 만든 이가 무함마드였다. 공동체정신이 이들을 순한 양으로 변모시켜 한우리에 살도록 했다. 이후 움마가 이슬람의 원형이 된다.

게다가 이슬람은 정치 등 일상생활에 완전히 녹아 있는 신정일치의 사회 구조다. 이슬람교는 단순한 종교가 아니라 하나의 총체적 시스템이다. 더구나 이후 움마는 형제애적인 신앙공동체이자 이슬람교의 메시지를 전파하는 사명을 지닌 신도들의 공동체란 의미로 사용됐다.

형제애와 평등정신으로 똘똘 뭉친 움마 공동체와 신정일치 성격의 강한 종교적 지도력이 이슬람교 성장의 비결이다.

이슬람교는 어떻게 탄생되었나

이슬람교의 출현 ——

이슬람교의 창시자 무함마드(마호메트)는 코끼리의 해인 570년 메카에서 꾸라이쉬 부족 하쉼 가문의 유복자로 태어났다. 그는 아브라함(이브라힘)과 하녀 하갈 사이에서 태어난 이스마엘(이스마일)의 후손이다. '무함마드'는 아랍어로 '찬양을 받는'이라는 뜻이다.

그가 태어날 당시 아랍세계 사막에서의 삶은 편할 날이 없었다. 무함마드 이전에는 통일된 아랍어도, 아랍인이라는 민족 개념도 없었다. 떠돌이 유목민이다 보니 사람들은 자기 종족 이외에는 아무 책임의식이 없었고, 부족마다 숭배하는 신이 달랐다. 그들은 대개가 유목민으로 낙타와 양떼를 몰며 옮겨 다니는 삶을 살았다.

이러한 궁핍한 생활은 그들을 공격적으로 만들어 부족 간에 물 때

설교하는 무함마드

문에 싸우는 경우가 많았고 이는 피의 복수를 불렀다. 부족의 구성원들은 자기 부족을 위해 싸우는 것을 명예로 여겼다. 거래와 약탈이 혼재해 카라반(대상) 못지않게 도적떼가 출몰하는 것이 사막의 생존환경이었다. 그들은 용맹, 충성심, 관용 등 남성다운 태도와 여행자와 손님에 대한 환대 등을 으뜸가는 미덕으로 여겼다. 한편으로는 정령숭배 토속신앙으로 미신이 생활화되어 있었다.

무함마드는 어린 나이에 부모를 여의고 할아버지의 보살핌으로 자라다가 할아버지마저 돌아가시자 나중엔 작은아버지 집에서 성장한다. 그는 가난하여 교육을 제대로 받지 못했으나 예의 바르고 착한 성품이라 사람들은 그를 신뢰하고 사랑했다. 그는 일상 속에서 매사에 호기심을 갖고 지식을 흡수하고 지혜를 깨우쳐 뛰어난 지성과 통찰력을 갖고 있었다.

그가 살던 메카는 대상로의 요지로 옛날부터 유대인 상인들이 살았다. 또 마리아의 신격화를 반대하며 예수의 신성과 인성을 구분하는 '이성설'을 주장하다 에페소스공의회에서 이단으로 몰려 쫓겨난 네스토리우스파 기독교인들이 로마가톨릭의 탄압을 피해 그곳에 살고 있었다.

열두 살 때 무함마드는 작은아버지를 따라 대상의 일원으로 시리아에 가 그곳에서 유대교와 기독교를 접한다. 일설에 의하면 그곳의 기독교 성직자가 그를 보고 예언자가 될 상이라 했다. 그는 유대교와 기독교 교리에 푹 빠져들었다.

당시 아라비아반도 주위의 유대교나 기독교는 미신과 우상숭배에 젖어있는 아랍인들에게 새로운 종교였다. 아라비아반도 남부의 예멘에는 1세기부터 유대교가 서서히 전파되어 5세기 말에 이르러서는 왕이 유대교로 개종할 정도로 번성했다. 메카와 마찬가지로 북쪽의 메디나(야스립) 역시 일찍이 로마제국의 박해를 피해 피난 온 유대인들과 네스토리우스파 기독교도들로 인해 그들 종교의 교리가 중동 전역에 퍼져 있던 상태였다.

6세기 후반 비잔틴제국이 약해지고 중앙아시아에서는 파르티아를 대신해 사산조 페르시아가 등장하면서 치열한 전쟁이 시작되었다. 이 전쟁으로 상인들이 기존의 사막길을 사용할 수 없자 아라비아반도를 통해 오갔는데 이 새로운 교역로의 중심지가 바로 메카였다. 메카에는 유대 상인들을 필두로 여러 민족의 상인과 더불어 여러 종교가 들어왔고, 무함마드는 장사를 하며 이들 종교를 접했다.

무함마드가 청년이 되었을 무렵, 메카에는 하디자라는 부유한 미망인이 살고 있었다. 그녀는 죽은 남편이 하던 장사를 맡아 관리해줄 사람을 구하고 있었다. 그러자 조카인 튜지마가 나서서 그의 친구 무함마드를 추천했다. 그 뒤 무함마드는 대상의 책임자가 되어 팔레스타인에도 자주 가게 되는데 사업 파트너인 기독교도와 유대인을 통해 그들의 신앙관과 관습, 그리고 하느님 경배 방법을 알게 된다. 그러면서 점차 아랍 대중의 우상숭배를 바꾸어야겠다는 생각과 어떻게 민족을 구원할 수 있을까 하는 고민에 사로잡혀 사색과 명상을 계속했다.

그러는 동안에 하디자가 무함마드에게 호감을 갖게 되어 두 사람은 결혼한다. 25세에 15살 연상인 하디자와 결혼한 후 둘 사이에 2남 4녀가 태어났는데, 다 요절하고 파티마라는 딸이 하나 남았다. 무함마드는 메카에서 으뜸가는 부자가 되었다. 그러나 그는 사치스러운 생활에 빠지지 않고 오히려 메카 부근의 히라 동굴에 들어가 단식을 하며 인생의 진리를 찾기 위해 사색과 명상에 잠기기를 즐겼다.

무함마드의 중재 ──

35세가 된 그가 명상을 계속하던 605년, 홍수로 부서진 카바 신전 재건을 놓고 이해가 충돌해 꾸라이쉬 부족 사이에 극심한 분쟁이 일어났다. 그것은 어느 부족이 신성한 검은 돌을 다시 제자리에 갖다 두는 영예를 얻을 것인지에 관한 것이었다. 다툼이 일어나려고 하자 한 원로가 해결책을 제시했다. "이 문에 최초로 들어오는 사람의 결정에 따르도록 하자." 사람들은 누가 처음으로 그 문을 통과하는지 지켜보며 기다렸는데 마침 무함마드가 들어오자 모두 '알 아민이다'라며 크게 기뻐했다. 무함마드는 평소 사람들에게 알 아민, 곧 정직하

검은 돌 옮기는 문제를 해결하는 무함마드

고 신뢰가 깊은 사람이라고 불렸는데, 이는 그의 정직함과 고상한 인품 때문이었다.

무함마드는 무슨 일이 일어났는지 알고서 크고 튼튼한 천을 가져오라고

부탁했다. 그는 천 위에 신성한 검은 돌을 올려놓고 네 부족 대표에게 천의 한 귀퉁이를 각각 잡고 들어 올리라고 했다. 이렇게 그 자신도 돌을 제자리로 옮기는 데 함께하면서 이 일로 말미암아 일어날지도 모를 싸움의 위험을 종식시켰다. 사람들은 그의 지혜에 모두 감탄을 금치 못했다. 그 뒤 사람들은 그를 지혜와 중재의 달인으로 칭송했다.

알라의 계시 ——

15년의 긴 세월 동안 명상과 수행의 시간을 보낸 그는 마침내 610년 9월, 나이 40세에 히라산 동굴에서 사색하고 있을 때 첫 계시를 받는다. 밤의 적막을 깨고 "읽어라." 하는 소

예언자로 부름을 받는 무함마드

리가 들렸다. 무함마드는 몸을 떨며 "저는 읽을 줄 모릅니다."라고 답했는데도 "읽어라." 하는 소리가 세 번이나 더 들려왔다. 그는 공포심에 움직일 수 없었다. 그가 "무엇을 읽으란 말입니까?"라고 되묻자, 환영은 "읽어라! 창조주이신 너의 주님의 이름으로 읽어라. 그분께서는 한 방울의 정액으로 인간을 창조하셨다. 읽어라. 주님은 가장 은혜로운 분으로 연필로 쓰는 것을 가르쳐주셨으며 인간이 알지 못하는 것도 가르쳐주셨노라."라고 일깨워주었다. 그 순간 갑자기 그는 풀려났다. 동굴 밖으로 나왔는데도 "그대는 하느님의 사자로다." 하는 소리가 들려왔다. 이는 꾸란에서 처음 계시된 다섯 절로, 그 목소

리는 천사 가브리엘(지브릴)의 것이었다.

무함마드는 겁에 질려 집으로 돌아왔고 놀란 나머지 정신이 혼미했다. 무함마드는 부인 하디자에게 "날 좀 감싸주오."라고 말하고는 몸이 불덩이가 되어 방바닥에 쓰러졌다. 그가 부인에게서 겉옷을 받아 입을 때 다시 허공에서, "겉옷을 걸치는 자여! 일어나 경고하라! 네 주님만을 찬양하라! 네 겉옷을 청결케 할 것이며 부정을 피하라!" 하는 소리가 들려왔다.

그가 방금 전 무슨 일이 일어났는지 설명하는 동안 하디자는 남편을 편안하게 해주었다. "나는 나에게 어떤 운명이 닥쳐올지 두렵소."라고 그가 말하자 그녀는 진심으로 이렇게 말했다. "알라에 의해 절대 나쁜 운명이 떨어지지는 않을 겁니다. 알라는 당신을 절대 저버리지 않을 것입니다. 당신은 늘 친척들 모두와 두터운 친분을 유지하고, 가난한 자와 궁핍한 자를 도우며 손님을 후하게 대접하고 불운하고 버림받은 사람들을 도와주었으니까요."

부인 하디자가 그를 진정시키고 토라와 신약성서에 해박한 에비온파 기독교인인 자신의 삼촌 와라까에게 가서 사정을 설명했다. 그날 밤에 벌어진 일에 대해 모두 듣고 난 후 와라까 노인은 주저하지 않고 확신에 찬 말투로 말했다. 그는 무함마드가 만난 것이 천사 가브리엘이며 무함마드는 하느님의 예언자라고 말했다. 하디자는 집으로 돌아와 무함마드에게 삼촌이 말한 것을 알려주고 예언자직을 받아들이라고 했다. 이로써 무함마드는 최초의 무슬림이 된다.

꾸란의 탄생 ──

문맹이던 그는 하느님의 메시지를 받아서 외웠고, 그 뒤 52세가 될

3부 유일신 시대

때까지 계속 환상을 보며 계시를 받았다. 무함마드가 외운 것을 그의 제자 자이드 빈 싸비트 등의 추종자들이 기록하여 책으로 만든 것이 꾸란이다. 알라의 계시는 '읽어라'로부터 내리기 시작했기 때문에 이러한 계시를 묶은 경전을 꾸란이라고 한다. 꾸란은 '읽다'는 뜻을 갖고 있다.

무함마드는 하느님의 마지막 성서인 꾸란을 계시로 받아 이슬람교를 인류에게 전달할 목적으로 선택된 최후의 예언자였다. 이슬람교에서는 신의 계시를 받은 자들을 예언자로서 존경하는데 아브라함, 모세, 다윗, 예수, 무함마드는 모두 여기에 속한다. 이슬람교는 무함마드가 만든 것이 아니라 그에 의해 '알려졌을' 뿐이라는 것이 이슬람의 주장이다.

'이슬람'이라는 말은 '평화롭게 되는 것', 곧 '신에게 귀의하는 것'이라는 뜻이다. 언어학적 어원은 '평화'이고 신학적 의미는 '순종'을 뜻한다. 어원에서 알 수 있듯 창조주의 섭리를 따름으로써 인간이 현실과 내세에서 평화에 이르는 것이 이슬람교의 가장 큰 뜻이다. 이슬람교를 믿는 사람을 '무슬림'이라고 한다. 무슬림이란 '복종하는 사람'이란 의미이다.

이슬람이란 단어 자체가 '평화'를 의미하는 '살람'이라는 아랍어에서 유래된 것으로 역시 평화를 뜻하는 히브리어 '샬롬'과 같다. 두 민족이 형제민족임이 단어에서도 드러난다.

이슬람교의 탄생 ──

무함마드는 2년여의 고민과 망설임 끝에 자기가 받은 계시에 따라 유일신 알라의 종교인 이슬람교를 포교하는 데 나섰다. 그는 우선 아내에게 참된 신, 곧 알라에 대해 알려주었다. 다음에는 11살짜리 사촌 동생에게, 그다음에는 하인에게 설교했다. 그는 가장 친한 친구 아부 바크르와 그의 시종 자이드처럼 주변 사람들로부터 시작하여 613년 공적인 자리에서 가르침을 시작했다.

그 무렵 아랍인들은 많은 장점을 가지고 있었다. 용감하고 관대하고 충직했다. 그럼에도 가벼운 불화나 다툼 때문에 피를 흘리며 싸우고 끝없는 전투에 자주 휘말렸다. 그들은 사회적 약자, 곧 힘없는 자와 고아들, 과부들을 배려할 줄 몰랐고, 빈번한 폭음과 폭언, 폭행을 일삼았다. 남자아이에게만 중요한 지위가 주어졌기 때문에 많은 사람이 여아를 낳자마자 땅속에 묻어버렸다. 이런 악한 행동의 밑바탕에는 다신론과 미신이 깔려 있었다.

무함마드는 당시의 각종 사회적 폐습을 비난하면서 알라는 오직 한 분이라는 것, 심판이 임박했다는 것, 평등과 박애 등 윤리적 삶을

모스크에서 기도하는 무슬림

살아야 한다는 것, 우상숭배를 하지 말아야 하고 영아살해는 살인죄라는 것을 설교했다. 그리고 무엇보다 공동체의 약자를 돌보는 정의를 설교하면서 약한 자의 곤경에 관심을 기울이고 가난한 자를 도우며, 정의를 위해 희생하고 대의를 위해 봉사하라고 가르쳤다.

무함마드는 하느님 앞에서 모든 사람이 평등하다는 평등사상을 설교했으며, 실제로 생활 속에서 몸소 여자를 존중해 남자들과 동등하게 대우했다. 당시에는 간음한 여자나 강간당해 가족의 명예를 더럽힌 여자를 마을 한복판에서 돌로 쳐 죽이는 것이 중동의 오래된 관습이었다. 무함마드는 이런 폐해를 막기 위해 여자가 간음했다는 것을 증명하려면 성인 4명의 증언이 있어야 한다고 정했다. 그리고 이혼할 때도 여자에게 준 것을 도로 빼앗지 말고, 딸에게도 일정한 재산상속을 해주며, 심지어 여자의 의사에 반해 강제로 결혼시키지 말라고 했다. 무함마드는 여성들에게 특별한 지위와 명예를 가져다주었고, 여성들의 권리와 자유를 상상할 수 없을 정도의 지위로 승격시켰다. 무함마드는 "천국은 여러분의 어머니 발아래 놓여 있습니다."라고 말했다. 당시 남성 중심의 오랜 사회관습에서 이러한 일은 실로 파격이었다. 이슬람교가 짧은 시간에 널리 전파될 수 있었던 이유의 하나이다.

그는 절대신 알라에 무조건 순종하라고 경고했다. 그들은 순종을 뜻하는 의례적 동작으로 알라를 향해 몸을 굽혀 이마가 바닥에 닿도록 절하는 예배법을 창안해냈다. 이마를 땅에 대는 것은 신에 대한 겸손한 복종이자 인간의 교만을 비워내는 동작으로 자기정화를 의미한다.•

• 정수일, '천의 얼굴을 가진 위인 무함마드', 〈신동아〉, 2005. 3.

이웃에 대해 선한 것만 이야기하라 ——

그는 차츰차츰 메카 사람들을 신도로 만들어나갔다. 이후로 그는 자신을 하느님, 곧 알라가 보낸 모세나 예수보다 더 위대한 예언자라 했다. 하지만 예언자는 자기 마을에서 자기 씨족들로부터 배척당했다. 그는 친절하고 신앙심 깊은 자로 인식되어 왔는데, 이제는 사람들이 그를 모욕하고 비웃고 심지어 제정신이 아니라고까지 말했다. 이모든 박해를 받으면서도 그는 단 한마디도 나쁜 말로 그들에게 응수하지 않았다. "하느님과 최후 심판의 날을 믿는 사람은 손님을 정성스럽게 대해야 하며, 그의 이웃을 영예롭게 하고 선한 것만을 말해야 하나, 만일 사악한 것이라면 말하지 말고 침묵을 지켜야 합니다."라고 그는 말했다.

이는 공동체 내의 신뢰를 지키기 위한 유대교의 '라숀 하라'와 일맥 상통한다. 유대인들은 자녀가 친구를 사귀기 시작할 때 어떠한 상황에서든 그 누구의 험담도 하지 말라고 가르친다.

메카에서의 고난 ——

무함마드의 설교는 꾸라이쉬 부족 상층계급의 불만과 저항을 야기했다. 꾸라이쉬 부족은 각양각색의 우상을 모신 카바 신전을 찾아오는 순례객이 주 수입원의 하나였다. 그들은 유일신을 설교하는 무함마드의 등장으로 메카로 오는 순례자가 줄어들어 경제적인 손실이 컸다. 무함마드의 추종자들이 늘어날수록 박해는 더욱 심해졌다. 이어지는 박해에 견디다 못한 무함마드는 615년경 2차로 나누어 추종자 아흔여섯 가족을 기독교 국가인 하바셔(에티오피아)에 피신시켰다.

메카 권력자들은 무함마드에 현상금을 걸었다. 그리고 무함마드 가문 하쉼가에 협상을 제의했으나 거절당했다. 그에 대한 보복으로 메카 권력자들은 하쉼 가문과는 일절 계약이나 결혼, 무역거래 등을 하지 않기로 결정했다. 이들은 특히 무함마드의 보호자인 삼촌을 갖 가지 방법으로 회유하고 공갈하여 조카의 전향을 유도했다. 회유와 압력을 견디다 못한 하쉼 가문은 모든 권리를 빼앗긴 채 메카 동쪽 쉬읍 계곡으로 집단 피난길에 올라야 했다.

무함마드가 설교를 시작한 지 10년째 되던 해 그의 삶을 송두리째 뒤흔드는 사건을 겪었다. 619년에 자신의 큰 후원자였던 부인 하디 자가 죽었다. 또한 자신의 방패가 되어주던 삼촌 아부탈립도 그해에 세상을 떠났다.

온갖 냉대와 박해를 받으면서도 무함마드는 결코 절망하지 않고 지혜를 짜내 포교를 이어갔다. 그는 순례의 달인 '금식월'에는 모든 폭력 행사가 금지되는 점을 활용하기로 마음먹고 멀리 북방 4백 킬 로미터 떨어진 메디나(야스립)에서 온 순례자들을 찾아가 설교했다. 뜻밖에도 그들은 흔쾌히 호응해왔다. 메디나에는 만성적인 분쟁에 지 친 아우스 부족과 하즈라즈 부족의 대표들이 있었다. 그들은 무함마 드 같은 성현만이 부족 간의 소모적인 분쟁을 조정, 해결해줄 수 있 으리라고 믿었다. 그리하여 621년 두 부족 대표 12명이 메카 근교 아 까바에 와서 무함마드에게 제1차 '아까바 충성서약'을 했다.

그들은 서약에서 "우리는 유일신만 섬기며, 도둑질을 하지 않고, 간 음하지 않으며, 우리의 자식을 살해하지 않을 것이다. 우리는 중상과 비방을 그만두고, 모든 진리의 예언자에게만 복종할 것이다."라고 선 언하며 무함마드를 중재자로 메디나에 초청해 보호해주기로 약속했

다. 이것은 무함마드의 포교활동에서 하나의 획기적인 사건이었다.[•]

　무함마드는 고통 속에서도 박해와 핍박에 대항하려면 단결력이 강한 종교공동체가 필요하다는 것을 절감했다. 무함마드는 설교 때마다 나보다는 우리를 중시하는 공동체정신과 형제애를 강조했다. 그는 형제애로 똘똘 뭉친 강한 단결력의 신앙공동체를 만들기로 결심했다. 이를 위해 620년 과부 사우다와 자신의 친구 아부 바크르의 딸 아이샤, 둘 모두와 결혼했다. 이때 그의 나이 53살이었고 아이샤의 나이는 불과 9살이었다. 일종의 결혼동맹이었다. 이로써 움마 공동체의 토대가 이루어졌다.

무함마드의 승천(밤의 여행) ——

　무함마드는 천사 가브리엘로부터 23년간 계시를 받았다. 그 기간 중 사랑하던 아내와 삼촌이 죽은 이듬해, 온갖 박해에 시달리며 어려움 속에 있을 때 그는 알라로부터 가장 고귀한 영예를 받았다. 바로 기적의 '밤의 여행'이다.

　어느 날 밤 무함마드가 메카 카바 신전 바로 옆에서 잠을 자는데, 지혜와 믿음을 가득 담은 커다란 금대접이 하늘로부터 내려와 무함마드의 몸을 사정없이 가르고는 그의 심장을 '잠잠zamzam' 샘물로 씻어 지혜와 믿음으로 채우는 꿈을 꾸었다. 잠잠은 아브라함이 아내 사라의 요구에 못 이겨 하갈과 아들 이스마엘을 내쫓았을 때 천사 가브리엘이 나타나 솟아나게 하여 그들의 갈증을 풀어준 것으로 유명한 성천이다. 심장을 세척한 목적은 가장 위대한 신을 영접하기 위한 신

• 정수일, '천의 얼굴을 가진 위인 무함마드', 〈신동아〉, 2005. 3.

성한 준비과정이었다.

이때 지난 10년간 꾸란을 계시했던 천사 가브리엘은 무함마드를 깨워 머리는 사람을 닮았고 두 다리는 독수리의 두 날개를 닮은 '부라끄'라는 백마에 태워 예루살렘으로 데려갔다. 가는 동안 무함마드는 자신이 살았던 메카 등을 내려다보며 그 안에 존재했던 다양한 삶의 형태, 여러 종교를 보았다. 예루살렘에 도

무함마드의 승천

착해 유대교도, 기독교도와 함께 예배를 본 뒤 무함마드는 가브리엘에 이끌려 하늘로 올라갔다.

그곳에서 그는 일곱 천계에서 예언자들을 만나는데 제1천에서는 아담, 제2천에서는 예수와 세례요한, 제3천에서는 요셉, 제4천에서는 에녹(이드리스), 제5천에서는 아론, 제6천에서는 모세, 제7천에서는 아브라함을 만났다.

그리고 그는 하늘 정상에서 한 그루 나무를 보았다. 그 나무는 절대자 알라의 존재를 나타내는데 여기서 무함마드는 신의 임재를 경험했다. 그곳에서 무함마드는 알라로부터 무슬림들이 하루 50번의 기도를 드려야 한다는 명령을 받았다. 무함마드는 횟수가 너무 가혹

하니 하루 다섯 번으로 줄여달라고 간청해 받아들여졌다. 이윽고 깨달음을 얻은 그는 알라로부터 무슬림이 해야 할 예배의 의무에 대해 명을 받는다.

메카로 돌아온 그는 자신이 겪은 바를 지인들에게 말했고, 이는 무함마드가 신의 특별한 예언자라는 점을 그의 추종자들에게 알려주는 증표가 되었다.

세 종교의 성지, 황금 돔 사원 ——

무함마드가 승천한 곳을 기념하기 위해 훗날 예루살렘 성전산에 황금 돔 사원이 세워졌다. 알아크사 모스크다. 원래 이 바위 돔 사원은 믿음의 조상 아브라함이 이삭을 번제물로 바치려던 산이자 솔로몬 성전이 있던 곳이요, 예수가 활동하고 승천한 곳으로 유대교, 기독교, 이슬람교 세 종교 모두의 성지이다. 이슬람교에서는 무함마드가 승천한 곳이라 하여 메카와 메디나와 더불어 3대 성소의 하나로 받들어지고 있다.

성전산에는 아브라함이 이삭을 번제물로 드리려 했던 바위가 있는데 이슬람교에선 이삭이 아닌 이스마엘을 제물로 바치려 했다고 주장하고 있다. 사원 안에 있는 이 바위 때문에 바위 돔 사원이라 불린다.

훗날 다윗왕이 아리우나의 타작마당이었던 곳을 은 50세겔을 주고 샀다. 기원전 950년경 솔로몬이 이곳에 예루살렘 성전을 지어 언약궤를 그 바위 제단 위에 올려놓았다. 그 뒤 성전은 유대인들의 종교적, 정신적 중심지가 되었다. 이곳에 솔로몬이 지은 제1성전이 기원전 586년 바빌로니아에 의해 불타 없어진 날이 유대력으로 아브월(8월)의 9일째 날이었다. 그 후에 헤롯이 성전산을 확장하여 보수해서 세

무함마드가 승천한 곳에 세워진 알아크사 모스크

운 제2성전이 서기 70년 로마의 티투스 군대에 의해 다시 폐허가 되었는데, 그날이 공교롭게도 아브월의 9일째 날이었다. 동일한 날에 폐허가 된 것이다.

이슬람교 전승에 의하면, 무함마드가 이곳 바위에서 하늘로 올라갈 때 바위도 그를 흠모하여 따라가려 했지만, 무함마드를 안내하던 천사 가브리엘이 손으로 바위를 누르며 말하기를 "바위야, 너의 자리는 이곳 세상이다. 예언자 무함마드의 에덴동산에는 네가 있을 자리가 없단다."라고 말했다. 지금도 바위에는 천사 가브리엘의 손자국이 있다고 무슬림들은 믿고 있다.

638년 이슬람이 이곳을 점령해 칼리프 오마르가 예루살렘에 무혈입성하며 이슬람의 관리 하에 놓였다. 그 뒤 우마이야왕조의 칼리프 아브드 알 말리크가 명령하여 691년에 모스크로 개축했고, 8세기에 압둘 말리크와 그 아들이 증축했다. 지붕도 원래부터 황금 돔은 아니었다. 사원의 돔은 원래는 납으로 만들어졌다. 그런데 무게로 인해 무너질 위험 때문에 가벼운 알루미늄으로 교체하면서 1993년 요르단

선왕 후세인이 1500만 달러 상당의 황금 80킬로그램을 사서 0.0023 밀리미터의 금박을 입힌 것이다. 이후로 황금 돔이라 불린다.

성전산은 1948년 이스라엘이 건국된 후에도 요르단의 관할이었으나 1967년 '6일 전쟁' 때 이스라엘이 예루살렘을 점령하면서 이스라엘의 관할이 되었다. 성전이 있었던 장소와 통곡의 벽을 되찾은, 유대인에게는 역사적인 날이었다. 이스라엘 사람들 중 일부 과격파 유대인들은 이슬람교 사원을 없애고 이곳에 유대인의 제3성전을 세워야 한다고 주장한다. 만약 성전 재건이 현실로 일어난다면 제3차 세계대전으로 이어질 수도 있다.

이슬람교의 본질, 움마 공동체

무함마드는 고향 메카에서의 초기 포교에서 다신교와 유일신 신앙의 마찰로 인해 온갖 탄압과 중상 등 많은 우여곡절을 겪는다. 당시 메카는 유대인들과 기독교도들의 영향으로 유일신 사상이 전해졌으나 여전히 다신교를 믿고 있었다. 메카의 카바 신전은 약 360개의 우상을 모시고 있어 다양한 순례자들이 모여들었다.

이에 대해 무함마드는 우상을 철저히 배격하고 이슬람교를 설파했다. 그러나 당시 절대세력을 가진 우마이야 부족 등에게 탄압을 받았는데, 특히 메카의 집권자인 꾸라이쉬족의 박해가 날로 심해졌다. 족장들은 예언자와 그의 추종자들을 강제로 제한된 구역 안에서만 살게 하고, 식량공급을 중단했다. 이 고난은 3년 동안이나 계속되었다.

헤지라(성천) ──

무함마드가 사람들을 불러 모아 유일한 알라에게 순종하라고 외치면 외칠수록, 카바 신전의 제사장들과 부족장들의 격노는 더해갔다. 무함마드를 따르는 신도가 증가하자 씨족들은 위협을 느껴 그를 추방하기로 결정을 내렸다.

목숨의 위협을 받고 있던 차에 그 전해에 충성서약을 한 12명을 포함한 75명의 대표가 다시 와서 무함마드를 야스립(메디나)으로 공식 초청했다. 당시 무함마드는 중재자로 이름을 날릴 때였다. 그들은 야스립에서 무함마드와 추종자들을 보호해주는 대신 도시 내 분쟁을 중재해달라고 제의했다. 당시 야스립에는 11개 부족이 이권다툼을 벌이고 있었다. 무함마드는 그들의 제의를 받아들여 그곳으로 옮기기로 했다.

이 소식을 접한 메카의 박해자들은 무함마드가 집에서 나오자마자 급습할 계략을 꾸며놓았으나 이를 사전에 알아낸 사촌동생 알리 덕분에 무함마드는 무사히 위기에서 벗어났다. 그는 친구 아부바크르와 함께 메카 남쪽 사우르산 동굴에 3일 동안 숨어 지내다 비밀리에 70여 명의 신자와 함께 북쪽으로 4백 킬로미터 떨어진 야스립으로 활동무대를 옮겼다. 622년 7월 15일, 그의 나이 53세였다. 이 역사적 이동을 이슬람교에서는 '헤지라', 곧 성스러운 이주라 하여 '성천聖遷'이라 한다. 그들은 이날을 기려 이슬람력의 기원으로 삼았다. 곧 성천일이 이슬람력 원년 1월 1일이다.

무함마드의 야스립 입성으로 이 도시 이름도 '예언자의 도시'라는 뜻을 가진 '메디나툿 나비'로 바뀌었다. 이를 약칭해 '메디나'로 불렀다. 메디나에 도착한 그는 자신의 말이 멈춘 수하일의 과수원 땅을 사서 최초의 사원과 자신의 집을 지었다. 그리고 예루살렘을 향해 하루에 다섯 번씩 알라는 위대하다고 암송하며, 절을 올리며 찬양했다.[•]

움마 공동체의 탄생 ──

이 사건으로 '움마'라고 부르는 무슬림 신앙공동체이자 생활공동체가 탄생했다. 무함마드는 70명의 이주자들과 함께 새로운 개종자들을 모아 움마를 만들었다. 알라의 계시를 받들고 실천하는 집단이었다. 이는 유대인 디아스포라 공동체, 그리고 초기기독교 공동체와 비슷했다. 움마의 중심에는 피보다도 강한 무슬림의 '형제애'와 인종과 성별과 계급을 초월한 '평등사상'이 있다.

무함마드는 신자들 사이의 평등(보편)을 주장하며 형제애로 서로 사랑하고 협력하라고 설교했다. 특히 공동체의 약자 보호를 설파해 힘없고 가난한 사람들이 좋아했다. 부자들도 자선을 베푸는 조건으로 포용했다. 그리고 여성보다 우월한 남성이 여성을 보호하고 존중해야 한다고 설교했으며 여성의 재산권도 허용했다.

헤지라는 '단절'을 뜻한다. 움마 공동체에 참가한 사람들은 자기 부족을 포기하고 이 새로운 공동체를 부족을 초월한 연합체로 받아들였다. 이는 장대한 종교적 사회 프로젝트였다. 이슬람교는 개인의 구원에 초점을 맞추기보다는 정의로운 공동체 건설 프로젝트를 더 중시했다. 이 프로젝트가 이슬람교의 핵심요소가 된다. 무슬림은 이 프로젝트에 적극 참여함으로써 하늘나라에 그들의 자리를 얻는다. 이슬람이 건설하려는 사회는 고아나 과부 등 약자가 보호받는 세상

● 정수일, '천의 얼굴을 가진 위인 무함마드', 〈신동아〉, 2005. 3.

이자 모든 사람이 평등한 세상이다.

무함마드는 움마를 출범시키면서 아랍 부족장의 전통적 리더였던 부족장, 신관, 군사지도자의 역할을 맡았다. 아랍 역사에서 처음으로 선보이는 리더십이었다. 당시까지만 해도 국가로서의 실체가 없던 아랍 부족은 이 작은 움마에서 출발해 제국으로 발전한다. 신정일치국가의 힘이었다.

지금도 그들은 움마가 번영하면, 그것은 무슬림이 신의 뜻에 따라 살고 있다는 징표로 여긴다. 이러한 사회적 관심은 위대한 종교들이 갖고 있는 비전의 핵심이다.[•]

무함마드의 신정일치와 포교 ──

무함마드는 메디나에서 선지자의 권위를 확보했다. 그리고 그는 아라비아 부족의 통일을 위해 종교와 세속을 구별하지 않는 형태의 이슬람교 조직체계가 필요하다고 판단했다. 곧 그는 '신정일치' 사회를 추구했다.

사막에 새로운 종교가 퍼져나가기 시작했다. 무함마드는 우선 아랍인들 사이에 널리 퍼져 있던 우상숭배를 금지시켰다. 그리고 제물을 바치지 못하게 하고 기도를 '제도화'했다. 이는 당시 유대교 예배의 특징이었다. 그리고 그는 유대인과 기독교인들의 윤리도덕관을 체계화시켜 이를 전파했다. 그는 아랍인은 아담과 하와의 후손이라며 '형제애'와 '평등사상'을 강조해 부족 간의 분쟁과 분열을 화해시켜 통일을 이루었다. 이것은 사실 유대교 율법의 기본정신인 '정의와 평

● 타밈 안사리,《이슬람의 눈으로 본 세계사》, 류한원 옮김, 뿌리와이파리, 2011.

3부 유일신 시대

등' 사상의 이슬람화였다. 그리고 이들 두 종교처럼 신앙인에게는 사후 기쁨이 보상된다고 주장했다.

무함마드,
메디나헌장 반포로 신정일치 군주로 등극 ──

무함마드는 알라를 최상의 주권자로 하고, 자신을 알라의 대리자로 하여 이슬람교에 바탕을 둔 새로운 집단인 움마를 건설한다는 요지를 담은 '메디나헌장'을 반포했다. 그리고 구성원으로 메디나 일원의 모든 무슬림은 물론 유대인과 이교도들이 망라되었다.

헌장은 구성원 간의 싸움을 금하고 모든 분쟁은 알라의 사자인 무함마드가 중재한다고 규정했다. 이는 이슬람 공동체에 무함마드가 행정권과 사법권을 행사하게 되었음을 뜻했다. 또한 헌장은 무함마드의 지휘를 받아 단합해서 외적에 투쟁할 것을 촉구함으로써 이슬람공동체가 군사동맹체 성격을 띠게 되었다. 이로써 무함마드가 군주로 등극했다.

그뿐만 아니라 책임과 의무, 배상금 규정, 자유거래 보장 등 공동체 내의 경제질서와 생활규범도 제정했다. 그리하여 메디나헌장은 신정일체의 이슬람 공동체를 건설하는 법적 초석이 되었다. 무함마드는 이러한 공동체의 최고권력자로서의 권능을 행사했다. 무함마드는 다른 종교 창시자와는 달리 종교의 최고지도자였을 뿐 아니라 이슬람의 창건자이자 최고통치자였다.

그 뒤 이슬람은 정교일치의 신정체제로 종교가 곧 국가의 모든 것을 지배했다. 꾸란은 신에 대한 복종과 현세의 통치자에 대한 복종을 동시에 가르친다. "오, 믿는 자들아, 알라께 복종하라. 그리고 신의 사자와 너희 가운데 권위를 가진 자들에게 복종하라."

이슬람 공동체가 직면한 급선무는 생존수단의 확보였다. 이를 위해 무슬림들은 '지하드(성전)'란 이름으로 메카의 부유한 대상과 주변 부족이나 유목민을 상대로 약탈전을 자행했다. 그 무렵 이러한 약탈전은 아라비아반도의 지배권을 장악하기 위한 것이자 생존의 한 방편이었다. 당시만 해도 거래와 약탈은 혼재되어 있었다. 힘이 비슷하면 거래의 대상이 되고, 힘이 기울면 약탈의 대상이 되었다.•

무함마드, 메카를 정복하다 ──

메디나의 무슬림들은 메카를 공격하여 624년부터 627년 사이에 세 차례 큰 전투를 치렀다. 무함마드는 정치적 수완을 발휘해 628년 봄 메카인들로 하여금 자진해서 10년간 휴전하고 무슬림의 메카 순례를 허용하는 호다비야협약을 체결하게 했다. 협약에 따라 이듬해 그는 1천여 명의 무슬림을 이끌고 메카 순례를 했다.

이렇게 되자 휴전에 불만을 품은 메카 측 일부세력이 돌연히 협약을 무시하고 순례를 막았다. 무함마드는 오히려 이를 호기로 여기고 신속히 대군을 지휘해 630년 금식월 10일 메카에 진입했다. 불시에 당한 메카 적장들은 항복하고 이슬람교를 받아들이겠다고 약속했다. 이슬람교에서는 이를 '정복의 해'라 부른다.

메카에 입성한 무함마드가 "알라후 아크바르(알라는 가장 위대하시다)"라고 외치자 무슬림들이 따라 외쳤다. 이는 이슬람교단이 확립되는 출발점으로, 사라센제국은 이 자그마한 이슬람교단이 발전한 것

• 정수일, '천의 얼굴을 가진 위인 무함마드', 〈신동아〉, 2005. 3.

이다. 그는 카바 신전의 우상 360개를 다 때려 부숴버렸다. 이때 아브라함이나 천사의 그림도 모두 떼어냈다. 이슬람교에서 보기에 그런 그림도 우상에 속했다. 그리고 유일신 알라 외에 다른 신은 존재하지 않는다고 공포했다.[•]

사라센제국의 출발 ——

무함마드는 모든 아랍인에게 혈연공동체 대신 신앙공동체 움마에 충성하도록 했다. 4개월의 유예기간을 주고 이를 거부하면 공격하겠다고 했다. 하지만 '경전의 백성들'인 유대인과 기독교인은 이슬람교에 헌금을 안 하는 대신 그에 상당하는 특별세금만 내면 신앙을 그대로 유지하도록 허락했다. 그들은 특별세금을 내는 조건으로 이슬람 법 아래에서 거의 모든 권리를 행사하고 보호받을 수 있었다. 무슬림들은 자신들과 유대교, 기독교 신자들을 통칭해서 '경전의 백성들'이라 불렀다.

이듬해에 메카의 여러 부족은 메디나에 사절단을 보내 이슬람교로 개종할 것을 서약했다. 마침내 메카의 지배계층도 굴복시킨 것이다. 대세가 무함마드에게 기울자 아랍 부족들은 631년 줄줄이 대표단을 보내, 충성서약을 하고 이슬람교로 개종했다. 무함마드는 군사력도 크게 키워 이슬람교를 인정하지 않는 부족들을 차례로 정복했다. 이로써 사라센제국의 초석이 놓였다. 사라센이라는 국호를 가진 왕조가 존재한 것은 아니다. 이는 이슬람제국의 별칭이었다.

• 정수일, 《이슬람 문명》, 창비, 2002.

무함마드, 유대교 제도를 채택하다 ——

사라센제국을 건설한 이슬람은 유대민족에게는 비교적 관대했다. 가나안 땅에서 추방된 유대인 가운데 상당수가 로마의 폭정을 피해 당시 이집트의 수도 알렉산드리아에 살고 있었다. 그 가운데 많은 유대인이 점차 북아프리카를 거쳐 이베리아반도로 이주했다. 지중해교역이 융성해지면서 상업이 발달했고 기후도 좋았기 때문이다.

무함마드는 작은아버지를 따라 대상의 일원으로 여러 곳을 방문하면서 다닐 때 그곳 유대인과 기독교인을 접하며 그들의 종교에 관심이 많았다. 그래서 그는 처음에 자기가 받은 계시가 유대교 예언자들과 예수의 계시와 동일하다고 믿었다. 따라서 그는 모세오경과 다윗의 시편, 그리고 예수의 복음서를 모두 선지자의 계시로 인정했다.

따라서 무함마드는 유대교와 기독교가 자신을 참된 예언자로 인정해줄 것으로 기대했다. 그가 새로운 종교를 전파하고 있는 메디나의 유대인과 기독교도들이 그를 지지하고 모세, 예수 다음의 예언자로 받아들여줄 것으로 믿었다. 그래서 그는 유대인들과 기독교들에게 관대하게 대했다.

무함마드는 유대교 공동체 디아스포라와 이슬람공동체 움마의 공존을 인정하고, 유대교의 제도를 채택하여 무슬림들도 예루살렘을 향해 예배하도록 했다. 또 유대교가 실시했던 1월 10일 속죄일의 단식 행사를 받아들였으며, 예배드리는 날도 유대교의 안식일인 토요일로 정했다.

무함마드, 이슬람교를 강요하지 않다 ――

무함마드는 종교의 자유를 인정했다. 그는 유대교인이나 기독교인에게 이슬람교를 받아들이라고 결코 강요하지 않았다. 그들은 이미 합당한 계시를 받았다고 보았기 때문이다. "신앙의 문제에 강요란 있을 수 없다."(꾸란 2장 256절)고 꾸란은 주장하며, 유대교인과 기독교인의 종교를 존중하라고 무슬림들에게 명하고 있다. "경전의 백성들을 매우 친절한 방법으로 인도하되 논쟁하지 말라. 그러나 그들 중에 사악함으로 대적하는 자가 있다면 말하라. '우리는 우리에게 계시된 것과 너희에게 계시된 것을 믿느니라. 우리의 신과 너희의 신은 같은 한 분의 신이시니, 우리는 그분께 순종함이라.'"(꾸란 29장 46절)

무함마드, 유대교에 대해 적대적으로 돌변하다 ――

무함마드는 유대인들이 같은 하느님을 믿는 자기를 반겨줄 것이라 기대했다. 그러나 그들은 무함마드를 거부했다. 그들의 신앙과 맞지 않았기 때문이다. 유대교에 근거를 둔 무함마드의 종교가 바로 그 유대인들에 의해 무시된 것이다.

무함마드는 유대인들의 냉대에 격분했다. 그는 유대교에 대한 반격을 시작했다. 우선 예루살렘이 아닌 메카를 향해 예배드리도록 했다. 그리고 1월 10일에 하던 단식을 라마단(9월) 금식으로 바꾸었다. 그는 유대교의 종교적 역사도 부정하기 시작했다. 이삭이 아브라함의 적자가 아니라 하갈이 낳은 이스마엘이 적자라고 주장했다. 아브라함이 이스마엘과 함께 카바 신전을 건설하고, 이를 알라에게 헌납했다고 했다. 또 아브라함이 이스마엘의 자손 가운데서 선지자가 나오길 기도했으며, 이 기도의 응답으로 나타난 선지자가 바로 무함마드 자신이라고 했다. 아브라함은 유대교나 기독교인이 아닌 순수한 유일신을 믿는 성도였으며, 아브라함이 믿었던 신앙이 바로 이슬람교였다고 주장했다.

무함마드는 자신의 가르침은 아브라함의 유일신교를 다시 회복한 것으로 꾸란은 모세나 예수의 가르침과 동일하나 유대교와 기독교가 성경의 일부를 감추거나 변질시켰다고 비난했다. 그래서 유대교와 기독교의 성경해석을 거부하고, 자신이 원래의 순수한 아브라함의 종교를 복원했다고 주장했다.

메카에서 무함마드는 종교의 다름을 인정하고 평화를 원했다. 무슬림과 '성서의 백성들', 곧 유대인과 기독교도들은 같은 하느님을 섬기고 있다고 말했다.(꾸란 29장 46절)

그러나 그가 메디나에 온 이후 자기에게 동조하지 않는 유대인들을 보면서 보복을 결심한다. 이후 꾸란의 구절은 다음과 같이 바뀌었다. "알라와 내세를 믿지 아니하며, 알라와 예언자가 금기한 것을 지키지 아니하고, 진리의 종교를 따르지 아니한 자들에게, 그들이 비록 성서의 백성이라 할지라도 항복하여 지즈야(조세)를 지불할 때까지 지하드를 하라. 그들이 스스로 저주스러움을 느끼리라."(꾸란 9장 29절)

그리고 무함마드는 메디나를 중심으로 인근지역에 퍼져 있는 유대인 공동체를 하나씩 점령해 나갔다. 그는 유대인과의 싸움에서 연승하면서 하느님이 그의 편임을 느꼈다.•

• 정수일, '천의 얼굴을 가진 위인 무함마드', 〈신동아〉, 2005. 3.

카바 신전의 유래 ──

　사라로부터 쫓겨난 하갈과 이스마엘이 수일간의 여행 끝에 사막 한가운데서 한 방울의 물도 남지 않았다. 하갈은 물을 찾아 주변의 두 언덕 사이를 일곱 바퀴나 돌았으나 허사였다. 그때 알라는 기적의 은총을 내려주어 이스마엘의 발밑에서 잠잠이라는 샘이 솟게 하였다. 이슬람교 전승은 하갈과 이스마엘이 버려졌던 광야가 메카 근처의 사막지대였다고 한다.

　아브라함이 그 뒤 하갈과 아들의 생사가 궁금해 찾아와보니 모자는 알라의 보호를 받으며 메카에서 잘 살고 있었다. 아브라함은 사막에 떨어진 운석을 가져와 제단을 쌓고 이스마엘과 함께 예배소를 세워 감사예배를 드렸다. 이것이 오늘날 카바 신전이다. 이스마엘은 이집트 여인과 결혼해 12명의 아들을 낳았으며 137살까지 살았다고 한다. 카바 신전은 이슬람세계에서 가장 신성한 곳 중 하나가 되었다.

검은 천으로 둘러싸인 카바 신전

무함마드가 아브라함의 종교를 원상회복시키다 ——

이슬람교 전승에서는 알라와 아브라함의 약속을 매우 중시한다. 이슬람교는 이 약속이 이삭이 태어나기 전에 맺어진 것이므로 이스마엘이 '약속의 아들'이라고 주장한다. 그리고 성경에서 "자손이 큰 민족을 이루게 하리라"고 말씀하신 큰 민족이 바로 이스마엘의 자손이고, 예언자 무함마드를 배출한 아랍민족이라고 한다.

또한 이슬람교는 신이 아브라함의 신앙을 시험하기 위해 외아들을 희생물로 바치라고 명령했을 때 주저 없이 신에게 순종했던 아브라함의 신앙을 다른 어떤 것보다 중요시한다. 무슬림들이 알라로부터 번제의 희생물로 지목된 아들이 이스마엘이라고 믿는 이유는 그당시 이스마엘이 장자이자 외아들이었고, 약속의 합법적 아들이었기 때문이다.

한편 유대교 성서에서는 제물로 바쳐질 뻔했던 아들이 이삭으로 등장한다. 이삭은 아브라함의 나이 100살에, 이스마엘은 아브라함의 나이 86살에 태어났다. 그러니까 이스마엘은 이삭보다 14살 위로 이 14년 동안 이스마엘은 아브라함의 유일한 독자였다. 무슬림이 이스마엘을 하느님이 말씀하신 외아들로 보는 이유이다.

창세기 22장 2절에는 "하느님께서 말씀하시기를 네 아들, 너의 사랑하는 유일한 아들을 데리고 모리아 땅으로 가서 내가 너에게 가리켜주는 산의 한 곳에서 그를 번제로 바쳐라."라는 내용이 있다. 번제의 대상이 독자임은 이어 12절에서도, "네가 네 아들 네 독자라도 내게 아끼지 아니하였으니 내가 이제 네가 정녕 하느님을 경외하는 줄 아노라."라고 언급된다.

이삭이 태어난 후에도 형 이스마엘은 계속 살아 있었기 때문에 이삭을 독자라고 할 수는 없다는 주장이다. 무슬림들은 이런 부분이 유대교에서 왜곡되어 있다고 보는 것이다. 꾸란 계시의 목적이 앞선 경전 내용이 왜곡되고 생략된 부분을 원형으로 완전하게 복원하는 데 있다고 믿는 것이 이슬람교 신앙이다.

이와 같이 이슬람교에서는 아브라함과 관련된 신앙관이 매우 중요하다. 메카의 순례의식 등 이슬람교는 아브라함과 이스마엘의 종교적 행적과 많은 연관을 맺고 있다. 세계의 무슬림들은 이들이 재건한 카바를 향해 하루 다섯 차례 기도를 드린다. 그리고 이슬람교의 가장 큰 축제인 희생제는 바로 아브라함이 이스마엘을 제물로 바치려다 가브리엘의 중재로 양을 대신 바친 사건을 기념한 것으로, 양을 잡아 이웃끼리 서로 나누어 먹으며 5일 정도 축제를 즐긴다.

메카 성지 순례객들은 카바를 일곱 바퀴 돌고, 그 안에 놓여 있는 아브라함의 운석인 '흑석'에 입을 맞추거나 만져본다. 그 뒤 카바 동쪽의 '아브라함의 발자국'이 있는 곳에서 두 번 절하고 남쪽 잠잠 샘

아브라함, 모세, 예수 등을 기도로 부른 무함마드

물을 마신다. 또한 하갈이 물을 찾아 헤매던 싸파동산과 마르와동산 사이를 7번 왕복한다. 이는 하갈이 갓난아기 이스마엘에게 먹일 물을 찾기 위해 헤맨 심정을 체험하고 기억하기 위해서다. 이러한 순례의식보다 훨씬 중요한 것이 아브라함의 순종하는 신앙관이다. 이슬람교는 아브라함의 순종을 본받아 '신의 의지에 복종하는 종교'가 되었다.

꾸란에는 다음과 같이 기록되어 있다. "아브라함은 유대교인도 기독교인도 아니었다. 그는 하니프 무슬림이었다." 이슬람교의 논리로는 아브라함, 모세, 예수의 진정한 추종자들 모두가 무슬림이다. 하니프란 '성실한 유일신교도'라는 뜻이다.

무함마드, 성지순례 후 영면하다 ——

무함마드는 631년 노구를 이끌고 메카를 순례했다. 그리고 부근의 아라파트산에서 마지막 고별연설을 하면서 이슬람교의 승리를 세상에 공식 선포했다. "오늘 나는 너를 위해 네 종교를 완성시키고, 너에 대한 내 호의를 완결시키며, 이슬람교를 네 종교로 결정하노라." 이 자리에서 그는 "모든 무슬림은 형제지간이니 서로 도우라."라고 당부했다. 이는 유대인의 결속력에 자극받은 것으로 보인다. 이 여정을 '하즈'라 부른다.

이후 무슬림 가운데 성지 메카를 순례한 사람들 이름 앞에 '알 하즈'라는 칭호가 붙었다. 이는 메카를 다녀왔다는 명예로운 호칭이자 새로 태어난 사람처럼 죄가 깨끗해진 상태를 의미한다. 무슬림은 무함마드를 본받아 죽기 전에 메카를 한 번은 순례해야 하는 종교적 의무가 있다.

무함마드는 평소 가난하고 불쌍한 사람들을 돌보며 '정의와 평등'

을 강조했다. 그는 신부들이 데려온 몸종들과 자기 집에서 일하는 하인을 비롯해 숱한 노예를 해방시켰다. 무함마드는 남다른 관용을 보였다. 그는 메카에 입성한 후 그를 비방하고 적대하던 메카 사람들마저 모두 용서하고 관대히 대해주었다. 무함마드는 기독교에서 많은 영향을 받았으나 신성과 인성을 모두 가지고 있다는 예수의 '양성론'만은 받아들이지 않았다. 그는 자신은 '인간일 뿐'이라며 '단성론'을 고집했다. 그는 "말하라. 나는 너희와 똑같은 인간으로서 나에게는 너희의 신이 유일신이라는 계시가 내렸을 뿐이니라."(꾸란 18장 110절)라고 했다.

무함마드는 632년 6월 8일 62세로 영면했다. 그는 죽기 전에 자신이 신격화되어서는 안 된다며 초상화를 일절 남기지 못하게 했다. 이후 정통 칼리프 시대를 거치면서 이슬람교는 급속히 확대되었다. 신정일치 공동체의 강력한 힘 때문이었다.*

이슬람교 경전 ——

이슬람교의 경전 꾸란은 무함마드가 알라로부터 직접 영감을 받은 이야기를 모아 놓은 기록이다. 그래서 이슬람교는 이를 가브리엘 천사가 전한 신의 참된 말씀이라고 말한다.

이슬람교의 경전은 토라, 자부르, 인질, 꾸란이다. 토라는 모세가 기록했다고 전해지는 구약성서 도입부의 모세오경을 말한다. 자부르는 다윗의 시편이며 인질은 예수의 복음서이다. 그런데 이 경전들이 유대교나 기독교의 성경과는 많이 다르다.

● 정수일, '천의 얼굴을 가진 위인 무함마드', 〈신동아〉, 2005. 3.

꾸란 ──

꾸란은 아랍어 동사 '읽다qara'a'에서 파생된 단어로 '읽는 것', 곧 독경을 뜻한다. 무함마드가 살아있을 때는 추종자들이 그가 한 말을 종려나무나 돌 등에 기록해두었다. 그의 사후 2대 지도자가 그의 말을 모으고 3대 지도자 오스만은 모든 것을 기록하는 작업을 감독했다. 꾸란은 무함마드 사후 20년 후에 완성되었다. 신약성서의 약 5분의 4 분량이다. 기독교 성경이 여러 사람에 의해, 여러 시대에 걸쳐 기록된 데 비해 꾸란은 무함마드 한 사람이 외워서 쓴 책이다.

이슬람교에서 꾸란의 권위는 절대적이다. 그 기록에는 알라의 인자함과 위대함에 대한 찬탄과 영광, 명령사항, 금지사항, 그리고 모든 불복종자는 지옥에 떨어질 것이라는 경고 등이 담겨 있다. 꾸란은 비교적 다듬어지지 않은 거친 문장을 수정하지 않은 채 거의 그대로 쓰

8~9세기의 꾸란

3부 유일신 시대

고 있다. 이는 무함마드가 죽고 나서 이를 편집할 때 편집자가 신성한 글에 함부로 손대지 않으려 했기 때문이다. 무슬림들은 바로 그 점이 꾸란의 신적 권위를 보여주는 것이라 여겨 매우 중요시한다.

꾸란은 총 114장 6239절로 구성되어 있다. 각 장의 길이도 편차가 심하다. 긴 것은 30여 쪽이 되기도 하고 짧은 것은 3~4행으로 이루어져 있다. 꾸란의 순서는 연대순도 아니고 짜임새도 없지만 1장을 제외하곤 긴 것에서 짧은 순으로 편집되어 있다.

꾸란의 내용은 크게 신조, 윤리, 규범, 3가지로 나뉜다. 첫째, 신조에는 신에 대한 관념, 천지창조, 아담과 이브와 낙원 추방, 인간의 불복종과 벌, 종말, 부활과 심판, 천국과 지옥 등에 관한 계시가 있다. 둘째, 윤리는 신에게 복종하는 구체적 형식을 규범과 함께 밝힌 것이다. 예를 들면 고아, 가난한 이, 여행자를 도와주고, 부모를 공경하고, 선행에 힘쓰고, 부정을 바로잡는 일 등이다. 예의범절도 포함된다. 셋째, 규범은 2가지로 나뉜다. 하나는 인간이 신에게 바치는 의무를 뜻하는 규범이다. 예를 들면 목욕재계, 예배, 희사, 단식, 순례 등이 다뤄진다. 또 하나는 사람 간에 서로 지켜야 할 법적규범으로 혼인, 이혼, 부양, 상속, 매매, 형벌 등의 내용이 포함된다. 이들 규범을 기준으로 예언자의 전승이 보충, 확대되어 무슬림의 생활을 규제하는 이슬람법이 성립되었다.

꾸란은 아랍어로 기록되어 있다. 그래서 아랍어는 이슬람교에서 신적 언어로 인정되고 있다. 무슬림들은 천국의 언어는 아랍어라고 믿는다. 아랍어 꾸란을 원칙적으로 다른 언어로 번역할 수 없다. 번역은 곧잘 변질을 동반하기 때문이다. 그래서 그들은 꾸란의 번역을 경계한다. 이는 신중히 번역해야 한다는 말이 아니라 아예 번역이 불가능하다는 것이다. 따라서 아랍어로 된 꾸란을 외국어로 번역한 꾸란은 더 이상 꾸란이라 하지 않고 꾸란의 해설이란 뜻으로 '타프시르'라 한다.

예배 때 꾸란을 아랍어로 낭송하지 않으면 무효이다. 꾸란을 아랍어로 낭송하지 않으면, 그냥 '기도'한 것이지 '제대로 된 예배'로 간주하지 않는다. 꾸란을 읽고 마칠 때는 '아민(아멘)'을 붙여야 한다. 그렇지 않으면 그동안 읽은 것이 전부 무효가 된다. 꾸란은 소리 내어 낭송하기를 중요시한다. 그것만이 꾸란의 의미를 진정으로 이해할 수 있고 신의 정신을 받을 수 있다고 믿기 때문이다. 당시 문맹이 많았던 아라비아 사회에서 신의 말씀을 전하는 방법은 오로지 말밖에 없었다.

이슬람교에는 꾸란 이외에 '하디쓰'가 있다. 하디쓰는 이슬람교를 유지하는 특별한 규정이 꾸란에 없는 경우 꾸란의 보조역할을 한다. 하디쓰에는 무함마드의 말, 행위, 승인사항들이 들어 있다. 하디쓰가 이슬람교 경전으로 인정되는 것은 아니다. 하지만 꾸란에 구체적으로 기록되지 않은 부분과 내용을 보조하는 책으로 매우 중요한 역할을 한다.

예를 들면 이슬람교 교리를 설명할 때 제일 먼저 무슬림들이 의무적으로 행해야 할 다섯 기둥에 대해서 가르친다. 그러나 꾸란에는 다섯 가지 의무를 모아 놓은 곳이 없다. 이는 이맘 부카리가 편집한 하디쓰에서만 찾아볼 수 있다.

이슬람교의 교리, 6신信 5행行 ──

이슬람교 교리는 단순명료하다. 여섯 가지 믿음(이맘)과 다섯 가지 의무(이바다)를 기본으로 한다. 이를 '6신 5행'이라 한다. 곧 이슬람교 교리에는 신앙의 근간인 6신, 곧 여섯 조항으로 된 절대적인 믿음과 5행, 곧 5개의 기둥이라 불리는 실천 의무가 있다. 이슬람교 교리는 다른 종교에 비해 단순하리만치 분명하고 확실하다. 6신은 알라, 천사, 성전(경전), 예언자, 최후심판, 정명에 대한 믿음이며 5행은 신앙고백, 예배, 종교기부금(자카트), 금식, 순례의 실천을 기본으로 하고 있다. 6신을 좀 더 자세히 살펴보자.

알라에 대한 믿음

무슬림들의 가장 기본적인 신앙고백은 '알라 외에는 없다'는 유일신 신앙이다. 그들은 알라가 바로 유대인들과 기독교도들이 섬기는 하느님과 같은 분이라 믿는다. 이슬람교에서는 알라의 유일성에 대한 강조로 기독교의 삼위일체설을 강력히 부정하고 있다. "절대 신은 삼위 중에 한 분이 아니도다."(수라 5장 76절), "그분께서는 아들이 없으며"(수라 2장 116절) 등의 구절에서 기독교 구원의 핵심인 예수의 성자설을 근본적으로 부정하고 있다.

천사에 대한 믿음

무슬림들은 천사, 진, 사탄 등 영적 존재를 믿으며, 가브리엘 대천사를 가장 중시한다. 천사는 하느님이 창조한 피조물로서 인간의 지식이나 육감으로는 그 존재를 증명할 수 없지만, 그렇다고 해서 그 존재를 부정하는 것 또한 큰 죄라고 꾸란은 밝히고 있다. 하지만 우리가 알아야 할 것은 천사는 피조물로서 경배의 대상은 될 수 있으나 구원의 주체는 될 수 없다는 사실이다.

사람과 천사 사이에는 지성을 가진 혼령으로 '진(Jinn, 요정)'이라고 하는 영적 존재가 있다. 그는 아무 곳이라도 와서 거할 수 있으며, 선한 진은 인간이 하는 모든 일을 할 수 있게 해주며, 나쁜 진은 해를 준다고 믿는다.

무슬림들은 천사가 항상 사람과 함께 있다고 생각한다. 그들의 인사말 "앗살람 알라이쿰"을 직역하면, "평화가 당신들 위에 있습니다."라는 뜻이다. 상대방이 혼자일 때도 이렇게 굳이 '당신들'이라고 복수형을 쓰는 이유는 인간의 양 어깨에는 수호천사들이 함께하고 있다고 믿기 때문이다. 수호천사들은 인간을 도와 모든 일을 함께하며 그를 위해 알라에게 간구한다. 하지만 그들은 또한 알라의 명령에 따라 인간의 행위를 기록하고 있다. 오른쪽 어깨에 있는 수호천사 '라낍'은 인간이 선행을 할 때마다, 왼쪽 어깨에 있는 '아티드'는 악행을 할 때마다 기록한다고 그들은 믿고 있다.

예언자들에 대한 믿음

이슬람교는 알라의 영감을 직접 받은 자를 예언자라 한다. 꾸란에 따르면 알라의 축복을 받은 각 민족에게는 대부분 축복을 알려주는 예언자가 배출되는데, 그 수는 무려 12만 4천 명이라 한다. 인류의 조상 아담으로부터 시작되는 모든 신의 사자와 예언자들의 존재와 그들의 사명과 역할을 믿는 것이다.

꾸란에는 25명의 예언자가 나오는데 그중 21명이 기독교 성경에 나오는 인물이다. 특히 아담, 노아, 아브라함, 모세, 예수, 무함마드 6명을 가장 중요한 예언자로 여긴다. 특히 아브라함은 알라의 뜻에 복종한 최초의 무슬림으로, 무함마드는 가장 큰 예언자요 마지막 완성자로 믿고 있다. 그러나 무함마드를 신성하게 여기지는 않는다. 유대교에서 모세가 철저히 인간이듯 꾸란에서도 무함마드는 철저히 인간임을 강조한다. 심지어 꾸란 47장에는 무함마드가 죄인이라고 기록되어 있다. 그들이 말하는 기적 중의 기적은 문맹이 알라로부터 직접 계시를 받았다는 점이다. 그들의 무함마드에 대한 존경심은 이루 말할 수 없다.

거룩한 경전에 대한 믿음

알라가 계시한 104권의 책이 있었다고 한다. 아담에게 10권, 아담의 아들 셋에게 50권, 에녹에게 30권, 아브라함에게 10권, 모세에게 5경(토라), 다윗에게 시편, 예수에게 복음서, 무함마드에게 꾸란을 계시했다고 한다. 이 가운데 현재 토라와 다윗의 시편, 예수의 복음서와 꾸란 네 개만 남아있는데, 그중 꾸란을 제외한 세 개는 중간에 변질되었다고 주장한다. 무슬림은 결국 꾸란만을 온전한 경전으로 보고 있다. 다른 성서들을 인정하긴 하지만, 원본에서 왜곡된 것으로 간주하기 때문에 결국 꾸란만을 읽고 행하도록 가르치는 것이다. 다만 성서에 대한 기본적인 믿음은 갖고 있기 때문에 유대교인과 기독교인을 성서의 백성들이라고 인정한다.

부활과 심판에 관한 믿음

이슬람교는 부활과 최후의 심판을 믿는 종교이다. 하지만 믿음을 통해 구원받는 기독교와는 달리 무함마드는 인간의 행동에 대한 책임을 강조했다. 그는 우상숭배 금지, 심판의 날과 사후세계 등 최후의 심판을 강조하고 행위에 대한 책임을 내세운다. 모든 사람은 죽어서 기다림의 장소에 가 있다가 부활을 맞이한다. 누구든 하느님의 심판 저울에 살아생전에 했던 선행과 악행을 올려놓았을 때 어느 쪽으로 기우는지에 따라 낙원과 지옥이 결정된다는 것이다.

정명 定命에 대한 믿음(예정론)

'정명'은 인간의 모든 운명이 알라에 의해 미리 정해졌다는 뜻이다. 인간 세상에서 이루어지는 모든 것이 알라의 뜻에 의해 움직여지고 있다고 무슬림들은 믿고 있다. 그들은 언제나 알라의 주권을 강조한다. 이 때문에 무슬림들이 기독교에서 말하는 하느님의 주권과 인간의 자유의지 간의 관계를 이해하기란 쉽지 않다. 그들은 무슨 일이든지 알라의 뜻으로 돌리며, 인간의 모든 운명이 영원 전부터 이미 정해져 있다는 신앙을 갖고 있다.

초기이슬람교는 인간의 자유의지와 예정론을 주장하는 두 파로 나뉘어 상당한 혼란이 벌어졌으나, 자유의지를 지지한 학자들이 패한 후에는 철저한 예정론 사상이 지배하게 되었다.

이렇듯 6신은 종교적 믿음이기 때문에 내재적이고 정태적인데 비해 5행은 믿음을 행동으로 실천하는 것이기 때문에 외형적이고 동태적이다. 6신과 5행을 이슬람교라는 수레를 굴리는 두 바퀴라 하여 '쌍축'에 비유하기도 한다. 5행이 6신뿐만 아니라, 이슬람교의 모든 것을 말이 아닌 행동으로 떠받치는 기둥의 역할을 한다고 하여 다섯 가지 기둥, 곧 5주라고 한다.

신앙고백(샤하다)

알라 이외에 다른 신은 없으며 무함마드는 알라의 예언자라는 선언이다. '라 일라하 일라 알라와 무함마드 라술 알라(알라 외에는 다른 신이 없다. 그리고 무함마드는 예언자다)'라는 구절만 반복해서 외우면 누구든 무슬림이 될 수 있다.

이 신앙고백은 간단히 외울 수 있기 때문에 되풀이해서 외우는 동안에 그들이 생각하는 낙원에 가기를 소망하게 되며, 쉽게 이슬람 공동체의 일원이 될 수 있다. 이를 많이 외울수록 좋으나 6가지 원칙이 있다. 소리 내서 외울 것, 뜻을 완전히 이해할 것, 진심으로 믿을 것, 죽을 때까지 고백할 것, 틀리지 않게 외울 것, 항상 주저함이 없이 외우고 고백할 것 등이 그 원칙이다.

기도(살라트)

하루 5번 메카를 향해 엎드려 기도하며 금요일에는 특별기도를 드린다. 그들은 처음에 예루살렘을 향하여 기도했다. 그러나 뒤에 기도드리는 방향을 메카로 바꾸었다. 엎드려 기도하는 자세는 자만심과 교만함을 버리게 하는 교육적인 가르침이며 알라 앞에서 자신이 하찮은 존재임을 일깨우는 한 방법이다.

자선(자카트)

무슬림은 믿음에 따라 이웃에게 베푼다. 그들은 자산의 2.5퍼센트, 교역품의 2.5퍼센트, 농업 생산의 5~10퍼센트 정도를 가난한 사람들에게 기부하도록 되어 있다. 무슬림들에게 자카트는 거의 강제성을 띤 종교적인 의무이다. 이는 무함마드가 유대인의 헌금제도 '쿠파'를 본떠 만든 듯하다. 자카트는 천국을 위한 보험의 의미도 있다.

금식(사움)

라마단 시기에는 단식한다. 이것은 배고픔을 겪음으로써 가난한 사람을 이해하고 도우라는 뜻이다. 금식은 형제애를 갖게 한다. 한 달 동안 일출부터 일몰까지 음식과 음료의 섭취와 흡연, 성행위도 허용되지 않는다. 그들은 라마단 기간 중 아침 해가 뜨기 전에 일찍 일어나 든든하게 배를 채운다. 덕분에 일과 중 허기는 그럭저럭 견딜 만하지만 해 뜨면 물조차 마실 수 없어 갈증을 참느라 혼이 난다. 무슬림들은 타는 듯한 갈증과 고통을 견디면서 라마단 기간 동안 알라와 그의 말씀을 기억하며 가난한 움마 공동체 형제들의 고통을 체험하는 것이다.

무함마드는 "누가 알라를 위해 금식을 하루 하면 알라는 그의 몸을 불지옥으로부터 70년 멀리 둘 것이다."라면서 금식은 알라로부터 '10배의 보상을 받는 선행'이라고 강조했다.

이슬람교에서의 금식은 유대교의 영향을 받았다. 무함마드는 이스라엘 백성들이 바로왕(파라오)의 속박에서 벗어난 것을 기념하여 모세의 명에 따라 금식을 하는 것을 보고 이슬람력 1월 10일(아슈라) 하루를 금식일로 정한 바 있다. 그러다가 메디나로 옮겨간 다음 해(623)에 이슬람력 9월 한 달을 금식월로 선포하고 종교적 실천의무로 굳혔다. 비록 유대교의 영향을 받아 설정한 것이기는 하나 내용이 같지는 않다. 무슬림들은 금식을 알라의 은총으로 생각하며, 금식은 마음을 발전시켜 나쁜 유혹을 이겨내기 위한 훈련이라고 생각한다. 따라서 금식월에는 술, 유흥 등 많은 것이 금지된다.

메카 순례(하즈)

무슬림은 최소한 일생에 한 번은 메카를 순례해야 한다. 보통 순례는 이슬람력 12월(둘 힛자)에 이루어지며 경제적, 신체적으로 능력이 있는 무슬림이라면 누구나 일생에 한 번은 행한다. 이것은 631년에 무함마드의 메카 순례에서 유래한 것이다. 이는 만민평등 사상과 형제애를 나누는 중요한 행사이다. 그들은 순례를 하면 죄가 깨끗이 사하여진다고 믿고 있다. 무함마드가 순례를 종교적 의무로 규정한 이유는 이슬람의 일체성과 유대를 강화하기 위해서였다. 오늘날까지도 순례가 꿋꿋이 지켜오는 것은 바로 이러한 일체성과 유대 때문이다.

6번째 실천사항으로 지하드를 이야기하기도 한다. 지하드를 무자비한 성전으로만 이해하는 것은 문제가 있다. 지하드는 아랍어로 투쟁 또는 전투라는 말이다. 그리고 지하드에는 큰 지하드와 작은 지하드, 두 가지가 있다. 큰 지하드는 자신의 내면 성찰을 통한 욕망과 욕구와의 투쟁을 말한다. 곧 꾸란을 거울삼아 자신의 내면을 돌아보고 참회하는 것이다. 대개 지하드는 이슬람에서 이런 의미로 쓰인다. 작은 지하드는 자신의 민족과 종교에 대한 탄압과 억압에 대한 저항을 말한다.

무슬림들의 평생에 일어나는 모든 일이 5행의 구체적 표현이다. 5행의 실천 여부에 따라 무슬림들의 신앙심이 평가되고, 최후심판에서 천당과 지옥으로 갈 길이 결정된다고 한다. 이것이 이슬람교의 '5주관柱觀'이다. 무슬림들은 이 5주를 문자 그대로 마음의 기둥으로 간직하고 그 실천에 최선을 다한다.•

참고로 다섯 기둥은 수니파의 다섯 의례를 가리키는 말이며, 시아파에서는 사용되지 않는 말이다. 수니에서 다섯 기둥은 이슬람법 '샤리아'에 근거하며 무슬림들에게 가장 중요한 의무이다. 시아파에는 '종교의 뿌리'로 알려진 다섯 가지 믿음과 '종교의 가지'로 알려진 열 가지 의례가 있다. 이 열 가지는 수니파의 다섯 기둥과 유사하다.

• 정수일, '무슬림 총단결 화해의 축제 라마단', 〈신동아〉, 2004. 11.

이슬람교는 어떻게 성장했나

이슬람교의 팽창 ——

무함마드가 아들을 남기지 못한 채 세상을 떠나자 이슬람은 장로 중에서 칼리프(후계자)를 선출했다. 초대 칼리프는 무함마드의 친구 아부 바크르였다. 그는 메카의 부유한 상인 출신으로 아내를 잃었던 무함마드에게 자신의 어린 딸 아이샤를 내준 인물이다. 그는 당시에 강대했던 동로마제국과 사산조 페르시아와의 전쟁에서 큰 승리를 거두면서 후에 거대한 이슬람제국 건설의 기반을 닦았다. 하지만 그는 아쉽게도 칼리프 자리에 오른 지 2년 만인 634년 세상을 떠나고 말았다. 바크르는 죽으면서 우마르를 다음 칼리프로 지명했다.

그 뒤 이 신앙공동체는 무서운 힘으로 아라비아반도 밖으로 진출하기 시작했다. 이슬람 군단은 파죽지세로 635년 다마스쿠스, 638년

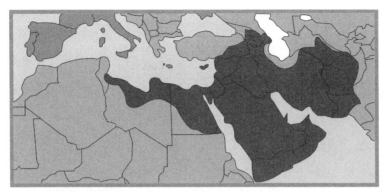

오스만 3대 칼리프 때의 영토(650년대)

팔레스타인, 640년 시리아, 641년 이집트를 점령했다. 637년부터 이슬람의 공격을 받은 이라크는 641년에 바빌로니아성이 함락되면서 무너졌다. 이어 키프로스섬과 로도스섬을 점령한 이슬람 전사들은 이탈리아 남부와 시칠리아를 공격하기 시작했다. 점령지마다 "알라는 신이고, 무함마드는 그의 예언자다."라고 외치며 한손에는 꾸란을, 다른 손에는 칼을 들고 이슬람교를 포교했다.

이 말은 얼핏 들으면 이슬람 정복자들이 피정복민에게 개종을 강요하고 이를 거부하면 무력으로 탄압했다고 오해하기 쉬우나 실상 이슬람교는 정복지의 이교도들에게 관용적이었다. 그들이 정복전을 성전이라 믿고 용감히 싸운 것은 사실이지만 우마르 칼리프는 점령하는 도시에 금지시킨 것이 있었다. 바로 점령하는 곳의 유대교나 기독교 성당을 파괴하지 못하게 한 것이다. 이슬람교의 알라와 기독교의 하느님, 유대교의 야훼를 하나로 보았기 때문이다. 그리고 정복민에 대해서는 개종을 하든가 납세의무, 곧 공물을 바치든가 하는 양자택일을 하게 했다. 억지로 개종을 강요하지는 않았다.

이슬람교 종파 간 분쟁 ——

우마르는 드디어 642년 사산조 페르시아를 격파하며 이슬람국가로 만들었다. 한편 동로마제국이 차지하던 알렉산드리아를 점령하여 이슬람 도시로 만들며 지중해 패권을 쥐었다. 이로써 지중해는 이슬람의 바다가 되기 시작했다. 하지만 우마르는 644년 예배 도중 기독교인에 의해 암살을 당했다. 다음 칼리프 자리는 당연히 무함마드의 사위 알리에게로 돌아갈 것으로 예상했지만 이슬람의 원로들이 모여 오스만을 칼리프로 선출했다. 알리는 자신이 칼리프로 지명되지 못하자 매우 실망했다고 한다.

오스만은 부유한 상인 출신으로 부드러운 성격과 도덕성이 뛰어나 많은 이가 존경하며 따랐다. 그는 특유의 날카로운 통찰력으로 국정을 총괄하고 군대를 이끌었다. 그의 통치기간 동안 이슬람세력은 동쪽으로는 인도의 인더스강까지 이르고, 서쪽으로는 이집트를 점령하는 광대한 제국이 되었다. 하지만 오스만 역시 656년, 예배 도중 그에게 불만을 품은 다른 민족의 폭도에게 암살당했다. 그다음 칼리프로 알리가 추대되었다. 그러나 이는 이슬람을 분열시키는 계기가 되었다.

알리는 무함마드의 사촌동생이자 사위였다. 원래 알리는 청빈한 성격에 높은 도덕성을 가진 사람이었지만, 20년간 동안 칼리프 자리에 오르지 못해 불만이 많았던 사실이 알려져 그가 오스만 암살세력의 배후일 것이라는 의심을 받았다. 급기야 오스만의 우마이야 가문은 복수를 주장하며 무아위야를 중심으로 뭉쳤다.

하지만 반대로 알리의 지지파는 알리가 진작 칼리프가 되어야 했다고 주장하면서 혈통과 정통성을 내세웠다. 그러나 알리의 반대파들은 정통성과 혈통보다는 인품과 능력이 중요하다고 주장했다. 이렇게 이슬람은 알리의 칼리프 인정 문제를 두고 크게 두 파로 나뉘었다.

이때 무함마드의 부인 아이샤는 알리를 비난하며 공격했다. 결국 두 세력 간의 알력은 전쟁으로 비화됐다. 알리를 지지하며 전통성과 혈통을 내세운 시아파와 인품과 능력을 중시하는 수니파가 격돌한 것이다.

창끝에 꾸란을 달고 돌진하는 무아위야의 군대를 향해 알리는 화해를 요청해 협상을 성사시켰지만 화해협상에 불만을 품은 알리의 강성 추종자는 661년 알리를 살해한다. 이로써 무함마드에게 직접 가르침을 받은 지도자가 칼리프에 오르던 정통 칼리프시대가 막을 내렸다. 그 뒤에는 무아위야가 왕위에 오르며 우마이야왕조가 시작되었다.

이러한 내분에도 이슬람교는 빠르게 퍼져나가 순식간에 유라시아와 아프리카 여러 곳에 확산됐다. 이슬람교도 본질에서는 유대교, 기독교와 크게 다를 바 없었다. 유일신을 믿고 아브라함을 조상으로 섬기며 예수의 복음을 인정했다. 다만 무함마드를 마지막 예언자로 믿을 뿐이었다.

이슬람, 지중해 해상권 장악과 지중해교역 주도 ──

이슬람은 수도를 메카에서 다메섹(다마스쿠스)로 옮겼다. 당시 이슬람세계는 유럽 기독교세계보다 군사력은 물론 여러 면에서 월등했다. 성전聖戰의 의무에 불탄 이슬람 군대는 노도와 같은 기세로 아라비아반도 밖으로 뻗어나갔다.

이슬람은 697년에 동로마제국의 최후거점 카르타고를 함락시키고

700년경에는 북아프리카의 대서양연안까지 세력을 뻗쳤다. 기독교의 텃밭이던 이집트와 북아프리카 전역이 무슬림 수중에 떨어졌다. 이리하여 동로마제국은 동방세계와 지중해에 대한 통제권을 거의 상실한다.

이 과정에서 많은 유대인이 자기들을 핍박하던 기독교 세력과 싸우는 무슬림의 정복전쟁과 무슬림 사회의 선진화에 협력했다. 그 대가로 유대인들은 무슬림 지도자들의 환심을 얻어 상업과 교역에 종사할 수 있었다. 유대인이 주축이 된 이슬람세력이 지중해 해상권을 완전히 장악하고 중동과 유럽, 북아프리카를 아우르는 지중해교역을 주도했다.

이슬람의 이베리아반도 통치 ──

북아프리카 이슬람들의 세력이 강성해지자 타리크 빈자드 장군이 이끄는 이슬람군은 711년에 지브롤터해협을 건넜다. 그들은 당시 풍요의 땅이던 이베리아반도를 침입해 7년이라는 짧은 기간에 북서쪽 고산지대를 제외한 반도의 대부분을 차지하고 서고트왕국을 멸망시켰다.

이슬람제국은 역사상 가장 큰 나라를 만들었는데 지금의 스페인 땅인 이베리아반도에서 인도의 인더스강에 이르는 광활한 영토를 차지했다. 이후 이슬람은 무려 8백 년 동안이나 이베리아반도를 통치했다.

무슬림들이 이베리아반도로 들어오자 이들을 가장 환영한 사람들은 유대인들이었다. 종교적인 측면에서 무슬림들은 유대인들을 같은 아브라함의 자손으로 인정해주며 비교적 우호적으로 대했기 때문이다. 이슬람은 예수를 무함마드 이전의 선지자로 간주한다. 따라서 예

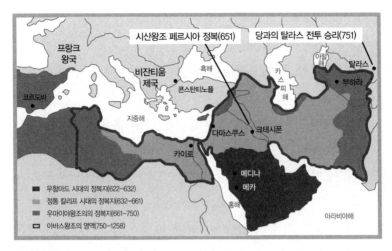

이슬람 세계

수를 죽였다고 유대인을 박해하는 가톨릭과는 달리 유대인에 대한 악감정이 없었다. 유목민족인 아랍인들은 예전부터 유대인들을 늘 '책 읽는 민족'으로 알았고 우수한 지식인으로 여겨왔다. 더구나 정복 자로서 정복지 관리를 위해 유대인들의 해박한 지식과 외국어 구사 능력이 필요했다.

또 다른 이유는 유대인들이 그동안 이베리아반도에서 많은 박해를 받았기 때문이다. 589년 당시 스페인을 다스리던 서고트족의 레카레 도왕이 가톨릭으로 전향하고 교회 교부들과 힘을 합쳐 유대교를 박 해하기 시작했다. 유대인들은 가톨릭으로 개종하든지 아니면 나라를 떠나든지 둘 중 하나를 택해야 했다.

유대인들 일부는 북아프리카나 프랑스 남부 프로방스지방 등지로 떠났다. 혹은 외면상 기독교로 개종하고는 비밀리에 유대교를 믿는 가 하면 강력한 귀족에 기대어 보호받고자 했다.

7세기는 이베리아반도의 유대인들에게 생존 자체가 위태로운 시기였다. 700년경에는 유대교를 믿는 것이 발각되면 노예로 팔리고 그 자녀들은 기독교 사제들에게 맡겨서 양육시키도록 하는 명령이 내려졌다. 그래서 이슬람이 쳐들어온 것을 유대인들은 반기지 않을 수 없었다.

이베리아반도를 쉽게 점령한 이슬람은 720년경에는 피레네산맥을 넘어 프랑크왕국 내로 세력을 뻗쳐갔다. 마침내 732년에 보르도지방을 폐허로 만들고 투르까지 침입해 들어갔다. 이때 프랑크왕국의 재상 칼 마르텔이 푸아티에 싸움에서 이들을 격퇴해 프랑크왕국을 위기에서 구했다. 카롤루스(샤를마뉴)대제 때의 일이다. 역사에 만약은 없다지만 이 싸움에서 이기지 못했다면 유럽의 역사는 이슬람이 주도했을지도 모른다. 하지만 동방에서는 751년 여름 탈라스강 싸움에서 고구려 출신 고선지가 이끈 당나라 군대를 대파하고 중앙아시아의 지배권을 확보했다.

대부분의 디아스포라, 이슬람의 통치권 안에 들어오다 ——

이슬람이 등장한 지 백 년도 안 되어 이슬람제국은 서양문명을 압도했다. 이슬람 초기에는 이슬람세력이 크지 않아 기독교도의 도움을 받아 행정을 펼쳤다. 그러나 이슬람세력이 점점 커지고 개종자가 증가하면서 기독교를 탄압하기 시작했다. 나중에는 기독교 예배에 참석하는 자를 사형에 처하기도 했다. 이슬람은 기독교를 배척했으나 유대인에게는 관용을 베풀었다. 이는 아마도 무함마드 자신이 유대교 경전 구약성경으로부터 큰 영향을 받았기 때문으로 보인다. 이슬람교가 유대교의 영향으로 탄생되었다는 이야기도 같은 맥락에서 이해

3부 유일신 시대

할 수 있다. 그런 점에서도 이슬람교 경전 꾸란은 유대교의 여러 전통과 관습을 보존하고 있다.

712년 이슬람제국이 동쪽 인도 국경부터 이베리아반도 전 지역까지 통치하면서 디아스포라 유대인들 대부분은 이슬람의 통치권 안에 들어온다.

이슬람의 중심, 바그다드 ——

8세기 중엽, 무함마드의 일족인 아바스 가문이 시아파인 이란인 무슬림들과 협력하여 우마이야왕조를 타도하고 아바스왕조를 열었다. 아바스왕조는 우마이야 일당을 철저히 학살했으나 한 사람이 탈출하여 이베리아반도에서 우마이야왕조를 재건했다. 우마이야 10대 칼리프의 손자 아브드 알 라흐만이다. 그 뒤 아바스왕조는 우마이야왕조를 타도할 때 적극 협력했던 시아파를 탄압하고, 메소포타미아 한

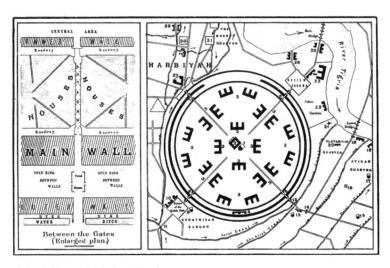

칼리프 알만수르 시대의 원형도시 바그다드

복판에 원형 신도시 바그다드를 건설해 수도를 다마스쿠스에서 바그다드로 옮기고 중앙집권제를 확립했다.

"바로 이곳이 내가 도읍을 건설할 곳이로다. 물자들이 유프라테스와 티그리스, 운하 등을 통해 이곳에 당도할 수 있을 것이다. 군대와 백성들을 부양할 수 있는 곳은 바로 여기 뿐이다." 새 수도를 정하기 위한 탐사 도중 칼리프 알 만수르가 남긴 말이다. 이렇게 해서 계획도시로 건설된 바그다드는 당나라시대까지 번영한 실크로드의 한 축으로서 세계적 규모의 경제교류에서 핵으로 성장했다. 바그다드는 8세기 말에 당나라 수도 장안, 동로마제국의 수도 콘스탄티노플에 버금가는 세계 최대급 도시로 성장해 인구가 1백만 명에 달했던 것으로 추정된다. 그 중심에 유대인 상인들이 있었다. 그 무렵 이슬람세계에서 유대인들은 대체로 무역업에 종사했다. 8세기 초부터 이슬람은 동서양을 잇는 주요한 국제 경제체제를 확립했다. 이 속에서 유대인들의 디아스포라 연락망은 중요한 정보를 나르는 역할을 담당했다. 당시 이슬람과 유대인의 기록을 보면 유대인들이 인도와 중국을 상대로 무역을 하고 있었다는 것을 확인할 수 있다. 10세기부터 바그다드의 유대인들은 은행가로 이슬람 왕실에 협력했다. 그들은 유대인 무역업자들로부터 돈을 맡아 그 가운데 일부를 칼리프에게 대출하여 은행이라는 개념을 만들었다. 유대인 여행가 투델라의 베냐민에 따르면 1170년에 바그다드에 4만 명의 유대인들이 28개의 회당과 10개의 예시바를 갖고 있을 만큼 번영을 누리고 있었다.•

바그다드는 해륙의 통상로로 아프리카, 아시아, 북유럽 등지의 물자집산지가 되어 막대한 부가 축적되었다. 또 이슬람문화의 중심지가

• 폴 존슨,《유대인의 역사》, 김한성 옮김, 살림, 2005.

되어 학문과 예술의 꽃이 피었다. 아바스왕조(750-1258) 초기 1백 년은 칼리프 전성기였다.

유대인들 이베리아반도로 몰려오다 ──

그 뒤 이베리아반도의 우마이야(우마야드)가에 이어 모로코, 튀니스, 중앙아시아, 이란 동부, 이집트 등에도 독립정권이 출현하여 칼리프의 직할지는 점차 축소되었다.

우마야드왕조는 이베리아반도에 '알 안달루스'라는 독립국가를 세우고 주변 도시들과 도로망이 잘 발달한 코르도바를 수도로 삼았다. 이미 기원전 2세기에 로마인들이 이베리아반도를 로마제국에 편입하면서 코르도바 주변의 도로와 수로를 잘 닦아놓았다. 코르도바는 로마시대부터 구아달키비르강을 통해 바다와 연결되어 올리브, 포도주, 밀 등을 로마로 실어 나르던 도시였다.

이슬람의 이베리아반도 정복과 더불어 유대인들도 정복자를 따라 이주해 들어와서 기존의 유대인 공동체와 합류했다. 무슬림들은 그들이 점령한 지역에 사는 유대인들과 기독교도들이 반드시 따라야만 하는 법전을 제정했는데, 이를 '오마르협약'이라 불렀다.

이 협약의 목적은 이슬람교가 아닌 다른 종교의 신도들은 이슬람교보다 열등하다는 점을 확실히 해두는 것이었다. 이는 사실 기독교도들을 겨냥한 것이었다. 기독교도들은 교인

코르도바

들 일부가 이슬람교로 전향하는 것을 막을 수 없었고 무거운 세금에 시달려야 했다. 그리고 새 교회나 회당을 지을 수 없었다. 교회나 회당의 탑이 근처 이슬람교 사원보다 높아서는 안 됐다. 무슬림이 아닌 다른 종교인들은 말을 타서는 안 되었지만 노새는 허용되었다. 무슬림이 아니면 칼을 차고 다녀서는 안 되었고 무슬림과 구분되는 복장을 입어야 했다.

이러한 오마르협약이 무어인 통치하의 스페인에서도 유효하긴 했지만, 엄격하게 시행되지는 않았다. 따라서 무어인 통치시대 유대인들은 한숨 돌릴 수 있었다. 위장 개종했던 사람들이 다시 유대교로 돌아왔으며, 북아프리카나 프로방스 등지로 도망갔던 유대인들도 돌아왔다. 무어인들은 피지배민족에게 개종은 시도했으나 박해하지는 않았다. 그들은 개종보다는 인두세를 받는 것으로 만족해 이교도에 대한 규제사항도 점차 유명무실해졌다.

이슬람은 로마시대의 수로와 관개 시설을 복구시켰으며, 농업기술을 보급하여 농업을 발달시켰다. 그리하여 남부 스페인이 유럽에서 가장 발달한 지역이 되었다. 이러한 부를 바탕으로 이베리아반도의 이슬람은 서서히 경제, 철학, 과학 등 여러 분야에서 꽃을 피우기 시작했다. 이러한 매력적인 분위기 때문에 바빌론과 페르시아에 있던 유대인들도 이베리아반도로 몰려들기 시작했다. 한편 10세기를 전후해 바빌론의 어려웠던 정치경제 상황도 바빌론 유대인들의 이주를 부채질했다.

이슬람 세력의 중심축, 이베리아반도로 ——

이슬람 세력의 중심축 역시 바그다드에서 이베리아반도로 옮겨왔다. 따라서 그 뒤 이베리아반도는 이슬람뿐 아니라 유대 공동체의 중심이 되었다. '세파르디'는 이산 이후 흩어진 유대인들 가운데 스페인과 포르투갈에 거주했던 사람들과 그 자손들을 지칭하는 말이다. 이베리아반도에 이주한 세파르디는 중세에 세계 유대인의 절반가량을 점했다.

스페인의 44개 도시에 부유하고도 안정적인 유대인 공동체가 생겨났다. 그 가운데 많은 공동체가 그들의 고유한 교육기관인 예시바를 소유하고 있었다. 특히 그중에서도 유대인 인구가 많았던 루세나, 타라고나, 그라나다 등이 '유대인의 도시'로 불렸다. 그들은 이슬람문화를 진흥시키는 데 일조하며 상당히 활동적이었다. 스페인에서 많은 커뮤니티를 형성했던 이들 세파르디가 바로 아브라함의 직계 자손들이었다. 이슬람 통치하의 스페인 남부에서 도서관과 연구기관이 번창한 것에 비해 유럽의 다른 곳은 대부분 문맹지역이었다. 이베리아반도는 이후 5백 년 동안 유대인 역사상 가장 살기 좋고 융성한 문화가 꽃피운 곳이었다.

이슬람, 3인의 칼리프 체제로 쪼개지다 ──

10세기 초 북부 아프리카에 파티마왕조가 일어나 칼리프 칭호를 사용하며 아바스왕조의 권위를 부정하자, 이베리아반도의 우마야드왕조도 칼리프라 칭하며 이슬람세계는 3인의 칼리프 체제가 되었다.

이베리아반도에 기독교인들과 서고트족의 인구비율이 큰 점을 감안해 우마야드왕조는 관용정책을 취했다. 우마야드왕조의 통치기에 이베리아반도는 바야흐로 문화적 번영기를 맞이했다. 특히 유대인들은 10세기 압드 알라만 3세 시기가 최고의 문화부흥기였다.

이슬람이 지배하는 동안 농업은 물론 산업이 전반적으로 발전했다. 농업에서는 관개시설이 건설되고 공동체수리법이 제정되어 말 그대로 물을 공동으로 사용했다. 그리고 이슬람들이 가져온 목화, 복숭아, 사탕수수 등의 새로운 작물이 재배되었다. 당시 이베리아반도 남부의 사탕수수 경작은 서구 최초였다. 수공업은 톨레도, 그라나다, 알메리아, 코르도바에서 발달했고 코르도바와 세비야는 상업의 번성과 더불어 수출도시로 번창했다.

이집트의 알렉산드리아에 살던 많은 유대인이 같은 사라센제국인 이베리아반도로 이주한 것은 자연스러운 현상이었다. 유럽 도처에 흩어져 있던 유대인들도 비교적 종교적 관용성을 보이는 우마야드왕조로 몰려들었다. 그 뒤로는 한동안 이베리아반도가 유대인 공동체의 중심이 되었다. 이렇듯 이베리아반도, 곧 지금의 스페인, 포르투갈에 거주했던 유대인들이 중세에는 세계 유대인의 절반을 점했다. 이후 이베리아반도는 모든 면에서 서유럽에서 가장 발달한 지역이 되었다.

인구 50만 명의 서유럽
최대 도시로 성장한 코르도바 ——

라만 3세는 코르도바에 호화로운 궁궐을 짓고 사치스러운 생활을 한 것으로 유명하다. 14년에 걸쳐 지은 궁궐에는 6천 명 이상의 궁녀들이 있었고 노예와 환관들도 4천여 명에 달했다. 그 무렵 유럽에는 인구 3만 명 이상의 도시가 흔치 않았는데 코르도바는 이미 10세기에 인구 50만 명의 대형도시로 성장해 서유럽 최대 도시가 되었다. 규모가 커졌을 뿐 아니라 유럽에서 가장 문명화된 도시로 발전했다.

이슬람의 문화와 기술 수준이 서유럽을 능가해 이미 10세기에 코

코르도바의 메스키타 사원

르도바 도서관이 60만 권의 서적을 소장하고 그리스철학을 연구하
고 있었다. 그리고 이슬람을 통해 종이가 서유럽에 소개되어 11세기
에 제지製紙가 시작되었다.

당시 코르도바는 사라센제국의 바그다드를 뛰어넘어 이슬람세계
의 중심지가 되었다. 이베리아반도의 이슬람은 대수학을 발명했으며,
아라비아숫자는 로마숫자를 대체했다. 동시에 이슬람문명은 중세문
명의 암흑기에 사라진 고대 그리스철학이나 로마법을 다시 살려내
배우고 수용했다. 중세의 암흑기 속에 묻혀 있던 옛것을 살려냈다. 코
르도바와 바그다드 사이의 교류도 활발했다.

그리고 고대 자연철학과 기하학, 그리고 수학을 발전시켜 체계화
하였으며 멀리 비잔틴, 페르시아의 예술을 흡수했을 뿐 아니라 유대
교나 기독교 등 이교도의 신학, 교리를 공부하고 토론하고 논의했다.
포용력 있는 열린 사회였다.

코르도바를 통해 아랍문화는 유럽으로 전해졌고, 또 이베리아반도를 통해 유럽세계는 그리스의 고전과 철학, 그리고 아랍의 선진과학을 새로이 접했다. 이슬람문화가 고대와 중세의 다리 역할을 톡톡히 하였다. 오늘날의 서구문명은 이슬람에 빚을 지고 있는 것이다. 그 중심에 외국어에 능통한 유대인 학자들이 있었다. 유대인 학자들이 코르도바에서 그리스 고전을 아랍어로 번역했다. 그 뒤 그들은 톨레도에서 아랍어 서적을 라틴어로 번역해 유럽에 소개했다. 유대인이 아니었으면 그리스 고전이나 철학은 영영 어둠 속에서 빛을 못 보았을지도 모른다. 이들의 노고가 있었기에 훗날 르네상스가 가능했다.

이슬람, 종교 관용성 보여 ──

당시 코르도바에는 이슬람교 사원이 3백 개 정도 있었다. 그러나 이슬람은 관용을 보였다. 공납, 부역, 인두세 징수를 요구했을 뿐 피정복민족 고유의 사회, 정치, 종교 체제에 대한 강제적 파괴와 재편은 행하지 않았다. 이슬람은 종교의 자유도 인정했다. 기독교도는 공물 조세부담을 조건으로 종전까지의 토지지배권, 교회의 유지, 서고트 관습법으로 운영되는 특별자치구의 형성을 승인받았다. 이슬람교로 개종하는 사람은 기독교로부터 배교자라 불렸으나 자유민의 신분을 얻고 조세도 경감되었기 때문에 서고트시대의 노예들이 많이 개종했다. 당연히 유대교도 종교의 자유를 누릴 수 있었다.

그 무렵 이베리아반도는 유럽 내에서 이슬람교와 기독교, 유대교 신자들이 평화롭게 함께 살면서 공통의 관습과 문화를 오랫동안 형성했던 유일한 지역이었다. 이슬람은 기독교도와 유대인을 핍박하지 않아 3대 종교와 문명이 이곳에서 용광로처럼 융합하면서 암흑시대의 중세유럽에 한줄기 빛을 비추었다. 아랍 학자와 유대인 학자들이 코르도바에서 연구한 그리스의 철학, 천문학, 의술, 수학이 기독교세계로 퍼져나갔다.

다양한 문화가 혼합 공존할 수 있었던 것은 이 지역을 정복한 우마야드왕조가 온건한 형태의 이슬람을 실천한 결과였다. 그로부터 2세기 동안에 문화와 정치 발전, 번영과 세력이 절정을 이루었다. 당시 수도인 코르도바의 주택 수는 약 20만 채에 달했고 9백 개의 공중목욕탕, 50개의 병원이 있었으며 포장된 거리에는 밤이면 불이 밝혀졌다.

이슬람 사회의 분열과 스페인왕국의 대두 ——

이베리아반도의 이슬람 사회는 3백 년이 지나면서 세비야, 그라나다, 말라가, 코르도바 등의 도시를 중심으로 3개의 작은 나라로 분열된다. 이베리아반도의 이슬람왕국은 북쪽의 스페인왕국에 밀려 1010년부터 세비야로 수도를 옮겼다. 우마야드왕조는 스페인에서 약 250년을 통치한 후 11세기 초부터 기울기 시작했다. 이 무렵 오랜 내전이 발발했는데, 우마야드왕조의 마지막 칼리프가 궁중 쿠데타로 폐위되었다.

내전을 틈타 북아프리카의 베르베르족이 1013년 코르도바를 점령했다. 이슬람국가들은 지리멸렬되어 서로 싸웠는데, 심지어는 기독교 제후의 힘을 빌려 싸우기도 했다. 이런 상황에서 무슬림세력의 중심은 자연히 북아프리카로 옮겨갔다.

셀주크투르크, 실크로드 장악하다 ──

　10세기에 들어서자 이슬람교가 급속도로 퍼져나갔다. 921년 이후 볼가강 중류의 불가르족에 이어 960년 이후 톈산산맥 남북로의 투르크족이 이슬람교를 받아들였다. 그때까지 아랍족에 이어 이란인이 중심이었던 이슬람세계는 이 무렵부터 투르크족이 패권을 잡았다. 또 10세기 말부터는 투르크계 마흐무드왕이 인도에 침입해 이슬람화하기 시작했다.

　한편 동아프리카에는 740년 무렵부터 이슬람교가 퍼지기 시작해 1010년경에는 사하라사막을 넘어 수단지방의 흑인왕국까지 이슬람세력이 미쳤다. 1071년 아르메니아의 만지케르트 싸움에서 셀주크투르크군은 비잔틴군을 격파했다. 이때부터 서아시아의 이슬람화가 시작되었고, 그에 대한 반동으로 일어난 것이 11세기 말부터 거의 2세기에 걸친 십자군전쟁이다.

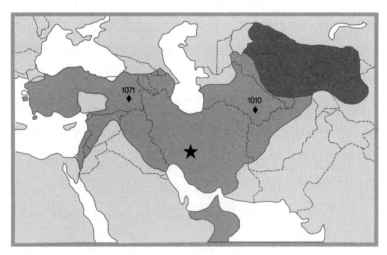

셀주크제국

1037년 셀주크투르크족이 중동의 이슬람제국을 멸망시키고 그 자리에 셀주크제국이 들어섰다. 이어 1071년 셀주크 왕 알프 아르슬란이 아나톨리아의 말라즈기르트 전투에서 비잔틴 황제를 생포하는 대승을 거두고 지중해로 향하는 교두보를 마련했다. 이로써 셀주크는 중국과 인도의 육로와 동부 지중해를 잇는 실크로드와 향료길 무역을 보호하면서 중개와 교역을 통한 막대한 국가수입을 올릴 수 있었다. 이후 셀주크의 강성과 부의 원천이 바로 육해상 실크로드를 잇는 중개무역이었다.

교역로 활성화를 위해 카라반 보호뿐 아니라, 여행편의를 위해 20~30킬로미터마다 대상들을 위한 편의시설인 카라반 휴식처를 건설했다. 이곳에서는 3일간 무료숙식이 제공되었고, 순찰대가 감시하는 튼튼한 교역품 창고를 이용할 수 있었으며, 각종 교역 정보와 자료의 교환이 가능했다. 셀주크의 경제원동력 역시 그 이전 이슬람제국에서 활약했던 유대인들이었다.

당시 교역 증진에 필요한 보험과 금융제도도 발달되어 있었다. 해적이나 도적들로부터 그들의 교역품이 강탈당한 경우에 국고에서 이를 보조해주는 일종의 보험제도와 신용대출과 같은 금융편의도 제공되었다. 셀주크의 수표 및 보험 등 금융제도는 곧 바로 동부 지중해 교역을 통해 중부유럽에까지 소개되었다.[*]

● 이희수, 〈오스만 터키와 동부 지중해의 해상교역〉, 2003.

중세 역사와 문화를 주도한 이슬람교

―

역사는 승자의 기록이다. 그러다 보니 중세유럽 역사에서 이슬람은 변방으로 쫓겨나있다. 하지만 아니다. 중세의 역사는 한마디로 이슬람의 역사였다. 중세에는 서구의 기독교세계보다 이슬람이 압도적으로 뛰어난 세력과 문화를 자랑하고 있었다. 문자와 기술이 발전하고 다양한 농업방식이 전개되며 의학, 천문학에 이르기까지 눈부신 발전을 보여준다. 그러한 우위는 그리스 로마 문화가 문명적 우위를 상실한 이후 천 년 가까이 지속되었다.

서구 유럽인들에게 중세의 역사는 암흑의 역사이자 감추고 싶은 역사이다. 중세유럽은 고대 그리스 로마, 비잔틴제국의 빛나는 문화유산은 잊히고 야만과 마녀가 활개 치던 시대였다. 더구나 그들이 야만시하던 아랍인들이 문명의 꽃을 피우고 세계 역사를 주도하며, 서구인들보다 앞선 선진문화를 누리고 있었기에 서구인들은 중세 역사를 더욱 외면하는 경향이 있다.

이미 5세기부터 기독교에서 이단으로 판정받아 추방당한 네스토리우스파가 아리스토텔레스의 책들을 시리아어로 번역해놓았다. 시리아를 점령한 이슬람은 그리스 문헌과 번역서를 발견한 뒤 그 중요성을 깨달았다. 그 뒤 이슬람 지도자들은 곳곳에 대규모 도서관인 '지혜의 집'을 짓고, 그리스어나 시리아어로 된 책을 아랍어로 번역하라는 명령을 내렸다. 특히 바그다드의 '지혜의 집'에서는 번역자를 매우 우대했다. 저울 한쪽에 번역된 양피지를 올려놓고, 다른 쪽에 그 무게에 상응하는 금을 얹어주었다는 이야기도 있다. 파격적인 지원정책에 힘입어 그리스 문학작품뿐 아니라 그리스 과학서적도 모두 아랍어로 번역되었다. 그 뒤 이 책들은 11세기 이후 유대인 학자들에 의해 라틴어로 재번역되어 유럽에 전파되었다. 훗날 고대 그리스문명의 부활을 기치로 내건 유럽의 르네상스는 이들이 있어서 가능했다. 게다가 '0'이라는 개념을 도입한 아라비아숫자로 서구보다 앞서 수학과 과학을 진흥시켰다.

그 무렵 유럽이 농업사회였을 때 이슬람 상인들은 중국과 신라에 이어 고려의 벽란도까지 드나들었다. 벽란도는 고려시대 예성강 하류에 있던 국제무역항으로 황해도 연백군 해월면 벽란리 일대이다. 벽란도는 당시 고려의 수도 개경과 거리가 가깝고 수심이 깊어, 밀물을 이용하면 큰 배가 자유롭게 드나들 수 있었기에 고려시대 무역중심지였다. 최무선이 화약을 획득해 그 제조기술을 완성한 일화도 벽란도에서 중국인 상인 이원을 통해서였다. 그 뒤 최무선은 대포를 개발하고 우리 평저선에 장착해 왜구를 단숨에 제압했다.

이슬람 상인은 교역규모가 커지자 화폐 이외에 어음까지 사용했다. 그 무렵 이슬람 상업과 교역의 중심에는 당시 이슬람 권역 내에 산재한 유대인 디아스포라가 있었다.

이슬람은 중국과 교역하면서 선진문명과 기술을 흡수했다. 화약, 종이, 인쇄술, 나침판 등이었다. 당시 기독교세계가 갖지 못한 화약과 대포로 서구세계를 거침없이 정복했으며, 종이와 인쇄술로 문화를 고양시켰다. 그리고 별의 고도로 위도를 측정하는 천체항법 개발과 나침판 활용으로 지중해 해상권을 장악했다. 당시 유럽의 프랑크왕국은 지중해를 장악한 이슬람에 둘러싸여 고립된 영역 안에서 버텨야 했다.

4

반목과
갈등의 역사

I

셈족 종교 간의 반목과 갈등

● 교조주의는 인류의 적

아브라함으로부터 파생된 한 뿌리의 세 종교, 즉 유대교, 기독교, 이슬람
교는 초기 5백 년은 관용을 보이며 평화롭게 공존하였다. 당시 이슬람 지배
하에 그들과 함께 살았던 유대교 스스로 그 무렵을 가장 번영했던 시기로
기억하고 있다.

문제는 북부 아프리카에서 교조주의(근본주의, 원리주의) 이슬람교가 발흥
하면서 시작되었다. 11세기에 이들이 이베리아반도의 정권을 장악하고 유대
교를 박해하기 시작하면서 봉기와 학살의 악순환이 전개되었다.

역사를 뒤돌아보면, 종교 간에 다름을 인정하는 이해와 관용의 시대에는
역사가 발전했다. 하지만 내 종교만 옳고 다른 종교는 틀렸다고 비난하는
교조주의가 발흥하면 역사는 어김없이 피를 부르며 후퇴했다.

비단 이슬람교만 교조주의가 발흥했던 것이 아니다. 십자군전쟁이 기독
교의 교조주의였다. 이때 많은 유대인과 무슬림이 학살당했다. 유대교 또한
교조주의에서 자유롭지 못하다. 팔레스타인과 평화협정을 맺은 라빈 수상
을 암살하고 정권을 잡은 극단적 시오니스트들을 교조주의자라고 할 수 있
다. 이로 인해 세 종교 간에 물고 물리는 반목과 갈등이 오늘날 세태를 여러
모로 어렵게 만들어놓았다.

게다가 이러한 반목과 갈등은 같은 종교 내에서도 일어났다. 가톨릭이 우
상숭배문제와 교리논쟁, 그리고 정치적 이해관계 차이로 세 교회로 분열되
었다. 로마가톨릭, 동방정교회, 오리엔트 정교회가 그것이다.

여기에 더해 로마가톨릭의 면벌부 판매로부터 촉발된 종교개혁운동이 사제의 권위를 부정하고 성경에만 의존하는 새로운 프로테스탄트, 곧 개신교 교회들을 양산했다. 루터교, 장로교, 감리교, 침례교, 성결교회, 순복음교회 등이다.

박해와 학살로 점철된 부끄러운 역사

가톨릭의 유대인 박해

유대인 박해가 시작되다, 노예와 토지 소유 금지 ──

313년 기독교가 공인된 이후 우려했던 유대인 박해가 서서히 가시화되었다. 기독교세력이 걷잡을 수 없이 늘어나자 로마제국은 그동안 왜 기독교를 박해했는지 해명할 필요성을 느꼈다. 그래서 희생양으로 내세운 것이 유대인이었다. 351년 콘스탄티누스 2세 황제는 "유대인은 하느님의 독생자 예수를 죽게 만든 하늘의 죄인이자 기독교의 적이다. 하늘에 대역죄를 지은 유대인들은 앞으로 거룩한 땅 예루살렘의 하늘을 바로 쳐다보아서는 안 되며 그 신성한 하늘과 마주하는 땅 위에 어떠한 씨앗도 뿌려서는 안 된다. 또한 하늘에 죄를 지은 유대인들은 검과 창을 쓰는 무사가 되어서도 안 된다."라고 못을 박았다.

이로써 유대인들은 농사를 지을 수 없게 됐으며 전쟁에 군인으로 참가할 수도 없게 되었다. 고대 농업사회에서의 퇴출은 기본적인 생존권의 위협을 뜻했다. 당시 전쟁에 참가할 수 없다는 것은 시민으로서의 자격이 없음을 뜻했다.

이어 유대교 개종자와 기독교도의 결혼이 금지되었고 이를 어기면 사형에 처해졌다. 유대인이 기독교인 노예를 3개월 이상 소유하는 것이 금지되어 경제적인 제약이 가해졌다. 이 조치로 노예노동을 확보할 수 없는 유대인은 노동집약적 농사는 물론 제조업을 포기하고 자영업을 찾아야 했다. 425년에 유대인은 정부 관직에서 일할 권리가 박탈되었다.

하느님의 선택, 유대인에서 기독교로 ——

유대인에 대한 기독교의 기본적인 태도는 로마제국에서 사실상 구체화되었다. 곧 하느님의 선택이 유대인에서 기독교로 옮겨왔다는 신학적 이해가 확대되었다.

서기 590년 그레고리 1세 교황은 유대인이 새로운 회당을 짓는 것을 금지시켰다. 더 나아가 히브리어 성경을 읽는 것조차 금했다. 교부들도 반유대적 설교를 했다. 그 뒤 기독교 폭도들이 유대교회당을 공격하는 일이 빈번해졌다. 나폴리, 로마, 밀라노, 제노바 등 도시에서는 5세기 후반부터 6세기 중엽까지 유대인 학살이 자행되었다. 589년 제3회 톨레도공의회는 어떠한 경우에도 유대인의 노예소유를 전면 금지시켰다. 또 7세기 중반에는 유대인의 토지소유가 완전히 금지되었다. 이러한 과정을 겪으면서 유대인들은 어쩔 수 없이 농업에서 쫓겨나 상업으로 내몰려 상인이 되었다.

이슬람의 유대인 박해

이슬람이 640년 팔레스타인의 새 주인이 되다 ——

비잔틴시대에 동로마의 속국이던 유대인들은 614년 페르시아가 팔레스타인 변방까지 쳐들어오자 과거 바빌론에서 페르시아로부터 얻은 해방을 기대하며 이들을 적극 도왔다. 유대인들은 페르시아와 연합해 기독교인들과 맞서 싸워 예루살렘성을 정복했다. 이때 유대인들의 협조로 수천 명의 기독교 수도사들이 학살되고 화형에 처해졌다. 기독교인들은 추방되고 수많은 교회와 수도원이 불탔다. 양 종교 간 학살이 시작된 것이다.

그러나 페르시아의 친유대정책은 3년 못 가 역전되어 반유대정책으로 돌변했다. 유대인 지도자들이 처형되었고 유대인의 지위는 박탈됐다. 622년 비잔틴제국이 다시 팔레스타인을 탈환했지만 그 뒤 비잔틴제국과 페르시아 간의 전쟁이 계속되어 양 국가가 힘을 소진하자 아라비아반도에서 일어난 젊은 세력인 이슬람이 640년 팔레스타인의 새 주인이 되었다.

유대인의 시련, 그라나다 대학살 ——

이슬람세계에서 5백 년의 긴 세월 동안 부와 자유를 누리던 유대인들에게 시련이 닥쳐왔다. 야만적이고 교조적인 베르베르 무슬림, 곧 무어인들이 코르도바를 점령해 그동안 유대인과 관계가 좋았던 우마 야드왕조를 붕괴시켰다. 교조주의 이슬람교로 세상이 바뀌자 이슬람 세계에서 유대인들이 거둔 사회적 신분상승과 문화적 우수성에 대한 질시는 이민족 간의 종교적 대립 양상으로 첨예화되어 유대인들은 이슬람 근본주의자들 앞에서 바람 앞의 등불 처지가 되었다.

코르도바에서 수많은 유대인 학자가 형장의 이슬로 사라졌다. 1066년 불거진 유대인 민중봉기는 그라나다 박해로 이어져 유대인 5천 명의 대학살로 치달았다. '내 종교만 옳고 다른 종교는 틀렸다'라는 교조주의의 등장은 이렇게 피를 불렀다. 이때 많은 유대인이 이베리아반도 북부의 가톨릭국가인 스페인왕국으로 이주했다. 이로써 그라나다의 황금시절도 종식되었다. 또한 이베리아반도에서 적지 않은 기간 이슬람문명과 같이 공존하면서 유대문화의 꽃을 피웠던 '세파르디'의 전성기도 한풀 꺾였다.

이베리아반도의 여러 작은 무슬림 국가에서 내분이 끊이지 않자, 이 틈을 이용해 반도 내 기독교도들은 마침내 1085년 서고트족의 오랜 수도인 톨레도에서 무슬림들을 쫓아낼 수 있었다. 그러나 톨레도에서 기독교인들의 통치는 잠깐뿐이었다. 무슬림들은 1086년 모로코에서 베르베르족 사람들을 불러들여 탈환했다.

11세기 들어 유럽대륙에서 기독교도들의 유대인에 대한 증오심은 점점 깊어갔다. 그레고리 7세가 교황이 되자, 거의 유럽 전체가 그의 권위에 눌려 그의 명령을 따랐다. 1078년 그는 유대인의 공직 취임을 금하는 법령을 선포했다.

그럼에도 그 무렵 스페인 중부 카스티야의 기독교도 왕 알폰소 6세는 이슬람왕국에서 탈출하는 유대인들을 보호하여 유대교는 카스

티아에서 번영을 누렸다.[*]

유대인, 몸에 노란 표시를 해야 ──

뒤이어 1090년에는 남쪽 이슬람왕국 지배자들이 본격적으로 유대인에게도 이슬람교 신앙을 강요하기 시작했다. 그들은 개종 아니면 목숨을 요구했다. 그리고 무슬림들은 유대인들을 구분하기 위해 늘 몸에 노란색 표시를 하도록 했다. 중세시대 노랑은 거짓과 비겁, 불충과 치욕의 색이었다. 예수를 배반한 가롯 유다가 입고 있던 옷이 노란색이었기 때문이다. 유대인들은 또 회당을 만들 수 없었고, 돈이 많아도 무슬림 노예를 부릴 수 없었다. 심지어 말을 타고 다닐 수도 없었다. 종교생활을 드러내놓고 한다는 것은 자살행위였다.

이때부터 수난기를 맞이한 스페인의 유대인 디아스포라에서는 번영기에 활발했던 신학적 탐구활동보다는 당장 하느님으로부터 초자연적인 도움을 받고자 하는 마음에서 하느님과의 직접적 만남을 강조하는 신비주의 유대교가 인기를 끌었다.

유대인 박해, 개종 아니면 죽음 ──

12세기 초 북아프리카 산악지대에서 이슬람교 근본주의자들이 발흥해 1천 년 동안 북서 아프리카에 존재했던 기독교공동체가 전멸당했다. 1146년에는 이슬람교 근본주의 알모하드왕조가 이베리아반도에 상륙해 유대인에 대한 광적인 탄압에 나섰다. 유대인은 개종과 죽

● 김경래, 《그리스도 이후 유대인 방랑사》, 전주대학교, 1998.

음 가운데 하나를 받아들여야 했는데, 1198년 예멘에서는 개종하지 않은 유대인들이 모두 참수됐다. 이베리아반도에서도 유대교회당과 예시바도 폐쇄됐고 유대인들은 개종과 죽음을 강요받았다. 결국 유대인들은 강제개종을 당했고 '쉬클라'라고 부르는 푸른색의 기이한 옷과 모자를 쓰고 다니거나 노란색 옷만 입어야 했다.

가톨릭의 이슬람과 유대인 박해

중세에 유대인이 대부업과 상업을 석권하자 유럽 내 반유대 정서가 퍼져나갔다. 그즈음 4백 년 이상 갈라지고 찢긴 암흑의 중세에도 새로운 세력이 일어났다. 서기 800년 크리스마스에 샤를마뉴대제는 교황권과 프랑크왕국을 결합한 새로운 교황국가를 세움으로써 서로마제국을 재건했다. 11세기 중엽 그레고리 7세가 교황의 자리에 오르자, 거의 유럽 전체가 교황의 발아래 무릎을 꿇었다. 이때부터 교권이 왕권을 압도한다.

기독교 교조주의의 십자군전쟁 ──

11세기 말, 유대인 박해는 1095년 교황 우르바노 2세에 의해 십자군이 소집된 다음부터 본격적으로 시작되었다. 1077년 예루살렘이 셀주크투르크의 손에 떨어졌다. 가톨릭교도들의 예루살렘 성지순례가 방해받기 시작했다. 이에 당황한 비잔틴제국은 서로마제국의 우르바노 2세 교황에게 원군을 요청했다. 이렇게 해서 이루어진 것이 제1차 십자군 원정이다.

제1차 십자군을 독촉하는 은수자 베드로

사실 십자군 원정은 성지탈환이라는 명목으로 출발했으나 그보다
는 서로마 교황으로서 동로마를 다시 병합할 수 있을 것이라는 정치
적 야망이 주원인이었다. 이를 통해 유럽에서 교황의 우월적 지위를
차지할 절호의 기회로 보았다. 우르바노 2세는 1095년 프랑스 클레
르몽에서 종교회의를 소집해 예루살렘 성지회복을 위한 그의 원대한
계획을 발표했다. 십자군이 소집된 것이다.

교황은 누구나 십자군에 참가하면 모든 죄가 사해진다고 선포했
다. 중세의 엄격한 기독교 사회에서 죄의 사함을 받는다는 것은 천국
가는 것을 보장받는다는 의미였다. 또한 이슬람에게서 성지를 회복
하고 이를 기독교 기사들이 지배하라는 교시도 내렸다. 기사들의 입
장에서는 땅과 전리품으로 부와 영예가 보장된 것이었다. 교황은 기
독교를 보호하기 위해 이단자들을 죽이는 것은 십계명에 위배되지
않는다고 선포했다. 이는 무슬림뿐만 아니라 유대인을 포함한 비기

4부 반목과 갈등의 역사

독교인들을 무참히 학살해도 종교적, 사회적으로 전혀 문제가 되지 않는다는 말이었다.

전쟁이 시작되자 예수의 피에 대해 유대인에게 복수할 것이라는 십자군의 위협이 알려졌다. 십자군은 예수를 십자가에 못 박히게 한 유대인에게 복수한다는 명분하에 광신적으로 기독교 신앙을 추종하는 사람들뿐 아니라 강도와 폭도들도 주류를 이루고 있었다. 십자군이 모이자 집단의식에 휩쓸려 기독교 근본주의자들이 되었다. 기독교 이외의 이단은 다 처부수어야 할 대상이 된 것이다. 유대인 학살은 1096년 프랑스 루앙에서 시작하여 십자군을 따라 라인강 주변 도시들로 퍼져나갔다. 특히 다른 도시에서 온 십자군들이 유대인을 공격하기 시작했다. 주교들이 처음에는 폭동을 중지시켰으나 십자군의 폭동이 격해지자 나중에는 방관하거나 피신해버렸다. 이로써 십자군이 출발도 하기 전에 유럽 전역에서 수천 명의 유대인들이 약탈당하고 학살되었다. 특히 대부업에 종사하던 유대인들이 채무자들에 의하여 집단으로 학살당했다.

1096년 가을 1차로 구성된 십자군을 필두로 약 2백 년 동안 여덟 차례나 십자군 원정이 감행되었다. 원정길 도중에 있는 유대인 마을은 곳곳에서 십자군에 의하여 약탈당하고 학살되었다. 1차 십자군으로 말미암아 죽임당한 유대인의 수는 라인강 주변에 살던 독일계 유대인들을 중심으로 대략 1만 2천 명에 달했다.

이때 라인 강변을 탈출해 동구와 러시아로 피난 간 유대인들이 이른바 '아쉬케나지'들이다.

유대인의 두 줄기 : 세파르디와 아쉬케나지

미국 유대인들을 보면 대부분 백인이다. 그들이 셈족의 후손인지 의문이
들 정도이다.

유대인은 크게 두 줄기가 있다. 하나는 옛날 이베리아반도에 살았던 유대
인들이 그 하나요, 다른 하나는 라인 강변에 살았던 유대인들이다. 전자를
세파르디 유대인이라 부르며, 후자를 아쉬케나지 유대인이라 부른다. 세파
르디Sephardi는 스페인Sepharad을, 아쉬케나지Ashkenazi는 독일Ashkenaz을 뜻하
는 히브리어다.

19세기까지 팔레스타인 지방에 살던 유대인 대부분은 세파르디계였다.
그래서 이들을 정통 유대인이라 부른다. 반면 아쉬케나지는 일반적으로 라
인강 유역과 인근 프랑스에 살다가 11~13세기 십자군전쟁과 흑사병 창궐
때 러시아 등 동구로 이주한 유대인을 통틀어 일컫는 말이다. 중세시대 라인
강은 중요한 상업교통로였다. 당시 마인츠·쾰른 등 라인강 주변 지역에는
유대인 상업공동체가 있는 마을들이 많이 있었다. 이들이 십자군전쟁 때 박
해와 학살에 시달리다 동구와 러시아로 피난 간 것이다. 그리고 그 뒤 15세
기 말 스페인에서의 유대인 추방, 17세기 30년 전쟁으로 인한 독일에서의 유
대인 피난 등 많은 유대인이 동구권으로 몰려들었다. 그들이 오랜 세월 게르
만과 슬라브 민족들 속에 살다 보니 피가 섞여 백인화되었다. 하지만 그들
의 뿌리는 셈족이다. 셈어와 게르만어의 혼용에 뿌리를 둔 그들의 언어 '이디
시어'가 이를 증명하고 있다.

반면 세파르디의 전통적 언어는 스페인 중부의 카스티아어에 기반을 둔
유대즈모Judezmo로 라디노Ladino어로도 알려져 있다. 이 언어는 스페인어에
히브리어, 터키어, 그리스어, 아랍어, 프랑스어가 혼합되었다. 라디노어는 오

늘날까지도 이스라엘 방송과 신문에 사용되고 있다. 이렇듯 언어가 그들 삶의 발자취를 반영하고 있다. 참고로 현재 미국 유대인의 95퍼센트가 동구에서 이민 온 아쉬케나지들이다. 반면 이스라엘의 유대인 구성비중은 세파르디 25퍼센트, 아쉬케나지 70퍼센트 내외라고 한다.

지금의 유대인은 나라를 잃고 2천 년 가까이 갖은 박해와 학살을 피해 다니다 피가 섞였다. 그래서 세파르디는 원래의 검붉은 중동계 얼굴인 반면 아쉬케나지는 백인에 가까운 얼굴이다. 이제는 유대인을 혈통으로 정의할 수는 없다. 그럼에도 그들 모두는 엄연한 셈의 후손들이다.

유대인을 상대로 각 지역에서
약탈과 살인을 자행하다 ──

유대인은 돈이 많아 십자군의 집중 약탈대상이 되었다. 라인강 주변뿐 아니라 독일 여러 지역에서도 십자군들에 의해 짓밟혔으며, 치욕을 피하기 위해 자녀들을 죽이고 자살을 택하는 유대인이 많았다. 습격당한 어느 곳이든 유대인의 운명은 같았다. 그들은 개종을 받아들이느니 차라리 자신과 자녀들의 죽음을 선택했다. 프라하를 비롯한 여러 지역에서도 비슷한 일이 일어났다. 십자군 가운데 예루살렘까지 가지 않고 이렇게 중간에 유대인을 상대로 약탈한 전리품을 챙겨 되돌아간 사람들도 많았다.

피로 물든 예루살렘 ──

십자군은 1차 원정길 곳곳에서 전투를 계속해가며 출발한 지 3년여 만인 1099년 7월 팔레스타인에 도착했다. 예루살렘을 함락시킨 십자군은 이교도들을 색출하려고 온 도시를 이 잡듯 헤집고 다녔다. 십자군이 남녀노소를 가리지 않고 그날 하루 무려 7만 명을 죽였다. 무슬림과 유대인을 구분치 않고 학살했다. 종교적 광신은 인간을 이처럼 잔인하게 만든다. 예루살렘에 피가 강물처럼 흘렀다.

1099년 십자군은 이처럼 이슬람과 유대인에게는 결코 잊을 수 없는 포학한 학살을 자행하고 예루살렘을 정복했다. 6주간의 전투에서 그들은 무슬림과 유대인들을 닥치는 대로 학살했다. 거기 살고 있던 모든 유대인을 회당 안에 모아놓고 불을 질렀다. 생명을 건진 무슬림과 유대인들은 노예로 팔려가거나 추방당했다. 그래도 1차 원정은 성지

회복이라는 목적을 달성한
유일한 십자군 원정이었다.

이슬람의 반격 ──

1144년 성지탈환을 외치
는 이슬람의 반격이 시작되
었다. 이에 1147년 프랑스
루이 7세와 독일 콘트라 3
세는 제2차 십자군을 일으
켰다. 그러나 다마스쿠스
정복에 실패하자 전사들은
고국으로 돌아갔다. 기본적
으로 갑옷을 비롯해 중장
비를 갖춘 십자군은 가벼운
무장으로 기동성에서 앞선
사라센 기병들에게 적수가

예루살렘을 발견한 십자군. 에드윈 오스틴 애비.
1901.

되지 못했다. 1187년 이슬람이 예루살렘을 정복했다. 이 전쟁에서 이
슬람군은 십자군 병사들과 달리 보복을 하지 않았다. 예루살렘이 함
락되었다는 소식은 큰 충격이었다. 십자군 사상 가장 막강한 전력으
로 당대의 대표적인 국왕들이 참가한 제3차 십자군이 조직되었다.

독일 황제 프리드리히 1세가 먼저 1189년 군대를 출발시켰다. 그
러나 성지에 도착하기도 전에 소아시아에서 왕은 강물에 빠져죽고
병사들은 사라센군에게 학살당했다. 뒤이어 영국의 사자왕 리처드가
1191년 1백 척의 배에 기병 4천 명과 보병 4천 명을 싣고 출발했다.

프랑스 왕 필립도 50척의 배에 군대를 태우고 함께 출진했다. 전쟁은 리처드왕과 살라딘 장군 간에 2년이나 끌었지만 끝내 예루살렘은 탈환치 못했다.

인노첸시오 교황의 종교재판, 100만 명 이상 살해하다 ──

13세기에도 십자군 원정은 계속되었다. 제4차 십자군은 13세기 초 인노첸시오교황 주도 아래 결성되었으나 역대 십자군 가운데 가장 추악한 집단이었다. 볼드윈이 이끄는 북프랑스 병사들만 참가했다. 원래 이집트를 공격하려던 계획이 베네치아 상인들과의 이해관계에 얽혀 1202년 기독교 도시인 헝가리 자라성을 공격했다. 십자군 본

자라성을 공격하는 십자군, 안드레아 비센티노.

래의 의미가 타락한 것이다. 다음에는 베네치아 통령과 동로마에서 추방당한 왕족들의 제안으로 1204년 콘스탄티노플을 공격했다. 탐욕과 폭력으로 얼룩진 완전한 탈선행위였다.

특히 4차 십자군전쟁을 주도한 교황 인노첸시오 3세는 유대인들이야말로 그리스도를 거부한 대가로 영원히 안식과 평화를 누릴 수 없는 저주받은 민족이라

고 믿었다. 그는 처음 교황에 오를 때만 해도 유대인들에 대한 공격과 강제적 개종을 금지시켰다. 그러나 프랑스의 필리프 2세가 추방된 유대인들을 다시 불러들이고 그들 중 일부를 공직에 채용하자, 교황의 태도가 돌변했다. 인노첸시오 3세는 필리프 2세에게 강력히 항의하며 비난했다. 1205년 5월 교황은 스페인 카스티야의 알폰소왕이 유대인들을 궁정에 기용했다는 이유로 그를 출교시키겠다고 위협했다. 이후 인노첸시오 3세 교황은 종교재판소를 만들어 교황의 명령을 따르지 않는 사람들을 처형했다.

제후들이 소유한 유대인 ——

무역상의 명성을 이어오던 유대인 사회는 13세기에 들어 경멸의 대상으로 전락하면서 특별세와 높은 보호비를 내야 했다. 세금을 내는 대가로 황제의 보호를 받는 유대인은 황제에게는 재원으로서 활용도가 컸다. 유대인들은 황제 이외에 주교와 도시 당국에도 보호비를 지불해야 했다.

1356년 카를 4세의 금인칙서에 유대인의 경제적인 가치가 잘 나타나 있다. 제후들은 금은광산과 마찬가지로 모든 유대인과 관련된 권한을 합법적으로 소유할 수 있었다. 1713년 헤센에서는 보호권이 없거나 보호비가 밀린 경우 유대인은 8일 안에 영내를 떠나야 했다.

교황의 유대인 탄압,
유대인들 가슴에 노란 마크 달게 해 ——

고대에는 교회법상 이자 자체가 허용되지 않았기 때문에 이자율과 상관없이 돈을 빌려주는 행위 자체를 고리대금업이라고 불렀다. 12세기 후반부터 금전거래로 돈 버는 유대인에게 고리대금업자라는 오명은 꼬리표처럼 붙어 다녔다.

1215년, 교황 인노첸시오 3세가 소집한 4차 교황청공의회에서는 반유대정책이 대거 채택되었다. 유대인들이 금전거래를 통해 기독교도의 피를 빨아먹고 있다고 언급하면서 기독교도를 보호하기 위해 '부당한 이자를 강탈하는' 유대인은 기독교도들과 접촉하지 못하도록 해야 한다는 의견이 제기되었다. 특히 중세에는 위험부담이 커 이자율이 높았기 때문에 이자가 유대인에 대한 비난의 빌미가 되었다.

1215년 공의회에서 처음으로 유대인을 복장으로 구분해야 한다는 의견에 따라 유대인 식별규정이 도입되었다. 그 뒤 유대인들은 악마의 뿔을 상징하는 노란색 모자를 써야 했다. 1445년의 함부르크 복식규정에 따르면 창녀들은 노란 수건을 머리에 써야 했다. 독일 남부 도시 프라이부르크에서는 미혼모들에게 노란 모자를 쓰도록 강요했다. 처형장에서 이교도들에게 노란 십자가를 목에 걸어주었다. 빚을 못 갚은 채무자들 역시 노란 원을 옷에 달고 다녀야 했다. 이 같은 노란 의복과 노란 장식은 말 그대로 '치욕의 징표'였다.

특히 유대인은 멸시의 대상이었다. 기독교인이 유대인에게 노란색을 강요한 것은 더 깊은 의미의 차별이었다. 유대교와 기독교 전통에 따르면 제례에서는 노랑이 금지된 색이었다. 노랑은 신앙이 다른 자들을 차별하기 위한 징표로 사용되었기 때문에 성스러운 교회에서 사용하는 색은 결코 '노랑'일 수 없었던 것이다.

가톨릭 성직자들이 특히 유대인에게 반감을 많이 갖고 있었다. 가톨릭 사제들의 반유대인 감정은 이미 325년의 니케아종교회의 때부터 나타나기 시작했다. 그들은 정치권에 압력을 가하고 일반 대중을

선동해 유대인 박해를 충동질했다. 13세기 중반, 가톨릭교회는 주교
회의를 통해 모든 기독교도에게 유대인과 함께 먹고 마시는 행위를
전면 금지시켰다. 기독교도가 유대인과 대화하는 것조차 금했다. 이
후 이런 분위기가 지배했던 곳에서는 쉽게 유대인에 대한 습격이 이
어졌다.

유대인 박해와 추방이 관례화되다 ──

십자군 운동은 유대인들에 대한 혐오감이 본격적으로 강화되기 시
작한 하나의 전환점이었다. 이로써 유럽의 유대인들은 18세기에 이
르기까지 온갖 조롱과 혐오의 대상이 되었다. 그리고 그들은 가난과
공포와 절망 속에서 근근이 생존해야 했다. 이 600여 년 동안 유럽의
통치자들에게 유대인의 존재는 경제적 이용물일 뿐이었다. 유대인들
이 경제적 이용가치가 있을 때는 받아들이고 없을 때는 내쫓는 역사
가 되풀이되었다.

유대인에 대한 통치자의 착취 못지않게 일반인의 공격 역시 유대인
에게는 화근이 되었다. 1320년에는 남부 프랑스에서 양치기와 농부
들이 난을 일으켜 유대인들을 습격했고, 이듬해에는 문둥병자들이 문
둥병을 퍼뜨리려고 한다는 소문이 돌자, 몇몇 문둥병자들이 잡혀와
고문을 받았다. 그중 한 명이 자백하기를, 스페인의 유대인들과 무슬
림들이 연합해 기독교인들을 독살할 계획으로 문둥병자들에게 뇌물
을 주고 공동우물에 균을 넣어 문둥병을 퍼뜨리도록 사주했다는 것
이었다. 이 사실무근의 자백으로 수백 명의 유대인들이 잡혀 고문을
받다가 죽었다. 이로 인해 여론이 악화되자 유대인들은 또 다시 프랑
스에서 추방되었다.

그 뒤 1359년에 프랑스는 재정난 때문에 다시 유대인들을 불러들였다가, 40년 후인 1394년에 또 다시 유대인들을 추방했다. 이 무렵 독일에 살던 유대인들의 운명도 프랑스 유대인 공동체의 운명과 별로 다를 바 없었다.

흑사병을 유대인 탓으로 돌리다 ──

당시 유럽인들에게 너무나 큰 충격과 피해를 준 흑사병은 그들에게 피해망상증을 불러일으켰다. 흑사병 Pestis Manufacta은 그 명칭에서 보듯 '인간의 악의에 의해 퍼진 질병'이라고 생각했다. 이러한 생각과 소문이 삽시간에 대중에게 불어넣어져, 유대인들이 우물과 샘에 독을 풀었다는 소문이 나돌았다. 소문의 진위를 가릴 틈도 없이 민심이 사나워졌다. 유대인에 대한 증오가 폭발했다. 폭도들은 유대인 거주지

흑사병을 퍼뜨렸다는 소문으로 화형을 당하는 유대인. 작자 미상, 1628.

에 불을 지르고 유대인들을 살해하기 시작했다. 1349년의 일이다.

당대의 연대기에는 이렇게 기록되어 있다. "독일에서는 수천 명의 기독교도들이 닥치는 대로 유대인들을 살해하거나 산 채로 불태웠다. 이때 유대 여인들은 자기 아이들을 기독교 세례를 받아 희생을 피하도록 하기보다는 차라리 불속에 던져 넣었고, 그다음에는 자기 몸을 불구덩이에 던져서 남편과 아이 뒤를 따랐다."

유대인들, 동부유럽으로 대거 피신 ──

그 뒤 1351년에 페스트와 함께 유대인 학살 열기 역시 수그러들기까지 유럽에서는 유대인들의 대형 공동체 6개와 소형 공동체 150개가 사라졌고, 350회 이상의 학살이 자행되었다. 결국 이로 인해 중서부유럽에서는 유대인 공동체가 거의 뿌리 뽑혔다. 더 큰 문제는 일단 사람들이 유대인들에게 폭력을 행사하는 데 익숙해지자 그와 같은 일이 항존하게 되었다는 것이다.

살아남은 유대인들은 페스트와 박해를 피해 폴란드와 리투아니아 등 동유럽으로 대거 피난했다. 이때 독일에 거주하던 유대인들이 특히 동구로 많이 이주했다. 독일의 방언인 이디시어가 동부유럽에서 유대인의 언어로 자리 잡으며 문화와 경제에 큰 영향을 미치는 계기가 된 것이다.

유대인 추방은
재산 몰수와 민심 달래는 일거양득 ──

반유대 감정이 고조된 데에는 경제적 요인도 있었다. 유대교는 이자 수취를 허용하는 한편 기독교는 금했다. 이러한 상반된 종교원칙 속에서도 유대인들은 많은 기독교도에게 돈을 빌려주었다. 따라서 사회적으로 빚에 대한 압력이 커지면 채권자 유대인들은 잔인한 고리 대금업자로 몰리며 박해당하고 추방되는 전형적인 모습이 수세기를 두고 반복되었다. 이때 권력자들은 기다렸다는 듯이 유대인 보호를 위해 엄청난 보호비와 채무탕감을 요구했다.

독일, 프랑스, 영국과 이탈리아 등에서 유대인 추방이 있었다. 중세에는 유대인이 죽으면 그의 재산과 채권은 영주에게 귀속되었다. 그래서 기독교도 위정자들은 그들을 죽이거나 추방하고 재산을 일시에 몰수하기로 마음을 먹는 경우가 많았다. 따라서 중세유럽에 유태인 추방이 자주 일어났다. 특히 주민들의 반유대 정서가 높아지거나 사회적 불만이 쌓이면 영주들은 떠안고 있는 문제에 대한 최종적인 해결방법으로 항상 유대인 추방을 내세웠다. 희생양인 셈이다. 이런 해결방식은 1012년에 라인란트의 마인츠에서, 1182년에는 프랑스에서,

영국에서 추방당하는 유대인들, 14세기경.

1276년에는 북부 바이에른(바바리아)에서 시도되었다. 그 뒤 1290년에는 영국의 유대인들이 추방되었다. 또 프랑스에서는 필리프 4세가 유대인들의 채무 관계를 백지화하고 1306년 1만 명을 빈털터리로 추방했다. 9년 뒤 루이 10세가 유대인을 다시 불러들였으나 이어 1321, 1394년에도 같은 사례가 반복되었다.

독일 각지에서 연이어 추방당하다 ——

프랑스에서 추방당한 유대인들이 독일과 폴란드로 몰려들자 그 지역의 반유대 정서가 급격히 높아졌다. 그 뒤 독일과 폴란드에서도 유대인들이 연이어 추방당했다. 1420년 리옹, 1421년 비엔나와 린츠, 1424년 쾰른, 1438년 마인츠, 1439년 아우크스부르크, 1442년 바바리아, 1446년 브란데부르크, 1454년 모라비아 왕실 소유 도시들, 1462년 마인츠, 1483년 바르샤바에서 유대인들이 쫓겨났다.

13~14세기의 독일은 황제의 권한이 약화되고 지방 제후들이 독자적인 재량권을 행사하던 체제였다. 이런 상황 속에서 지역마다 독립을 추구했던 것은 어쩌면 당연한 일이었다. 이처럼 권력과 독립을 위한 투쟁이 도처에 난무하는 가운데, 유대인들은 희생제물로 전락하기 일쑤였다. 독일의 유대인들은 한 도시에서 쫓겨나 다른 도시로 피하거나 아니면 아예 동구로 이주했다.

1492년 스페인, 유대인 추방칙령의 비극 ——

스페인왕국은 통일하던 해인 1492년 3월 31일에 유대인 추방령을 발표했다. 기독교 왕국을 표방한 정부가 전쟁으로 이반된 민심을 추스르고 바닥난 국고를 재정비하는 데는 이단종교를 믿는 유대인의 재산몰수와 추방이 일거양득이었다. 그 무렵 스페인 전 국민의 6.5퍼센트가 유대인이었다. 당시 이베리아반도에 살았던 세파르디는 중세시대 전 세계 유대인의 절반을 차지했고 라디노어(유대 스페인어)를 사용했다. 특히 수도 톨레도는 경제와 문화 모두 유대인이 장악하고 있었으며 상업도시 바르셀로나는 유대 상인들이 상권을 주도하고 있었다. 일례로 지난 1992년 바르셀로나 올림픽 당시 주경기장이 위치한 몬주익 일대는 과거 유대인들의 집단 거주지였다. 몬주익은 '유대인의 산'이라는 뜻이다.

유대인들은 14~15세기 스페인 경제발전에 중요한 역할을 했다. 당시 스페인왕국의 재무장관을 지낸 아이삭 아브라반넬도 유대인이었다. 스페인을 무역과 경제 부국으로 만든 장본인이었다. 당시 여왕의 재무장관과 세금징수 총책임자로 고위직을 맡고 있던 유대인 아브라

스페인의 유대인 추방, 에밀리오 살라, 1889.

함 세니오는 천문학적 숫자인 3만 냥의 금화를 내면서 이를 막아보려 했지만 종교재판소장 토르케마다의 반대로 무산됐다. 그들은 유대인 추방을 돈으로 막으려다 실각했다.

유대인 추방은 1391년 유대인 박해와 마찬가지로 종교

적 광기와 전쟁 후유증으로 불거진 사회적 불안이 크게 작용했다. 이 완된 민심을 수습하고 신앙심 깊은 왕실로 권위를 회복하려는 의도 속에 제시된 종교적 단일화 그 뒷면에는 경제적 이유가 도사리고 있었다. 유대인의 재산을 몰수하여 전쟁으로 바닥난 국고를 메우기 위한 조치였다. 이뿐만 아니라 콜럼버스 신항로 탐사에 들어갈 왕실자금을 마련하려는 목적도 한몫했다.

추방령, 돈과 금, 은은 못 가지고 나가게 해

단 4개월 이내의 추방을 선포한 칙령에 의하면, 유대인들은 재산을 처분하여 가지고 나가는 것은 허용하되 화폐와 금, 은 등 당시의 돈은 가지고 나갈 수 없다고 발표하였다. 발각되면 처형이었다. 한마디로 억지였다. 재산은 놔두고 몸만 빠져 나가라는 소리였다. 1492년 3월 31일 칙령이 발표되자 개종을 거부한 유대인은 팔 수 있는 모든 것을 몇 달 이내에 헐값으로 처분했다. 집을 주고 당나귀를 얻었고 포도원이 몇 필의 포목과 교환되었다.

이렇게 재산을 급하게 처분할 수밖에 없었지만 신변의 위험을 안고 사는 유대인들은 모든 재산을 평상시에도 나누어놓는 습관이 있었다. 3분의 1은 현찰로, 3분의 1은 보석이나 골동품 같은 값나가는 재화로, 3분의 1은 부동산으로 부를 분산시켜 관리했다. 안정적인 재산관리방식인 포트폴리오는 여기서 유래했다. 그 와중에도 유대인들은 담보대출 시 저당 잡은 보석류를 챙겼다. 당시 유대인에게는 토지 소유는 법으로 금했기 때문에 대부분의 저당물이 보석류였다. 이는 후에 유대인들이 이주해 간 안트베르펜과 암스테르담이 다이아몬드 보석시장으로 자리 잡은 이유이다.

떠나기에 앞서 12살 이상 되는 아이들은 모두 결혼시켜 가족을 이루게 하였다. 유대인들은 성인이 되어야 하느님으로부터 진정한 유대인이라 여겨지기 때문이다. 이들은 남녀노소 가릴 것 없이 수레나 나귀에 짐을 싣고 태어난 나라를 떠났다. 가다가 죽기도 하고 아이들이 태어나기도 하고 병들기도 하면서 먼 길을 떠났다. 단 4개월 만인 7월 말에 이르자 추방은 완결되었다.

일시에 추방당한 17만 명

이리하여 개종하지 않은 유대인 17만 명이 한꺼번에 추방당했다. 1480년 이래 종교재판을 피해 빠져나간 사람까지 치면 약 26만 명 이상이 스페인 땅을 벗어났다. 당시 인구 3만이 넘는 도시가 흔치 않은 유럽에서, 스페인에서만 일시에 빠져나간 17만 명은 대단한 숫자였다. 이들 중 10만 명은 포르투갈로 향했으나 그들도 결국 추방당했다.

유대인들은 주로 비교적 안전한 플랑드르의 브뤼헤와 안트베르펜으로 향했다. 그곳에는 영국과 프랑스에서 쫓겨난 유대인들이 터를 잡고 있었다. 일부는 그들을 반겨 맞아주었던 오스만제국으로 향했고 그 밖에 이탈리아, 북아프리카 등으로 이주했다. 이주 중에 약 2만 명이 목숨을 잃었다.

일부는 프랑스로도 이주하여 화려하고 세련된 몽테뉴를 존재케 했다. 그의 어머니가 스페인계 유대인의 직계 후손이다. 모로코에는 북아프리카에서 가장 큰 유대인 정착촌이 있었다. 그들 대부분은 스페인을 떠나온 유대인의 후손이었다. 그들은 '멜라'라고 하는 특별구역에 격리되어 살았으며 유대인으로 인식케 하는 복장을 입어야만 했다. 한때 모로코에 25만여 명의 유대인이 있었다.

그 무렵 종교재판을 피하기 위해 약 5만 명의 유대인들이 추가로

스페인을 떠났다. 결국 많은 유대인이 안트베르펜, 암스테르담 등지로 이주하면서 이베리아반도의 경제력이 중부유럽으로 이동하는 계기가 되었다. 특히 네덜란드의 중상주의는 유대인에 의해 꽃을 피웠다.

126년간 싸운 삼위일체 논쟁

영지주의 ——

초기기독교를 위협한 사상은 1세기 말엽부터 대두한 영지주의gnosticism였다. 영지주의는 그리스어로 '뛰어난 지혜', '비밀스러운 지식'을 의미하는 그노시스gnosis로부터 유래한 말이다. 영지주의자들은 믿음이 아닌 앎, 곧 깨달음으로 구원받을 수 있다고 주장했다. 또 그들은 모든 물질세계를 타락의 산물인 동시에 악한 것으로 보고 인간의 영혼은 육체로부터 해방되어야만 구원받을 수 있다고 생각했다. 그들은 예수가 인간의 몸을 하고 이 땅에 나타났지만 실제로는 단지 영이었을 뿐이라고 주장하며 성육신을 부정했다.

참고로 성육신은 하느님이 인간의 죄를 구원하기 위해 예수 그리스도의 모습으로 인간이 되었다는 기독교 교리이다. 반면 영지주의

(그노시스파)는 육체 자체는 악한 것이기 때문에 그리스도가 성육신했다는 것은 이치에 맞지 않는다고 주장했다. 초대 교회는 이러한 영지주의자들을 이단으로 간주해 척결하면서, 신자들에게 세례를 베풀 때 훗날 사도신경으로 발전하게 될 신앙고백을 요구했다.[•]

이후 교회가 요구하는 기독교 신앙의 참 여부를 가려낼 수 있는 것이 바로 신앙고백(신경)이었다. 기독교에서 신경信經이 중요하게 생각되는 이유이다. 이 신경을 확립해나가는 과정의 하나가 세계주교회의인 '공의회'였다.

아리우스 논쟁 ——

313년 콘스탄티누스황제의 밀라노칙령으로 마침내 신앙의 자유를 찾은 기독교는 얼마 지나지 않아 로마제국 최대 종교가 되었다. 하지만 그때까지만 해도 기독교는 단일한 교리를 갖고 있는 체계적이고 통일적인 종교는 아니었다. 특히 이집트 알렉산드리아에서 오래전부터 벌어진 신학 논쟁은 기독교인들을 혼란스럽게 만들었다.

알렉산드리아교회의 아리우스 장로는 318년 알렉산드리아교회의 주교 알렉산드로스와의 논쟁에서 예수의 신성을 부정했다고 알려졌다. 하지만 그는 예수의 신성을 부정한 것이 아니라 단지 '신적 지위로 격상되었다'고 말한 것이다. 예수 그리스도는 성부와 유사한 본질, 곧 신성을 가진 존재로서 하느님으로 불릴 수 있지만 '참 하느님'은 오직 성부뿐이라는 주장이었다. 아리우스의 주된 관심은 하느님의 '유일성'을 주장하는 것이었다.

• 황대현,《서양 기독교 세계는 왜 분열되었을까?》, 민음인, 2011.

아리우스의 이런 주장은 그의 독창적 사상이라기보다는 이미 3세기부터 동방교회에서 널리 확산된 '성자 종속설'의 연장선상에 있는 것이었다. 성자는 성부와 똑같지 않고 성부에게 종속돼 있다는 것이다. 이를 좀 더 명료화한 것이 아리우스의 주장이었다. 아리우스의 주장에 동방교회의 성직자들과 평신도들도 호응하고 나섰다.

쟁점은 또 있었다. 그리스도의 구원 방식이었다. 알렉산드로스의 견해를 옹호한 아타나시우스에 의하면, 하느님이 그리스도를 통해 인류 역사에 개입해 구원의 길을 열었기 때문에 그리스도가 우리의 구원을 이루었다고 보았다. 그러나 아리우스파는 그러한 견해가 구세주로서 그리스도의 역할을 위험하게 만든다고 여겼다. 왜냐하면 예수가 하느님에게 순종해 구원의 길을 열었는데, 만일 예수가 피조물이 아닌 신이라면 그러한 순종은 무의미한 것이기 때문이다.

대립이 심각해지면서 알렉산드리아 주교 알렉산드로스가 직권으로 아리우스를 정죄하고, 그와 그의 추종자들을 교회의 모든 직분에서 축출함으로써 논쟁은 공개적 성격을 띠었다. 아리우스도 이에 승복하지 않고 자기를 지지하는 시민과 동방의 감독들에게 호소하여 자신의 주장을 펼치며 대응했다. 그리하여 알렉산드리아 신학논쟁이 점점 커져 교회를 분열시킬 위험을 가져왔다.

이로써 삼위일체를 주장하는 아타나시우스파와 아리우스파가 대립하자 교회의 분열이 우려되었다. '삼위일체'라는 말은 성경에 나오지 않는다. 예수 역시 삼위일체에 대해 이야기한 적이 없었다. 하지만 당시 기독교가 발생한 가나안은 다신교를 믿었던 곳이라 많은 신에 대한 믿음이 일반적인 현상이었다. 그러한 환경에서 기독교의 하느님과 다른 신들이 어떻게 다른지, 예수의 격을 어떻게 설정해야 할지, 성령의 존재를 어떻게 받아들여야 할지 등의 문제를 결정하는 것이 초기 기독교 교부들이 해결해야 할 과제였다.

하지만 주교들은 이 문제를 해결하지 못하고 계속 편을 갈라 싸움만 하고 있었다. 이 문제를 주교들이 풀지 못하자 콘스탄티누스황제가 직접 나섰다. 4개로 쪼개진 로마제국을 가까스로 통일한 황제는 자칫 종교 교리 갈등이 다시 파벌 갈등으로 불거져 정치사상적 분열의 원인이 될 수도 있음을 우려한 것이다.

콘스탄티누스는 우선 그의 종교 고문인 스페인 코르도바 주교 호시우스를 파견해 두 파의 화해를 꾀했다. 양자 간의 갈등은 결코 중재로 해결될 수 없다고 호시우스가 보고하자, 황제는 삼위일체 논쟁으로 인한 교회의 분열은 곧 로마제국의 분열을 가져온다는 위기의식을 느꼈다. 황제는 '하나의 제국, 하나의 교회, 하나의 신앙'이란 그의 신념를 실현시키고자 친히 세계주교회의 총회를 소집한다.

사실 그는 니케아공의회를 열기 전에 이미 논쟁 당사자인 알렉산드로스 주교와 아리우스 장로에게 다음과 같은 편지를 보냈다: "그대들의 근본적인 차이가 어디서 비롯되었는지 충실하게 조사한 결과, 나는 그 원인이 참으로 사소한 것이며 격렬한 쟁점으로서는 너무도 부족하다는 점을 깨달았소. 여가를 오용하여 심심풀이처럼 제기한 논점은 우리 자신의 생각으로만 제한해야 하며, 대중 집회에서 서둘러 발표하거나 경솔하게 대중의 귀에 들어가게 해서는 안 될 것이오. 그토록 숭고하고 난해한 문제를 정확히 이해하고 적절히 설명할 수 있는 사람은 매우 드물기 때문이오. 실은 이런 질문을 제기한 것 자체가 잘못이었소."•

• 김용옥, '알렉산드리아와 삼위일체', 〈중앙선데이〉, 2007. 6. 30.

니케아공의회(325년) ──

콘스탄티누스황제는 325년 5월 20일 최초의 가톨릭 공의회를 니케아에 소집했다. 니케아는 소아시아의 작은 동네로 보스포루스 해안에 있었다. 황제는 될 수 있는 대로 많은 교부가 회의에 참석하기 원해 아프리카, 시리아, 페르시아, 소아시아, 이탈리아를 비롯해 멀리 스페인까지 총 1800명을 초대했으나 381명만 참석했다. 서방교회 참석자는 적었고 대부분이 동방교회의 교부였다. 교부들은 보통 장로 2명과 수행원 3명 정도를 데리고 왔기 때문에 1500명이 넘었다. 그 경비 일체를 황제가 지원했고 궁전의 호화로운 회관이 회의공간으로 제공되었다.

이렇게 니케아공회의가 소집된 발단은 318년 알렉산드리아의 교부

콘스탄티누스황제

인 아타나시우스가 성자와 성부는 완전히 '동질'이라고 주장했고 아리우스는 성자는 성부보다 낮은 '이질'이라고 주장했기 때문이다.

아리우스의 주장은 간단했다. 예수는 아버지 하느님처럼 영원한 실체가 아니라, 하느님의 세계를 구원하기 위한 '도구'로서 창조된 존재, 곧 '피조물'이라는 것이었다. 따라서 아무리 완전한 인간이라 해도 '아들'은 '아

버지'에게 언제나 복종해야 하므로 그리스도의 신성은 성부와 같을 수 없다는 것이다.

그래서 논쟁이 벌어졌고 콘스탄티누스황제가 그리스도는 온전한 인간이자 영원불변한 하느님이라고 주장하는 아타나시우스의 팔을 들어줬다. 그 결과 니케아회의에서 성부와 성자가 동일한 본질, 곧 동질이라는 주장이 교리적으로 맞는다고 확인되어 이 주장을 넣은 '니케아신경'이 작성됐다.

여기서 유의할 점은, 삼위일체 개념은 니케아공의회에서 갑자기 만들어진 것이 아니라 초대교회 시절 사도 바울로부터 시작되었다는 것이다. 곧 초기기독교에서 믿던 내용이지만 논리적으로 어렴풋했던 개념을 온전하게 정립하여 공식 교리로 채택한 것이라고 보는 게 정확하다.

회의를 시작한 지 2개월이 넘는 논쟁 끝에 7월 25일에 주교들은 신경에 서명할 수 있었다. 이 회의는 결국 아리우스파를 이단으로 규정하고 직분을 박탈했으며 콘스탄티누스황제는 면직된 주교들을 추방했다.

당시 아리우스파의 이론이 상당수 주교들과 신자들에 의해 받아들여진 교리였음에도, 회의에 참석한 주교들은 이를 부정할 수밖에 없었다. 공의회를 소집한 것이 황제였고 그의 입장을 지지하는 주교가 회의를 주재했기 때문이다.

문제는 교리의 정통성 여부보다 교리 결정에 세속권력이 개입했다는 점이다. 이 전례는 후에 심각한 결과를 낳는다. 주교들의 소망과는 달리 니케아공의회가 아리우스 논쟁을 종식시키지 못했을 뿐 아니라 그 뒤로도 세속의 정치권력이 교회 문제에 꾸준히 개입했다.

아리우스파가 파문당했음에도 그들의 주장은 기독교도들에게 광범위하게 받아들여지고 있었다. 337년 콘스탄티누스황제가 죽자 아리우스파들이 다시 목소리를 내기 시작했다. 그들은 성부와 성자는 본질이 다르다는 주장을 계속해 아타나시우스파와 갈등이 그치지 않았다. 이후 40년 넘게 논쟁, 분열, 심지어 폭력까지 몰고 왔다. 그때까지도 이 문제에 관한 통일된 입장은 존재하지 않았다.

그러자 이번에도 황제가 나섰다. 테오도시우스 1세 황제는 380년 데살로니카칙령이라 불리는 '공동 신앙령'을 반포하고 성자는 성부와 본질이 같다는 니케아 신조의 지지를 선포했다. 이때부터 삼위일체론을 믿는 사람들만이 기독교인으로 인정받았다.

콘스탄티노플공의회(381년) ──

니케아회의에서 예수 그리스도의 신성 교리는 확정지었으나 성령의 신성에 대해서는 언급이 없었다. 그리하여 이 문제를 논의하기 위해 381년에 2차 세계기독교총회가 콘스탄티노플에서 열렸다. 이 회의에서 니케아신경을 재확인하고 아리우스를 이단으로 영구 추방했다. 또한 성령의 신성에 관하여 선포했다. 그리하여 삼위일체 교리가 기독교 신앙의 근본 고백이 되었다.

392년 테오도시우스황제는 기독교를 로마제국의 국교로 정한 뒤 모든 이교의 제전을 금하고 올림픽 경기도 이교 신들의 제전이라는 이유로 393년 금지했다. 그래서 올림픽은 1896년 아테네에서 다시 개최되기까지 1500년 동안 중단되었다.

에페소스공의회(431년) ──

325년 니케아공의회 때 알렉산드리아학파와 안티오키아학파는 힘을 합쳐 아리우스파를 이단으로 정죄했다. 하지만 이후 자신들의 입장이 어느 정도 정리되어가자 양 학파는 서로 간의 간극이 너무나 크다는 것을 깨닫기 시작했고 상대방을 공격하기 시작했다. 결국 마리아의 호칭 문제로 대립이 격화되었다.

당시 콘스탄티노플 총대주교 네스토리우스는 예수의 어머니 마리아를 존경하는 것은 좋지만 그녀를 신격화하는 것은 문제가 있다고 생각했다. 그는 마리아를 신격화해서는 안 된다고 주장했다. 그는 마리아를 '테오토코스(하느님의 어머니)'라고 부르기보다는 '크리스토토코스(그리스도의 어머니)'라고 불러야 한다고 주장해 또 다시 신학논쟁이 일어났다.

참고로 예수의 동정녀 탄생은 117년 이그나티우스가 영지주의자들이 주장한 '가현설'을 비판하면서 주장하기 시작했다. 가현설은 예수가 인간의 육체로 태어난 것이 아니라 인간 육체의 모습으로 나타났다는 것이다. 이러한 주장을 반박하기 위해 마리아를 통한 육체적 출생을 강조하게 되었다.

네스토리우스는 예수의 신성을 강조하여 마리아에 대한 '테오토코스' 호칭에 찬성했던 사람들과는 달리, 마리아를 하느님의 어머니라 부르면 안 되는 이유를 설명해야 했다. 그는 예수의 인성과 신성을 완전히 독립된 두 개의 위격이 병존하고 있는 것으로 보아 그리스도 '이성설二性說'을 제기했다. 마리아는 예수의 신성이 아닌 인성, 곧 인간의 어머니라는 논리였다. 이는 네스토리우스의 독자적인 주장이라기보다는 초기교회 시절부터 이어져 온 안티오키아 지역 교회 사람들의 생각이었다. 그리스도는 신적 본성이 있지만 동시에 사람의 육체와 혼을 가진 진정한 사람이라는 것이 안티오키아학파의 주장이었다.

네스토리우스는 예수의 신성과 인성의 완전한 결합을 주장한 정통 견해와 달리 예수의 신성과 인성을 구분하면서 예수의 신적 본질은 예수의 인간적 행동이나 고통과는 완전히 별개의 것이라고 주장했다. 하지만 알렉산드리아학파는 그리스 철학인 스토아학파의 로고스 사상을 근거로 하느님의 말씀(정신)인 로고스가 인간 세상에 들어와 완벽한 속죄 제물로 죽임을 당하여 구원을 이룬다는 신학을 내세웠다. 따라서 마리아를 하느님의 어머니란 뜻의 '테오토코스'로 불러야 한다고 주장했다. 결국 마리아의 신격화를 막기 위해 예수의 신성과 인성을 구분해 그녀를 '크리스토토코스'로 불러야 한다는 견해는 431년 에페소스공의회에서 이단으로 정죄되어 네스토리우스는 추방당했다.

이후 네스토리우스는 페르시아와 인도에 교회를 세웠으며 심지어는 멀리 중국까지 가서 전도를 하여 경교景敎로 알려진 교회가 생겨났다. 후에 아라비아반도 메카에서 유대교와 네스토리우스파의 기독교를 참고해 만들어진 게 이슬람교다.[•]

결국 마리아에 대한 '테오토코스' 명칭은 중세 교부들의 성에 대한 혐오와 맞물려 마리아는 평생 처녀로 있었다는 '동정녀 마리아' 교리와 더 나아가 마리아의 '무흠'과 '승천' 교리로 연결되었다.

믿음에 의한 구원론 채택 ——

그 무렵 기독교 수사인 펠라기우스는 인간의 의지는 하느님이 창조한 능력으로 죄 없는 삶을 살기에 충분하다고 보았다. 물론 그는 하느님의 은총이 모든 선한 행위를 도와준다고 믿었다. 그는 인간은 스스

• 황대현, 《서양 기독교 세계는 왜 분열되었을까?》, 민음인, 2011.

4부 반목과 갈등의 역사

로의 노력으로 구원을 얻을 수 있다고 보았다. 《고백론》을 쓴 아우구스티누스가 아담과 이브의 원죄로 인한 인류의 죄를 이야기할 때 펠라기우스는 아담의 죄는 아담 당대로 끝나며 이후의 인류와는 관계가 없다고 했다. 원죄사상을 거부한 것이다. 이는 사실 유대교의 사상이었다.

이런 견해는 원죄를 근거로 하느님의 은혜 없이는 인간은 스스로 구원받을 수 없다고 주장한 아우구스티누스의 견해와 반대되었다. 에페소스공의회는 펠라기우스가 주장한 인간의 자유의지와 행위로 말미암은 구원론을 정죄하고 아우구스티누스의 은총과 믿음에 의한 구원론을 채택했다. 유대교는 율법의 실천으로 구원받는 반면, 기독교는 믿음으로 구원받는 교리가 이때 확정되었다.

칼케톤공의회(451년), '하나의 위격에 두 본성' 교리 확정 ──

에페소스공의회 이후 얼마 가지 않아 문제가 발생했다. 콘스탄티노플에 있는 수도원의 원장 에우티케스가 예수가 사람이 되고 나서는 신성이 인성을 흡수해버려 신성만 있을 뿐이라고 주장했다. 이를 '단성설 單性說'이라 한다.

콘스탄티노플 총대주교 플라비아누스는 에우티케스의 주장을 강력히 규탄하며 448년 교회회의를 열어, '신성과 인성 두 본성이 예수의 단일한 인격 안에 영속히 있다'는 에페소스공의회의 가르침을 받아들이라고 요구했다. 에우티케스가 이를 거부하자 교회회의는 그를 단죄하고 수도원장직에서 쫓아냈다.

그런데 테오도시우스 2세 동로마 황제는 에우티케스의 호소를 받아들여 사안을 다시 검토하기 위해 에페소스에서 공의회를 소집했다. 레오 1세 교황은 가지 않고 '교리서한'을 보냈다. '그리스도 안에서 신성과 인성은 단일한 한 인격 안에 결합돼 있다'는 설명과 함께 에우티케스를 단죄하는 내용이었다.

449년 8월 8일 에페소스에서 공의회가 열렸는데, 에우티케스와 그를 지지하는 알렉산드리아 총대주교 디오스코루스와 그 측근들만 회의에 참석했다. 사회를 맡은 디오스코루스는 교황 특사들이 교황 친서를 낭독하지 못하도록 방해하고는 에우티케스의 주장을 정론이라고 선언했다. 그리고 에우티케스를 단죄했던 콘스탄티노플 총대주교 플라비아우스를 단죄했다. 그 여파로 플라비아우스는 얼마 후 선종하고 디오스코루스 측근인 아나톨리우스가 후임 콘스탄티노플 총대주교좌에 올랐다.

테오도시우스 2세 황제는 이 공의회를 인정했지만 레오 1세 교황은 특사들에게서 자세한 소식을 듣고는 에페소스공의회를 '강도 공의회'라고 규정했다. 교황은 별도로 로마에서 교회회의를 열어 강도 공의회에서 선포한 규정을 모두 단죄하고 아나톨리우스를 총대주교로 인정하지 않았다. 동시에 강도 공의회를 바로 잡기 위한 새 공의회를 이탈리아에서 개최하도록 황제에게 요청했다.

테오도시우스 2세 황제가 불의의 사고로 사망하고 마르키아누스가 황제에 올라 레오 교황에게 새 공의회를 소집하겠다는 의향을 밝혔다. 그런데 콘스탄티노플 총대주교에 오른 아나톨리우스가 에우티케스를 단죄하면서 레오 교황이 서한에서 밝힌 가르침을 받아들였다. 게다가 당시 서로마제국은 훈족의 침입으로 상황이 좋지 않아 서방 주교들은 대부분 참석이 쉽지 않았다. 그래서 교황은 공의회 소집 반대의사를 황제에게 거듭 표명했다.

하지만 마르키아누스 동로마 황제는 451년 5월 공의회 소집 통지를 모든 주교에게 보내 그해 9월에 모이도록 했다. 서방에서는 발렌티니아누스 3세 서로마 황제 명의로도 통문이 돌았다. 레오 1세 교황은 자기 대신 다른 주교들을 보냈다.

마침내 공의회가 451년 10월 8일부터 11월 1일까지 칼케돈에서 열렸다. 칼케돈공의회의 결론은 예수의 신성과 인성은 분리되지 않는다는 내용의 칼케돈신조를 통해, 예수 그리스도는 완전한 인간이요, 완전한 하느님이라고 고백했다. 그는 신성과 인성이 '혼합되지 않고, 변화되지 않고, 분할되지 않고, 분리되지 않고 한 위격 안에 연합됐다'고 선언했다. 이로써 신성이 인성을 흡수해버려 신성만 있다는 단성설은 이단으로 정죄되었고 일부 교회법이 의결되었다.

레오 1세 교황은 공의회가 통과시킨 교회법 규정 제28조에 대해서만은 강력히 반발했다. 콘스탄티노플교회를 로마에 이어 서열 2위로

칼케돈공의회, 바실리 수리코프, 1876.

격상시킨 이 조항은 알렉산드리아와 안티오키아를 각각 서열 2, 3위로 보는 로마의 입장과 니케아공의회 교령에 위배된다는 이유에서였다.

한동안 공의회 결정을 승인하지 않던 레오 1세 교황은 453년 3월 21일자로 주교들에게 서한을 보내 신앙과 관련된 문제들에 한해서만 칼케돈공의회 교령들을 승인한다고 발표했다. 제28조에 대해서는 승인을 거부한 것이다. 이로써 로마와 콘스탄티노플의 갈등이 더 깊어졌고 시간이 흐르면서 더욱 심화되었다.

콘스탄티노플 주교좌의 권위를 격상시킨 교회법 규정 제28조로 로마와 콘스탄티노플의 갈등은 깊어졌지만, 칼케돈공의회는 '한 위격 안에서 두 본성의 결합'이라는 신앙 정식을 통해 그리스도의 신성과 인성에 관한 교리를 확정했다는 점에서 의의를 지녔다. 이후 삼위일체 교리를 믿지 않는 자들은 이단으로 정죄되었다.

칼케돈공의회가 '한 위격 안의 두 본성'이라는 교리 정식을 통해 에우티케스의 단성론을 단죄하고 그리스도론과 관련한 교리를 확정했지만 교리 논쟁이 사라진 것은 아니었다. 오히려 칼케돈공의회의 교리 정식에 반발하는 교회들이 있었다. 에페소스공의회와 칼케돈공의회의 결정을 5대 교구 중 알렉산드리아교구와 안티오키아교구가 지지하지 않았다. 이로써 이들은 이단으로 정죄되었다. 이것이 가톨릭교회의 첫 분열이다.•

콥트정교회 창건

알렉산드리아교회는 칼케돈공의회에서 결정한 삼위일체론을 부정하고 '콥트정교회'를 창건했다. 이들은 현재 오리엔트정교회에 속해

• 이창훈, '교회사 속 세계공의회(10) 칼케돈 공의회', 〈가톨릭평화신문〉, 2011. 4. 17.

있으며, 이집트 신자 1200여만 명을 포함해 세계적으로 2천만 명 내외의 신자가 있다. 오리엔트정교회는 칼케돈공의회에서 결의된 교리를 거부한 서아시아, 이집트, 에티오피아의 전통 기독교교회들이다. 이에 속한 교회는 이집트 콥트정교회 이외에도 시리아와 인도의 시리아정교회, 아르메니아사도교회, 에티오피아 테와히도정교회 등이다.

이들은 칼케돈공의회에서 결의된 신조 '그리스도의 신성과 인성은 한 위격 안에서 나누이지도 섞이지도 않으면서 서로 간의 속성을 공유한다'는 교리를 거부하는 대신 '하나의 본성이 육신을 취해 두 성격을 지니게 되었다'는 다른 표현을 쓴다.

신조, 믿음의 표현이라기보다 참여의 의미

그렇다면 삼위일체 논쟁 결과 공의회에서 만들어진 '신조'의 의미는 무엇일까? 비교종교학자 카렌 암스트롱의 표현을 빌리면 이렇다. "종교사의 기나긴 여정에서 보면, 우리가 그토록 안달복달하고 있는 그 믿음이 최근에 만들어진 열정이며 오직 서양에서 17세기경부터 나타난 것이라는 사실을 알았다. '믿음'이라는 단어 자체의 의미는 사랑하고 존중하고 소중히 여긴다는 뜻이다. 17세기에 지적인 진보의 의미인 '신조(신경)'가 포함되면서 단어의 의미가 좁아졌다. '나는 믿는다'는 '나는 믿음의 특정한 교리와 신조를 받아들인다'를 의미하지 않고 '나는 약속한다. 나는 참여한다'를 의미했다." 그녀가 하고 싶은 말은 교리에 너무 집착해 그것에 얽매이지 말라는 이야기가 아닐까?

지금까지도 삼위일체만큼 끊임없이 공격받는 교리도 없다. '여호와의 증인'은 그들의 출판물을 통해 삼위일체 교리를 '이단교리', '비성경적 거짓 교리'로 단정한다.

다른 종교의 삼위일체론

흥미로운 점은 이러한 삼위일체 개념이 기독교에만 있는 것이 아니라는 사실이다. 이미 기독교 이전에 이집트에도 있었다. 이집트의 삼위일체 신들은 오시리스, 이시스, 호러스의 이름으로 숭배받았다. 또 현재의 힌두교도 이와 비슷한 개념을 가지고 있다. 곧 브라흐만, 비슈누, 시바의 삼신일체설이 그렇다. 최고의 실재인 브라흐만은 창조자로, 비슈누는 우주의 질서 유지자로, 그리고 시바는 파괴의 신으로 신봉된다. 이들은 단일신의 세 측면으로 해석된다.

이러한 개념은 불교에도 있다. 이른바 3신불로 법신불, 보신불, 화신불이다. 셋 모두 부처님의 모습이다. 부처님을 말할 때, 영원히 변치 않는 본체로서 부처님의 몸 법신法身과, 한량없는 원願과 행위의 과보로 나타난 몸 보신報身과, 보신불을 보지 못하는 이를 구제하기 위해 나타난 변화의 몸 화신化身의 세 가지로 설명한다. 예를 들어 강물에 비치는 달그림자는 화신불이고, 달빛은 보신불이며, 달 그 자체가 법신불이다.

이후의 공의회들 ——

이후에도 황제에 의해 소집된 공의회가 3번 더 있었다. 네 번째 칼케돈공의회에서 부정된 단성론은 그 뒤에도 수그러들지 않고 로마제국 전역에 퍼져 있었다. 단성론은 아예 알렉산드리아학파의 사상으로 뿌리를 내렸다. 지중해연안의 옛 서로마제국 영토를 정복하고 통일로마의 부흥을 도모하던 유스티니아누스 1세는 이 문제가 제국의 통치에 방해가 될 것으로 판단했다. 그는 단성론에 대한 이해를 보임으로써 문제를 해결하려 했으나 거꾸로 서방교회 지도자들 사이의 불화를 초래했다. 유스티니아누스 1세가 자신의 충복이라 여겼던 비질리오 교황도 황제의 뜻에 반하는 입장을 밝혔다. 결국 553년 다섯 번째로 열린 '제2차 콘스탄티노플공의회'에서 기존 공의회 결정을 재확인하고 새로운 형태의 아리우스주의, 네스토리우스주의, 단성론을 단죄했다.

680~681년에 여섯 번째로 열린 '제3차 콘스탄티노플공의회'에서는 단일의지론, 곧 단의론을 배격하고 그리스도는 하느님으로서의 의지와 사람으로서의 의지가 둘 다 있다고 결정했다. 692년에 열린 퀴니섹스툼공의회에서 제2, 3차 콘스탄티노플공의회와 관련된 교회법 102개조를 공포했는데, 동방교회는 이를 찬성했으나 로마 교황은 거부했다.

787년 일곱 번째로 열린 '제2차 니케아공의회'에서는 성화상聖畵像에 대해 존경을 표시하는 것을 부활시켰다. 현대의 많은 개신교 교파는 이를 받아들이지 않고 성화상에 존경을 표하는 것을 단죄한 754년 콘스탄티노플공의회를 존중한다.

이렇게 황제에 의해 소집된 7대 공의회를 통해 정통과 이단이 결정되었다. 삼위일체를 다룬 니케아공의회(325)와 콘스탄티노플공의회(381), 예수의 신성과 인성의 관계를 논한 기독론을 다룬 에페소스공의회(431)와 칼케돈공의회(451), 단성론과 단일의지론이 정죄된 제2차 콘스탄티노플공의회(553)와 제3차 콘스탄티노플공의회(680-681), 성상숭배가 공식 인정된 제2차 니케아공의회(787) 등이 7대 공의회이다.

하지만 이후에도 이러한 7대 공의회에서 결정된 교리가 기독교도 모두의 지지를 받은 것은 아니었다. 훗날의 개혁교회, 곧 개신교는 이들 중 니케아, 콘스탄티노플, 에페소스, 칼케돈 등 4차례 공의회의 교리만을 지지하고 있다.

로마가톨릭과 동방정교회는
왜 갈라섰을까

동서 분열의 개요 ——

원래 기독교는 하나였다. 그러다가 1054년 동서 교회로 갈라섰다. 하지만 하루아침에 갈라선 것이 아니라 오랜 시간에 걸쳐 사이가 벌어졌다.

우리가 주목해야 할 것은 이미 교회의 분열이 있기 오래전부터 서유럽과 동유럽이 문화적으로나 정치적으로 점차 이질적인 지역이 되어갔다는 사실이다. 먼저 두 지역의 언어가 달랐다. 서로마지역은 라틴어를 사용한 반면 동로마지역은 헬라어(그리스어)를 사용했다.

476년 서로마제국 멸망 후 서유럽에 게르만국가들이 들어서자 동로마제국의 황제는 점차 서방에 대한 통제권을 상실해갔다. 게다가 6세기 말 이후 아바르족과 슬라브족이 발칸반도로 진출하고 이슬람

이 지중해 해상권을
장악하면서 동서 유
럽 간 교류가 힘들어
졌다.

로마제국의 분열

원래 가톨릭은 콘
스탄티노플을 중심으
로 로마, 안티오키아,
알렉산드리아, 예루
살렘 등 5개 교회가 주축이었는데, 7세기에 이슬람이 오리엔트지역과
이집트를 정복하여 안티오키아, 알렉산드리아, 예루살렘이 이슬람세
계로 편입되어 콘스탄티노플과 로마만이 서양 기독교의 양대 중심지
로 남았다.

두 교회 간의 결정적인 불화가 생긴 계기는 우상숭배, 곧 성상聖
像공경 금지 문제였다. 이후 교리논쟁, 정치문제 등이 겹쳐 양 진영에
불신의 골이 깊어져 결국 1054년 서로 정죄하고 파문을 단행하며 헤
어진다.

그 뒤에도 악연은 계속되었다. 제4차 십자군전쟁 때 서방 기독교군
들이 금전적 목적으로 1204년 콘스탄티노플을 쳐들어가 방화와 약
탈, 강간과 학살 등 같은 기독교도끼리 도저히 씻을 수 없는 만행을
저질렀다. 이 끔찍한 사건은 동방교회의 기독교들에게는 깊은 상처로
남았다.

1453년에는 콘스탄티노플이 이슬람국가인 오스만 터키에 의해 함
락됨으로써 이후 동서양 교회의 교류는 완전히 끊어졌다. 그 뒤 콘스
탄티노플을 대신하여 모스크바정교회가 서서히 부상했다.

로마제국의 분열 ——

4등분되어 있던 로마제국을 통일하고 수도를 로마에서 콘스탄티노플로 옮긴 콘스탄티누스황제 사후 로마는 395년에 다시 동서로 분열되었다. 테오도시우스황제가 죽으면서 어린 두 아들에게 나라를 나누어 주었기 때문이다. 동로마제국은 17살의 아르카디우스, 서로마제국은 10살의 호노리우스에게 주었다.

로마제국의 동과 서는 명목상 하나의 제국이었을 뿐 점차 문화적, 사회적 차이로 멀어져갔다. 두 로마제국이 모두 로마인임을 자처했지만 서로마제국에서는 라틴계가 우세했고 동로마제국에서는 그리스계가 우세했다.

유럽의 질서를 바꾸어버린 동양 유목민족의 출현 ——

서로마제국의 멸망은 게르만족의 이동과 관계가 깊다. 원래 유목민족인 게르만족이 살던 본거지는 유라시아 초원이었다. 게르만족은 인구가 늘어나면서 수렵과 목축이 아닌 농경생활을 했다. 그래서 라인강, 다뉴브강 유역까지 진출했다. 이미 기원전 아우구스투스황제 때 게르만족이 로마제국의 변경을 불안하게 하여 이들을 북쪽으로 쫓아낸 후 곳곳에 성채를 쌓았다. 성채 내는 안전하여 로마인과 게르만인 사이에 교역이 이루어졌다. 바로 이 교역의 담당자가 유대인들이었다. 유대인은 가나안에서 추방된 이후 로마제국 영토에 들어와 교역에 종사했다. 이로써 수세기 동안 게르만족과 로마제국은 큰 접촉 없이 살았다.

그런데 375년에 중국에 밀린 훈족이 유럽으로 이동하면서 흑해연안 쪽에 있는 게르만족을 심하게 압박했다. 유럽의 동쪽 초원지대는 몇 백 년 동안 건조화가 진행되었고 게다가 간빙기의 혹한이 들이닥쳐 땅이 얼어붙었다. 그러자 훈족을 포함한 유목민들은 풀을 찾아 급하게 서쪽으로 이동한다. 그들은 말 다루는 천부적인 솜씨를 갖고 있는 탁월한 궁수였다. 달리는 말에서 뒤돌아 활을 쏘는 배사가 가능했다. 이로써 그들은 가는 곳마다 유럽인들을 공포로 몰아넣었다.

이들은 잔인한 공격과 후퇴, 그리고 예측을 불허하는 반격 등을 자유자재로 구사했다. 이러한 전략적인 기동성으로 어떤 싸움에서나 압도적인 승리를 거두었다. 그들의 주력이 헝가리 일대에서 자리 잡고 흑해연안에서 라인강에 이르는 대제국을 건설했다. 그러나 이들은 엄밀히 말하면 국가라기보다는 유목민 집단이었다.

훈족에 쫓긴 게르만족은 겁에 질린 나머지 서쪽으로 피신하면서 다뉴브강의 국경을 뚫고 로마제국 안으로 몰려 들어왔다. 당시 다뉴브강을 넘은 이주민 수는 1백만을 넘었다. 무사의 수만 20만 명이었다. 이들의 피신은 로마제국 입장에서는 외적의 침입이었다. 378년 로마제국은 지금의 터키지역에서 그들에게 참패했다. 적을 제국의 영토에서 몰아내기에는 역부족이었다.

로마제국은 추방할 수 없게 된 게르만 부족들을 동맹으로 인정해 제국 안에 정착시켰다. 이에 따라 400년경 로마군의 절반 가까이가 게르만 용병으로 채워졌다. 제국은 차츰 게르만화되었으며 군대의 게르만화는 더 심했다.

흉노족이 중국을 침입해 5호16국시대를 연 시점(311)과 흉노족의 일파인 훈족이 게르만족을 밀어내 게르만족의 대이동을 초래한 시점(375)에 큰 차이가 없다. 당시 중국 북쪽 대륙에 기후변화가 일어나 초원이 건조화되고 얼어붙어 흉노족의 목초지가 심하게 줄어들었다

훈족의 이동

는 기후변화설이 설득력을 얻는다. 이렇게 대륙별 역사가 꼬리를 물고 있는 것이다.

로마의 국토가 유린되는데도 테오도시우스황제는 종교정책에만 매달렸다. 그는 기독교 이외의 다른 종교는 모두 이교로 취급하면서 신전을 파괴했다. 그리고 이교를 믿는 자들은 모두 추방하고 그들의 땅은 몰수했다. 테오도시우스의 첫 번째 칙령은 다음과 같이 시작한다. '성부, 성자, 성신이 동등한 존엄성과 신성한 삼위일체 하에 단일한 신임을 믿을지어다. 이를 믿는 사람들은 가톨릭 그리스도교도라는 칭호로 불릴 것이며 그 밖의 모든 자는 엉뚱한 광인이라 판정하여 그들에게는 이단자라는 수치스러운 이름을 부여할 것이니라.'●

444년에는 훈족의 새로운 왕으로 아틸라가 등극했다. 그의 군대는 가는 곳마다 모조리 불태우고 폐허로 만들어놓았다. 북부 이탈리아를 정복하고 로마까지 쳐들어갈 기세였다. 이를 레오 교황이 설득해 황금을 들려 돌려보냈다. 역사에서 만약이란 없다지만 만약 교황이 서로마제국을 구하지 못했더라면 서로마제국은 동양계 훈족의 나

● 에드워드 기번, 《로마제국쇠망사》, 황건 옮김, 까치, 2010.

라가 될 뻔했다.

서로마제국의 멸망 ——

402년에 북쪽 이민족의 침입에 대처하기 위해 호노리우스황제가 서로마제국의 수도를 밀라노에서 아드리아해 근처에 있는 라벤나로 옮겼다. 이후 476년에 서로마제국의 게르만 용병, 이민족 출신으로 로마 장군이 된 오도아케르가 서로마 황제 아우구스툴루스를 폐위시 켰다. 이로써 서로마제국은 막을 내렸다.

어찌 보면 로마제국은 중국의 장풍에 망한 꼴이다. 중국에 밀린 훈 족이 게르만족을 이동시켜 결국 로마를 망하게 했다. 서로마제국의 멸망으로 고대는 막을 내렸다.

반면 동로마제국의 유스티니아누스황제는 동고트족으로부터 이탈 리아 일부를 탈환하고, 반달족으로부터 북아프리카를 되찾아 동로마 제국의 영토를 확장했다. 그는 그 외에도 아테네의 철학아카데미를 폐쇄하고 기독교 도덕률을 반영한 시민법을 제정했다. 그는 콘스탄티 누스황제가 착수한 소피아 성당을 완성하고, 선교사를 중국에 보내 기독교를 전파하는 한편 누에를 밀수해 비단을 짜기 시작했다. 그 후 6~8세기 이탈리아반도는 동고트족의 롬바르드왕국과 비잔틴제국령 이탈리아로 나뉘었다. 그 뒤 콘스탄티노플을 수도로 삼은 동로마제 국은 1천 년을 더 존속했다.

우상숭배 논쟁 ——

수도원 운동으로 서로마교회는 수많은 야만족을 개종시켰다. 그중 프랑크족은 왕권의 정당성 획득을 위해 로마 교황과 가까워지고 있었다. 그들이 라틴민족인 갈리아를 지배하는 데는 같은 라틴문명인 로마 교황의 협력이 절대적이었다. 그리고 프랑크족은 롬바르드족의 침략으로부터 로마 교황을 지켜주었다. 로마 교황이 동로마제국으로부터 독립하고 프랑크왕국과 제휴한 결정적인 이유이다.

8세기 초 이슬람의 침략을 물리친 비잔티움 황제 레오 3세는 성상 공경이라는 우상숭배문제가 심각하다고 판단했다. 새로 개종한 지역일수록 우상숭배가 심해 황제는 이런 폐단을 제거하고자 했다. 726년에 첫 성상숭배 금지령과 성상 파괴령이 내려졌다. 이는 십계명에 '우상을 짓지 말라'를 근거로 한 것이었다. 교회의 성상이 모조리 파괴되었다. 이 파괴령은 로마와 콘스탄티노플을 결정적으로 갈라놓았다.

이제까지는 교리논쟁에도 불구하고 로마 교황들은 동로마 황제의 신하로 자처했으며, 황제에게 존경과 예의를 갖추었다. 그러나 그레고리오 2세 교황은 레오 3세 황제의 성상 파괴령을 거부했을 뿐 아니라, 황제를 위협하기까지 했다. 개종한 북방 야만족들을 동원해 무력행사도 불사하겠다고 으름장을 놓았던 것이다.

이에 격분한 레오 3세 황제는 라벤나 총독에게 그레고리오 2세의 체포를 명령했고, 라벤나 총독은 그레고리오 2세 교황을 체포하러 군대를 이끌고 출동했다. 그러나 그들은 롬바르드군에 의해 격퇴되었고, 격분한 레오 3세 황제는 로마 교황의 권리를 모두 몰수하여 콘스탄티노플 총대주교에게 넘겨주었다. 이는 그렇지 않아도 비잔티움 황제의 간섭에서 벗어나고자 했던 로마 교황청에 좋은 명분을 제공해 로마가톨릭과 동방정교회가 갈라서는 계기가 되었다.

교리 논쟁 ──

초기기독교의 5대 교회인 예루살렘, 로마, 안티오키아, 콘스탄티노플, 알렉산드리아가 가톨릭의 주요 교구였다. 콘스탄티누스황제의 수도 천도 이후, 로마제국 내 가톨릭의 본산은 콘스탄티노플이었다. 로마는 본산에 속한 하나의 교구였다. 이후 395년 동서 로마가 분리되었지만, 제국의 중심은 여전히 동로마제국의 콘스탄티노플에 있었다.

필리오케 논쟁은 기독교의 '니케아─콘스탄티노플 신경'에 수록된 삼위일체에 관한 교리 논쟁이다. 헬라어 신경 원문 중 "성령은 성부에게서 발하시고"라는 구절은 라틴어 번역 과정에서 성자가 추가되어 "성령은 성부와 성자에게서 발하시고"로 바뀌었다. 이로써 동방교회의 헬라어 신경과 서방교회에서 번역한 라틴어 신경 간에 중대한 차이가 발생했다.

8세기 로마 교황 레오 3세가 번역 오류를 인정하고 필리오케('그리고 성자에게서')를 라틴어 신경에서 삭제하고 헬라어 원문을 따르기로 결정해 일단락되었다. 하지만 11세기 들어 로마교회가 콘스탄티노플을 중심으로 하는 공의회에서 이탈하기 위해 이를 다시 주장했다. 이로 인해 교리논쟁이 재점화되어 동서 교회 분열의 빌미가 되었다.

동방정교회는 로마가톨릭과 무엇이 다른가 ──

동방정교회는 세계에서 두 번째로 큰 기독교교단으로 약 3억 명의 신자가 있다. 1054년 로마교황청과 콘스탄티노플교회가 서로를 파문하면서 동서 교회가 분열되었다. 이후 동방정교회의 특징은 모든 교회가 원칙적으로 동등한 지위를 갖는다는 점이다. 다만 콘스탄티

정교회 분포 지역

노플 총대주교가 안티오키아, 알렉산드리아, 예루살렘 교회를 포함하는 모든 정교회 주교 사이에서 '동등한 가운데 첫 번째'로 인정받아 공동회의 의장을 맡았다.

서방교회가 많은 변화를 겪은 데 비해 자신들은 변하지 않은 정통성을 지키고 있다는 뜻에서 정교회正敎會라고 한다. 또 서방교회에 대비해 동쪽에 있다는 뜻에서 동방東方정교회라고 한다. 동방정교회는 1960년대 개신교와 함께 로마가톨릭교회가 저지른 방화와 살인, 약탈에 대해 용서하는 성명을 발표해 가톨릭의 교회일치운동 참여를 이끌어내려 하고 있다.

프란치스코 로마 가톨릭 교황과 바르톨로메오스 정교회 총대주교가 2014년 예루살렘에서 만난 것을 기념하는 포스터

교황의 수위권 거부

동방정교회가 로마가톨릭과 다른 것은 교황의 수위권을 거부한다는 점이다. 동방정교회는 교황이 '동등한 자들 가운데 첫째'로서 영예로운 우선권을 가진다는 점은 인정하지만 기독교교회 전체의 수장으로서 갖는 수위권은 거부한다.

지역 교회들의 연합체

동방정교회는 로마가톨릭교회처럼 바티칸의 교황을 정점으로 하는 통일적인 교회조직을 갖추고 있지 않다. 본래 동방정교회의 중심은 동로마제국의 수도 콘스탄티노플이었지만 1453년 오스만 터키제국에 의해 함락된 이후 그 입지가 급격히 축소되어 오늘날의 동방정교회는 러시아교회, 그리스교회, 루마니아교회, 불가리아교회 등 16개 교회의 연합체이다.

율리우스력 사용

오늘날 서방교회가 사용하는 달력인 그레고리력이 아닌 그보다 더 오래전의 달력인 율리우스력을 사용해 부활절이나 성탄절 등이 서방교회와 차이가 난다.

무반주 찬송과 입석 예배

동방정교회는 예배 중에 무반주 찬송을 부르며 회당에 의자가 없어 신자들이 서서 예배를 본다.

사제의 결혼 허용

로마가톨릭 사제들이 독신을 지키는 것과 달리 동방정교회 사제는

기혼자가 사제 서품을 받을 수 있다. 하지만 독신자가 사제가 되었을 경우에는 결혼이 허가되지 않는다.[*]

원죄사상 불인정

정교회와 서방교회의 근본적인 신학적 차이 중 하나가 원죄에 대한 관점이다. 정교회는 원죄사상을 인정하지 않는다. 최초의 죄는 아담과 이브가 자유의지로 지은 개인적인 죄이며 인류는 '조상이 지은 죄'를 물려받지 않는다고 이해한다.

정교회의 예배용 성화상 이콘

성상의 차이

정교회는 성상을 인정하지만 로마가톨릭처럼 조각이나 동상 등 형상을 만들지는 않고 오로지 그림에 한해 인정한다. 이는 십계명에 어떤 형상도 만들지 말라는 명령을 지키는 것이다.

침수세례

정교회는 세례 때 온몸을 물로 적시는 침례를 하고, 유아도 성체성혈을 영해준다.

● 황대현, 《서양 기독교 세계는 왜 분열되었을까》, 민음인, 2011.

러시아정교회, 콘스탄티노플과 절연

러시아정교회는 2018년 10월 15일 종교회의를 열어 콘스탄티노플 총대주교좌와 관계를 단절하기로 결정했다고 러시아 언론이 보도했다. 러시아정교회가 결별을 선언한 배경엔 러시아-우크라이나 분쟁이 있다. 우크라이나는 17세기 이래 러시아정교회가 관할했으나, 1992년 소련으로부터 독립한 후 종교적 독립을 추구하기 시작했다. 특히 2014년 러시아의 우크라이나 크림반도 합병 이후 교회 독립 열망이 강해졌다. 콘스탄티노플 총대주교는 2018년 10월 초 우크라이나정교회의 독립을 사실상 승인했다.

한국의 정교회 ──

한국에도 정교회가 있다. 9곳의 정교회 성당과 2곳의 수도원을 갖고 있는 한국정교회는 콘스탄티노플 총대주교청 소속 대교구로 신자 수는 3천 명 내외이다.

기독교 종교개혁은 왜 일어났을까

종교개혁은 1517년 로마가톨릭 성직자였던 마틴 루터가 당시 로마가톨릭교회의 부패와 타락을 비판하면서 시작되었다. 하지만 사실 종교개혁의 불씨는 이미 12세기에 타오르기 시작했다.

발도파의 등장 ──

피에르 발도(페트루스 발데즈)는 금융업으로 많은 돈을 번 프랑스 리옹의 부호였다. 그는 1176년 5월 신학자에게 하느님에게 가장 빨리 도달할 수 있는 방법을 물었다. 신학자의 대답은 예수가 부유한 청년에게 했던 대답과 같았다. '네게 있는 것을 다 팔아 가난한 자들에게 주라. 그리고 나서 나를 따르라.' 그 뒤 발도는 부인에게 재산의 일부를 떼어주고 나머지 재산을 모두 팔아 빈민을 위한 무료급식회를 조직하였고, 나머지 돈을 가난한 사람 구제에 썼다.

그 뒤 그는 프란체스코 성자처럼 청빈한 생활을 하면서 설교에 전념했다. 설교에 감동한 많은 사람이 재물을 팔아 가난한 자들을 구제했다. 그 후 추종자들은 검소한 복장으로 순회하며 복음을 전했다. 성서에 나온 대로 2명씩 조를 짜 각지를 돌아다니며 복음을 전했다. 이른바 '리옹의 빈자'라 불리는 '발도파'였다.

루터기념교회 앞의 피에르 발도 동상

당시에는 라틴어 고어체 성서만 있어 일반인들은 성서를 읽을 수 없었다. 그러자 발도파는 라틴어 고어체로 된 성서를 프랑스어와 방언으로 번역해 길거리 전도활동을 시작했다. 이로써 최초로 성경번역 표준의 기반을 다져졌으며, 그 뒤 라틴어 대신 모국어로 설교하는 것은 물론 자녀들에게 이를 가르쳤다. 라틴어가 아닌 자기 나라 말로 설교를 들은 사람들의 반응은 가히 폭발적이었다. 당시 설교와 전도활동은 사제만이 할 수 있었는데 이들은 이를 부인했다.

더 나아가 발도는 성직자뿐 아니라 평신도도, 남자뿐 아니라 여자도 성서를 가르칠 수 있다고 주장했다. 진정한 의미에서 만인제사장설을 주창한 최초의 인물이었다. 또한 그는 교회나 교황의 가르침보다 성서의 가르침이 더 위에 있다고 주장하면서 당시의 독선적인 교권을 비판했다.

발도파의 교리에는 로마교회와 다른 점이 많았다. 우선 연옥을 인정하지 않고 죽은 자를 위한 연미사, 속죄를 위한 보속 등에 반대했다. 서약이나 유혈도 거부했다. 그들은 당시 교회의 부패와 안일과 향락을 비판하면서, 신앙인이라면 "하느님과 맘몬을 동시에 섬길 수 없다."라는 그리스도의 가르침을 따라야 한다고 주장했다. 그리고 성서주의를 신봉하며 엄격한 도덕을 중시했다. 이른바 종교개혁의 선구자들이었다.

이런 발도의 주장은 로마교황청에는 중대한 도발이었다. 발도파는 1179년에 열린 제3차 라테란공의회에 자신들이 프랑스어로 번역한 신약성서를 교황에게 제출하고 발도파의 생활방식과 설교권을 승인해달라고 요청했으나 거절당했다.

1184년 교황은 발도파를 파문하면서 발도를 그의 추종자들과 함께 리옹에서 내쫓았다. 또한 발도파에 대한 학살을 허가했다. 이제 발도파는 세인의 눈에 안 띄게 피해 다니면서 비밀리에 모여 예배하고 복음을 전할 수밖에 없었다.

교황청의 악수, 성경 읽기 금지 ──

그럼에도 발도파는 큰 세력을 유지했는데 이는 프랑스를 떠나 피신한 발도파가 이탈리아와 스페인 등 주변 나라로 스며들어 그곳 사람들로부터 호응을 얻었기 때문이다. 주로 중산계급과 농민 등 평신도들이었다. 발도파의 득세로 성경 내용과 주석에 능한 평신도들이 나타나 사제들과 성경을 토대로 한 논쟁에서 교리적 마찰을 불러일으키자 교황청은 당황했다.

1229년 그레고리오 9세에 의해 소집된 툴루즈공의회는 황당한 결정을 내린다. 평신도의 성경 읽기, 성경 번역, 성경 소지 금지조항을 채택한 것이다. 더 나아가 그간 비공식적이었던 종교재판을 공식화하여 이단 색출에 나섰다. 이단 심판 기

발도파의 화형

준의 하나가 성경을 소유하거나 번역하거나 읽은 자였다. 이들을 종교재판에 회부해 화형에 처했다.

그 뒤 가톨릭은 문맹을 권하는 종교가 되었다. 가톨릭교도의 98퍼센트 이상이 문맹이었다. 가톨릭의 평신도 성경 읽기 금지가 무려 3백 년이나 지속되었다. 중세에 성화가 발달된 이유가 글을 모르는 신도들에게 성경 내용과 교리를 그림으로 설명해주기 위해서였다. 여기서 덕을 본 것은 유대인들이었다. 대부분이 문맹이었던 중세 사회에서 글을 아는 유대인들이 상업과 교역과 금융을 주도할 수 있었다.

마틴 루터의 초석, 얀 후스 ─────

얀 후스는 현 체코의 전신인 보헤미아왕국의 신학자이자 종교개혁가로 16세기에 활동한 마틴 루터보다 1백 년 앞서 종교개혁의 기틀을 마련했다. 그는 프라하 카렐대학교 신학교수와 총장을 역임했다. 후스는 당대 가톨릭 성직자들의 부패상을 비판하며 성경의 절대적 권위를 강조했다. 그 무렵 가톨릭의 교황은 무려 3명이었다. 교황

청도 로마와 프랑스 아비뇽 두 곳에 있었다. 서로가 정통성을 주장하며 싸웠다. 당시 가톨릭교회는 면벌부를 판매했고, 미사는 일반인이 알아들을 수 없는 라틴어로 진행됐다. 강론도 그랬다. 후스는 답답함을 못 이겨 교황청에 반기를 들었고 그 자신이 가톨릭 사제임에도 오히려 교회 밖으로 나가서 라틴어 대신 체코어로 설교했다. 사람들은 열광했다. 후스는 성경도 체코어로 번역했다.

얀 후스는 교회 권력의 심장부인 교황을 향해 칼을 겨누었다. "면벌부를 파는 교황은 가룟 유다와 같다."라고 선언했다. 자신의 목숨을 걸지 않고서는 저지를 수 없는 도발이었다.

가톨릭이 분열되어 대립이 심해지자 지기스문트 신성로마제국 황제는 공의회를 소집해 교회의 분열을 해결하고 자신의 권위를 과시하고자 했다. 그 자리에 후스를 초청했다. 주위 사람들은 "가면 죽일 것이다."라고 입을 모아 말렸다. 그런데 황제가 두 차례나 사신을 보내 "이 땅에서 이단 정죄가 사라지게 만들겠다."라며 신변보장을 약속했다. 후스는 콘스탄츠로 갔다. 그러나 체포되어 감옥에 갇혔다.

1415년 독일 콘스탄츠에서 가톨릭교회의 공의회가 열렸다. 공의회는 후스를 종교재판에 회부했다. 공의회가 그를 탄핵한 이유는 예수로부터 부여받은 교황의 권위에 대한 부정이 죄목이었다. 신약성서에는 이런 대목이 있다. '너는 베드로다. 이 반석 위에 내 교회를 세울 터인즉, 저승의 세력도 그것을 이기지 못할 것이다.'(마태복음 16장 18절) 이 구절을 근거로 교회는 베드로를 초대 교황으로 받아들인다. 그리고 이후의 교황들도 예수가 부여한 '반석의 권위'가 있고, 그 반석 위에 교회가 서 있다고 생각한다. 하지만 후스의 생각은 달랐다. 그는 '반석'을 베드로라고 해석하지 않고 예수 그리스도 자신이라고 봤다. 그러나 이러한 후스의 주장을 받아들이면 가톨릭교회 체제의 뼈대가 무너질 판이었다. 결국 후스는 사형선고를 받았다.

종교재판소에서 "입장을 번복하면 파문을 면하고 목숨을 구할 것"이라는 마지막 제안을 받았지만 후스는 거절했다. 그는 "내 입장을 번복하면 신 앞에 죄가 될 것"이라며 죽음을 받아들였다. 후스의 머리카락은 면도칼로 깎였고 머리에는 고깔모자가 씌워졌다. 거기에는 '이 자가 이단의 두목이다'라고 적혀 있었다.

날이 밝자 후스는 화형집행을 위한 나무기둥에 몸이

사제직을 박탈당하고 도시 밖으로 끌려나온 얀 후스, 울리히 리첸탈, 1464.

묶였다. 후스가 마지막에 남긴 유명한 말이 있다. "너희는 지금 거위 한 마리를 불태워 죽인다. 그러나 1백 년 후에는 태울 수도 없고, 삶을 수도 없는 백조가 나타날 것이다." '후스'는 체코어로 '거위'라는 뜻이다. 그는 비록 화형당했지만 후스의 사상을 계승한 사람들이 나타났다. 이들을 후스파라 부른다. 1520년 2월에 후스의 저술을 읽은 루터는 이렇게 말했다. "모르든 알든 우리는 모두 후스파다." 종교개혁의 여명기, 거기에는 얀 후스가 있었다.•

• 백성호, '마르틴 루터 이전에 얀 후스가 있었다', 〈중앙일보〉, 2017. 8. 3.

성직매매와 면벌부 판매 ——

1517년 마틴 루터가 종교개혁을 일으킬 당시 독일은 프랑스 같은 중앙집권국가와는 다른 모습이었다. 중세 이래로 독일은 신성로마제국으로 불렸는데 이는 황제가 통치하는 통일국가가 아니라 수많은 제후가 자신의 영토에서 실제적인 영향력을 발휘하는 지방분권국가였기 때문이다. 따라서 신성로마제국의 황제의 지위는 세습제가 아니라 선출직이었다. 당시 황제선출권이 있는 일곱 제후를 '7선제후'라 불렸는데 그중 3명이 종교제후(대주교)였다.

세 명의 종교제후 이외에도 많은 주교나 수도원장이 자신들이 소유한 광대한 토지를 갖고 권력을 휘두르고 있었다. 그 무렵에는 봉건영주들이 돈으로 주교 지위를 사는 성직매매가 이루어졌으며, 성직자들이 공공연하게 여자와 살면서 영주로서는 아내를 가질 권리가 있다는 궤변을 늘어놓았다.

그 무렵 교황청은 베드로 대성당 재건축 등 거대한 사업을 잇달아 벌이며 성직매매를 통해 막대한 자금을 조달했다. 고위 성직인 추기경, 대주교, 수도원장 등의 자리를 많은 돈을 받고 팔아넘겼다. 심지어 성직을 맡을 수 없는 파렴치한 자가, 심지어 어린애가 추기경, 수도원장이 된 사실도 있다.

예를 들면, 1484년에 교황이 된 인노첸시오 8세는 사제가 되기 전에 이미 결혼해 아들이 하나 있었고, 그 뒤 정부에게서 사생아를 둘이나 두었다. 그는 자기 형의 사생아를 추기경에 임명하고, 메디치 가문의 13살 난 아이에게 추기경과 수도원장 자리를 주었다. 더구나 이 아이는 이미 전임 교황에게서 8살도 안 되어 수도원장 자리를 받았고, 12살 전에 또 다른 곳의 수도원장직을 받기도 했다. 인노첸시오 8

세가 죽기 직전 27명의 추기경 중 10명 이상이 추기경의 조카들이었고, 8명은 왕이 지명한 자들. 4명은 로마 귀족들이었다. 고위 성직자들이 세습과 성직매매로 얼룩져 있었다.

인노첸시오 8세에 이어 1492년 제214대 로마 교황이 된 스페인 보르자 가문의 알렉산드로스 6세는 추기경들에게 뇌물을 주고 교황에 당선되었다. 당시 스포르차 가문의 추기경 등 3명의 추기경이 경합을 벌였으나 그 가운데 돈을 가장 많이 쓴 보르자 가문의 로드리고 보르자가 교황이 된 것이다. 그는 25살 때 삼촌인 교황 갈리스토 3세로부터 추기경에 임명되었다. 그는 탐욕과 색욕으로 유명한 보르자 가문 출신답게 여러 여자와 불륜관계를 맺었다. 이미 3번 결혼한 경력이 있는 카타네이를 정부로 삼아 아이를 넷이나 두었고, 또 다른 여인들과의 사이에 태어난 아이들까지 자녀는 모두 8명이나 되었다. 자녀 4명의 어머니는 누구인지 알려지지 않았다. 그의 방탕한 성향 때문에 당시 교황 비오 2세에게 질책을 받았지만 마이동풍이었다.[•]

그가 교황이 되던 해 콜럼버스가 신대륙을 발견하자 스페인왕국과 포르투갈왕국은 그 땅에 대한 소유권을 서로 주장하다가 교황에게 중재를 청했다. 그러자 교황은 지도 위에 세로로 선을 그어 신대륙을 양분했고, 얼마 후에는 그 선을 서쪽으로 더 옮겨 자기 조국 스페인에게 더 많은 땅이 돌아가게 했다.

교황이 더 편애했던 자녀는 후안, 체사레, 루크레치아, 호프레 등 4남매로 모두 카타네이의 소생이었다. 알렉산드로스 6세는 공공연히 그들을 자신의 친자식으로 인정했을 뿐 아니라 자녀들을 정략 결혼시켜 세력 확대를 꾀했다.

• 김인수, '성직매매', 〈기독일보〉, 2019. 3. 14.

교황은 지금까지의 교황들과 마찬가지로 고위 성직자를 그의 족벌로 채우기 시작했다. 보르자 가문의 친척 5명을 추기경에 임명했다. 심지어 불과 17살로 피사대학교 학생이던 아들 체사레를 발렌시아 추기경으로 임명했다.

하지만 체사레는 교회 일보다는 세속적 야망에 가득 찬 인물이었다. 그는 교회 직분을 사임한 뒤, 프랑스 공주와 결혼해 발렌티노 공작령을 손에 넣었다. 그 뒤 그는 아버지에 의해 교황군의 총사령관으로 임명받아 교황청의 권위에 굴복하지 않는 이탈리아 군소도시들을 정복하는 임무를 띠고 파병되었다. 그는 프랑스군의 지원을 받고 쳐들어가 이탈리아 중부에 로마냐공국을 건국해, 나폴리왕국, 피렌체공화국, 밀라노공국, 베네치아공화국 등과 어깨를 나란히 했다.

면벌부 판매

당시 많은 사람이 신학적 지식과 소양 훈련을 받지 않고도 돈으로 성직자 자리를 살 수 있었다. 특히 목 좋은 성당 자리를 차지하려면 상당한 금액을 치러야만 했다. 성직자가 되기 위해 투자한 돈은 성도들을 갈취해 충당했다.

이런 상황 속에서 이루어진 것이 대대적인 '면벌부' 판매였다. 우리는 흔히 관행적으로 '면죄부'라 하는데 이는 잘못된 것이다. 왜냐하면 교회가 발급하는 면벌부는 죄 자체를 용서해주는 것이 아니라 죄의 결과로 받는 벌을 줄여주거나 면제해주는 것이기 때문이다.

원래 면벌부는 돈 주고 사는 것이 아니라 벌을 면제받은 사람이 감사의 표시로 교회에 돈을 기부하는 것이 관례였다. 하지만 중세 말에 이르러 별다른 참회 없이 면벌부를 사기만 해도 죄로 인한 벌을 면제받을 수 있다는 생각이 확산되었다. 면벌부 판매가 유럽 각국에서 시행되었으며 특히 극성을 부린 곳이 독일이었다.

마틴 루터의 종교개혁 ——

면벌부 판매는 루터의 양심을 근본적으로 흔들어놓았다. '돈으로 구원을 살 수 있다'는 로마가톨릭교회의 가르침에 순응할 수도 침묵할 수도 없었다. 루터는 자신이 가르치고 돌보는 많은 사람들에 대한 목회적 양심에 따라 설교에서 면벌부 판매를 비판하기 시작했다. 그럼에도 전혀 개선되지 않자 드디어 1517년 10월, '95개조 반박문'을 라틴어로 작성해 당시 면벌부 판매를 관장하던 마인츠 대주교에게 보냈다.

루터는 "우리의 주님이시며 선생이신 예수 그리스도께서 '회개하라' 고 하실 때, 그는 신자들의 전 생애가 참회되어야 할 것을 요구하셨다."라고 반박문 제1조를 시작했다. 그는 마지막 반박문 제95조에서 그리스도인은 면죄부와 같은 행위의 의가 아니라 "오히려 많은 고난을 통해 하늘나라에 들어간다."고 결론을 내렸다. 반박문의 주요 내용은 다음과 같았다.

마틴 루터

● 교황은 하느님이 죄를

용서한 것을 단지 선언하고 확인하는 것 이외에는 그 어떤 죄도 용서해줄 수 없다.

- 회개의 삶을 강조하고 사제들에 의해 집행되는 고해성사, 곧 고백과 속죄는 불필요하다.

- 면벌부는 죄책감을 결코 없애줄 수 없다. 교황이라도 그 같은 일은 할 수 없다. 하느님만이 하실 수 있는 일이다.

- 죄에 대한 처벌을 교황이 사면할 수 없다. 그 사면권 역시 하느님에게만 있다.

- 면벌부는 연옥에 있는 영혼에게는 아무런 효력도 없다. 교회가 부과한 처벌은 오로지 산 자에게만 적용되며 사망하면 그러한 처벌은 취소된다. 연옥에 있는 영혼을 위해 교황이 할 수 있는 일은 오로지 기도뿐이지 자신의 관할권이나 열쇠의 권한으로 힘을 미칠 수 있는 것은 아니다.

- 참으로 회개하는 신자라면 면벌부와는 상관없이 하느님으로부터 이미 용서받은 것이며 면벌부는 필요치 않다. 그리스도는 이러한 참된 회개를 요구하신다.

- 가난한 사람을 보고서 그냥 지나치면서 면벌부를 사는 사람은 교황의 면벌부를 사는 것이 아니라 하느님의 분노를 사는 것임을 신자들에게 가르쳐야 한다.

- 사람은 오직 그리스도의 공로로 구원받는다. 그리스도의 십자가를 지고 하늘나라로 들어가기 위해서는 많은 고난을 받아야 한다.

루터의 95개조 반박문은 곧 커다란 반향을 불러일으키면서 신속하게 독일어로 번역되었고 당시 첨단기술인 인쇄술을 이용해 출판됨

으로써 2주 만에 독일 전
역으로 신속하게 퍼져나
갔다.*

마틴 루터와 95개조 반박문, 페르디난드 파웰, 1872.

이제 루터는 로마 교
황청의 제1공적이 됐다.
1520년 레오 10세 교황
으로부터 모든 주장을 철
회하라는 요구를 받았으
나 그는 성서에 어긋나는
가르침을 거부했다. 루
터는 교회의 탄압에 엄청
난 분량의 글로 맞섰다.
1520년 한 해 동안 루터가 쓴 책은 50만부나 팔렸다.

루터는 1521년 보름스 국회에서도 신성로마제국의 황제 카를 5세
로부터 같은 요구를 받았다. 그러나 이를 거부함으로써 결국 교황에
게 파문당했다. 영국의 역사학자 토머스 칼라일은 그의 저서《영웅숭
배론》에서 "용기를 특징으로 하는 튜턴 민족 중에서, 그보다 더 용기
있는 인물이 살았다는 기록을 찾을 수 없다."라고 썼다. 또 "루터가
보름스 국회에 죽음을 무릅쓰고 출두한 일은 유럽 역사상 최대의 장
면"이라며, "보름스 국회에서 자신의 주장을 철회하지 않겠다고 말하
는 장면은 인류의 근대 역사에서 가장 위대한 순간"이라고 평가했다.

마틴 루터는 교회의 부패와 교황의 잘못에 항거하여, 성서의 권위
와 오직 그리스도에 대한 믿음과 하느님의 전적인 은혜를 통한 구원

● 황대현,《서양 기독교 세계는 왜 분열되었을까》, 민음인, 2011.

보름스 국회의 루터

을 강조했다. 이 주장은 '오직 성경, 오직 믿음, 오직 은혜, 오직 그리스도, 오직 하느님께 영광을'이라는 말로 함축할 수 있다. 이를 '다섯 솔라' Five Solas라 하는데 이는 개신교의 기본적인 믿음체계를 나타낸다.

루터의 만인제사장설 ——

루터는 성경만이 교리의 유일한 원천임을 주장하면서, 사제가 중간에 개입하는 것을 거부했다. 그래서 그는 1520년《독일 기독교 귀족들에게 고함》이라는 책을 통해 사제가 필요 없는 '만인제사장설'을 주장했다. 이는 모든 신자가 누구나 예수 그리스도를 중재자로 하여 하느님께 예배하고 교제할 수 있음을 주장함으로써 교황과 주교 등 사제의 권위를 부정한 것이다.

또한 일반 성도와 사제 사이에는 어떤 위계적이며 신분적인 구분이 있을 수 없음을 강조했다. 하느님 앞에 모든 사람이 평등하며, 성경을 사제들만이 보고 해석할 수 있는 것이 아니라 모든 사람이 하느님 말씀을 보고 하느님의 뜻을 분별할 수 있다고 보았다.

평신도와 세속 군주와 주교들 사이에 어떤 위계적 차이가 없다는 루터의 발상 자체는 유럽의 민주사회 진전에 큰 영향을 미쳤다. 이를 통해 중세시대 개인의 자유와 평등권에 대한 의식이 더욱 확고해졌다. 만인제사장설은 신앙적인 평등을 넘어 계급타파와 평등사상의 혁명적 진전을 가져왔다.

성서 보급이 종교개혁운동을 빠르게 확산시키다 ——

이후 루터는 성서 보급이 절실한 시대적 과제라고 느꼈다. 프리드리히 3세가 그를 위장 납치하여 바르트부르크 성에 묵도록 하자 그는 그곳에서 신약성서를 독일어로 번역했다. 루터가 처음 번역한 독일어 성서는 1522년 9월에 출판되어 '9월 성서'로 불렸다. 당시 구텐베르크의 인쇄기술이 보급됨에 따라 9월 성서는 일반대중에게 대량으로 전해졌다. 루터의 성서는 기독교인들을 교회의 권위에서 해방시켰고, 독일어 발전에 크게 이바지했다. 독일어 성서 번역은 일대 사건이었다. 그로 인해 종교개혁운동이 빠르게 확산될 수 있었다.

종교개혁 이전의 성서는 라틴어 성서여서 소수의 귀족과 성직자만이 읽을 수 있었고 사제들은 이를 이용해 마음대로 신자들을 지배했다. 알아듣지도 못하는 라틴어 예배에 참여한 신자들은 설교 시간에 내용을 이해하지 못하고 아멘으로 일관하는 소위 '형식 예배'를 드렸다. 하지만 루터가 성경을 독일어로 번역하면서부터 신자들은 누구나 성직자들의 지배에서 벗어나 자유롭게 성서를 읽고 이해할 수 있게 되었다.

루터는 글로 종교개혁의 필요성과 당위성을 외쳤다. 루터의 저작물은 1523년에 346편에 이르렀고 루터의 근거지 비텐베르크는 루터 덕분에 인쇄도시가 됐다. 루터는 죽을 때까지 해마다 평균 1800쪽을 썼다. 루터의 글을 모은 '바이마르판 전집'은 120권에 이르렀다. 루터의 열정적인 글쓰기가 종교개혁을 이루었다고 해도 과언이 아니다.

칼뱅의 종교개혁 ——

루터의 종교개혁운동은 장 칼뱅을 통해 꽃을 피웠다. 칼뱅은 프랑스 사람이지만 주로 스위스 제네바에서 활동했다. 칼뱅은 1536년에 개혁주의 교리문답서인 《기독교강요》를 출판해 루터가 시작한 종교개혁을 완성시키고자 했다. 그는 《기독교강요》를 통해 기독교의 핵심 진리를 요약하고 교리화하는 목적 이외에도 사람들로 하여금 성경을 바로 이해할 수 있도록 도왔다. 칼뱅은 루터보다 더 철저한 개혁을 강조했다. 이른바 '개혁주의'이다. 성경말씀에 근거해 교회와 믿음을 항상 개혁한다는 사상이다.

또 칼뱅은 예정설을 주장했고, 성직자 중심의 '사제주의'에 반대했다. 칼뱅은

53세의 장 칼뱅. 르네 부와뱅. 1562.

성직이 다른 속세의 직업보다 우월하다는 '성속이원론'에도 반대해 다른 사람에게 유익을 끼치는 모든 노동이 다 거룩하다는 '직업소명론'을 주장했다. 이러한 교리는 상공업에 종사하던 시민계급의 환영을 받았으며, 이 땅의 모든 일이 하느님이 주신 중요한 일이며, 모든 사람이 가치 있다는 인식으로 확대됐다. 이후 종교개혁은 새로운 사회질서를 구축하는 촉매제가 됐다.

칼뱅은 전통 가톨릭교회에서 받아들여지지 못했던 노동의 가치를 인정했으며 근검절약을 통해 얻어지는 이익은 정당한 것으로 자유롭게 부를 축적할 수 있다고 보았다. 상인들의 이윤추구 역시 정당한 것으로 받아들여졌다. 이러한 의식변화로 상인계층과 이들이 연계된 제후 세력이 성장한 반면, 당시 막강했던 교황권력은 쇠퇴하기에 이른다. 결국 이는 자본주의 정신을 신학적으로 정당화한 것으로 18세기 산업혁명이 일어나는 바탕이 됐다. 칼뱅의 '직업소명설'은 자본주의 정신을 확장시키는 데 큰 역할을 했다.

장 칼뱅과 루터, 그리고 츠빙글리는 거의 같은 시대에 독일과 스위스에서 각각 종교개혁운동에 매진했다. 종교개혁운동이 유럽 전역으로 번져가면서 개신교 신학은 점차 장 칼뱅의 신학 쪽으로 기울었다. 그 결과 루터교가 주류로 뿌리내린 독일과 스칸디나비아를 제외하고 칼뱅주의가 개신교 신학의 주류로 자리 잡는다. 이것이 칼뱅주의 역사의 시작이다. 이렇게 칼뱅주의를 토대로 하는 개신교가 '개혁교회'이다. 프랑스에서는 개혁교인들을 '위그노'라 불렀다.

이후 개혁교회는 네덜란드에서 독립의 구심점이 되었고, 바스크족의 독립국이던 나바라에서는 이를 국교로 삼았다. 칼뱅의 제자 존 녹스가 스코틀랜드에 개혁주의를 전파하여 설립된 교회가 '장로교'이다. 장로교는 사제 대신 장로들이 교회의 주축이 되는 교파이다. 이후

이들의 후예들이 청교도가 된다.[*]

참고로 칼뱅의 사상을 토대로 하는 청교도는 유대교와 여러 면에서 흡사했다. 우선 구약의 말씀을 중시한다는 면이 같았고, 다른 종교들이 청빈을 강조한 반면 청교도와 유대교는 부를 신의 축복으로 여긴 점이 같았다. 이러한 청교도들과 유대인들이 건설한 나라가 바로 오늘날의 미국이다.

종교개혁, 종교전쟁으로 치달아

종교개혁 이후 가톨릭교회는 1545년에서 1563년까지 이탈리아 북부 트리엔트에서 트리엔트공의회를 열어 개신교를 이단으로 파문했다. 그리고 성서와 전통이 모든 신앙의 원천임을 재확인하며 교회만이 성서의 해석권한을 갖는다고 주장함으로써 사제주의를 강화했다.

이후 가톨릭과 개신교의 종교적 이념 차이로 수많은 학살과 전쟁이 발발했다. 종교적 이데올로기는 그만큼 무서운 것이었다. 실제 프랑스에서는 위그노 전쟁(1562~1598) 중 1572년 성 바르톨로메오 축제 때 3천 명에 달하는 개신교도 학살이 자행되는 등 약 3백만 명이 죽었다. 독일에서는 30년 전쟁(1618~1648)이 발발했다. 당시 독일 인구의 거의 절반이 죽었을 정도로 참혹한 전쟁이었다. 영국에서는 존 녹스를 중심으로 이루어진 개혁 과정에서 교회에 대한 방화와 살인이 횡행했다. 종교개혁은 단지 개혁운동이 아니라 실제 전쟁으로 이어졌다.

● 정하라, '루터의 종교개혁, 기독교를 넘어 유럽의 정치, 경제, 사회를 흔들다', 〈아이굿뉴스〉, 2017. 1. 10.

프랑스 종교전쟁(위그노 전쟁) ──

인쇄술의 발달 덕분에 루터와 칼뱅의 사상이 널리 퍼져나갔다. 1559년에 프랑스에는 2천 개 이상의 신교도 모임이 있었을 뿐 아니라, 일부 유력 귀족도 신교에 가담했다. 1562년에는 신교도인 위그노의 수가 프랑스 인구의 4분의 1에 육박했다. 위그노는 프랑스의 칼뱅파 개신교 신자들을 가리키는 말로, 상공업 계층이 많았다. 이는 직업소명설을 주장한 칼뱅파의 교리가 프랑스 신흥 부르주아 세력인 상공업자들에게 맞았기 때문이다.

권력욕이 강한 귀족들은 이 틈을 이용해 신구교 간 종교적 충돌을 권력투쟁으로 변질시켰다. 이로써 프랑스에서는 구교도와 신교도, 교황주의자와 개혁주의자 간의 분쟁이 시작되어 내란이 계속되었다. 교회의 부패와 타락에 염증을 느낀 신교도들은 성모 마리아와 성자 숭배를 거부하고, 오직 신앙과 기도에 입각한 간결한 종교의식을 행했다.

'앙리 2세'의 부인 카트린 드 메디치의 시대부터 낭트칙령에 이르기까지 1562~1598년 사이에 프랑스 사회를 심각한 혼란에 빠뜨린 갈등을 우리는 '위그노 전쟁'이라 일컫는다. 앙리 2세가 마상 무술시합에서 입은 부상으로 사망한 후 그의 아들 프랑수아 2세는 기즈 가문의 압력을 받아 프로테스탄트들을 사형에 처하는 칙령을 내렸다. 이듬해 프랑수아 2세마저 죽자, 그의 어머니 카트린 드 메디치가 열 살된 샤를 9세를 대신해 섭정을 했다.

카트린 드 메디치는 프랑수와 1세 때부터 시작된 위그노파와 가톨릭파의 갈등 사이에서 중재인 역할을 자청했지만, 별 효과를 보지 못하고 오히려 종교내란에 불을 붙였다. 1561년에 카트린은 파리 근교

성 바르톨로메오 축일의 대학살, 프랑수아 뒤부아, 1572~1584.

푸아시에서 세미나를 개최하여 가톨릭과 프로테스탄트 신학자들이
함께 모이게 했다. 카트린은 1562년 1월에 내린 칙령에서 프로테스
탄트 교인들에게 도시 바깥에 모여 예배 볼 자유를 허락했다. 가톨릭
교인들은 분개했다.

이것이 불씨가 되어 2개월 뒤 바시 마을에 있는 헛간에서 프로테스
탄트 교인들을 학살하는 일이 벌어졌다. 이로써 1562년 바시 시에서
가톨릭의 기즈 가문과 위그노파의 전투로 내란이 시작되었고, 스페인
의 필립 2세는 가톨릭파를 지원하고 영국의 엘리자베스 여왕은 위그
노파를 지원하면서 갈등이 고조된다. 바시에서 일어난 첫 번째 전쟁
을 필두로 여덟 번의 종교전쟁이 연이어 일어나면서 프랑스는 구교
도와 신교도로 왕국이 양분돼 1562년부터 1590년대 중반까지 30년
이상을 상호 살육의 공포 속에 빠져들었다.

이 전쟁 기간 중 일어난 가장 참혹한 사건이 1572년 '성 바르톨로
메오 축일의 대학살'이었다. 왕실 실권자였던 카트린 드 메디치는 신

교도 지도자인 나바라의 앙리(훗날의 앙리 4세)와 그녀의 딸 마르그리트 공주의 결혼식에 참석하러 수많은 위그노가 파리를 방문하자 성문을 닫아걸었다. 그리고 교회 종소리를 신호로 신교도에 대한 대대적인 학살을 자행했다. 하룻밤 사이에 위그노 3천 명이 학살당했다.

더구나 전쟁의 종반은 암살이 횡행했다. 먼저 1588년 12월, 구교파의 지도자 기즈 가의 앙리가 암살당했고, 이 암살 사건의 주모자 앙리 3세 국왕 역시 이듬해 8월 1일 도미니크회 수사에게 암살당했다. 이로써 14세기부터 이어진 발루아왕조는 막을 내렸고, 부르봉왕조가 발흥하는 계기가 되었다.

이렇듯 가톨릭과 위그노 사이에 적대감정이 극으로 치닫던 1589년, 나바라 부르봉 가문의 앙리가 프랑스 왕 앙리 4세로 즉위했다. 그는 신구교 어느 쪽도 물러서지 않으리라는 것을 너무도 잘 알고 있었다. 신교도의 수장격인 앙리는 고민 끝에 결단을 내렸다. 당시 프랑스 인구의 절대다수가 가톨릭임을 고려해 그 자신이 가톨릭으로 개종한 것이다. 앙리를 따르던 신교도들이 강력히 반발했으나 그는 '프랑스에 평화가 찾아오기를 바랄 뿐'이라며 결심을 굽히지 않았다.

16세기 말이 되자 왕국의 절반이 공격과 약탈로 황폐해져 농민들의 반란이 잦아졌다. 이러한 소요에 마침표를 찍은 것이 1598년의 낭트칙령이다. 1598년 4월 13일, 앙리 4세는 낭트칙령을 발표해 가톨릭을 국교로 선포하고 신교도의 자유로운 종교 활동을 공식적으로 보장했다. 이로써 36년 넘게 지속된 위그노 전쟁은 종결됐다.*

● 박상인, '앙리 4세 낭트 칙령 선포…36년 지속된 종교전쟁 끝나다', 〈중앙일보〉, 2010. 4. 13.

30년 전쟁 ──

마틴 루터의 종교개혁운동으로 독일은 1530년대에 한 차례 큰 내전이 일어나 당시 황제 카를 5세는 반란을 진압하긴 했지만 결국 1555년 아우구스부르크협약을 맺어 화의했다. 그 결과 일단 루터파에 대한 신앙의 자유가 보장되었다.

16세기 종교개혁이 일어난 뒤 1백 년이 지나자 유럽은 북쪽의 기독교와 남쪽의 가톨릭으로 양분되었다. 그리고 한 광신도 군주가 등장하자 두 종파 간 갈등이 다시 폭발해 '30년 전쟁'이 벌어졌다.

1617년 오스트리아 공작 페르디난트 2세는 보헤미아 왕으로 선출되었고, 이듬해에는 헝가리 왕이 되었으며, 1619년에는 독일 왕이 되어 신성로마제국 황제로 선출되었다. 문제는 예수회 교육을 받은 그가 신자 수준을 벗어난 무자비한 광신도 군주라는 점이었다. 중부유럽 일대를 지배하게 된 황제 페르디난트 2세는 자기 관할지역에 개신교도가 더 많은 것을 알고 이들을 모두 가톨릭으로 되돌리거나 제거하기로 결심했다. 개종이냐 목숨이냐를 외친 교조주의의 탄생이었다.

1555년 아우구스부르크협약을 통해 독일에서 개신교가 용인되어 정착한 상황에서 황제는 조약조차 무시했다. 예수회에 세뇌된 그에게 개신교는 혐오스러운 이단에 불과했다. 그는 개신교도를 아예 반역도로 판단했다.

1618년 페르디난트 2세는 보헤미아의 프라하에 두 명의 특사를 보내 그곳 백성들에게 개신교가 불법이라고 선포하고 모두 가톨릭으로 복귀하라고 명령했다. 개혁적 성향의 보헤미아 주민들과 귀족들은 황제가 보낸 특사 두 명을 17미터 높이의 건물에서 창문 밖으로 던져버렸다. 이를 '프라하 창문 투척 사건'이라고 부른다. 거름더미에 떨어진 두 특사는 목숨을 건져 도망쳤다. 보헤미안들은 아예 페르디난트 2세를 거부하고 개신교도인 프리드리히 5세를 새 왕으로 선출했다. 페르디난트 2세는 즉각 보헤미아를 공격했다. 그러나 이 전쟁은 많은 요인이 얽히며 각국으로 전선이 확대되어 무려 30년이나 지속되었다. 30년 전쟁은 이렇게 시작되었다.

페르디난트 2세의 군대는 보헤미아 백성들을 학살하고, 개신교 지도자들을 프라하 다리에 모두 목매달아 처형했다. 보헤미아가 초토화되자 황제는 개신교를 제거할 수 있다는 자신감을 얻어, 헝가리의 개신교도들까지 정벌하기 시작했다. 헝가리까지 살육행진이 진행되자 동부 트란실바니아 영주는 당시 이 지역을 관할한 오스만제국에게 도움을 청했다. 술탄은 6만 명의 기병대를 보내 페르디난트 2세의 군대를 막아내 헝가리 개신교도들을 구했다.

페르디난트 2세는 방향을 돌려 이번에는 독일 북부 개신교도들을 없애기로 결심하고 스페인에 군대를 요청해 증원했다. 수많은 독일 농민들이 프로테스탄트 신자라는 이유만으로 멸절의 위기에 놓였다. 이에 개신교 국가들은 덴마크를 주축으로 연합군을 형성하여 페르디난트 2세의 북진을 막았는데, 이때 영국과 독일의 개신교 영주들도 덴마크에 지원병을 보내 합세했다.

페르디난트 2세는 발렌슈타인을 사령관으로 임명하여 기독교 연합군에 맞서게 했다. 신성로마제국의 발렌슈타인과 덴마크 크리스티안 4세 사이의 대전은 덴마크의 참패로 끝나 발렌슈타인은 가톨릭 측의 영웅이 되었다. 그의 승리로 가톨릭 군대의 독일 정복과 대륙에서의 개신교 축출이 가시화되는 듯했다.

1630년 개신교 측이 위기에 처해 있을 때 스웨덴 왕 구스타프 2세 아돌푸스가 나섰다. 그는 17살에 왕이 되어 뛰어난 능력으로 분열된

뤼첸전투, 칼 발봄, 1855.

스웨덴을 통합하고 러시아전에서도 승리한 맹장이었다. 그가 30년
전쟁에 참가한 이유는 루터교신자로서 개신교도들을 구하고 합스부
르크제국의 북상을 막기 위해서였다.

 스웨덴 편에 네덜란드와 프랑스도 합세했다. 프랑스는 가톨릭 국
가였음에도 30년 전쟁에서는 개신교 편을 들었는데, 이는 숙적 오스
트리아가 확장되는 것을 원치 않았기 때문이다. 이후 구스타프 군대
가 연승을 거두어 마침내 전세는 역전되었다. 스웨덴 군대는 합스부
르크 가문의 본거지 오스트리아의 빈 인근까지 진격해 합스부르크
군대를 궤멸시키기 위해 총공세를 폈다. 1632년 겨울, 30년 전쟁 중
가장 중요한 뤼첸전투가 벌어졌다. 이 전투에서 스웨덴은 승리했지만
구스타프 2세가 숨졌다. 왕의 전사로 개신교 군대의 단결이 약화되어
전쟁은 소강상태에 빠졌다.

 종교전쟁은 후반부로 갈수록 영토분쟁과 세력다툼으로 성격이 바
뀌어 뤼첸전투 이후로도 16년이나 더 지속되었다. 전쟁을 시작한 초

기의 왕들과 장군들도 거의 다 세상을 떠났고 새로운 주역들이 등장해 관성적으로 싸울 뿐이었다.

마침내 1648년 베스트팔렌에서 조약을 맺고 휴전했다. 그러나 전쟁 피해는 상상 이상이었다. 전쟁 이후 떠도는 용병군인들은 강도떼나 다름이 없었다. 게다가 가뭄과 기근, 역병까지 발생했다. 독일지역에서만 8백만 명 이상이 죽어 독일 인구는 1800만에서 1천만으로 44퍼센트 넘게 줄어들었고 국토는 황폐화되었다. 인류사에서 종교 갈등으로 인한 전쟁으로 무수한 인명이 살해되었다. 엘 산토 그링고의 《종교로 인한 죽음》에 의하면 1억 1천만 명이 종교전쟁으로 죽었다고 한다. 그 가운데서도 30년 전쟁은 인류 전쟁사에서 가장 잔혹했고 사망자가 많았다.

30년 전쟁으로 변화가 없었던 것은 아니다. 당시 최강국이던 스페인제국은 네덜란드를 잃고 주도권도 상실했다. 이 틈을 타서 프랑스는 강국으로 부상했으며 스웨덴은 발트해 지배권을 장악했다. 네덜란드는 독립국이 되었고 신성로마제국 소속 국가들에게도 완전한 주권이 주어졌다. 따라서 교황이 주도하고 황제가 지배하던 신성로마제국은 사실상 붕괴되었다. 이로써 이후 1백여 년간 독일은 자잘한 소국으로 나뉘어 정치세력으로 떠오르지 못했다.*

청교도 전쟁(청교도 혁명) ──

30년 전쟁 이후로도 종교전쟁이 여러 차례 일어났다. 삼왕국 전쟁 (1639~1651), 사보이아 발도파 전쟁(1655~1690), 9년 전쟁(1688~1697),

* 고은, '30년 전쟁 요약', 《본헤럴드》, 2018. 4. 7.
　김동주, 《기독교로 보는 세계역사》, 킹덤북스, 2012.

스페인 계승권 전쟁(1701~1714) 등이 베스트팔렌조약 이후 일어난 종교전쟁이다.

그 가운데 삼왕국 전쟁은 1639년에서 1651년 사이에 잉글랜드왕국, 아일랜드왕국, 스코틀랜드왕국에서 벌어진 전쟁이다. 3차에 걸친 잉글랜드 내전 역시 그 일부분이다. 그 외에 주교 전쟁(1639~1640), 아일랜드 반란(1641), 스코틀랜드 내전(1644~1645), 아일랜드 맹방 전쟁(1642~1649), 크롬웰의 아일랜드 정복(1649)도 포함된다.

삼왕국 전쟁은 역사에서 청교도 전쟁(청교도 혁명)으로 더 잘 알려져 있다. 스코틀랜드 왕 제임스 6세가 잉글랜드 여왕 엘리자베스 1세의 후손 없는 죽음으로 인해 종손 자격을 내세워 잉글랜드 왕 제임스 1세로 즉위했다. 그는 영국 국왕에 오른 이후 의회를 해산하고 청교도들에게 성공회로 개종할 것을 강요했다. 이에 청교도들은 박해를 피

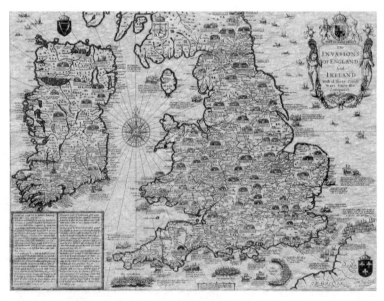

잉글랜드와 아일랜드에서 벌어진 모든 내전과 침략을 기록한 고지도

해 1620년 메이플라워호를 타고 자유를 찾아 신대륙으로 떠나 그곳을 청교도 나라라는 뜻으로 '퓨리턴'이라 불렀다.

그 무렵 스코틀랜드는 영국 국교 성공회가 아닌 청교도의 한 분파인 장로교를 믿고 있었다. 그런데 제임스 1세 사후 그의 아들 찰스가 영국 왕이 되어 국교인 성공회를 믿으라고 강요하자 스코틀랜드는 무장봉기를 일으켰다. 당황한 찰스 1세는 이를 막을 군대도 돈도 없었다. 전비 마련을 위해 찰스 1세는 할 수 없이 11년 만에 의회를 소집했다. 이것이 청교도 전쟁의 단초가 되었다.

왕이 11년 동안 의회를 열지 않고 독단적으로 정치를 했던 것에 불만을 품은 의회는 왕의 행태를 비판하기 시작했다. 이에 왕을 지지하는 왕당파와 의회를 지지하는 의회파로 갈리면서 내분이 일어났다. 내분은 단순히 정치적인 이유만은 아니었다. 종교적인 이유로 성공회를 믿는 사람은 국왕을 추종했고 청교도들은 의회를 지지했다. 1642년 두 파 사이에 전쟁이 발생했다. 이것이 이른바 청교도 전쟁으로, 성공회와 청교도 간의 종교전쟁이기도 했다.

전쟁 처음에는 기병대가 있는 왕당파가 유리했다. 그러나 올리버 크롬웰이 의회 군대를 재조직하면서 전세는 차츰 뒤집혔다. 크롬웰은 신형 기병대를 만들어 전쟁을 승리로 이끌었다. 이 사건을 청교도 혁명이라고도 하는데, 이유는 왕에 맞선 의회파 대부분이 청교도들이었기 때문이다.

의회파는 전쟁에서 승리했으나 왕을 죽이지는 않았다. 그 뒤 의회파는 군인과 의원 간의 내분으로 장로파와 독립파로 분열되었다. 분열이 일어난 이유는 참전 군인들에게 정당한 대우는커녕 급료도 지불하지 않은 채 고향으로 돌아갈 것을 의회가 결정했기 때문이었다. 분열을 틈타 국왕 찰스 1세는 또 다시 전쟁을 일으켰으나 크롬웰 군대에게 패했다. 그 뒤 크롬웰은 군인이 주축인 독립파를 이끌며 의원들의 장로파를 몰아내고 의회를 장악했다. 이후 크롬웰의 독립파는 찰스 1세를 전쟁 책임을 물어 처형시키고, 공화정을 수립했다.

크롬웰은 이후 장로파가 주도하는 스코틀랜드와 왕당파 세력이 강한 아일랜드를 정복했다. 그리고 항해조례를 제정하여 네덜란드 해안을 봉쇄함으로써 영국의 무역과 금융 활동을 신장시킬 네덜란드의 유대인들을 영국으로 불러들였다. 이로써 세계 통상과 금융의 중심지가 암스테르담에서 런던으로 바뀐다.

인류 최악의 범죄, 홀로코스트

홀로코스트 시기 교황의 유대인관觀 ──

지금으로부터 불과 75년여 전에 인류 최악의 범죄 홀로코스트 참사가 벌어졌다. 유대인들은 '번제燔祭'라는 의미의 홀로코스트란 단어를 좋아하지 않는다. 번제란 신을 위해 짐승을 불태워 바치는 제물이란 뜻으로 가톨릭의 시각이 반영된 단어이기 때문이다. 유대인들은 이를 히브리어로 '쇼아(대재앙)'라고 부른다.

당시 가톨릭의 유대인관을 살펴보자. 히틀러 집권 시기의 교황 비오 11세는 유대인을 노골적으로 비난했다. 그는 유대인을 가리켜 다음과 같이 말했다. "그들 극소수의 손에 엄청난 권력과 경제적 독재권이 집중되어 있다. 그들은 세상의 돈을 소유하고 마음대로 조작하며 여신을 통괄한다. 이처럼 경제와 사회 전체의 핏줄을 움켜쥐고 있어 그들 앞에서는 감히 아무도 숨조차 제대로 쉬지 못한다."

교황 비오 11세는 또 공산주의자들의 배후에 유대인의 조직적 개입과 그들의 결사조직인 '프리메이슨'이 있으며 유대인의 궁극적인 목표는 '기독교의 말살'이라고 보았다. 프리메이슨은 18세기 초 영국에서 시작된 단체로 세계시민주의적인 의식과 함께 자유주의적, 합리주의적 입장을 취하며 인도주의적 우애를 목적으로 삼았지만, 외부에서는 유대인들이 세계 각국의 엘리트를 포섭하여 세상을 지배하려는 비밀단체로 보았다. 특히 유대교의 신비주의적 색채가 강하다고 보았다. 이 때문에 기존의 종교 조직들, 특히 가톨릭으로부터 대대적인 탄압을 받았다. 교황 비오 11세의 말은 당시 유럽인의 유대인관을 엿볼수 있는 대목이다.

히틀러, 유대인은 곧 좌익이라는 등식 만들어 ——

당시 교황의 유대인관을 전적으로 동조한 사람이 히틀러였다. 히틀러에게 파시즘 최대의 적은 공산주의인데, 유대인들이 바로 그 공산주의자들이었다. 그 빌미는 러시아혁명을 주도한 트로츠키와 레닌, 그리고 독일 내 유대인 공산주의자들이 제공했다. 트로츠키가 유대인이었으며 레닌의 모계가 유대계이었다. 그 뒤 독일혁명도 유대인이 주도했다. 이 점에 착안해 히틀러는 아예 '유대인=좌익'이라는 공식으로 만들었다. 실제 독일 사회주의자들 가운데 유대인이 많았다. 유대인은 러시아 사회에서도 엄청난 반유대주의에 시달렸고 실제로 우크라이나 등지에서 무참하게 학살당했다. 그 뒤 독일 등 유럽 내 자본가계층, 곧 부르조아계급인 유대인들도 모두 공산주의자로 몰린다. 이후 히틀러는 유대인 척결계획을 5단계로 나누어 진행했다.

1939년 1월 30일, 히틀러의 제국의회 연설 ──

히틀러는 전쟁의 배후에 유대인의 음모와 이를 지원하는 유대 금융자본가들이 있다고 보았다. 그는 제국의회 연설에서 재앙을 예고했다. "유대인 문제가 해결되지 않는 이상 유럽의 평화는 기대할 수 없습니다. 세계는 원만한 합의에 이를 도량을 가지고 있습니다. 그러나 신의 선민이라면서 다른 민족들의 몸체에 기생하며 생산적인 노동을 착취하는 행태는 더 이상 용납할 수 없습니다. 다른 민족들처럼 유대인도 정직하고 생산적인 노동으로 그들의 삶을 꾸려가는 방법을 터득해야 할 것입니다. 그렇지 않으면 그들에게는 상상할 수 없을 정도의 재앙이 닥칠 것입니다. 만약 유대 국제금융자본이 다시 한번 유럽의 국가들을 세계대전으로 내모는 데 성공한다면 그 전쟁의 결과

나치독일 제국의회에서 유대인 문제를 연설하는 히틀러

는 유대인의 승리가 아니라 유럽 유대인의 전멸이 될 것입니다!" 그는 이때 이미 유대인을 전멸시킬 생각을 했던 것으로 보인다.

유대인, 게토에 수용되다 ——

히틀러의 반유대주의 1단계는 나치가 정권을 획득한 1933년 2월 말부터 시작되었다. 주로 유대 상점의 약탈, 유대인에 대한 산발적 폭행, 유대 상점에 대한 불매운동 등으로 나타났다.

2단계는 1935년 '뉘른베르크법' 제정으로 시작되었다. 이 법은 역사상 유례를 찾아보기 어려운 인종차별법이었다. 유대인 학살의 법적 근거가 된 이 법은 독일인과 유대인을 철저히 분리시켰다. 이로써 유대인은 독일 사회에서 철저히 고립되어 학대받고 유린되었다.

3단계는 반유대주의가 전 유럽으로 확산된 시점이다. 모든 유대인은 공식문서에 이름과 성 사이에 남자는 '이스라엘', 여자는 '사라'를 써넣어야 했다. 유대인임을 표시하기 위해서였다. 1938년 10월에는 독일 내 유대인의 모든 신분증이 회수되었다. 인간으로의 취급이 말살된 것이다. 그제야 눈치 챈 유대인들은 폴란드 피난길에 올랐다. 하지만 폴란드는 국경을 열어주지 않았다. 1만 5천 명의 유대인들은 국경에서 노숙하며 추위와 굶주림에 시달려야 했다.

이때 엄청난 사고가 터졌다. 17살의 유대인이 파리 주재 독일대사관의 참사관을 살해한 사건이 발생했다. 이로 인해 여론이 악화되면서 반유대주의가 극성을 부리기 시작해 유대인 학살이 자행되었다. 1938년 11월 9일 저녁 나치당원들과 돌격대원들이 앞장서고 독일 시민들이 합세해 유대인 사냥에 나섰다. 이날 저녁 2백여 개의 유대인 회당과 유대인 묘지, 수천의 유대인 주택과 상점이 파괴되고 불태워졌다.

4단계는 제2차 대전 발발 이후다. 1939년 9월, 나치독일의 폴란드 공격으로 2차 세계대전이 시작됐다. 포성이 폴란드를 뒤흔들었다. 곧 유럽 전체가 전쟁의 소용돌이에 휩싸였다. 전쟁이 일어나자 유대인은 더 이상 시민이 아니었다. 공립학교에 다닐 수 없었고 사업을 하거나 직업을 가질 수도 없었다. 토지를 가질 수도 없었고 유대인이 아닌 사람과는 사귈 수 없었다. 공원이나 도서관, 박물관에조차 갈 수 없었다. 그래도 1939년까지는 독일 정부에 돈만 내면 유대인은 독일을 떠나는 것이 허용되었다. 그리하여 그해까지 독일에 거주하는 50만 유대인 중에서 30만이 독일을 떠났다.

2차 대전 발발 후부터 모든 독일계 유대인과 오스트리아 유대인들은 폴란드에 마련한 '게토'에 보내졌다. 그들은 유대인 거주지역인 게토 안에서만 살라는 명령을 받았다. 그곳에서 유대인들은 병들어 죽고 굶어서 죽어갔다. 문제는 당시 폴란드에 살고 있던 3백만 명의 유대인이었다. 유대인들의 삶은 비참했다. 저녁 8시 이후 외출이 금지됐다. 대중교통도 이용할 수 없었다. 걸어 다녀야 했다. 모든 가정집의 전화기가 압수됐으며, 공중전화박스에는 '유대인 사용금지'라는 경고문구가 붙었다. 유대인은 식량 배급에서도 제외됐다. 가지고 있던 것을 서로 나눠 먹으며 하루하루를 버텼다. 가장 견디기 힘들었던 것은 '차별'이었다. 6세 이상 모든 유대인은 가슴에 노란색 바탕에 검은색으로 'Jude'라는 글씨가

유대인 별 표시

적힌 다윗의 별을 착용해야 했다.

당시 나치독일 점령지역에는 1634개의 집단 수용소와 9백 개의 강제노동수용소가 있었는데 많은 유대인이 그곳에서 굶주림과 과도한 노동으로 죽어갔다. 노동의 강도는 가히 살인적이었다. 강제노동에 동원된 노동자들의 수용 이후 평균수명이 3개월에 불과했다는 기록도 있다. 1941년에는 이주금지령이 내려졌다. 도망치지 못한 유대인은 꼼짝없이 앉은 자리에서 죽음을 맞아야 했다.

제5단계, 대학살 감행 ──

제5단계는 1941년 러시아 침략 이후 강제수용소의 목적이 구금에서 학살로 변한 시기이다. 전쟁에 돌입한 나치의 천년제국은 국민적 지지를 더욱 확고히 할 필요를 느꼈다. 이를 위해서는 민족적 단합을 주도할 새로운 희생거리가 필요했다. 민족의 우수성과 순수성을 지키기 위해서는 독일 내 비독일인을 소탕해야 한다는 주장을 폈다. 이것은 곧 인종청소라는 이름으로 시작되었다.

우크라이나 비니차의 마지막 유대인

1940년부터 폴란드에서 많은 유대인이 죽어간 것도 엄청난 일이지만, 진정한 의미에서 대량살육이 시작된 것은 1941년 6월 22일, 히틀러가 러시아 침공을 개시하고 난 다음의 일이다. 이 작전의 목적은 유대 적색혁명의 총본산을 섬멸하기 위해 당시 소련에 살았던 5백만 명의 유대인을 학살하는 일이었다. 나치독일 요들 장군은 1941년 3월 3일자 군사일지에, 대소련 작전이 개시되면 '유대-볼셰비키 지식 계층' 박멸을 위해 친위대 헌병 조직을 최전선에 배치할 필요가 있다고 한 '히틀러의 결정'을 기록하고 있다.

소련 영토 안의 유대인 가운데 4백만 명은 나치독일 육군이 1941년부터 1942년까지 진주한 지역에 살고 있었다. 이 가운데 250만 명은 다행히 독일군이 도착하기 전에 탈출했다. 나머지 주민의 90퍼센트는 도시에 있었기 때문에, 나치 행동대에 의해 90만 명 이상이 살해되었다. 거의 모든 유대인은 시 교외 웅덩이 옆에서 사살되었고, 웅덩이는 그대로 무덤구덩이가 되었다. 유대인은 무엇을 잘못해서가 아니라 유대인으로 태어났다는 이유만으로 죽어야 했다.

잘 알려진 아우슈비츠의 가스실은 하루 1만 2천 명까지 처리할 수 있었다. 그 가스실에서 수많은 유대인이 살해당했다. 폴란드 바르샤바에서는 순전히 학살을 위해 매일 6천 명씩 유대인을 선발해 이동시키는 수용소행 열차가 운행됐다. 가스실은 '샤워실'로 불렸다. 유대인들이 샤워를 한다는 말을 듣고 가스실로 향했기 때문이다. 아우슈비츠에는 5개의 가스실이 있었다. 하루에 6만 명을 살해할 수 있는 시설이었다. 아우슈비츠에서만 그렇게 2백만 명 이상이 살해됐다.

유럽에서 직접 혹은 간접으로 나치의 통제 아래 있었던 유대인은 약 9백만 명이었다. 나치는 이들 가운데 6백여만 명을 학살했다. 나치는 자신의 손아귀에 있었던 유대인의 67퍼센트를 죽였다. 1939년부터 1945년까지 희생당한 유대인은 당시 유럽과 러시아에 거주하던 모든 유대인 1100만 명의 절반이 넘는다. 나라별로 대략 폴란드 3백만, 러시아 120만, 루마니아 35만, 헝가리 30만, 체코 27만, 독일 18만, 리투아니아 13만, 네덜란드 10만, 프랑스 9만, 그리스 6만, 유고 6만, 오스트리아 6만 명 등이었다.

히틀러의 3대 적 – 공산주의자, 유대인, 슬라브족 ──

이때 희생당한 이들은 유대인뿐만이 아니었다. 히틀러는 3대 적을 전멸시킬 인종청소 계획을 갖고 있었다. 첫 번째가 공산주의자, 두 번째가 러시아의 공산체제를 주도적으로 세운 유대인, 그리고 세 번째가 슬라브족이었다. 세 집단을 함께 없애려 작정했다.

유럽 각국에서 잡아온 유대인, 집시, 공산주의자, 비유대인 노약자 등 인종청소를 위한 대량학살이 시작되었다. 중세부터 시작된 기독교 사회의 유대인 박해는 여러 형태가 있었지만 홀로코스트만큼 그 규모나 잔혹성이 두드러진 적은 없었다. 나치는 집권 이듬해에 '유전 위생법'이란 것을 공포했는데 이를 바탕으로 유대인 이외에도 집시, 러시아인 등 1천만 명 이상을 학살했다.

유럽 사회, 눈앞의 비극에 침묵하다 ──

눈앞에서 벌어지는 이런 비극을 뻔히 보면서도 유럽 사회는 침묵했다. 당시 바티칸은 유대인 학살에 대해 한마디도 하지 않았다. 1943년 9월부터 1944년 6월까지 나치는 로마에서 교황이 보는 앞에서 약 2천 명의 유대인들을 아우슈비츠 등으로 실어갔다. 물론 교황이 바티칸에 477명의 유대인을 대피시키긴 했지만 지극히 소극적인 태도였다.

유대인의 저항을 최소화하기 위해 나치는 정교한 속임수를 썼다.

4부 반목과 갈등의 역사

수용소 이송은 공장 이동이라고 이야기했고, 숲속의 호수가 그려진 엽서를 강제수용소의 유대인들에게 주고 '잘 있다, 일도 잘 하고 건강하다'라고 쓰게 했다. 샤워실로 보이게 위장한 처형실 문에는 적십자 마크를 붙여 놓았다. 친위대는 때로 유대인이 '샤워실'을 향해 정렬하는 사이, '죄수'로 구성된 오케스트라에게 연주를 하게 했다. 그들은 이런 거짓을 마지막까지 구사했다.

1942년 8월 18일, 친위대의 소독 전문가였던 쿠르트 거슈타인은 가스실로 차례차례 들여보내는 유대인 성인과 어린이들을 향해 어떤 친위대 장교가 노래하듯 이렇게 말하는 것을 들었다. "전혀 아프지 않단다. 자, 숨을 한껏 들이쉬렴, 허파가 강해진단다. 전염병에 걸리지 않게 하기 위해서지. 정말 좋은 소독제니까." 이런 거짓말을 유대인 대다수는 믿었다. 그들 자신이 속고 싶다는 마음을 가지고 있었다. 그들은 희망이 필요했다.

유대인들은 절멸 수용소의 존재를 좀처럼 믿으려 하지 않았다. 4월 들어 사실이 확인되면서, 비로소 바르샤바 유대인들은 유대인 절멸 음모가 있다는 것을 알았다. 이러한 무관심 속에 폴란드 유대인의 90 퍼센트 이상이 살해됐다. 벨기에서는 6만 5천 명의 유대인 가운데 4만 명이 죽었다. 네덜란드에서는 유대인을 보호하기 위한 총파업까지 있었지만 70퍼센트 이상의 유대인이 학살됐다. 우크라이나, 벨기에, 유고슬라비아, 루마니아, 노르웨이에서는 거주 유대인의 절반 이상이 죽었다. 그리스에서는 6만 명 중 5만 4천 명이 살해되어 고대로부터 이어온 그리스 유대인 사회가 붕괴됐다.[•]

● 폴 존슨,《유대인의 역사》, 김한성 옮김, 살림, 2005.

로마교황청의 매몰찬 답변 ──

 나치의 유대인 학살이 한창일 때, 폴란드의 유대인 랍비 바이스만델은 로마교황청에 도움을 비는 편지를 썼다. 무고한 유대인 어린이들만이라도 구해달라는 내용이었다. 학살될 유대인 가운데 150만 명이 어린이였다. 그의 간구는 절규에 가까운 호소였다.

 그러나 교황청으로부터 받은 답장은 이랬다. "이 세상에 무고한 유대인 어린이의 피라는 것은 없다. 모든 유대인의 피는 죄악이다. 당신들은 죽어야 한다. 죄(예수를 십자가에 못 박은 죄) 때문에 당신들이 이런 형벌을 받는 것이다."[•]

용서는 하지만
망각은 또 다른 방랑으로 가는 길이다 ──

 유대인의 역사를 살펴보면 유대민족은 형극의 역사를 반드시 영광의 역사로 돌려놓는 힘을 갖고 있다. 유대인들은 쇼아(홀로코스트)의 역사를 결코 잊지 않는다. 이스라엘은 독립기념일 전날을 쇼아의 날로 지킨다. 독립을 자축하기 이전에 민족의 고난을 잊지 않기 위해서다. 예루살렘에 있는 쇼아 추모관인 야드 바셈에는 이런 글귀가 있다. "용서는 하지만 망각은 또 다른 방랑으로 가는 길이다."

• 류모세, 《유대인 바로보기》, 두란노, 2010.

II

무엇이 다른가??

이 장에서는 종교 또는 종파 간의 차이를 살펴보자. 먼저 셈족의 세 종교, '유대교, 기독교, 이슬람교'는 무엇이 같고 무엇이 다른가에 대해 알아보았다. 뿌리가 같은 유일신을 모시면서도 교리상의 차이로 너무 멀리 벌어진 틈새를 메울 지혜를 강구해 본다.

두 번째로는, 개신교 내의 주요 종파들, '장로교, 감리교, 침례교, 성결교, 순복음교회'의 차이를 간략히 살펴보았다. 개신교도들도 이 차이를 모르는 사람이 의외로 많다.

세 번째로는 같은 이슬람교이면서도 심각한 대립을 보이고 있는 '수니파와 시아파' 이슬람교 종파 간의 역사적 연원과 그 차이를 알아보았다.

마지막으로 종교별 인구 분포로 본 '세계 종교의 오늘과 내일'을 간략히 짚어보았다.

셈족의 세 종교는
무엇이 같고 무엇이 다른가

유대교, 기독교, 이슬람교의 차이는 무엇인가?

유대교, 기독교, 이슬람교는 모두 유일신을 섬기는 종교다. 아브라함으로부터 유래한 한 뿌리의 종교들이다. 우리가 통상 구약성서로 알고 있는 유대교의 히브리 성서가 세 종교의 근본이다. 세 종교가 믿는 신도 같다. 모두 아브라함의 신 '야훼YHWH'를 창조주 유일신으로 믿고 있다. 기독교에서는 이를 여호와라 부르고 이슬람교는 알라라 부른다.

하지만 이들의 가장 큰 차이는 바로 예수에 대한 관점이다. 유대교와 이슬람교는 예수를 신의 아들로 보지 않고 선지자 중의 한 사람으로 본다. 반면 기독교는 예수를 하느님의 아들로 보며 삼위일체의 유일신을 믿는다. 곧 성부, 성자, 성령은 삼위이긴 하나 일체, 곧 하나

의 신이라고 보는 것이다. 마치 전기가 입자이자 파동이며 자기장을
형성하는 원리와 같은 것일지 모른다.

세 종교의 같은 점

유일신 ——

　세 종교의 공통점은 유일신을 믿는 일신교라는 점이다. 원래 세 종
교는 하나다. 인류 최초로 유일신을 믿은 아브라함으로부터 세 종교
가 출발했기 때문이다. 세 종교 모두 아브라함을 자기들 종교의 최고
조상으로 섬긴다.

　다만 유일신을 부르는 명칭이 다르다. 유대교에서는 신을 여러 이
름으로 부른다. 처음 하느님이 직접 모세에게 가르쳐준 이름은 '나는
나다I am what I am'라는 의미의 '에헤으 아세르 에헤으'였다. 하지만 유
대인들은 감히 신의 거룩한 이름을 불러서는 안 된다고 믿었다. 히브
리 성서에는 신의 이름이 'YHWH'라는 4개의 자음으로 기록되어 있
다. 하지만 유대인들은 성경을 읽다가 신의 이름 'YHWH'가 나오면
이를 발음하지 않고 대신 '아도나이'라 읽었다. 이는 '나의 주님'이라
는 뜻이다.

　기독교에서는 'YHWH'를 '야훼 혹은 여호와'라 부르나 유대인들
은 지금도 신의 이름을 발음하려 들지 않는다. 워낙 경건한 이름이라
인간이 함부로 부를 수 없다고 느끼기 때문이다. 우리나라에서는 원
래 창조주를 한울님이라고 불렀는데 선교사들이 성경을 한글로 번역
할 때 이를 채택했다. 그 뒤 가톨릭은 '하느님', 개신교는 '하나님'이라

칭한다.

이슬람교는 창조주를 '알라'라 부른다. 꾸란에서는 알라가 유대교인들과 기독교인들이 말하는 신과 동일한 하느님임을 분명히 밝히고 있다. 이슬람교는 신에 대해 말할 때 아브라함의 하느님, 모세의 하느님, 예수의 하느님, 무함마드의 하느님이라고 한다.

세 종교의 뿌리, 구약성경 ——

오늘날 구약성서를 경전으로 삼는 종교는 유대교, 기독교, 이슬람교다. 유대교는 구약만을 성서로 인정하는 반면 기독교는 구약과 예수 이후의 복음서인 신약을 함께 성서로 믿는다. 이슬람교는 여기에 마지막 예언자 무함마드가 쓴 꾸란을 보탠다. 꾸란의 내용을 살펴보면 율법은 모세가, 복음은 예수가 선포하였으되 진정한 예언자는 무함마드이고 그의 계시가 최종적인 것이다.

세 종교의 경전을 보면, 유대교는 토라(구약성서)와 탈무드이며, 기독교는 구약성서와 신약성서, 이슬람교는 토라와 다윗의 시편, 예수의 복음서 그리고 꾸란이다.

부활과 최후의 심판 ——

세 종교는 똑같이 죽은 다음의 부활을 강조한다. 이들 종교는 부활과 최후의 심판 개념을 발전시켰다. 초기유대교는 '야훼의 날'을 강조했다. 이를 '마지막 날'이라고도 한다. 기독교는 최후의 심판 개념을 더욱 발전시켜 그리스도의 재림 때 최후의 심판이 있으며, 모든 인간이 하느님 앞에 서게 된다고 가르친다.

이슬람교에서도 최후의 심판 개념이 많이 확대되었다. 이슬람교에서는 부활의 날, 심판의 날이 세상의 마지막 이전에 선행된다. 심판의 날은 이슬람교 5대 신앙 중 하나이다. 운명의 날에 세상이 처음 생겼을 때부터 살았던 모든 인간이 생명을 되찾고 다시 살아나 알라 앞으로 나아간다. 이것을 부활이라 부른다. 이때 인간들의 모든 행위를 기록한 책이 천사들에 의해 알라 앞에 제출되고 선한 행위와 악한 행위를 수록한 2권의 책에 따라 심판받는데 사람은 목에 매단 책의 비중에 따라 낙원이나 지옥으로 간다.

세 종교의 다른 점

예수에 대한 관점 ——

세 종교의 가장 큰 차이점은 '예수에 대한 관점' 차이이다. 기독교는 예수를 삼위일체설에 입각하여 하느님의 아들이자 신이라고 믿는 반면 유대교와 이슬람교는 예수를 단지 하느님이 보낸 선지자(예언자) 가운데 한 명으로 간주한다. 유대교는 구약성경 신명기 6장 4절에서 나오는 하느님이 직접 이스라엘 백성에게 가르쳐주었다는 기도문 '쉐마 이스라엘' 가운데 "너, 이스라엘아 들어라. 우리의 하느님은 야훼시다. 야훼 한 분뿐이시다."라는 구절을 내세워 예수의 신성을 부인하고 있다. 그들은 예수를 유대교의 혁신파를 이끌다 순교한 랍비로 보고 있다.

이슬람교는 예수를 위대한 선지자의 한 사람으로서 존경한다. 실제로 예수는 이슬람교에서 중요한 위치를 차지하고 있으며 예수는 하느님의 허락으로 여러 기적을 보여줬다고 믿는다. 이슬람교는 "예수는 태어난 지 얼마 되지 않아 요람에서 말을 했고, 죽은 자를 살렸으며, 흙으로 새를 빚어 숨결을 불어넣는 기적을 행했다. 예수는 '하느님 이외에는 숭배받을 존재가 없다'는 유일신 사상을 사람들에게 설파했다."라고 가르친다.

하지만 꾸란에 보면 예수는 십자가에 죽은 사실이 없다고 되어 있다. "그들이 예수를 죽이지도, 십자가에 못 박지도 않았으나 그들에게는 그렇게 보였을 뿐이다."(수라 4장 147~158절). 이렇게 꾸란은 단적으로 예수의 십자가 죽음을 부인하고 있다. 대부분의 무슬림은 예수가 십자가에 못 박히기 직전 하느님이 천국으로 데리고 갔으며 가룟 유다가 대신 십자가에 못 박혔다고 보고 있다. 그리고 심판의 날이 가까워오면 예수는 다시 지구로 재림한다는 것이 예수에 관한 이슬람교의 믿음이다.

이슬람교의 말세는 알라만이 알 수 있는 영역이다. 말세는 대말세와 소말세가 있는데 대말세에는 연기가 온 세상을 덮을 것이며 짐승들과 사기꾼들이 출현하고 예수가 재림하며 태양이 서쪽에서 떠서 동쪽으로 지는 등 징조가 있다. 소말세는 사회의 부정부패, 고리대금, 간음, 대로에서의 범죄 같은 것으로 그 징조가 나타난다고 한다. 이 모든 것은 알라가 꾸란과 하디쓰(예언자 언행록)를 통해 그들에게 알려준 사실들이다.

이슬람교는 이렇게 예수를 위대한 선지자로 인정하면서도 참 선지자는 바로 무함마드라고 믿고 있다. 이슬람교는 사라가 낳은 아들 이삭이 적자가 아니라, 하갈이 낳은 맏아들 이스마엘이 적자라고 주장한다. 따라서 이슬람교는 자신들이야말로 아브라함 종교를 계승했으며 이스마엘의 자손인 무함마드가 참 선지자라고 믿는다.

구원에 대한 견해 ——

다음으로 '구원에 대한 견해' 차이이다. 기독교는 인간 대신 십자가의 피로 속죄한 예수를 믿음으로써 구원될 수 있다고 가르친다. 반면 유대교는 하느님이 내린 율법을 지키고 선행을 하면 구원된다고 생각한다. 이슬람교도 마찬가지로 이 세상에서 선하고 바른 행동을 하면 구원받아 천국에 갈 수 있다고 생각한다.

그래서 그들은 '실천적 다섯 기둥'이라 불리는 종교적 의무 5행을 철저히 지키고 있다. 곧 "알라 이외에 다른 신은 없으며, 무함마드는 그의 선지자이다."라는 신조를 암송하고, 매일 메카를 향해 하루 다섯 번 정해진 시간에 기도하며, 가난한 자를 위한 자선, 라마단 기간 중의 금식, 평생 동안 최소한 한 번 이상의 성지순례 등을 실천하는 것이다. 또 그들은 이교도들과의 싸움, 즉 지하드에서 죽으면 곧바로 천국으로 간다고 믿는다. 유대인들과 무슬림들이 율법적으로 철저하게 종교 의식과 의무를 이행하려고 하는 것은 이처럼 그들의 행위에 의해서 구원을 얻을 수 있다고 믿기 때문이다.

정리하면, 유대교는 '율법에 의한 구원'을, 기독교는 '믿음에 의한 구원'을, 이슬람교는 '행위에 의한 구원'을 강조한다.

이렇게 된 바탕에는 당시의 시대상이 반영되어 있다. 유대교가 창시되던 아브라함으로부터 모세에 이르는 시대는 지극히 현세적인 다신교의 우상숭배사회로, 삶의 방향이나 지침이 없고 무질서했다. 그래서 하느님은 유대인을 선택해 그들에게 올바른 삶을 위한 크고 작은 것을 자세히 가르쳐주었다. 그것이 곧 613개의 성문율법과 구전율법이었다.

그러던 것이 유대교 정착 과정에서 엄격한 안식일 준수 등 유대인들은 본질적인 율법 정신보다는 그 형식에 얽매이게 되었다. 이를 예수가 바로 잡았다는 것이 기독교의 주장이다. 그리고 예수는 유대인에 국한되어 있던 하느님의 구원 계획을 이방인에게도 넓혀 유대교를 보편종교로 바꾸었다. 이 과정에서 율법은 믿음으로 바뀌었고, 기독교는 율법을 지켜서 구원받는 것이 아니라 새로운 복음인 '하느님의 아들 예수를 믿음으로써 구원받는다'라고 가르쳤다.

반면 기독교보다 6백 년 뒤에 탄생한 이슬람교는 유대교와 기독교가 성경을 자기들 입맛대로 왜곡하고 타락시켜 마지막 선지자 무함마드에게 하늘에 있는 성경 원본을 다시 내려주었다고 믿는다. 그래서 다시는 종교가 왜곡되거나 타락하지 않도록 이슬람교 교리는 단순하게 여겨질 만큼 명료하게 정립되어 있다. 이슬람교 교리는 '이만'(6가지 종교적 신앙)과 '이바다'(5가지 종교적 의무)를 기본으로 한다. 앞서 살펴봤듯이 6신 5행이라고도 불린다. 5행을 신앙생활을 지탱하는 다섯 기둥으로 보아 '아르칸(기둥들)'이라 부른다. 이슬람교는 종교적 의무를 이행하는 다섯 가지 실천 사항을 행동으로 보이는 것이 가장 중요하다고 가르친다. 이것이 이슬람교가 '행위에 대한 구원'을 강조하는 이유이다.

메시아에 대한 견해 ──

세 종교는 메시아에 대한 견해도 다르다. 정통파 유대교에서는 여전히 메시아를 기다리고 있다. 성경에서 약속된 메시아는 아직 오지 않았다는 것이다. 유대인들은 2500여 년 전부터 두 가지를 희망하고 있다. 첫 번째가 메시아가 나타나는 것이고, 두 번째가 그 메시아가 가져올 '올람 하바' 세상이다. '올람 하바'란 '메시아 시대' 혹은 '다가올 세계'를 뜻한다. '지금 시대'는 히브리어로 '올람 하제'이며 '장차 다가올 세상'은 '올람 하바'이다.

'올람'이라는 말은 시공을 초월한 개념이다. 유대인들은 과거와 현재와 미래가 한 선상에 있는 것으로 본다. 그들이 과거의 역사를 중히 여기는 이유이다. 유대인들은 모세가 시나이산에서 하느님으로부터 율법을 받고 있을 때 그들의 영혼이 모두 모세와 같이 있었다고 믿는다.

유대인은 과거가 살아 숨 쉬는 '올람 하제'를 살면서 동시에 '올람 하바'의 시간을 같이 살고 있는 것이다. 정통파 유대인들은 이집트 탈출 사건을 통해 이스라엘의 구원이 이뤄졌고, 메시아가 오면 그 구원이 완성된다고 보고 있다. 반면 개혁파 유대교에서는 '티쿤 올람' 사상에 따라 '집단 메시아사상'을 믿고 있다. 이는 유대인 하나하나가, 곧 유대민족 전체가 하느님의 일을 거들어 이 세상을 바람직한 모습으로 바꾸어나가야 한다는 사상이다. 유대민족 전체가 메시아적 역할을 해야 한다고 생각하는 것이다.

기독교에서는 예수를 메시아로 인정하고 있다. 초림 메시아는 십자가에 못 박혀 죽은 뒤 사흘 만에 부활하여 40일 동안 이 땅에 머물다가 승천하였다. 그리고 언젠가 때가 되면 재림 구주로 이 땅에 다시 온다고 한다. 말하자면 기독교에서는 재림 메시아를 고대하는 것이다. 더 나아가 기독교에서는 유대교를 믿는 이스라엘이 예수를 메시아로 받아들이는 날이 오면 그때가 바로 예수가 재림하는 날이라 한다. 그날 세상의 종말과 천국의 도래가 동시에 일어난다.

기독교와 이슬람교의 가장 큰 차이는 '메시아사상'에 있다. 기독교는 구세주로 인해 우리가 구원을 받았으므로 구세주를 믿음으로써 천국에 갈 수 있다고 가르친다. 그러나 이슬람교에는 '구세주'란 중재자가 없다. 누구나 알라를 믿고 선행을 쌓으며 진실로 자신의 죄를 회개하면 천국에 갈 수 있다고 가르친다.

원죄사상 유무 ——

기독교에서는 아담과 이브가 하느님이 금한 선악과를 따먹은 것을 '원죄'라 한다. 이 죄가 너무 커 자손 대대로 전해 내려온다는 사상이 '원죄사상'이다. 선악과란 '선악을 분별하게 하는 지혜'를 주는 과일이다. 이에 하느님은 "이제 사람들이 우리들처럼 선과 악을 알게 되었으니 손을 내밀어 생명나무까지 따 먹고 끝없이 살게 해서는 안 되겠다."라며 아담과 이브를 에덴동산에서 내쫓았다.

중요한 점은 아담과 이브가 금단의 열매 선악과를 먹어서 인간에게 원죄가 생겼다는 사실이다. 다만 예수를 믿으면 예수가 인간의 죄를 대신해 십자가 보혈의 피로 대속하였기 때문에 원죄에서 벗어난다고 가르친다.

반면 유대교에는 아담과 이브의 불순종 죄는 인정한다. 그러나 그 죄가 후손 대대로 이어져 내려온다는 원죄사상은 없다. 그들은 과거에 얽매이지 않는다. 유대인들에게 죄는 과거에 있지

아담과 이브, 알브레히트 뒤러, 1504.

않고 현재에 있다. 유대교에선 현재에 충실하지 않는 삶이 죄다. 하느님의 뜻을 거스르는 삶이 죄다. 아담과 이브가 하느님에게 불순종한 것이 죄가 아니라 오늘을 사는 내가 하느님에게 불순종하는 것이 죄인 것이다. 인간은 하느님의 형상대로 지음 받았기에 하느님이 인간에 거는 기대가 있다. 그래서 유대교에서 죄는 하느님의 자녀로서 합당한 삶을 살지 않는 것이다. 주어진 가능성에 최선을 다하지 않는 '게으름'과 '무능력'이 죄다. 자신의 미래에 대한 가능성을 믿지 않고 자기개발을 게을리하는 사람은 하느님에게 죄를 짓는 것이다. 하느님이 준 자기 안의 달란트를 찾아내어 힘을 다하여 이를 키워나가지 않아 무능력한 사람이 되는 것이 하느님에게 죄를 짓는 것이다. 따라서 유대인에게 신앙이란 자기 자신 속에 내재된 하느님의 형상을 찾아 발전시켜나가는 노력이다.

반면 이슬람교는 원죄 자체를 인정하지 않는다. 하느님이 아담과 이브를 직접 용서했다고 믿기 때문에 원죄는 성립될 수 없다는 입장이다. 따라서 인류의 원죄를 씻어내는 예수의 대속이라는 개념 또한 없다.

이슬람교에서 인간은 그의 주인인 알라의 종이다. 알라가 세상 모든 것의 운명을 정하고 인간은 신의 뜻에 순종하는 것 외에 다른 방도가 없다. 인간은 이미 신이 정한 길이 있기 때문에 자기 삶의 목적을 스스로 정할 선택권을 가지지 못한다.

가톨릭에 뿌리를 두고 있지만 동방정교회도 원죄사상은 인정하지 않는다. 최초의 죄는 아담과 이브가 자유의지로 지은 개인적인 죄이며 인류는 '조상이 지은 죄'를 물려받지 않는다고 이해한다.

천사와 악마의 존재 ——

유대교, 기독교, 이슬
람교뿐 아니라 불교와
조로아스터교에서도 천
사는 실제로 존재한다고
믿는다. 유대교에서 천사
는 여호와가 불로 창조
했다는 영적인 존재들이
다. 천사는 신과 인간의
중개자로 천사라는 말
자체가 히브리어로 '심부
름꾼'을 뜻한다. 그들은
신의 뜻을 인간에게 전하
고, 인간의 기도를 신에
게 전하는 존재다. 구약
성경에서 천사는 천상의

계시의 천사 가브리엘, 지오토 디 본도네, 1306.

군대로, '하느님의 아들들', '거룩한 종들'로 불린다. 창세기에서 천사
는 여러 번에 걸쳐 여호와의 명령을 전달한다. 여호와를 대신해 여호
와의 이름으로 말하고 행동한다. 아브라함과 야곱을 지켜주기도 하
며, 출애굽기에서처럼 홍해를 건너는 유대민족을 보호하기도 한다.

악마도 있다. 히브리어 단어 '사단'은 구약에서 27번 나타난다. 히
브리어에서 그리스어로 번역된 70인역 성경에는 그리스어 단어 '디아
볼로스'와 '사탄' 두 가지 번역이 있다. 디아볼로스는 신에 대해 쓰이
고, '사탄'은 인간에 대해 쓰인다. 신약성경에서는 이 구별이 사라졌다.

위경 에녹서, 러시아정교회와
에티오피아교회에서는 정경 취급 ——

1945년 이집트의 나그함마디에서, 그리고 1947년 이스라엘 사해 근처 동굴에서 다량의 고대 문서가 발굴되었다. 바로 나그함마디문서와 사해문서이다. 사해문서에서 에녹서 일부가 나왔다. 그전까지 에녹서는 유다서와 비슷한 내용이 많아 초대 교부들이 만든 위작으로 알려졌으나 이 발굴로 신약시대 이전에 쓰였다는 것이 밝혀졌다. 기독교는 이를 정경으로 치지 않고 외경으로 분류한다.

창세기에 보면 "하느님과 깊은 교제를 나누던 에녹이 하늘로 들어 올려져 세상에서 사라지고 말았다."라는 짧은 기록이 있다. 에녹서에는 에녹이 부름을 받아 천계를 방문하여 보고 들은 엄청난 분량의 하늘나라 체험기가 쓰여 있었다. 에녹이 대천사 '우리엘'에게서 천상의 비밀을 알게 되어 기록한 것이다.

에녹이 알게 된 비밀 중에는 창세 비밀뿐 아니라 자신의 손자 노아의 홍수 예언, 기름 부은 받은 구세주에 대한 예언, 최후의 심판 등 미래 예언들이 있었다. 기원전에 쓰인 묵시록이었던 것이다.

하지만 에녹서가 정작 관심을 끈 것은 타락천사들의 내력이 기술되어 있었기 때문이다. 에녹서에 따르면 천사들의 반란이 있었다. 곧 하늘나라에서 반역을 도모한 2백 명의 천사 무리, 욕정에 굴복하여 천상에서 지상으로 내려와 인간 여자들과 결혼하여 아이를 낳고 사람들에게 온갖 나쁜 기술을 가르친 감시자에 대한 이야기가 있다. 이들 타락천사와 인간 여자 사이에는 나필족이라는 거인족이 태어났다고 한다. 그렇게 지식과 기술을 얻은 인간들은 타락했다. 그것을 이용해 서로 싸우고 죽였기 때문이다.

4부 반목과 갈등의 역사

참고로 러시아정교회와 에티오피아정교회에서는 에녹서를 영감에 의해 쓰인 정경으로 취급한다. 에녹서는 유대교 신비주의인 카발리즘의 모태가 되기도 했다.

하지만 기독교에서는 구약성경 창세기에 비록 거인족에 관한 이야기가 나오지만 천사는 인간과는 달리 육신이 없고 형체도 없는 영적인 존재라서 수태를 할 수 없고 자식도 낳을 수 없다고 본다. 따라서 에녹서의 주장은 기독교신앙과는 정면으로 배치된다.

종교마다 약간씩 다른 천사의 정의 ——

천사에 해당하는 그리스어는 '안겔로스'이다. 이 말에는 신에게서 파견된 사제, 예언자라는 뜻이 있다. 그러나 기독교 용어에서는 인간보다 지혜롭고 능력이 뛰어난 영靈으로 정의되어 있다. 최초의 천사는 모두 거룩하고 행복한 상태에 있었는데, 어떤 천사들은 감히 자신을 만든 창조주처럼 위대하고 강해질 수 있다고 생각했다. 급기야 그들은 하느님에게 반란을 일으켰고 루시퍼를 비롯한 많은 천사가 신을 배반하여 선한 천사와 악한 천사로 나뉘었다. 악한 천사가 바로 악마(사탄)이다.

천사는 항상 신에게 봉사하며 인간을 수호한다. 인간에게는 저마다 수호천사가 있다. 천사는 그 사람이 인생의 최고목표인 천국에 갈 수 있도록, 선행을 권하고 악을 피하게 해준다.

이슬람교의 천사는 인간을 섬기도록 만들어졌다. 알라가 인간을 창조하고 천사들에게 말하기를 "머리를 조아리고 인간을 경배하라. 내가 인간에게 나의 생기를 불어넣었음이라."라고 했다. 곧 인간에게는 신성이 있다는 뜻이다.

불교와 조로아스터교에서도 천사와 악마의 존재를 인정한다. 불교의 정토에는 자유로이 비행하는 천인, 염마왕 등의 천사와 마구니라는 악마가 있다. 조로아스터교에는 창조신 아후라 마즈다에서 두 영혼(신)이 나왔는데, 한 명은 선을 선택한 스펜타 마이뉴이고, 다른 하나는 악을 선택한 앙그라 마이뉴이다.

사제의 유무 ──

또 다른 차이는 사제의 존재 유무다. 유대교와 이슬람교에는 사제가 없다. 하느님과 평신도가 직접 소통하는 것이다. 유대교에는 '랍비'가 있고 이슬람교에는 '이맘'이 있으나 이들은 사제가 아니라 평신도이다. 다만 유대교의 랍비는 공부를 많이 한 공동체의 지도자이기 때문에 예배의 모범을 보일 뿐이다.

이슬람교에도 사제가 없다. 이슬람교는 신과 인간 사이에 영적인 어떠한 중간매체도 두지 않으며, 인간과 신의 직접관계를 중시한다. 그렇기 때문에 무슬림들은 예배, 선교, 교육 등 종교생활을 운영하는 방식에서 타종교인들과 다른 면을 보인다. 종교교육자나 선교사를 따로 두지 않으며, 스스로가 선교사이자 누구보다 훌륭한 교육자라고 자처한다.

예를 들어 이맘은 예배를 인도하는 사람이지만 그 자격은 사막의 바드우(베두인)나 여행자, 젊은이, 무식자, 걸인 등 누구에게나 부여되어 있다. 이맘의 지위를 취득하기 위해 특별교육과정이나 안수식 같은 어떤 절차나 의식도 거치지 않는다. 다시 말해 누구나 이맘이 될 수 있다. 이슬람교에는 기독교의 성직자 계급같이 평신도와 구별되는 특별한 사람들 또는 사제집단이 존재하지 않는다. 이슬람교를 믿는 사람은 모두 신 앞에 평등하다는 평등사상 때문이다. 이같이 이슬람교는 평등주의를 내세운다.

반면 기독교는 하느님과 평신도 사이에 사제가 있다. 가톨릭교회에는 신부가 있다. 사제는 '신과 인간의 중개인'을 의미한다. 유대교에 처음부터 사제가 없었던 것은 아니다. 모세의 형 아론에서 시작된 제사장 혈통이 있었는데 중간에 없어졌다. 예수가 십자가에 처형되고 40년이 지나 로마인들이 예루살렘 성전을 파괴하는 과정에서 사두개파를 멸족시켰고 사제직 혈통이 없어진 것이다. 그 뒤로 지금까지 2천 년 동안 평신도들이 유대교를 지켜왔다. 이슬람교도 탄생과정에서 유대교를 본떠 만들었기에 사제가 없다.

신약성서는 사제가 예수 뿐이라고 말한다. 하지만 예수는 베드로에게 "네가 무엇이든지 땅에서 매면 하늘에서도 매일 것이요 땅에서 풀면 하늘에서도 풀릴 것이라."(마태복음 16장 19절)라고 말했다. 베드로가 기독교의 초석이자 가톨릭의 초대 교황으로 추앙받는 이유이다. 현재 가톨릭에서 신부에게 고해성사를 해서 '죄 사함'을 받는 것도 같은 맥락이다. 가톨릭에서는 신부를 사제라 부른다.

마틴 루터에 의한 종교개혁으로 로마가톨릭에서 개신교가 갈라져 나오면서 많은 것이 바뀌었다. 루터가 주장한 '만인제사장설'은 신자는 누구나 하느님에게 직접 예배하고 하느님과 교통할 수 있다는 교리이다. 따라서 개신교에서는 성직자라는 특정한 호칭이나 역할이 존재하지 않는다.

하지만 대부분의 개신교들은 설교는 신학교육을 받은 전문인이 해야 한다는 이유로 평신도들에게 설교를 허락하지 않는다. 그뿐만 아니라 목사가 세례를 주며 예배를 인도한다. 이런 면에서 목사한테 사제로서의 기능이 일정 부분 살아있다고 보아야 하지 않을까?

종교마다 십계명이 다른 이유 ——

하느님이 친히 돌판에 써준 십계명은 모세율법의 핵심이다. 그러나 유대교, 가톨릭, 개신교의 십계명이 조금씩 다르다. 왜 그럴까? 모세율법의 십계명을 1세기경 유대인 철학자 필론이 정리한 요지는 이랬다.

1. 너에게는 나 말고 다른 신이 있어서는 안 된다.
2. 너는 위로 하늘에 있는 것이든, 아래로 땅 위에 있는 것이든, 땅 아래로 물속에 있는 것이든 그 모습을 본뜬 어떤 신상도 만들어서는 안 된다. 너는 그것들에게 경배하거나, 그것들을 섬기지 못한다.
3. 주(야훼) 너의 하나님의 이름을 부당하게 불러서는 안 된다.
4. 안식일을 기억하여 거룩하게 지켜라.
5. 아버지와 어머니를 공경하여라.
6. 살인해서는 안 된다.
7. 간음해서는 안 된다.
8. 도둑질해서는 안 된다.
9. 이웃에게 불리한 거짓 증언을 해서는 안 된다.
10. 이웃의 집을 탐하지 말라. 네 이웃의 아내나 남종이나 여종이나 소나 나귀나 소유 중 아무것도 탐내서는 안 된다.

그런데 5세기에 성 아우구스티누스와 몇몇 교부들이 모세 십계명을 로마가톨릭 교리에 맞추어 새롭게 분류했다. 가톨릭 분열 요인의 하나였던 '성상숭배 교리논쟁'과 관련하여 로마가톨릭은 '우상을 숭배하지 말라'라는 제2항을 삭제했다. 그리고 안식일을 일요일로 바꾸었기 때문에 제4항의 '안식일'을 '주일'로 고쳤다.

그렇게 고치고 보니 10계명이 9계명이 되었다. 그래서 그들은 제10항의 내용을 둘로 쪼개어 십계명을 만들었다. 이렇게 해서 탄생한 게 천주교(로마가톨릭) 십계명이다. 같은 가톨릭임에도 로마가톨릭과 동방정교회 십계명이 다른 이유이다.

그 뒤 종교개혁 후 대부분 개신교회는 원래의 모세 십계명으로 회귀했다. 그래서 지금도 같은 기독교임에도 천주교와 개신교의 십계명이 다르다. 유대교, 동방정교회, 개신교, 성공회 등은 모세 십계명을 쓰고 있다.

종교에 따라 구약성경 권수가 다른 이유 ——

구약성경은 모세오경인 토라를 비롯해 역사서, 지혜서, 예언서로 구성되어 있다. 역사가들은 구약성경이 기원전 1200년경에 시작되어 800년 이상에 걸쳐 기록되었을 것으로 보고 있다. 유대인들은 자기들의 경전을 구약성경이라 부르는 것을 좋아하지 않는다. 왜냐하면 자신들의 경전이 오래된 것이라 여기지 않기 때문이다. 그들은 이를 '타나크TANAKH'라 부른다.

유대교 성경 타나크는 율법서Torah, 예언서Neviim, 성문서Ketubim로 구성되어 총 24권이다. 타나크는 이 세 분류의 첫 글자를 떼어 합성한 이름이다. 서기 90년에 유대인들은 야브네(얌니아)에서 종교회의를 열고 성경 목록을 정해 정경正經으로 삼았다. 이 회의에서는 히브리어로 쓰인 24권의 성경만을 정경으로 확정했다. 이렇듯 유대교는 히브리 원문이 남아 있지 않으면 경전으로 인정하지 않았다. 이 때문에 기독교의 구약성경(가톨릭 46권, 개신교 39권)보다 권수가 적다.

구약성경의 권수가 이렇게 서로 다른 이유가 있다. 기원전 3세기경 이집트 알렉산드리아에서 이스라엘 12지파를 대표하는 72인이 모여 히브리어 성경을 당시 공용어였던 헬라어(그리스어)로 번역하는 작업을 했다. 72인이 번역했지만 이를 편의상 '70인 역'이라 부른다. 이때 히브리어 성경 24권이 39권으로 나뉘어 그리스어 성경으로 번역됐다. 권수가 늘어난 것은 열왕기, 역대기, 사무엘기 등 일부 성경을 각각 상하권으로 나눴기 때문이다. 이후 기독교가 출범하면서 신자들은 히브리어 성경보다는 그리스어 성경을 사용했다.

그 뒤 382년에 열린 로마주교회의에서 제2경전 7권을 더 포함해 총 46권의 구약성경과 27권의 신약성경 목록을 확정했다. 이 7권은 '토빗기, 유딧기, 지혜서, 집회서, 바룩서, 마카베오기 상권, 마카베오기 하권'인데 모두가 그리스어로만 된 것들이다. 그러나 종교개혁이 일어나면서 개신교는 제2경전을 외경外經으로 여겨 정경으로 인정하지 않고 기존의 39권만을 구약성경으로 인정했다.

기독교의 하느님도 나라마다 부르는 이름 달라

종교의 토착화 과정에서 유일신은 해당 민족에게 가장 와 닿는 이름으로 불린다. 유대교에서는 야훼의 이름을 차마 직접 부르지 못해 아도나이(나의 주님)라 부른다. 기독교에서는 여호와라 부른다. 우리나라에서는 가톨릭은 하느님, 개신교는 하나님이라 부른다.

중국에서는 상제上帝 또는 천주天主, 일본에서는 가미사마神樣라 부른다. 일본의 가미사마는 6천여 명이 있는데, 기독교의 하느님도 6천여 신 중 하나인 것이다.

아프리카에서는 더 복잡하다. 케냐에서는 나봉고와 문비, 잠비아에서는 암보, 우간다에서는 카긴고, 탄자니아에서는 물룽구로 불린다.

반면에 이슬람교에서는 하느님의 이름을 고유명사로 부르지 않고 'The God'이라는 뜻의 '알라'라고 부르는데, 전 세계 이슬람권에서 명칭이 동일하다.

참고로 우리나라는 '그리스도교'를 '기독교'라 부른다. '기독교基督敎'의 '기독基督'은 '그리스도'의 한자 음역인 '기리사독基利斯督'에서 유래했다. '기리사독'을 줄여 '기독'이라 한 것이다.

장로교, 감리교, 침례교는 무엇이 다른가

루터의 종교개혁으로 16세기에 발생한 4대 교파는 '루터교, 장로교, 침례교, 성공회'이다. 18세기에 성공회에서 감리교가 나왔다. 이후 미국에서 19세기 말에 성결교가 세워졌고, 20세기 초에 순복음교회가 창설되었다.

루터교 ──

마틴 루터는 원래 새로운 교파를 세우려 하지 않았다. 그는 95개 반박 논제를 통해 교황의 독단과 그동안 교회 안에 스며들어온, 성경적 근거 없는 미신과 풍습들을 정화시키고 기독교의 순수한 신앙을 되살리려 했다. 기독교한국루터회 누리집에 따르면, 루터를 비판하는 이들이 '루터를 따르는 똘마니'라고 경멸조로 '루터파'라는 이름을 사용했는데 나중에는 이 말이 루터교회 스스로 자신들을 가리키는 이름으로 굳어졌다. 루터 자신도 그를 따르는 사람들에게 자기 이름을 붙여서 부르는 것을 극구 반대했다. 그 뒤 루터교회는 북유럽을 중심으로 전 세계로 퍼진다.

이렇게 시작된 루터교의 특징은 성서 이외에는 다른 어떠한 권위도 인정하지 않는다는 점이다. 가톨릭교회의 선행 구원사상에 반대해 '오직 믿음으로'의 원칙을 강조한다. 곧 로마서 1장 17절 '오직 의인은 믿음으로 말미암아 살리라'에 기초한 것이다. 그리스 원문에는 '오직'이란 단어가 없다. 하지만 루터가 성경을 독일어로 번역하면서 뜻을 강조하기 위해 이 단어를 덧붙였다. 기독교의 구원은 행위에 기초한 것이 아니라 오직 예수 그리스도에 대한 믿음에 기초한다는 원칙을 강조한 것이다.

루터교의 또 다른 특징은 '오직 성서로'의 원칙이다. 가톨릭교회는 성서에 명확한 근거가 없어도 교회전통에서 진리로 선포한 것은 믿고 따라야 한다고 주장한다. 이를 테면 '연옥설, 교황 무오류설, 마리아 승천설, 7가지 성사제도' 등이다. 루터는 성서만이 진리의 유일한 표준이어야 한다고 강조하면서 그런 교리를 비성서적인 것으로 부정한다. 그래서 루터교의 두 가지 특징을 들라면 '오직 믿음으로' 그리고 '오직 성서로'의 원칙을 들 수 있다.

한국에 최초로 들어온 개신교 선교사 카를 귀츨라프는 루터교 목사였다. 1832년 황해도 몽금포에 도착해 백령도를 거쳐 충남 고대도(현재 보령시 오천면 삽시도리)로 갔다. 고대도에서 25일간 체류하며 주민들에게 감자와 한문성경을 주었다. 루터교의 본격적인 한국 선교는 1958년부터로, 최초의 한국인 루터교 목사 지원용과 세 명의 미국 선교사가 입국했다. 이때 설립된 루터교회가 기독교한국루터회이다. 이후 설립된 선교기관과 신학대학, 컨콜디아 출판사와 루터란 아워 라디오 방송, 루터대학교가 있다. 한국의 루터교회는 다른 주류 개신교단에 비해 가톨릭적인 색채가 많이 남아 있다.

장로교 ──

장로교는 한국 최대의 개신교파로 스코틀랜드에서 칼뱅의 제자 존 녹스를 중심으로 형성된 칼뱅주의 개신교이다. 장로교의 특징은 그 이름에서 보듯 장로가 중심이 되는 교회이다. 가톨릭교회는 교황과 주교가 중심이 되는 중앙집권적 체제인데 비해 장로교회는 '장로회의'가 최고 의사결정권을 갖는 평신도 중심의 교회체제로 교회가 목회자를 초청한다.

장로교의 또 다른 특징은 '예정론'에 있다. 이미 하느님이 구원받을 자를 미리 예정하고, 그 사람이 세상에 태어날 때 그가 구원의 길을 갈 수 있도록 보존의 은총을 내리고, 마지막에는 실제 구원을 얻도록 이끈다는 것이다. 이 교리는 구원의 영역에서 인간의 자만심이 들어갈 여지를 없애고 하느님의 절대주권을 인정한다는 장점이 있는 반면, 구원에 관해 인간이 할 수 있는 일이 아무것도 없다는 단점이 있다.

1866년 장로교 선교사 로버트 저메인 토머스가 제너럴셔먼호를 타고 평양에 입국했다가 순교했다. 한국 개신교 순교자 1호이다. 그 뒤 미국장로교회의 호러스 그랜트 언더우드 목사가 1885년 4월 5일에 감리교 선교사 아펜젤러와 함께 인천을 통해 입국했다. 그는 아직 조선정부에서 선교활동을 허락하지 않았기 때문에 제중원에서 물리와 화학을 가르치는 교사가 되었고, 조선어 문법책을 영어로 집필했다. 그는 교사가 되어 보니 선교 이전에 낙후된 교육환경 개선이 먼저라고 생각해서 예수교학당, 서울구세학당, 연희전문학교(현재 연세대학교)를 연이어 설립했다. 그 뒤 그는 첫 장로교 교회인 정동교회(현재 새문안교회)와 양평동교회를 설립했다.

감리교 ——

언더우드와 같이 입국한 감리교 선교사 아펜젤러 역시 선교 이전에 교육이 먼저라 판단해 한국 최초의 근대사학인 배재학당(현 배재중학교, 배재고등학교, 배재대학교)을 세워 교육을 선도했다. 그 뒤 정동제일교회를 설립했다. 그는 1902년 선박충돌사고로 물에 빠진 조선인 여학생을 구하려다 익사했다. 그의 자녀들인 아들 헨리 도지 아펜젤러는 아버지의 뜻을 받들어 배재학당을 이끌면서 교육에 헌신했고, 딸 엘리스 레베카 역시 이화학당(현 이화여자고등학교, 이화여자대학교)을 발전시키는 데 큰 업적을 남겼다.

장로교가 주장하는 예정론과 달리, 성경에는 예정론으로 다 설명할 수 없는 요소가 많다. 예정론이 설명하지 못하는 이런 문제점을 해결하기 위해 하느님의 절대주권을 부인하지 않으면서도 인간의 책임을 강조하는 교단이 생겨났는데 그것이 감리교이다.

감리교는 18세기 영국의 성공회 성직자 존 웨슬리가 세웠다. 감리교는 전통적인 교회의 교리를 받아들이면서 신자 개개인이 성령에 의해 감화되는 성화를 중요시했다. 웨슬리 스스로는 감리교가 성공회 안에서 이루어지는 신앙부흥운동이라 여겼다. 그러나 웨슬리가 죽은 뒤 감리교는 성공회와 결별한다.

감리교는 '복음적 신인협동설'을 가르친다. 곧 구원을 위해서는 하느님과 사람이 함께 일한다는 이론이다. 쉽게 말해 하느님이 먼저 사람에게 복음에 응답할 수 있는 예비적 은총을 주면, 그는 그 은총에 힘입어 자신의 의지력을 발동해 복음을 받아들여야 하고, 그러면 하느님이 구원의 은총을 내린다는 것이다.

감리교의 두 번째 특징은 성서와 이성과 전통의 조화에 기초한 신앙을 중요시한다는 점이다. 성서가 신앙의 가장 중요한 원리이지만 성서를 글자 그대로 해석하면 엉뚱한 결론에 도달하므로 균형 잡힌 성서해석이 필요하다는 것이다. 예를 들어 '여자는 교회에서 잠잠하라'는 말을 글자 그대로 강요하면 여자는 교회에서 입도 뻥긋하지 못한다. 하지만 이 구절을 이성과 전통과 경험에 비추어 이해하면 성령의 의도에 맞는 올바른 해석이 나올 수 있다.

침례교 ———

역사신학자들에 따르면 1609년 암스테르담에서 청교도 운동의 분리파였던 영국인 존 스미스 목사를 중심으로 세운 교회가 최초의 침례교회라고 한다. 예수에 대한 믿음을 고백한 후, 신약성경의 세례 요한이 사용한 방식에 근거해 물에 완전히 잠기는 침례를 주장하기 때문에 침례교회라는 교단 명칭을 갖게 되었다. 참고로 미국에서는 가장 큰 개신교파가 침례교이고 그다음이 감리교이다.

침례교는 개인적 신앙의 결단을 가장 중요한 원리로 가르치는 교단이다. 교회 문제에 국가가 개입하는 것을 금지해 정교분리의 원칙을 고수한다. 따라서 침례교는 국가교회의 개념을 거부한다. 종교 개혁기에는 왕이 가톨릭과 개신교파 중 하나를 선택하면 나라 전체가 그 교단을 선택해야 했다. 이것을 거부하는 사람은 이단자로 박해를 받거나 처형되었다. 침례교인들은 신앙을 철저히 개인적인 선택사항으로 여겨 이런 국가종교의 개념을 거부했기 때문에 이단자로 몰려 박해를 받았다. 현재는 거의 모든 나라가 정교분리의 원칙을 받아들이고 있는데 이는 침례교 신학의 영향이라 할 수 있다.

또한 침례교는 다른 교단들과는 달리 유아세례를 인정하지 않고, 완전한 성인이 침례를 통해서만 그리스도를 받아들일 수 있다고 믿는다. 유아는 개인적인 신앙의 결단을 할 수 없기 때문이다. 이런 신앙 배경 때문에 현재 침례교는 예수와의 개인적인 관계를 대단히 중요시하고 철저히 교회 중심으로 교회를 운영한다.

순복음교회(오순절교회) ──

오순절 신학에 영향받은 여러 교단을 일괄해 통칭하는 오순절교회는 성령의 초자연적 은사를 강조하는 개신교의 한 갈래이다. 이들의 첫 단계는 1906년 미국 캘리포니아주 아주사에 있었던 부흥운동이 그 모체로 1914년 오순절교파 태동의 출발점이 되었다. 이들은 승천한 예수 그리스도가 선물로 약속한 성령이 오순절에 임할 때 사도들이 성령 충만함을 경험하고 각 나라의 언어인 방언으로 말했다는 사도행전 2장의 사건이 현대에도 재현될 수 있다고 주장한다. 우리나라에서는 오순절교회는 순복음교회를 가리킨다.

순복음교회는 성령운동을 주로 하는 교단으로 두 가지 특징이 있다. 첫 번째 특징은 물세례와 성령세례를 구분해 이 둘을 다 받아야 한다고 가르친다. 곧 물세례를 통해서는 하느님의 자녀가 되지만 이것으로는 부족하고 두 번째 세례인 성령세례를 받아야 성령의 능력이 임해서 확신 있는 신앙생활을 할 수 있다는 것이다. 이때 성령세례의 가장 대표적인 현상이 방언으로 나타나기 때문에 순복음교회에서는 방언을 중요하게 생각한다.

두 번째 특징은 예수의 재림을 강조한다는 점이다. 예수가 곧 다시 올 것이므로 교인들은 예수의 재림을 기다리며 매일의 삶에서 근신하며 깨어 기도하는 자세로 살아야 한다는 것이다.

성결교 ──

성결교는 감리교에 뿌리를 둔 교단이다. 감리교 존 웨슬리의 신학 중 '완전성화론'의 교리를 특히 강조한다. 감리교가 성경보다는 점차 이성을 중시하고, 개인보다는 사회에 더 큰 비중을 두는 경향을 띠자 이에 반발해 19세기 말 미국에서 개인의 성화와 구원을 강조하는 사람들이 모여 성결교회를 세웠다. 따라서 성결교 사람들은 개인적으로 거룩한 삶을 살려고 노력한다.

성결교의 또 다른 특징은 이른바 '사중복음'을 신앙생활의 요체로 삼는다는 점이다. 사중복음은 예수 그리스도를 믿음으로 하느님의 자녀로 다시 태어나게 된다는 '중생의 복음', 신자는 성령세례를 받아 죄를 이기고 거룩한 생활을 해야 한다는 '성결의 복음', 하느님은 신자들이 그리스도를 위해 거룩하게 살 수 있도록 신자들의 몸을 건강하게 치유해준다는 '신유의 복음', 그리고 믿는 자는 마지막 때에 공중재림과 지상재림을 경험한다는 '재림의 복음'을 뜻한다.

주요 개신교단의 특징을 살펴보았는데 이들 모두가 개신교라고 불리는 이유는 가톨릭과 비교해볼 때 차이점보다는 공통점이 훨씬 많기 때문이다. 대표적인 공통점으로는, 사람이 구원받는 것은 선행을 통해서가 아니라 오직 예수 그리스도에 대한 믿음을 통해서라는 것, 신앙을 결정하는 것은 교회의 전통이 아니라 오직 성서라는 것, 목회자의 독신을 강요하는 것은 비성서적이라는 것 등이다. 따라서 앞서 설명한 개신교단 간의 차이점은 수많은 공통점을 전제로 이해해야 할 것이다.

이슬람교의 종파들

종파 분열의 역사 ——

서기 632년 무함마드의 죽음으로 이슬람세계는 위기에 직면한다. 무함마드에겐 뒤를 이을 아들이 없었고, 분명한 후계자 선정도 하지 않은 채 세상을 떠났기 때문이다. 따라서 정통성이라는 화두가 이후 이슬람 역사를 지배한다. 무함마드 사후 후계구도로 인한 파벌갈등 은 피로 얼룩져, 지금까지 계속되고 있다. 수니파와 시아파 간의 갈등 이 여기서 출발한다.

수니파는 무함마드 이후 아부 바크르, 오마르, 오트만, 알리 이븐 아비의 4대 칼리프와 이후 칼리프들의 정통성을 모두 인정했다. 그러 나 시아파는 그들 가운데 무함마드의 사위인 알리 이븐 아비만을 정 당한 후계자로 인정한다. 칼리프의 자격 요건에서도 서로 견해차가 있다. 수니파는 무함마드의 혈통이 아니어도 그의 부족인 꾸라이쉬 족 출신이라면 칼리프가 될 자격을 갖추었다고 보는 반면, 시아파는 칼리프의 정통성은 무함마드의 혈통에 의해서만 이루어질 수 있다고 보았다.

종파 간 견해 차이 속에서 알리 이븐 아비가 4대 칼리프로 집권할 무렵 아랍세계는 잦은 분쟁과 반란으로 신음하고 있었다. 657년 시리아를 다스리던 우마이야의 수장 무아위야가 알리의 지도력을 의심하며 반란을 일으켜 전투가 벌어진다. 전세가 불리해지자 무아위야는 중재인을 내세워 협상을 하여 알리와 무아위야는 동서로 영역을 양분하는 협정을 맺는다. 알리의 협정이 나약한 결정이었다고 실망한 추종자들은 그를 떠났는데, 그 가운데 하와리지파는 후일 알리를 암살한다.

알리가 암살당하자 무아위야는 대군을 이끌고 쳐들어와 알리의 장남 하싼을 격파하고 우마이야왕조를 세운다. 이때 무아위야는 본래 선출임명직이던 칼리프의 지위를 세습화로 고정시켰다. 무아위야가 세상을 떠나고 아들 야지드가 칼리프가 되었는데 알리의 차남인 후세인 알리가 야지드의 승계를 부정하며 자신의 추종자들을 모아 쿠파로 돌아가 봉기계획을 세운다. 이에 680년 쿠파의 총독이던 우베이둘라는 그들의 봉기를 인정하지 않고 후세인 알리를 공격하여 그 일가를 괴멸시켰다. 이때 무함마드의 외가 혈통이 무참히 살해당한 것에 분노한 시아파는 정식으로 수니파로부터 분파했다. 이것이 시아파와 수니파의 본격적인 분열의 시작이다.

수니파 ——

이슬람교에는 교리가 상반되는 2백여 개 종파가 있다. 그중 주류는 수니파이다. 전 세계 무슬림의 83퍼센트 이상이 수니파에 속한다. 그 외에 16퍼센트의 시아파 등 여러 종파가 존재한다.

수니파Sunni는 전승주의자란 뜻이다. 수니파는 무슬림 공동체 즉 움마의 '순나(sunnah, 관행)'를 추종하는 사람들이라는 의미이다. 순나는 꾸란, 하디쓰, 예언자와 정통 칼리프의 선례에 바탕을 두고 있다.

시아파 ——

시아파Shia는 분리파란 뜻이다. 전체 이슬람교 신자의 10, 20퍼센트가 속해 있다. 무함마드에게는 아들이 없었기 때문에 그가 죽은 후 후계를 둘러싸고 대립이 시작되면서 시아파가 생겨났다. 시아파는 빼앗긴 칼리프 자리를 살해당한 알리 가문에 되돌려주려는 운동으로 시작되었다. 시아는 '시아 알리Shia Ali' 즉 '알리를 따르는 사람들'에서 나온 명칭이다. 초기 칼리프들의 뒤를 이은 우마이야왕조와 아바스왕조는 시아파를 억압하는 정책을 폈다.

시아파는 무함마드의 사위와 딸 알리, 파티마의 차남 후세인 이븐 알리가 680년 지금의 이라크 카르발라에서 반란을 일으켜 참혹하게 살해되자 그를 기려 주류파에서 독립해 생겨났다. 카르발라와 인접한 나자프에는 이맘 알리, 이맘 후세인 사원이 지금도 남아 있어 시아파의 최대 순례지가 되고 있다.

후세인의 제삿날인 이슬람력 정월 10일 '모하라 아슈람'은 시아파의 최대 추모일이자 명절이기도 하다. 신자들은 이날 길거리에 나와 행렬을 지어 후세인의 고통을 체험한다.

시아파와 수니파의 큰 차이 중 하나는 지도자, 인도자를 뜻하는 '이맘'에 대한 견해이다. 수니파에서 이맘은 꾸란을 읽고 예배를 인도하는 사람을 가리킨다. 전통적으로 이슬람교는 유대교를 본떠 사제가 없고, 모든 신자가 직접 신과 소통할 수 있다고 믿는다. 그러나 시아파에서 이맘은 알리와 후세인의 후계자로 꾸란의 신비를 밝혀주어 신도들을 빛과 은총으로 이끄는 사람으로 격상됐다. 이란의 호메이니와 그 뒤를 이은 최고 종교지도자 하메네이 같은 이들이 가장 최고위급 이맘이다.

희생과 순교를 중시하는 시아파는 이 지점에서 구세주신앙과 만난다. 특히 알리 이후 열두 이맘의 시기가 지나고 마지막 12대 이맘이 873년에 사라졌다고 믿는 '열두 이맘파'에서는 메시아사상의 전형이 나타난다. 이들은 사라진 12대 이맘이 오랜 은둔에서 벗어나 언젠가 지상에 구세주(마흐디)로서 나타날 것이라 믿고 있다. 훗날 많은 이가 '마흐디'를 자처하면서 등장하기도 했다.

수피 ——

그 밖에 완전한 종파라고 볼 수는 없지만 수피에 대해 알아볼 필요는 있다. 이슬람교의 신비주의 분파이다. 수피즘의 초기 수도승들이 금욕과 청빈을 상징하는 하얀 양모(수프)로 짠 옷을 입었기 때문에 수피라 불렸다.

수피즘은 진리가 말이나 이론에 있는 것이 아니라 알라에게 몰입되는 체험에서만 찾을 수 있다고 주장한다. 따라서 이들은 알라와의 전통적인 교리 학습이나 율법이 아니라 신과 합일되는 것을 최상의 가치로 여긴다. 그들은 신과 하나가 되기 위해 춤과 노래로 구성된 독자적인 의식을 갖고 있다.

수피즘은 이슬람교의 전통적인 율법은 존중하되, 일체의 형식은 배격한다. 신도의 내면적 각성과 꾸란의 신비주의적 해석을 강조하며, 금욕, 청빈, 명상 등을 중요하게 여긴다. 또한 정신적인 깨달음을 얻기 위해서는 지성보다 체험이 중요하다고 여긴다. 수피즘은 신과의 합일을 위해 진정한 자아를 찾는 것을 수행의 목표로 한다. 수피들은 예수를 특히 존중했는데, 수피즘은 예수를 사랑의 복음을 설교한 이상적인 수피로 보았다.

수피즘은 숨을 깊이, 그리고 리듬에 맞추어 쉬는 동안 정신력을 집중하는 법을 배운다. 그들은 금식하고 철야하며 신의 여러 이름을 부르면서 기도하고 찬양한다. 이 과정에서 수피들은 때때로 황홀경에 빠져들기도 한다.

4부 반목과 갈등의 역사

세계종교의 오늘

현재 세계종교의 추세는 두 가지로 요약할 수 있다. 하나는 개발도 상국에서 이슬람교의 숫자가 급격히 늘어나고 있다는 점이고, 또 다른 하나는 선진국과 아시아에서 무신론자, 불가지론자의 숫자가 현격하게 많아지고 있다는 것이다.

2017년 5월 미국의 비영리 여론조사기관 퓨리서치센터가 내놓은 '세계 종교인구 지형변화' 보고서에 따르면 무슬림은 2065년에 지금보다 70퍼센트 이상 늘어나 현재 세계 최대인 기독교인의 수를 넘어설 것으로 예상하고 있다.

'세계 기독교 및 선교 통계 2018년'에 의하면, 세계 인구의 3분의 1이 기독교인이다. 곧 세계 인구 76억 명 가운데 기독교가 33.0퍼센트인 25억 7천만 명으로 가장 많다. 그다음이 세계 인구 4분의 1을 차지하고 있는 무슬림이다. 곧 세계 인구 76억 명 가운데 무슬림이 24.0

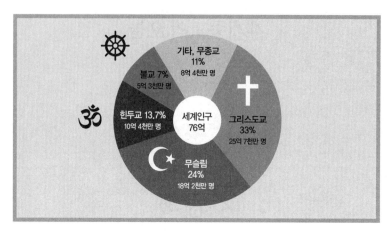

전 세계 종교별 인구분포

퍼센트인 18억 2천만 명이다.

이를 다시 세분해서 기독교를 들여다보면, 가톨릭이 기독교 인구의 절반을 차지한다. 곧 세계 기독교 인구대비 49.5퍼센트인 12억 4천만 명이 가톨릭 신자이다. 성공회를 포함한 개신교가 22.6퍼센트인 5억 7천만 명, 정교회 2억 8천만 명, 기타 기독교 분파 4억 5천만 명으로 구성되어 있다.

여기에 힌두교 10억 4천만 명(13.7%), 불교 5억 3천만 명(7.0%) 순이다. 이 외에도 수많은 종교가 현존하고 있으며 많은 사람이 종교를 믿고 있다. 종교를 갖고 있지 않은 무신론/불가지론자가 8억 4천만 명(11.0%)이다.

이슬람교의 팽창률은 놀랍다. 2008년 교황청 연감에 의하면 그 비중이 19.2퍼센트였는데 불과 10년 사이에 24.0퍼센트까지 4.8퍼센트나 더 성장한 것을 보면 그 신장세가 폭발적이다. 무슬림이 다수를 차지하는 나라는 아랍연맹에 속한 국가 22개국을 포함하여 48개국에 이른다.

　　　　　　　　　　　　　　　　　　　　4부 반목과 갈등의 역사

앞으로도 이슬람교가 빠르게 확산될 것으로 보인다. 2015년부터 2060년 사이 세계 인구는 32퍼센트 증가가 예상되지만 무슬림 인구는 70퍼센트 가량 늘 것으로 예측됐다. 현재까지는 기독교도의 숫자가 많지만, 이슬람교의 놀라운 팽창률을 감안하면 앞으로 반세기 이내에 두 종교인 숫자가 역전될 것이다.

한편 무신론자와 불가지론자의 숫자는 현재 8억 4천만 명 이상 이며, 특히 이 비중은 고등교육을 받은 사람일수록 더 높아지고 있다. 1950년대 미국인 중에서 종교가 없는 사람은 5퍼센트에 불과했다. 1990년대까지만 해도 8퍼센트에 머물렀다. 무종교 비율은 2000년 이후 크게 증가하고 있다. 2001년 14퍼센트, 2013년 19퍼센트, 최근 조사에서는 30퍼센트로 치솟았다. '종교 없음' 현상은 세계적 추세다. 캐나다 30퍼센트, 프랑스 33퍼센트, 네덜란드 40퍼센트, 노르웨이 45퍼센트, 체코 61퍼센트 등의 비율로 신을 믿지 않는다. 프랑스의 경우 무교의 70퍼센트가 불가지론자라고 한다. 특히 아시아 국가에서 무신론자의 비중이 높다. 일본 57퍼센트, 한국 56퍼센트이다.

한국 교계의 암울한 전망 ——

우리나라의 경우 10년마다 한 번씩 통계청이 실시하는 종교분포조사에서 2015년 신자 수가 가장 많은 종교는 개신교로 나타났다. 968만 명으로 전체 인구의 19.7퍼센트였다. 그다음이 불교로 전체 인구의 15.5퍼센트인 762만 명이다. 세 번째가 가톨릭으로 7.9퍼센트인 389만 명이다.

종교가 없는 국민은 2005년 47.1퍼센트였으나 10년 만에 56.1퍼센트로 늘어나, 무종교 인구가 종교가 있는 인구를 앞섰다. 나이가

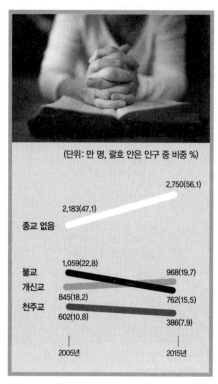

(단위: 만 명, 괄호 안은 인구 중 비중 %)

2,750(56.1)

2,183(47.1)

종교 없음

불교   1,059(22.8)   968(19.7)

개신교

천주교   845(18.2)   762(15.5)

602(10.8)   386(7.9)

2005년   2015년

주요 종교별 신자 수 변화

어릴수록 무종교 비율이 높았고, 날이 갈수록 탈종교화 추세가 늘어나고 있다.

한국 교계의 전망은 그리 밝지 않다. 한국 교계를 둘러싸고 있는 한국 사회의 환경이 녹록치 않기 때문이다. 한국 교회와 절은 이러한 시대적 추세에 제대로 응전하지 못하면 여러 위기를 맞이할 공산이 크다.

가장 큰 변화는 인구 감소와 고령화이다. 이로 인해 교회와 절 역시 신자의 고령화, 보수화를 피하기 힘들다. 더구나 일자리 부족과 경제의 장기침체는 실업자증가와 가정해체, 노인자살 문제를 키우고 교회와 절의 재정을 힘들게 만들 것이다. 외형과 외적 성장에 매달리는 교회는 파산할 수 있다.

여기에 젊은 세대의 가치관 변화와 권위에 대한 부정은 세대 간 갈등을 증폭시킬 수 있다. 게다가 1인 가구 증가, 과학기술의 급속한 발달, 인공지능 주도사회 등 과거와는 현격하게 다른 급격한 사회변화의 흐름을 교회와 절이라고 해서 비켜갈 수 없다. 환경변화가 빠르고 거세다는 뜻으로, 교계를 떠나는 무신론자와 불가지론자들의 숫자가 더 늘어날 전망이다.

교회와 절은 이러한 시대적 어려움에 사역의 초점을 맞추어야 하며, 이를 위해 초기기독교 공동체정신과 초기승가의 모습을 되찾아야 할 때로 보인다.

이제는 화해해야 ――

역사를 큰 틀에서 보면, 크고 작은 투쟁은 만물이 발전해나가는 과정이다. 종교 역시 다르지 않다. 성장과정에서 잘못된 부분은 논쟁이나 개혁을 거쳐 발전해왔다. 하지만 아직도 무오류설에 갇혀 많은 과오를 남기고 있음을 인정해야 한다.

각 종교의 본질을 들여다보면 어느 종교 하나 아름답지 않은 종교가 없다. 사랑, 자비, 긍휼, 헌신, 형제애, 돌봄, 정의, 평등, 지혜, 경외 등 모든 아름다운 요소가 각 종교에 들어있다. 서로 다른 듯한 종교가 실상 모두 하나인 이유이다.

다만 신에게 다가가는 길이 조금씩 다를 뿐이다.

역사를 거치면서 이란고원에서 아리안에 의해 발흥된 고대 페르시아 종교는 브라만교와 조로아스터교로 갈라졌고, 이후 브라만교에 반발해 생긴 종교가 불교였다. 그리고 또 불교에 자극받아 브라만교가 토속신앙을 흡수해 탈바꿈한 것이 힌두교이다. 이들 종교는 기성종교에 반발해 틀을 바꾸었을지언정 서로 심하게 반목하지 않고 종교의 큰 흐름과 가치를 공유했다.

반면에 셈족의 종교 곧 유대교, 기독교, 이슬람교는 한 뿌리에서 나왔음에도 다름을 인정하기보다는 서로 틀림을 내세우는 교조주의가 득세하면서 반목과 갈등의 길로 들어선다. 유일신 하느님을 믿는 시발점과 뿌리가 같은 형제종교인데 말이다. 신앙심이 깊은 사람일수록 긍휼과 이해로 '다름'을 존중하기보다는 옳고 싶은 마음에 '틀림'을 참지 못한다.

비교종교학자 카렌 암스트롱은 종교에 대해 이렇게 말했다. "이제 종교의 가장 의미 있는 부분은 다른 이를 긍휼히 여기는 마음이다. 그리고 이것은 동서고금을 막론하고 통용되는 놀라운 사실이다. 세계의 모든 큰 종교가 갖고 있는 다른 이를 긍휼히 여기는 마음, '다른 사람과 공감하는 능력'은 진정한 종교성의 시험일 뿐 아니라, 우리를 유대인과 기독교인, 무슬림이 말하는 '신' 혹은 '신성함'으로 인도할 것이다."

파스칼은 그의 명상록에서 "우주 속에는 필연적이고 영원하고 무한한 존재가 딱 한 분 계신다. 오늘날 세상에 존재하는 종교 간의 갈등이나 논쟁은 저마다 신을 독점하려는 데 있으며 자신들만이 필연적이고 영원하고 무한하다고 착각하는 데서 비롯되고 있다."라고 갈파했다.

자신들이 믿는 종교만이 '참'이라 생각하지만 모든 종교 역시 진리를 탐구하여왔다. 이를 서로 인정해야 한다. 다름을 받아들여야 한다. 이제 인류의 미래를 위해 서로 상대방의 입장에서 이해하고 그동안의 잘못에 대해 서로 사죄하고 서로 용서해야 한다.

중요한 것은 신학적으로 누가 옳으냐 그르냐의 문제가 아니다. 각 종교가 다 같이 믿는 하느님의 뜻에 누가 더 '합당한' 길을 갈 수 있느냐의 문제이다. 옳고 그름이 아닌 합당함을 찾아내는 것은 이제 인간의 몫이다. 각 종교는 합당함을 찾아 미래의 후손을 위해서라도 반목과 대립의 길을 청산하고 평화공존의 관계를 정착시켜야 한다. '샬롬! 샬롬!' '앗살람 알라이쿰!' '평화가 그대와 함께!'

—— 참고문헌 ——

《갈등의 핵 유대인》, 김종빈, 효형출판, 2007.

《고대 지중해 세계사》, 에릭 클라인, 류형식 옮김, 소와당, 2017.

《곰브리치 세계사 1, 2》, 에른스트 곰브리치, 이내금 옮김, 자작나무, 1997.

《공동번역 성서》, 대한성서공회, 1977.

《그리스도 이후 유대인 방랑사》, 김경래, 전주대학교출판부, 1998.

《기독교와 이슬람의 대화》, 쇼캣 모우캐리 지음, 한국이슬람연구소 옮김, 예영커뮤니케이션,
    2003.

《눈먼 종교를 위한 인문학》, 김경집, 시공사. 2013.

《동양과 서양, 종교철학에서 만나다》, 장왕식, 동연, 2016.

《명화와 함께 읽는 성경이야기 구약》, 헨드릭 빌렘 반 룬, 김재윤 옮김, 골드앤와이즈, 2008.

《바가바드 기타》, 석진오, 고려원, 1987.

《바가바드 기타》, 한혜정, 풀빛, 2018.

《불교사 100장면》, 임혜봉, 가람기획, 1994.

《사람들은 왜 무엇이든 믿고 싶어할까》, 마르틴 우르빈 지음, 김현정 옮김, 도솔, 2008.

《사피엔스》, 유발 하라리, 조현욱 옮김, 김영사, 2015.

《서양 기독교 세계는 왜 분열되었을까》, 황대현 지음, 민음인, 2011.

《서양철학사》, 강성률

《성경의 비밀과 영의 비밀》, 허헌구, 한솜미디어, 2012.

《세계의 종교》, 역사연구모임 지음, 최용훈 옮김, 삼양미디어, 2008.

《세계의 종교 산책》, 몬시뇰 토머스 하트먼, 랍비 마크 젤먼 글, 김용기 옮김, 이명권 감수,
    가톨릭 출판사, 2006.

《세계 종교 둘러보기》, 오강남, 현암사, 2013.

《세계종교사》 상, JB 노스, 윤이현 역, 현음사, 1986.

《세계종교사입문》, 한국종교연구회 지음, 청년사

《세계 최강성공집단 유대인》, 막스 디몬트, 이희영 옮김, 동서문화사, 2002.

《세상의 모든 철학》, 로버트 솔로몬 외, 박창호 옮김, 이론과실천, 2007.

《숨겨진 성서》 2권, 윌리스 반스토운, 이동진 역, 문학수첩

《신의 역사》, 카렌 암스트롱, 배극원. 유지황 옮김, 동인, 1999.

《신화의 역사》, 카렌 암스트롱, 이다희 옮김, 문학동네, 2005.

《역사는 수메르에서 시작되었다》, 크래머 저, 김상일 옮김, 가람기획

《위대한 어머니 여신-사라진 여신들의 역사》, 장영란, 살림출판사, 2003.

《유대교 입문》, 브라이언 랭카스터, 문정희 옮김, 김영사, 1999.

《유대민족사》, 맥스 디몬트, 김재신 옮김, 크리스챤 다이제스트, 1994.

《유대인 바로 보기》, 류모세, 두란노, 2010.

《유대인의 눈으로 본 예수》, 데이빗 비빈, 이상준 옮김, 이스트윈드, 2018.

《유대인의 삶과 지혜》, 랍비 솔로몬, 박인식 옮김, 해피&북스, 2012.

《유대인의 역사》, 폴 존슨, 김한성 옮김, 살림, 2005.

《유대인 이야기》, 우광호, 여백, 2010.

《유태인 오천 년사》, 강영수, 청년정신, 2003.

《이스라엘사》, 최창모, 대한교과서주식회사, 1994.

《이스라엘 역사》, 안병철 신부, 기쁜소식, 2003.

《이슬람과 유대인》, 마크 가브리엘, 중근동연구소 옮김, 글마당, 2009.

《이슬람과 유대인 그 끝나지 않은 전쟁》, 마크 가브리엘, 중근동연구소 옮김, 글마당, 2009.

《이슬람의 눈으로 본 세계사》, 타밈 안사리 지음, 류한원 옮김, 뿌리와이파리, 2011.

《이슬람주의》, 알브레히트 메츠거, 주정립 옮김, 푸른나무, 2008.

《인도유럽인, 세상을 바꾼 쿠르간유목민》, 라인하르트 쉬메켈 지음, 한국 게르만어 학회 김재명 외 5인 옮김, 푸른역사, 2013.

《인도의 종교와 종교문화》, 류경희, 서울대학교출판문화원, 2013.

《종교, 아 그래?》, 김한수, 북클라우드, 2015.

《죽기 전에 한번은 유대인을 만나라》, 조셉 텔루슈킨, 김무경 옮김, 북스넛, 2012.

《초기불교 94가지 주제로 풀다》, 임승택, 종이거울, 2013.

《초대교회사》, 박용규, 총신대출판부, 1996.

《초협력사회》, 피터 터친, 이경남 옮김, 생각의힘, 2018.

《축의 시대》, 카렌 암스트롱, 정영목 옮김, 교양인, 2010.

《페르시아의 종교》, 유흥태 지음, 살림, 2010.

《환경은 세계사를 어떻게 바꾸었는가》, 이시 히로유키. 야스다 요리노리 공저, 이하준 옮김, 경당, 2003.

—— 참고자료 ——

'교회사 속 세계공의회(10) 칼케돈 공의회', 〈가톨릭평화신문〉, 이창훈, 2011.4. 17.

'기원전 5~4세기 도덕적 종교 탄생의 뿌리', 〈한겨레〉, 곽노필, 2014. 12. 19.

'알렉산드리아와 삼위일체', 〈중앙선데이〉, 김용옥 2007. 6. 30.

'이란의 조로아스터교 성직자가 들려주는 조로아스터교 이야기', 조선펍, 박정원, 2016. 2.
   17.

'이슬람의 역사', 손주영, 이슬람부산성원 홈페이지

'잊혀진 철의 나라 히타이트 왕국 이야기', 〈성서의 땅을 가다(73)〉, CBS TV.

'유대인 이야기', 〈가톨릭신문〉, 우광호, 2009. 1. 1.

'천의 얼굴을 가진 무함마드', 정수일, 〈신동아〉, 2001년 9월호.

'초기기독교 공동체와 협동조합', 뉴스앤조이, 정관영, 2013. 3. 15.

'총단결·화해의 축제 라마단', 정수일, 〈신동아〉, 2004년 11월호.

'축의 사상은 어떻게 태어났는가', 슬로우뉴스, 임명묵, 2018. 11. 6.

'신라의 적석목곽분은 알타이에서 왔는가?', 강인욱, 〈국제신문〉2010.1. 25.

'콘스탄티누스의 기독교 공인과 세속화', 〈기쁜소식〉 2013년 3월호.

'힌두교는 종교가 아닌 또 하나의 우주', 〈샘이깊은물〉, 김장호, 2003년 3월호.

—— 사진 출처 ——

—— 찾아보기 ——

닌후르사그 106, 107

문명으로 읽는 종교 이야기

초판 1쇄 발행   2019년 8월 20일
초판 4쇄 발행   2022년 1월 25일

지은이   홍익희

펴낸곳   (주)행성비
펴낸이   임태주

편집장   이윤희

출판등록번호   제2010-000208호
주소   경기도 파주시 문발로 119 모퉁이돌 303호
대표전화   031-8071-5913
팩스   0505-115-5917
이메일   hangseongb@naver.com
홈페이지   www.planetb.co.kr

ISBN 979-11-6471-004-1 03900

행성B는 독자 여러분의 참신한 기획 아이디어와 독창적인 원고를 기다리고 있습니다.
hangseongb@naver.com으로 보내 주시면 소중하게 검토하겠습니다.